뉴 서비스 마케팅

뉴 서비스 마케팅

초판 1쇄 인쇄 2015년 1월 26일
초판 2쇄 발행 2015년 2월 6일

지은이 최덕철 | **펴낸이** 박재규 | **펴낸곳** 경남대학교출판부

주소 경남 창원시 마산합포구 경남대학로 7(월영동) | **전화** 055) 249-2074 | **팩스** 0505) 999-2115
전자우편 ko10@kyungnam.ac.kr
홈페이지 www.kyungnam.ac.kr/press

값 22,000원 | **ISBN** 978-89-8421-374-6 03320

뉴 서비스 마케팅

NEW SERVICE MARKING

최덕철 지음

경남대학교출판부

머리말

21세기 세계경제의 큰 특징 중에 하나가 '경제의 서비스화' 혹은 '서비스 경제화'라는 사실은 서비스산업의 생산과 고용비중의 증대뿐만 아니라 개인의 소비구조면에서도 서비스지출이 크게 높아지는 현상을 보면 쉽게 수긍이 가는 진실이다. 서비스개념을 제품과 구분해 접근하는 단순차원이 아니라 사회전반으로 확대해가려는 추세임을 감안하면 이러한 현상은 앞으로 더욱 심화될 것이다.

예상하건데 개인소득의 증대, 근로시간의 단축과 자유시간의 확대, 소비욕구의 다양화, 인구통계의 변화, 여성의 사회진출 확대, 수명연장 등은 개인서비스 수요를 더욱 높일 것이다. 아울러 산업구조 고도화로 산업내부에서의 정보·통신·수송·기술·기획·조사 등 소프트 가치 중심의 산업서비스 수요 또한 크게 증대할 것이다. 뿐만 아니라 교통·수송·정보·통신기술 발달로 인해 글로벌화의 속도는 가속화될 것이며 이는 명실상부한 지구촌화를 가져올 것이다. 그리고 다양한 공공서비스 조직이나 비영리조직에서의 서비스화 추진도 한층 심화될 것이다.

서비스가 갖는 경제적 위상과 중요성에 '서비스시대'를 비추어볼 때 아직은 그에 걸 맞는 연구와 교육이 뒷받침되고 있지 못한 실정이다. 그런 관계로 실제 현실에서도 이를 체계적으로 실천을 하는데 한계가 있다. 서비스부문이 실질적으로 큰 역할을 하고 있음에도 불구하고 기존의 제품중심의 마케팅이 갖는 한계를 극복하려면 먼저 서비스마케팅에 대한 이해가 무엇보다 필요하다. 이는 서비스가 갖는 본질적인 특성에서 연유되는 문제이기 때문이다.

따라서 본서는 영리적인 서비스기업을 위시해서 기타 비영리조직에서 수행하는 서비스마케팅에 관심을 갖고 있는 학생들이나 실무자들에게 서비스마케팅에 대한 이해의 폭을 넓히고 관련된 이슈들이 무엇인지를 파악하게 하여 실제 서비스수행을 보다 효과적으로 수행할 수 있게 도움을 주고자 하는데 그 목적이 있다.

총 23장으로 구성된 본서는 이와 같은 목적에서 크게 세부분으로 나눠진다. 즉, 서비스마케팅에 대한 기본적 이해, 서비스마케팅의 구체적인 믹스전략에 대한 설명, 그리고 서비스마케팅의 실행과 평가에 관련된 주요이슈의 설명으로 구분할 수가 있다. 우선 제1장에서 제5장에 이르는 '서비스의 기본적 이해'편에서는 서비스경제의 특성, 서비스개념과 특성, 분류, 제품과의 차이, 서비스구조, 서비스마케팅믹스의 요소에 대한 설명을 통해 전체적인 서비스마케팅에 대한 이해를 돕고자 하였다.

다음 제6장에서 제13장에 이르는 '서비스마케팅 믹스전략'편에서는 기존의 4P's 마케팅믹스인 제품, 가격결정, 유통관리, 촉진활동과 서비스마케팅의 특성인 서비스 환경, 서비스과정, 서비스참여자인 종업원과 고객을 추가로 설명한 7P's 전략에 대해서 설명하였다.

마지막으로 서비스마케팅을 실천하고 평가하는데 있어서 중요한 이슈가 되는 것을 제14장에서 제23장에서 '서비스마케팅의 실행과 평가관련 이슈'편으로 종합했다. 여기서는 서비스마케팅조사, 수요공급관리, 정보기술, 서비스 질, 고객만족과 충성도, 내부마케팅과 관계마케팅, 서비스 생산성, 서비스회복, 서비스문화와 리더십, 글로벌화 등을 설명하였다.

내용의 구성과 기술면에서 가능하면 현실적으로 중요하다고 생각되는 것을 쉽게 기술하려고 노력했지만 미흡한 점이 많을 것이다. 앞으로 많은 조언과 지도편달을 받아 수정보완해갈 예정이다. 그리고 본서를 출간할 수 있게 기회를 주신 박재규 총장님과 출판을 통한 문화 창달을 지원하는 정일근 교수님께 진심으로 감사드린다. 그리고 출판실무에서 많은 수고를 해주신 김미숙 님 등 여러분들에게 큰 고마움을 표하고자 한다.

2014년 늦가을

최덕철 씀.

차례

제 1 장

서비스마케팅의 이해

1.1. 서비스 경제화

일반적으로 경제가 발전하게 되면 산업 간의 소득격차와 소비의 고도화 현상이 일어난다. 그 결과 산업구조와 고용구조에서 제조업의 비중은 점점 줄어들고 서비스 산업은 상대적으로 빨리 성장하면서 높은 비중을 차지해 가는 특징을 보인다. 이러한 서비스 산업구조의 변화를 「서비스 경제화」 혹은 「경제의 서비스화」라 보는 데 구체적으로 설명하면 「재화와 서비스 중 서비스에 대한 수요가 증대되어 큰 비중을 차지하게 되고, 산업구조면에서도 운수·통신·금융·정보산업 등 서비스 산업의 생산 및 고용 비중이 증대될 뿐 아니라 개인소비 구조면에서도 교육·문화·레저 등 서비스 지출이 높아지는 현상」이라 할 수 있다.

서비스 경제화의 의미는 서비스 산업의 양적 확대, 서비스 산업의 질적 변화로 요약될 수 있다. 서비스 산업의 양적 확대는 서비스 산업의 증대, 서비스 산업 이외의 산업에 있어서 서비스 관련부문의 비중 증대, 모든 산업분야에 있어서 서비스 지출의 증대를 보면 알 수가 있다. 또 소비자들의 소득 증대와 욕구 다양화, 기업의 기술혁신과 지식집약화에 따라 다양하고 질 높은 새로운 서비스업들이 등장하고 있어 서비스 산업의 질적 변화가 크게 일고 있다. 따라서 서비스 경제화는 이런 것들이 상호 밀접히 관련을 가지면서 경제 전체의 서비스화가 더욱 진전되는 추세라고 말할 수 있다. 이러한 서비스 산업의 성장 배경은 대체로 다음과 같이 요약될 수가 있다.

소비의 서비스화

이는 개인소득수준의 향상, 주5일 근무제의 확산, 휴가제도의 충실화로 개인의 레저지향이 높아지는 것, 소비자 욕구의 다양화로 건강과 문화적 생활의 지향, 여성의 사회적 진출, 고령화 사회의 도래 등이 그 원인이다. 즉 소득이 증대됨에 따라 재화에 대한 기본적인 욕구가 충족되면 문화적 사회적 자기실현적 욕구라는 고차원적 욕구가 생기고 이를 충족시키기 위한 서비스 수요가 증대하게 되는 것이다. 여성의 사회적 진출로 인한 가사노동의 외부구입도 소비의 서비스화를 촉진시키는 요인이 된다.

소득의 증가는 미래에 대한 불안감을 해소시켜주어 사람들로 하여금 미래에 대비해서 산다기보다는 매일 매일의 생활을 충실하게 즐기겠다는 쪽으로 생각을 바꾸게 만든다. 몸과 마음 모두를 풍요롭게 하고자하는 즉, 생활의 질을 중시하는 계층이 증가하게 된다. 소비의 서비스화는 생활시간의 배분 변화와 밀접한 관계를 맺고 있다. 노동시간의 단축, 자유시간의 증대, 서비스에 지출하는 시간의 증대가 소비의 서비스화를 촉진한다. 소득수준의 향상은 물질면에서 만족 뿐 아니라 정신면에서 만족도를 높여준다. 물질적 풍요에서 정신적 풍요로 소비자의식이 변화됨에 따라 여행·오락·교양 등과 관련한 소비지출이 증가한다. 앞으로 소비자들은 일상생활에서 보다 내실화를 기하며 정신적·문화적인 생활을 중시하는 경향을 보일 것이며 그런 경향이 소비의 서비스화를 더욱 진전시킬 것이다.

여성의 사회적 진출의 증가로 여성의 소득증가가 크게 늘어나고 있다. 여성의 사회진출은 생활향상의욕, 노동의욕, 자아실현의욕에서 유발된다. 여성의 사회진출로 가처분소득이 증가되며 여성의 의식과 행동, 특히, 소비행동에 변화를 불러온다. 문화, 스포츠, 교양오락, 외식지출이 늘어나고 가사대행서비스,

가정정보서비스 이용이 크게 증가한다. 파트타임 근무제의 확산도 여가, 레저 등 시간소비형 소비지출의 증가를 가져와 소비의 서비스화를 촉진시킨다.

핵가족화, 자녀수의 감소, 독신남녀의 증가, 세대구조의 변화도 소비의 서비스화의 간접적 요인이 된다. 그리고 고령자 세대의 증가도 관광, 식료, 교양오락, 레저, 보건의료서비스의 수요를 증가시키는 요인이 된다. 소비자 욕구의 다양화, 가치관의 다양화가 소비의 서비스화를 촉진시키며 이런 추세에 대응하여 새로운 서비스 사업을 하는 기업이 증가하게 된다. 요즘 많이 등장하는 스포츠 클럽이나 문화관련 서비스업소 등이 그러한 추세의 한 예가 된다.

산업서비스의 증대

산업구조가 고도화될수록 생산과정의 분화는 더욱 촉진되어 기업의 생산활동에서 서비스에 대한 수요가 점증하게 된다. 제조업의 생산공정에서 서비스의 투입이 많아지게 되는데 이런 현상은 소비자의 욕구 다양화, 개성화에 부응하기 위한 다품종 소량 생산체제로의 이행이 심화될수록 더욱 그러할 것으로 예상된다. 우선 기업내부 서비스의 외주화를 들 수가 있다. 제조업에서의 여러 가지 환경변화, 즉 기술투자 강화, 마케팅 활동 강화, 고객서비스 강화, 경영합리화 등 고도의 서비스를 필요로 하는 요인이 점증하고 있는 점이다. 산업지원 서비스업은 소비자수요의 다양화, 고급화, 전문화에 따라 기업이 부가가치를 창출하는 과정에서 필요한 것들을 외주화 하는 데서 주로 생긴 서비스(예를 들어 광고, 디자인, 조사, 연구용역, 컨설팅 등)이거나 설비투자에 수반된 위험을 줄이고 재무상의 부담을 줄이기 위해 기업이 사용하는 리스업이나 렌탈업 등이 여기에 해당된다.

오늘날 많은 기업들이 많은 업무를 외부 위탁하고 있는데 위탁이 많은 업무는 수송, 급식, 경비, 거래처 신용조사, 광고, 청소, 창고업자나 리스(lease)업자 이용 등이다. 앞으로 외부 위탁이 많이 생길 것으로 판단되는 업무는 기술개발, 종업원교육, 정보처리, 기계수리, 프로그래밍 등과 같은 전문서비스 업무이다. 기업내부에서 자급하던 서비스를 외주하는 수요가 급증하는 것은 서비스업의 분업화라 할 수 있다.

산업이 고도로 발전하면 기업하부에서도 서비스 수요가 증가하게 된다. 정보, 기술, 디자인, 기획, 조사 등 소프트적인 가치가 상대적으로 중시된다. 한편 기업 내부조직에서도 전문기술, 관리, 사무, 판매 등의 간접업무에 종사하는 사람이 늘어나게 되는 것도 한 요인이 된다.

정보기술의 발달

산업구조나 소비구조의 서비스화를 촉진하는 데 통신기술, 전산화, 자동화 등의 기술혁신이 크게 영향을 미쳤다. 통신기술의 발달은 금융, 보험, 운수, 통신, 유통업의 성장을 촉진시키는 계기가 되었으며 특히 컴퓨터를 활용한 새로운 금융 상품의 개발, 판매시점관리(POS)시스템 등은 서비스의 가격인하 효과, 서비스의 품질향상, 이용자의 편리성 제고 등에 크게 기여하여 서비스 산업의 발달을 촉진하였다. 기술혁신은 새로운 신상품 및 서비스를 제공할 수 있게 해주며 이와 관련된 여러 서비스 산업이 새로 생기게 하거나 발전하게 만든다. 아울러 기술혁신은 정보화 사회를 가속적으로 진전시킨다.

정보화는 산업의 정보화와 정보의 산업화라는 양 측면에서 살펴볼 수가 있다. 산업의 정보화는 컴퓨터를 도입하여 기업의 사무관리를 효율적으로 운영할 수 있게 하였다. 정보화가 진전되면 다양한 정보에 대한 수집과 분석을 대행해 주는 업체가 등장하게 된다. 그런 서비스에 대한 기업이나 소비자의 높은 수요가 소프트웨어개발, 정보처리, 시스템운영, 사무위탁 등 정보관련 서비스업의 발달을 가져온다. 정보관련 서비스의 진전으로 서비스예약이 가능해져 서비스 공급자는 서비스 제공의 장소, 시간, 요금, 서비스 질 등을 사전에 예고할 수 있으며 수요자는 사전예약을 통해 다양한 선택을 할 수가 있다.

특히 정보사회의 도래는 기업활동에서 뿐만 아니라 소비생활에서도 새로운 정보서비스화를 가져왔다. 컴퓨터와 정보통신기기의 발달은 정보서비스에 대한 수요를 급증시켰으며 그로 인해 파생된 새로운 서비스 산업의 출현은 서비스 산업구조를 크게 바꿔 놓았다. 더구나 세계화·국제화 추세는 더욱 심화될 것이고 그로인한 물적·인적 교류의 확대와 그에 따른 기술, 정보의 교류증대는 필연적으로 서비스 산업구조를 고도화·전문화시킬 것으로 예상된다.

서비스의 다양화와 다각화

서비스 경제화로 서비스 내용이 차별화, 고부가치화, 다각화, 종합화, 대형화, 체인화 되는 경향을 띄게 되었다. 따라서 많은 설비투자를 필요로 하게 되어 자연히 중소기업보다 대기업의 서비스 분야의 진출이 늘어나고 있다. 최근 대기업들의 유통분야 진출이 그러한 경향의 예인데 그들은 자본력, 경영능력, 정보력, 명성 등을 기초로 하여 서비스 분야에의 투자를 가속화시키고 있다. 이러한 서비스 분야로의 대기업 진출, 특히 소매유통업분야의 진출은 중소서비스업체와 많은 갈등을 야기 시킬 것으로 전망된다.

그러나 서비스 수요가 창조적이고 유연한 개인서비스업의 경우 중소기업이 경직된 대기업보다 유리한 점도 많다. 중소기업이 개성적인 인정미를 발휘할 분야는 대형화의 반작용으로 그만큼 많아진다고 볼 수 있다. 이런 의미에서 볼 때 서비스 산업의 구조적인 다양화·분화경향은 장차 더 심화될 것이다. 그리고 최근에 등장하는 새로운 신서비스는 사람, 상품, 기술, 지식, 자본을 네트워크로 연결하여 수많은 관련 서비스를 다시 창출시키게 된다. 그리고 그것은 3차 산업에만 한정되지 않고 1차, 2차 산업에서도 관련 서비스를 필요로 하게 만들어 서비스 경제화를 가속화시키고 있다.

1.2. 서비스의 개념과 특성

서비스의 개념

서비스가 무엇이냐 하는 정의의 문제는 제품과 서비스의 구분이 경제 활동 내에서 점점 모호해져 쉬운 일이 아니다. 이들의 구별이 힘든 것은 어떠한 형태이든 제품과 관련되지 않은 서비스의 판매가 현실적으로 드물기 때문이다. 결국은 재화와 서비스를 구별하는 방법은 각각의 속성을 검토하여 어떤 주요 속성이 고객만족에 더 큰 기여를 하는지를 발견하는 일이다. 즉 고객의 만족이나 가치의 인식이 제품의 유형의 물리적 속성에서 주로 생기는지 혹은 무형적 속성에서 생기는지를 파악해야 한다.

제품은 대상이고 장치이고 사물인 반면 서비스는 과정이고 노력이고 행위의 수행인 것이다. 여기서 제품과 구별되는 가장 중요한 속성은 무형성이다. 소비자의 시각에서 보면 시장에서 구매하는 시장실체(흔히 포괄적으로 제품이라 함)는 유형적인 속성과 무형적인 속성이 결합된 것으로 이중 어느 것이 더 지배적이냐에 따라 달라진다. 결국 소비자의 입장에선 특히 서비스는 경험인 셈이다. 제품은 구매 전에 그 지배적인 속성을 알 수가 있으나 서비스는 알 수가 없기에 서비스는 경험이 중요한 것이다.

서비스의 정의를 미국마케팅학회는 「판매를 위해서 제공된 혹은 제품의 판매와 관련된 활동, 편익, 만족」이라 하였는바 재화와 관련된 서비스와 관련되지 않은 서비스를 구분하기란 극히 어렵다. 그래서 구매에서 얻은 총가치의 50% 이상이 무형적인 것에서 나타날 때 그것을 서비스로 보기도 한다. 서비스의 정의는 서비스가 발생하는 과정에서 출발해야하는 바 투입요소로써의 행위측면과 산출요소로써의 편익과 만족이 동시에 고려되어야 한다. 여기서 투입과 자원은 구별되어야 하는데 서비스에서 투입은 고객 자신이 되기 때문이다. 요약하면 서비스는 「고객이 자신이 편익과 만족을 위해 자신 혹은 제3자의 자원(장비, 시설, 물품, 노동, 지식, 기술, 아이디어 등)을 이용하는 과정, 노력 혹은 행위의 수행」으로 볼 수 있다.

서비스의 특성

제품은 순수제품, 제품과 서비스의 결합제품, 순수 서비스의 연속체로써 구성되는데 이 연속체내에서 제품과 서비스를 구분 짓는 특성은 유형성, 부패성, 표준화, 제품생산과 유통에서 구매자의 참여이다. 이들 네 가지 기준으로 볼 때 서비스는 다음과 같은 특성을 가지고 있다.

- 무형성(intangibility)

서비스의 가장 뚜렷한 특성은 그것이 무형적이어서 만질 수 없으며 정신적으로도 파악하기가 힘들다는 점이다. 서비스는 구매하기 전에는 감지할 수가 없고 서비스가 산출되어 그 효과가 한동안 지속되더라도 서비스 산출은 무형적이다. 이런 이유로 소비자들은 서비스 기업이 제공하는 서비스가 거의 비슷비슷하다고 느낀다. 그래서 서비스의 차별화가 매우 힘든데 약간의 차이가 있어 고객이 유리하다고 판단되면 경쟁상의 우위를 쉽게 차지할 수가 있다.

서비스는 추상적이고 무형적이므로 사전에 보여줄 수가 없다. 다라서 서비스의 광고에서도 서비스 자체를 강조하지 못하고 서비스의 사용결과로 얻게 되는 편익을 강조하게 된다. 항공사의 서비스 자체를 보여줄 수 없기 때문에 항공기나 실내분위기 혹은 목적지 등을 보여주는 게 고작이다.

소비자가 구매하기 전에는 객관적으로 평가하기가 곤란하다. 이와 같은 이유로 소비자는 자주 높은 위험 인식을 경험하게 되고 이를 줄이기 위해 보다 적극적인 정보탐색을 하게 된다. 소비자는 서비스 기업의 평판, 종업원의 태도, 물리적 환경, 구전 등에 크게 의존하게 된다. 학원 같은 곳에서 일단 수강을 해보고 등록 결정을 하는 경우가 있기는 하지만 잠재구매자들이 이런 것을 사용해볼 수는 없는 것이다. 따라서 서비스 질에 대해 충분한 정보와 경험을 가진 사람들의 추천에 주로 의존하게 된다. 병원이나 여행업의 경우 의사나 여행사 직원이 큰 영향을 미치는 이유가 그것이다.

많은 경우 서비스 구매자는 구매결정시 직접 경험할 수 있는 유형적인 요소에 의존하게 되는데 여러 가지 지원용품이나 편의촉진용품 등이 여기에 해당된다. 지원용품은 서비스 배달시 서비스 수행자가 사용하는 장비로써 의사의 청진기, 소프트웨어 설계자의 컴퓨터, 호텔의 가구, 유아원의 장난감 등이 예가 된다. 이런 지원용품은 서비스기업의 능력이나 서비스 질의 내용을 결정짓는 요소로써 인식된다. 대학에서 시청각 시설과 자재를 이용하거나 병원에서 레이져 기술을 이용한 수술의 경우 서비스 이용자는 서비스에 대해서 다르게 인식하게 된다.

편의촉진용품은 서비스를 받는 사람이 필요하거나 사용하는 물품으로 학생의 노트, 예금자의 통장, 신용카드, 차표 등이 예가 된다. 이런 물품은 구매자가 사용하거나 가질 수 있는 것으로 구매자가 그들 구매의 물적인 측면을 보거나 느끼게 하여 서비스를 구매자에게 어필할 수 있게 만든다. 이런 것이 구매자가 느끼는 공허함을 줄이고 무형성을 유형화하기에 고객을 단골로 만드는 아주 중요한 수단이 된다. 교육기관이 졸업장이나 수료증을 주고 은행이 통장을 만들어 주고 항공사에서 잡지나 슬리퍼를 제공하는 것도 다 그런 이유에서이다.

서비스는 복잡한 지각의 결합 때문에 서비스 패키지의 설계나 디자인 통제에서 소비자 심리를 잘 이해하고 있어야 한다. 또 서비스는 무형성 때문에 특허권이 없어 모방이 쉬운 관계로 새로운 서비스의 라이프 사이클이 짧다.

- **소멸성**(perishability)

서비스의 두 번째 특성인 소멸성은 무형성과 밀접한 관련이 있다. 서비스로부터 나온 편익은 제품의 편익이 제품의 소유나 혹은 물적 속성으로부터 나오는 것과 달리 그 서비스의 창출이나 혹은 수행으로부터 나온다. 서비스는 산출과 동시에 소멸해버리고 만다. 이런 이유로 서비스는 물적 유통 기능이 없게 되고 유통경로도 거의 없거나 있어도 매우 짧다. 이런 관계로 서비스는 제품처럼 성수기와 비성수기에서 발생하는 수요변동을 완충시킬 재고가 불가능하다. 제조업에서는 재고가 생산의 여러 단계에서 생길 수 있는 외적 충격을 완화시킬 수 있어 각 활동의 계획과 통제기능을 단순화 시킬 수 있다.

왜냐하면 생산단계에 재고가 있으면 각 단계를 그 전후의 단계와 비교적 독립적으로 운영할 수가 있는데 서비스에서는 그런 기회가 없다. 소유될 수도 배급될 수도 또 재판매될 수도 없는 것은 바로 서비스가 소멸되기 때문이다. 서비스를 구매한 후 마음에 들지 않더라도 반환이 불가능한 것이다. 기껏해야 잘못된 서비스에 대해 항의나 소송 정도를 할 뿐이다. 서비스 제공자도 돈을 받지 못했다고 해서 다시 서비스를 되돌려 받을 수가 없다. 서비스는 일단 만들어지면 다시 재소유할 수가 없는 것이다.

이런 소멸성은 수요가 계속 있으면 문제가 되지 않지만 수요변동이 심하면 심각한 문제가 된다. 따라서 서비스 기업은 서비스 공급능력에 맞게 수요를 변경시키려는 마케팅 노력이 필요하다. 이런 노력이 실패하게 되면 유휴시설이 생기거나 시설부족 현상이 생기게 된다. 서비스에서는 서비스 생산에서 이용되지 못한 과잉시설 능력은 영원히 없어지고 마는 것이다. 비행기의 빈 좌석은 이륙과 동시에 그 효용성을 잃어버리고 만다. 이것이 항공사에서 빈 좌석표를 대기승객에게 싸게 팔고 또 호텔들이 비성수기에 객실요금을 내려 고객을 끄는 이유가 된다. 이와 반대로 수요를 못 따르는 부족한 시설능력도 수익을 놓치는 경우가 된다. 고객이 몰리는 월말에 은행이 시간제 임시행원을 채용한다든지 자동현금출납기를 설치하여 서비스 수요를 소화해내는 경우는 이런 경우에 대비한 것이다.

서비스 생산과정에서 어느 한 부분이 없거나 제대로 돌아가지 않아 균형을 잃어도 여유시설 능력은 쓸모가 없게 된다. 항공사가 비행기와 승무원은 확보해 놨다 해도 예약시스템이 제대로 돌아가지 않거나 호텔에서 객실이 여유가 있어도 다른 부대시설이 미비 되어 있으면 여유분의 객실은 쓸모가 없게 되어 버리고 만다.

- 이질성(heterogeneity)

서비스의 세 번째 특성인 이질성은 서비스 산출이 다양하다는 것을 의미한다. 이것은 세 가지의 경우로 발생되는데 먼저 서비스 조직 간에도 서비스 수행의 질이 차이가 난다는 것이다. 대학이나 병원이 다 똑같은 서비스를 산출 하는 게 아니며, 둘째로 같은 서비스 조직이라 해도 서비스는 서비스 수행자에 따라 달라진다. 레지던트보다는 정규의사가 더 경험과 기술이 많을 것이고 유능한 베테랑 조종사가 운행하는 비행기가 나은 운항을 할 것이다. 셋째, 같은 서비스 수행자라해도 경우에 따라 상이한 서비스 질을 산출할 것이다. 연예인이나 운동선수의 경우 관중의 반응이나 자기 몸의 컨디션에 따라 다른 결과를 낳게 된다.

이런 이유 때문에 서비스 기업은 서비스 수행의 질을 표준화하거나 품질관리가 힘들다. 서비스 제공자와 소비자가 직접 접촉하기 때문에 서비스 종업원의 교육·훈련이 매우 중요하며 이들의 훈련이 서비스 품질관리에 핵심이 된다. 따라서 일관성 있는 서비스 질을 유지하기 위해서는 종업원을 잘 선발·교육시켜 엄격한 품질관리가 이뤄지도록 해야 한다. 소비자가 서비스 생산과정에 적극 참여하는 경우 서비스 질의 불확실성이 높아진다. 고객의 적극적인 참여가 바람직하고 이익이 되기도 하지만 이들의 이해수준이나 기술협조가 다 달라서 서비스 결과를 이질적으로 만들 소지가 높다. 서비스 조직이 유능한 종업원을 채용했더라도 생산과정에서의 고객참여가 표준화를 힘들게 하고 효율성을 떨어뜨리게 하는 경우가 생긴다.

이러한 인적자원의 관리와 서비스 개발 노력은 서비스의 불확실성을 최소화하고 고객의 확신을 높이는 것으로 서비스의 이질성을 극복하는 수단이 되는 것이다. 여러 점포를 운영하는 경우 암행감사를 주기적으로 실시하여 서비스 질을 체크해야 한다. 은행에서는 지점의 고객 서비스가 제대로 시행되고 있는지를 알아보기 위해 고객을 가장하여 서비스 상태를 점검하기도 한다.

서비스의 무형성과 생산시점에서 소비자가 참여한다는 것이 이질성을 높게 만든다. 따라서 서비스 산출에 대한 기준을 세우기도 힘들고 서비스가 배달될 때마다 그것이 기준에 맞는지도 확인하기가 힘들다. 이질성 때문에 표준화가 힘든 경우 이것이 문제가 된다면 서비스 수행에서 수행자를 돕는 최신의 장비를 이용해서 주관적인 요소를 객관화시켜야 한다. 병원에서 첨단 자동검진장비를 설치하는 것도 이런 기술이 경제적으로나 심리적으로 이익이 될 뿐만 아니라 주관적인 생각을 객관화된 자료로 대체해주어 인간에 의한 판단오차를 그만큼 줄일 수가 있기 때문이다.

서비스 산출의 이질성을 전략적 차원으로 전환시킨 예가 바로 호텔체인이 서비스 수준에 따라 여러 형태의 호텔을 짓고 항공사가 좌석 등급을 정해 놓는 것도 이런 이질성을 이용한 전략이라 할 수 있다.

- **동시성**(simultaneity) **혹은 비분리성**(inseparability)

서비스는 생산과 소비가 동시에 이루어진다. 이런 동시성이 위의 세 가지 특성에서 나온 문제를 더욱 어렵게 만든다. 제품에서는 생산된 제품을 소비자가 구매하여 소비하지만 서비스는 구매 혹은 계약체결을 한 다음 생산과 소비가 동시에 일어난다. 이런 동시성은 생산자와 판매자가 동일체임을 의미하고 대부분의 경우 직접 경로만을 가능케 만든다.

이런 특성 때문에 서비스에서는 서비스 배달시스템이 지역적으로 광범위할 수가 없다. 이것은 보통 서비스 생산자와 구매자가 동시에 동일한 장소에서 서로 상호작용을 해야 하기 때문이다. 이런 상호작용은 세 가지 방법으로 해결되는데 먼저 구매자가 서비스 시설로 가는 경우이다. 두 번째는 서비스 수행자가 구매자에게로 가는 경우로 예를 들어 파출부나 집수리를 하는 경우이다. 이 두 가지 경우에서 지리적으로 서비스 조직이 얼마나 가까이 있느냐가 서비스 배달시스템의 성공을 좌우한다. 따라서 서비스업체는 고객의 근처에다 서비스 시설을 두게 된다. 서비스 시설이 마케팅과 밀접하게 연결되어야 하므로 고객 근처에 있어야 하고 그 특정시장의 수요규모에 맞게 서비스 배달시스템을 갖추다 보니 소규모가 되는 경우가 많다. 은행의 경우 지점의 위치와 편리성이 은행선택에서 이용자가 중요시하는 요인이 되고 있다. 세 번째는 과도기적 성격을 가진 경우인데 생산자와 구매자가 특정의 목적지까지 가야만 하는 경우로 예를 들어 연극을 공연하고 구경하기 위해 배우나 관객은 극장으로 가야만 하는 경우이다.

동시성은 서비스 수행자와 고객 간에 생기는 밀접한 상호의존성을 전제로 하고 있다. 미장원이나 고급술집의 경우 대체로 고객은 특정 미용사나 호스테스를 보고 단골이 되는 경우가 많다. 이런 개인적인 친교각계가 영업에서 중요한 요소가 된다. 또 동시성은 구매자가 참석하거나 적극적으로 참여해야만 서비스가 창출될 수가 있는데 학생이나 환자가 오지 않고서는 서비스가 생길 수가 없다. 마찬가지로 서비스 수행자가 참석하지 않고서는 서비스가 수행될 수 없는 경우가 있는데 연주자가 사고가 생기면 연주회를 취소할 수밖에 없다.

이러한 특성 때문에 서비스가 어떻게 제공되느냐가 중요하다. 서비스 창출 현장에서의 행동이 고객의 구매의사결정에 큰 영향을 미친다. 이것은 고객과 서비스 배달시스템 간의 상호작용에서 고객이 인식한 평가가 바로 서비스 품질에 대한 평가로 나타나기 때문이다.

위에서 언급한 특성이 모든 서비스에 다 공통적인 아니라는 점에서 비판을 받지만 그럼에도 불구하고 이런 특성은 서비스마케팅에 있어 실제로 유용한 분류가 된다.

제품과의 차이

아래에 설명된 것을 모든 서비스에 다 적용할 수는 없으나 그 차이를 대략 7가지로 요약할 수가 있다.

- **본질**: 제품은 사물이거나 대상이나 서비스는 행위이고 수행이며 노력이다. 자동차 대여서비스의 경우 물적 대상인 자동차 자체를 파는 것이 아니라 자동차를 이용해서 얻는 서비스를 파는 것이다. 서비스를 산출하기 위해서 여러 가지 유형적인 물품을 사용하나 서비스 자체는 무형적이고 경험인 것이다.

- **생산에서의 고객관여**: 서비스의 수행은 물적 시설, 정신적 혹은 신체적 노동이 결합되어 산출된다. 고객 자신이 서비스 창출과정에 참여하여 스스로 서비스를 만들든지 아니면 서비스 종사원을 도와야하기 때문이다.

- **제품의 일부로써의 인간**: 인간의 접촉이 많은 서비스에서 고객은 서비스 종사원뿐만 아니라 다른 고객과도 접촉하게 된다. 서비스 종사원이나 다른 고객의 행동이 서비스의 질을 결정짓는 요소가 된다. 따라서 서비스에서 인간은 서

비스 제품의 일부가 되는 것이다.

• **품질관리문제**: 제품은 사전에 품질을 검사할 수가 있으나 서비스는 생산과 동시에 소비되므로 실수나 결함을 숨기는 것이 힘들다. 서비스 종사원, 고객자신, 다른 고객이 관여되므로 자연히 서비스 질이 일관성이 없게 되어 품질관리가 힘들다.

• **재고가 없음**: 서비스는 행위나 수행이므로 서비스 자체를 저장할 수가 없다. 물론 필요한 시설, 장비, 노동은 미리 준비할 수가 있으나 이것은 생산능력이지 서비스 그 자체는 아니다. 시설능력을 초과하는 수요가 생기면 고객은 발길을 돌린다. 이는 재고가 없기 때문이다. 그래서 서비스에서는 수요와 시설능력을 적합 시키는 일이 중요하다.

• **시간적 요소의 중요성**: 서비스는 실제 서비스가 산출되는 시간에서만 배달된다. 병원, 식당, 미장원 등에서 고객은 차례를 기다리면서 대기한다. 적정하다고 생각되는 대기시간과 서비스를 실제 받는 시간이 어느 정도인지에 대해 소비자는 상당한 고려를 하게 된다.

• **상이한 유통경로**: 서비스는 생산과 소비의 동시성 때문에 제품처럼 직접적인 물적 유통경로가 없다. 일부 서비스에서는 전자유통경로를 이용하여 고객이 필요한 서비스를 배달받기도 한다. 서비스에서는 서비스생산, 판매, 소비가 공간적으로 구분되지 않고 통합되어 있다.

서비스의 분류

서비스는 관점에 따라 다양하게 분류될 수 있다. 우선 서비스분야에 근거하여서는 건강의료서비스, 금융서비스, 전문서비스, 지식서비스, 레저 및 환대서비스, 오락서비스, 수송 및 공익사업, 정보서비스, 공급서비스, 개인 및 유지서비스, 도소매 및 무역, 전문 및 비즈니스서비스, 정부서비스, 비영리서비스 등으로 구분할 수 있다. 고객을 기준으로 한 경우는 개인을 대상으로 하는 개인서비스(은행, 학교, 교회, 병원, 식당 등)와 다른 조직을 대상으로 하는 조직서비스(B2B)가 있다.

한편 서비스가 무엇을 대상으로 하는가에 따라 사람의 신체를 대상(의료, 호텔, 항공사, 식당 등)으로 하는 경우, 소유물을 대상(수리유지, 세탁, 조경, 소매점 등)으로 하는 경우, 인간의 마음을 대상(교육, 광고, 오락, 방송, 컨설팅 등)으로 하는 경우, 무형적 자산을 대상(회계, 은행, 보험, 법률서비스 등)으로 하는 경우로 나눌 수도 있다. 또 서비스의 과정을 기준으로 사람이나 물건 혹은 자료를 대상으로 이들에 변형을 주는 것(병원, 세탁, 데이터분석 등)이냐 아니면 단순히 이동, 배달만을 해주는 것(수송, 우편, e-mail 등)이냐에 따라서도 구분을 할 수가 있다.

1.3. 서비스의 구조

서비스경험

서비스가 무형적이라서 서비스는 고객경험(customer experience)인 것이다. 그리고 서비스의 핵심부분은 고객이 서비스조직의 어떤 측면과 직접 상호작용을 하는 서비스 인카운터(service encounter: 서비스접점)가 된다. 고객은 서비스조직에서 일하는 사람들과 그 환경(실제 상황과 가상 상황)속에서 고객 자신이 함께 서비스를 창출하는 과정에서 다양한 서비스를 실제 경험하게 된다. 서비스 인카운터를 통해서 고객은 만족과 실망에 이르는 다양한 반응을 하게 되는데 이는 서비스유형, 서비스실행, 고객인식에 따라서 감정적, 행동적 반응이 크게 달라질 수가 있다.

서비스경험의 이해는 서비스에 대한 고객반응에 도움을 주는 요인들을 파악하는 것에서 시작된다. 서비스경험은 아주 분명한 것도 있고 모호한 것도 있어 모든 경험이 같은 측면을 갖는 것은 아니다. 하지만 서비스경험에서 의미 있고 중요한 핵심요인을 파악해 추출해내면 서비스를 이해하는데 있어 로드맵의 역할을 할 유용한 서비스구조를 만들 수가 있다.

이러한 서비스 구조(service frameworks)는 여러 중요한 기능을 수행한다. 첫째, 서비스 조직이 서비스의 개개 구성요소를 분석해 봄으로써 서비스경험을 잘 이해할 수가 있다. 둘째, 다양한 서비스에 대한 의사소통을 쉽게 만드는 것은 서비스구조가 모든 서비스에 적용할 수 있는 구성요소를 포함하고 있기 때문이다. 셋째, 서비스배달을 설계하는 데 있어서 서비스조직이 무엇을 특히 중시하는지를 알게 해준다. 넷째, 고객의 서비스경험을 만들어 엮는 여러 요소간의 관계를 보다 명료하게 알 수 있게 해준다.

서비스경험의 구성요소

어떠한 서비스라도 서비스는 대체로 4개 구성요소로 이루어진다. ①서비스종업원, ②서비스 환경, ③서비스 고객, ④서비스 과정이 그것이다. 서비스종업원은 고객과 상호작용을 하는 사람으로 서비스배달을 직접 하는 사람이다(웨이터, 은행원, 요리사, 프로운동선수 등). 서비스 환경은 서비스가 고객에게 제공되는 환경(식당룸, 은행로비 등)과 고객이 쉽게 접근이 안 되는 영역(무대이면으로 조리실, 은행금고 등)이다. 서비스고객은 서비스를 받는 사람과 고객과 같이 서비스 환경을 공유하며 이용하는 다른 고객들이다. 서비스과정은 서비스를 배달하는데 필요한 활동들이 연속적으로 이뤄지는 것을 말한다.

물론 이런 것들이 서비스경험에서 모두 다 똑같이 중요한 것은 아니고 서비스의 성격과 상황에 따라 다르다. 예를 들어 병원에서 의사나 간호사의 역할과 중요성은 편의점이나 극장에서의 직원의 역할과 중요성과는 차원이 다른 것이다. 서비스경험 요소들은 서비스경험의 성격을 결정하는데 결정적인 역할을 한다. 항공서비스를 보면 고객은 조종사와 승무원, 객실, 항공기, 다른 승객들, 기내식, 비행소음, 좌석의 안락, 실내공기 순환, 조명, 장식, 화장실, 비디오와 잡지 등 다양한 서비스경험 요소들을 경험하게 되는데 이들 요소들이 서비스 상호작용에 똑같이 영향을 미치는 것은 아니며 각 요소들의 상대적 중요성은 사람에 따라, 상황에 따라 각기 달라진다. 서비스 경험을 통한 고객의 반응은 감정적인 성격이 강해 긍정적 혹은 부정적으로 나타나게 된다. 서비스 종업원의 친절하고 조리 있는 설명과 불친절하고 무뚝뚝한 대답, 청결하고 정돈된 식당과 그렇지 못한 식당에서 고객이 느끼는 감정은 전혀 달라질 수밖에 없다.

서비스경험의 구조화

고객이 서비스를 경험하는 것을 설명하는 구조 즉, 틀이 있는데 아래 설명하는 3가지 모델이 있는데 각각은 그들 나름대로의 설명의 의미가 있다.

- 서비스마케팅 믹스

전통적으로 마케팅은 기업이 고객만족을 위해 사용하는 통제 가능한 변수인 마케팅믹스(marketing mix)를 통해서 움직이는 활동으로 보고 있다. 제품을 대상으로 마케팅믹스는 흔히 4P's로 정의되는 제품(product), 가격결정(pricing), 유통(place), 촉진(promotion)으로 이뤄지는데 서비스에서는 여기에다 3P's를 추가한 참여자(participants), 물적증거(physical evidence),서비스과정(process)을 핵심 마케팅믹스로 보고 있다.

이 세 가지 요소는 모두 서비스의 독특한 속성을 반영한 것으로 서비스교환의 특성을 결정짓는 핵심요소들이다. 참여자는 고객과 관리자와 종업원 등을 말하며 물적증거는 서비스 환경과 서비스실행 전-중-후에 서비스를 촉진하고 배달하는 서비스의 유형적인 측면을 말하며, 서비스결합과정은 서비스배달을 쉽게 만드는 활동의 흐름, 절차를 말한다.

서비스조직은 이들 요소 중 한 가지 이상을 강조하거나 특화하여 차별화를 기할 수가 있다. 호텔의 경우 인테리어나 로비를 바꿔서 혹은 유능한 종업원의 채용, 훈련 방식 등을 바꿔서, 또 웹을 이용해서 체크인을 할 수 있게 하여 시장세분화를 할 수가 있다. 이와 같은 세 가지 요소는 서로 연관이 되어 하나의 요소를 강조하면 다른 요소에서 변화를 가져오게 된다. 만일 서비스 창출에서 고객의 참여를 더 강조하기 위해서 서비스의 결합과정을 재설계하면 참여자의 역할이나 서비스 환경의 변화가 필요하다. 식당에서 샐러드 바를 추가하면 손님이 샐러드를 선택할 수 있게 서비스 환경과 그 배치도 바꿔야한다.

표 1-1 _ 서비스 마케팅 믹스

•제 품	범위, 품질, 수준, 상표명, 서비스라인, 보증, 애프터서비스 등
•가 격	수준, 할인(공제, 수수료), 지불조건, 고객의 인지가치, 품질/가격 차별화 등
•장 소	위치, 접근성, 유통경로, 유통커버레지 등
•촉 진	광고, 인적판매, 판매촉진, 홍보, 대중관계 등
•사 람	종업원(훈련, 재량, 공약, 인센티브, 용모, 개인행동), 태도, 다른 고객의 행동과 관여정도, 고객 간의 접촉 등
•물적 증거	환경(가구, 색채, 배치, 소음), 편의용품, 유형적 단서 등
•과 정	정책, 절차, 기계화, 종업원재량, 고객관여, 고객재량, 활동의 흐름 등

• Survuction 구조

서비스경험의 복잡성을 구조화 하여 설명하는 또 다른 이론은 서비스(service)와 생산(production)을 결합하여 만든 Servuction, 즉 서비스생산시스템이다. 서비스생산시스템은 고객이 볼 수 없는 비가시적 서비스조직시스템(고객이 볼 수 없는)과 서비스가 만들어져 수행되는 것으로 고객이 볼 수 있는 가시적인 요소, 즉 고객들, 종업원들이 서비스 환경으로 구성된다. 고객과 종업원이 상호작용을 하여서 생긴 서비스편익을 고객은 받게 되는데 그러한 상호작용은 종업원의 능력과 태도, 다른 고객, 가시적인 요소와 비가시적인 요소로 구성된 서비스 환경에 의해서 크게 영향을 받게 되어 고객이 인식하는 서비스 질에 영향을 미치게 된다. 여기서 서비스는 서비스 실행에 기여하는 여러 요소들이 결합되어 누적된 것으로 보는 것이다. 따라서 아주 다른 서비스제품을 창출하려면 이들 요소들을 변경하고 수정해야한다. 이러한 관점은 서비스의 설계와 생산과 연관된 복잡성을 쉽게 이해할 수 있게 해준다. 이 모델에 중심에는 고객이 있으며 고객참여가 능동적 혹은 수동적일 수는 있으나 항상 서비스배달시스템에 관여한다.

▌그림 1-1 _ 서비스 마케팅의 상호작용 관계

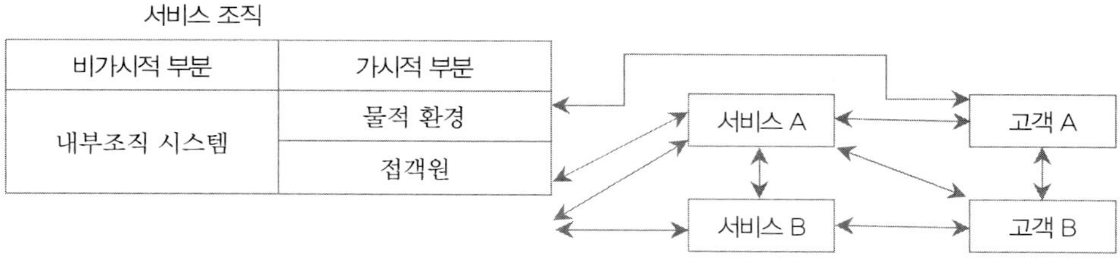

• 극 연출의 구조

서비스를 극장으로 보는 극 연출론에 근거하여 서비스극장이론은 서비스의 구조가 연극과 유사하다고 보는 시각이다. 연극처럼 서비스는 무대가 있고, 배우가 있고, 관객이 있고, 시나리오가 있는데 바로 종업원이 배우이고, 서비스 환경은 무대가 되고, 고객은 관객이 되며, 서비스과정은 일종의 시나리오라고 보는 것이다. 무대 뒤에서 의상, 조명, 소품, 음악, 미술 등은 관객에게는 보이지 않지만 연극이 제대로 공연될 수 있게 뒤에서 도와주는 활동이다.

연극에서 배우의 역할은 그들의 연기력과 외모, 행동, 분장, 의상, 소품 등이 다 어울려져서 통합적으로 관객에게 감동과 평가에 영향을 준다. 거기에 더해서 무대의 설치와 배경, 조명, 배경음악 등도 극의 분위기를 좌우하는 중요한 요소가 된다. 연극에서 무대 뒤에서 스텝들이 정교하게 기획된 대로 지원활동을 올바르게 해주어야 무대공연이 성공적일 수가 있다. 관객에게 실감나는 분위기 연출과 배우들의 뛰어난 연기를 통해서 전체공연이 좌우되는 것이다. 이러한 극 연출의 여러 측면들을 서비스에 은유적으로 비유해보면 서비스창출과정이 쉽게 이해가 된다.

연극에서 무대인 전면부와 무대 뒤인 후면부를 분리하는 것은 필수적이다. 자칫 후면부의 지원활동이 어긋나거나 시기를 못 맞추면 연극이 망쳐지는 것과 마찬가지로 서비스에서도 전면부와 후면부를 분리하는 게 당연하다. 배우가 무대 뒤에서 행동하는 것은 무대와는 다르기 때문이고 무대 뒤의 환경은 무대와는 전혀 다르기 때문에 이것이 노출되면 관객은 실망하게 된다. 식당에서 주방하고 홀을 분리하는 것도 이 때문이다. 그러나 고객이 후면부를 직접 볼 수 있게 개방하는 경우도 있다. 이것이 고객에게 신뢰감을 주고 개방 자체가 특성화가 될 수가 있기 때문이다. 식당에서 조리과정을 다 브여줌으로써 조리에 대한 신뢰를 준다. 최근에는 직접적인 대면이 아닌 TV, 메일, 인터넷 등을 통해서도 서비스조직과 고객이 상호작용을 할 수가 있기에 개방에 대한 선택은 여건에 따라 다양해질 수가 있다.

극 연출 이론은 서비스경험을 연극의 용어로 설명하고 있어 쉽게 이해가 된다. 서비스마케터는 극 연출가의 역할을 하는 사람이다. 연극의 여러 요소들을 어떻게 결합하여야만 가장 고객의 만족을 이끌어낼 수 있을지를 다각도로 고려해야한다. 여러 연출의 요소들을 달리 하면 관중인 고객은 다른 서비스경험을 하게 되는 것이다. 같은 시나리오라 하더라도 배우가 달라지고 의상이나 조명, 배경음악이 달라지면 완전히 다른 이미지의 인상을 연극에서 느끼게 되는 것과 같은 것이다. 서비스마케팅은 바로 이러한 관점에서 극 연출과 매우 유사하여 이들 극 연출의 요소들을 조화롭게 설계하는 것이 매우 중요하다.

제 **2** 장

서비스의 소비행동

2.1. 서비스소비의 본질

가치, 편익, 비용

소비는 재화나 서비스를 사용해서 없애는 과정의 행동이다. 제품의 경우는 생산의 결과물의 소비이고 서비스는 과정의 소비이다. 서비스조직이 그들의 자산, 즉 물적, 인적, 소프트웨어 등을 이용해서 서비스성과를 만들어내는 것인데 여기서 중요한 것은 바로 다른 것으로 대체할 수 없는 시간의 소비이다. 소비자들은 그들이 갖고 있는 것을 투자하여 필요로 하는 가치를 얻고자하는데 서비스의 가치(value)는 서비스에서 얻는 편익(benefits)과 그것을 얻기 위해 쓴 비용(costs)의 차이를 말한다. 소비자는 전체편익에서 전체비용을 뺀 것이 0보다 클 때(인식된 가치=전체편익-전체비용>0이면 가치인식) 가치를 인식한다.

소비자는 그가 원하는 서비스를 구매하기 위해서 지불해야할 비용을 지출해야하는데 여기에는 실제 지불하는 구매가격 외에도 기타 금전적 비용(서비스장소까지의 교통비, 주차비, 식사 등 다른 편의용품 구매 등), 그리고 비금전적인 비용(시간, 노력, 탐색, 구매와 사용과 관련된 불편함, 정신적, 신체적 노력과 소음 등 원하지 않는 감각적 노출, 불안, 걱정 등의 심리적 부담)을 부담하게 된다. 서비스구매와 사용에 관련된 비용뿐만 아니라 서비스를 구매한 후에 서비스 실패 시 문제해결을 위해 쓴 시간이나 노력, 돈과 같은 구매 후 비용까지도 부담해야한다. 총비용은 지출희생으로써 이에는 금전적인 비용 외에도 시간비용(서비스장소로 가는 시간, 대기시간, 서비스시간 등으로 이 시간에는 다른 것을 할 수가 없음), 신체적 노력(특히 셀프서비스의 경우 피로, 손상 등), 심리적 부담(처음 구매 시나 인터넷을 이용하는 경우 불안, 걱정 등), 감각적 부담(서비스 환경의 온도, 소음, 불쾌한 냄새, 조명 등) 등이 모두 포함되는 것이다.

■ 그림 2-1 _ 비용구조

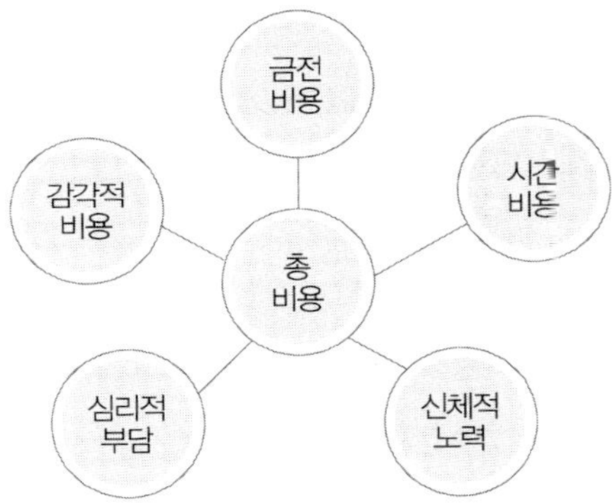

요약하면 소비자는 자신의 자산(돈, 간, 노력, 경험 등)을 지출한 총비용이 서비스를 구매함으로써 얻게 되는 총 편익 보다 클 때 가치를 인식하게 된다. 물론 편익은 고객마다 다르고, 시기와 상황에 따라 달라진다. 따라서 고객이 인식하는 가치를 높이려면 덜 비싸고, 더 편안하고, 더 빠르고, 더 개인화된 서비스를 제공하도록 노력해야한다. 물론 이런 속성은 서로 상반된 것이기에 고객의 욕구에 따라 중시하는 요소를 달리해야할 것이다.

위험인지

서비스를 구매하기 전에 소비자는 두 가지 차원의 위험을 인식하고 이를 결정에서 중시하게 된다. 먼저 소비결정에서 생길 수 있는 결과의 중요성과 위험성의 정도를 고려하게 된다. 다음으로 이런 결과의 발생에 대한 주관적인 가능성(확률)을 검토하게 된다. 암을 치료하기 위해 병원에 입원을 결정하는 경우, 암 수술은 생명과 직결되므로 환자에겐 매우 중요한 결정이고, 또 수술의 성공 가능성이 낮다면 매우 위험인지가 높은 결정이 될 것이다.

서비스는 무형적이고 이질성이 높아 표준화가 힘들어 제품보다 위험인지(perceived risk)가 높다. 서비스는 고객이 서비스창출과정에 참여를 하게 되고 생산과 소비가 분리되어 있지 않아 무슨 일이 생길지 고객 자신도 잘 알 수가 없어 더욱 위험인지가 높아진다. 그리고 서비스를 평가하는 정보측면에서도 속성상 제약이 따른다. 제품의 경우는 구매 전에 평가를 할 수 있는 탐색속성이 강하나, 서비스에서는 사용 중이나 후에야 평가할 수 있는 경험속성(휴가, 엔터테인먼트공연, 스포츠, 식당 등)이나 서비스를 사용한 후에도 제대로 평가하기가 힘든 신뢰속성(금융투자, 의료, 법률서비스, 교육 등)이 강하기 때문이다. 따라서 서비스는 실제로 서비스를 구매해서 소비해봐야 평가를 할 수 있거나, 설사 경험을 해도 평가를 제대로 할 수 없는 경우가 많기에 소비자가 서비스를 구매할 때 일말의 위험을 인지하는 것은 당연하다.

서비스를 구매할 때 다양한 위험을 인식하게 되는데 다음과 같은 유형이 있다.

- 기능적 위험(불만족스러운 좋지 않은 결과가 생기지 않을까?)
- 재정적 위험(금전적 손실, 예상 못한 비용이 생기지 않을까?)
- 시간적 위험(시간낭비나 지연이 생기지 않을까?)
- 신체적 위험(몸을 다치거나, 갖고 있는 물건이 손상되지 않을까?)
- 심리적 위험(불안감, 걱정, 공포심이 생기지 않을까?)
- 사회적 위험(주변 사람들이 부정적으로 생각하지 않을까?)
- 감각적 위험(기온, 소음, 냄새 등이 견디기 힘들지는 않을까?)

유형적인 단서가 거의 없는 서비스성과를 평가하기는 힘들다. 따라서 소비자는 잘못된 구매결정을 할 위험이 있다. 제품의 경우는 잘못된 선택을 쉽게 파악할 수가 있으나 서비스에선 그런 선택이 쉽지 않다. 특히 교육, 오락, 스포츠 등처럼 서비스 질이 마음에 들지 않아도 쉽게 대체가 어려운 경우나 투자, 회계 등 정보중심의 서비스의 경우는 너무 전문적이어서 나중에라도 알기가 힘들다.

고객은 서비스조직과 장기적인 관계를 맺고 유지하는 것이 위험이 적다고 인식하여 상표충성도나 상점충성도를 강화하게 된다. 서비스 속성상 대안의 수가 많지 않기에 다른 상표나 상점으로 전환하려면 그만큼 전환비용(switching costs)이 높아지기 때문이다. 전환비용으로는 새롭게 정보를 얻기 위한 탐색비용, 새로운 서비스제공자와의 거래비용, 새로운 서비스와 제공자에 대한 학습비용, 새로운 서비스에 친숙해지는 감정비용, 단순한 생각만으로도 시간을 쓰는 인지비용 등이 있는데 소비자로선 그만큼 위험인지가 높아지게 되는 것이다.

2.2. 고객욕구와 기대이해

소비자는 자신의 욕구충족을 위해 제품과 서비스를 구매하는데 서비스구매에서 자신이 얻게 될 것에 대한 기대에 근거해서 구매결과를 평가하게 된다. 예를 들어 여행객은 '하루 숙박료 얼마를 지불하고 투숙한 특급호텔이니 이 정도의 서비스를 받을 수 있겠구나' 예상을 하게 된다. 소비자는 생활하면서 다양한 욕구를 느끼게 되면 이를 충족시킬 행동을 취하려는 생리적, 사회적, 문화적, 개인적인 동기가 생기게 된다. 좋은 서비스를 받겠다는 소비자의 욕구와 기대는 일정한 것은 아니고 서비스조직에 따라 다르고, 서비스제공자에 따라 달라진다. 자신이 지출하고자 하는 비용의 수준에 따라 서비스수준에 대한 기대가 형성되는 것이다.

기대형성

서비스 질에 대한 인식은 고객이 갖고 있는 기대와 실제 서비스를 받은 것을 비교해서 생긴다. 서비스에 대한 고객의 기대는 이전에 서비스에 대한 직접적인 경험이 큰 영향을 미친다. 이런 경험이 없다면 타인으로부터 들은 구전, 뉴스, 광고 등 기업의 마케팅활동에 의해서 기대가 만들어진다. 시간이 흐르면 서비스제공자에 대해서 고객은 어떤 규범이 생기게 되는데 이러한 규범은 고객의 경험, 기업의 광고, 가격, 물리적 외양, 종업원 등에 의해서 서서히 강화된다. '삼년 전에 방문했던 그 호텔 참 좋았어. 나만 그런 게 아니고 거길 가본 사람들 모두가 좋다고 하지. 최근에 호텔을 리모델링 하고 여러 가지 옵션을 개발했다는 호텔광고를 보았어. 아마 훨씬 더 좋아졌을 거야' 생각하는 고객의 기대가 좋은 예가 된다. 물론 이런 기대가 개인적으로 형성되는 것이지만 어떤 측면은 사회문화적으로 형성된 것들도 있다.

고객은 서비스를 구매하고자 할 때 스스로 기대를 갖고 있는데 이러한 기대의 구성요소는 바람직한 서비스(desired service)로 나타날 것이다. 이는 고객이 받고 싶어 하는 이상적인 서비스로 가능하고 당연히 그래야하는 것으로 여기는 서비스이다. 하지만 현실적으로 항상 그럴 수 없다는 것을 잘 안다. 그리하여 고객은 불만족 없이 수용할 수 있는 최소수준의 서비스를 현실적으로 생각하는데 이를 적정한 서비스(adequate service)라 한다. 적정한 서비스는 서비스제공자가 표명한 것, 구전을 통해서 알게 된 정보, 그리고 고객 자신이 서비스조직에서 직접 해본 경험에 의해서 생긴 일종의 명시적 혹은 묵시적인 약속의 서비스수준인 것이다. 하지만 고객은 어떠한 상황에서 실제 받을 것이라고 예상하는 서비스수준이 있다. 만일 좋은 서비스를 받을 것이라 예상되면 적정한 서비스도 그 수준이 더 높아질 수가 있다. 반대로 서비스가 좋지 못할 것이라 예상한 경우는 적정한 서비스도 그 수준이 더 낮아질 수가 있다.

허용영역

서비스의 이질적인 속성 때문에 서비스배달은 같은 기업, 같은 종업원, 같은 시간대이라도 서비스수준이 동일할 수가 없다. 이러한 어려움을 고객도 잘 알기 때문에 항상 일관된 서비스를 받을 것이라고는 기대하지 않을 것이다. 고객의 입장에선 일관된 수준의 서비스를 받으면 좋겠지만 그렇지 못한 것이 현실이기에 서비스수준의 변동을 어느 정도로 수용하려고 하는데 그 정도를 허용의 영역(tolerance zone)이라 한다. 기대한 것 이상으로 서비스가 좋았을 경우 고객은 기쁨과 만족을 경험한다. 반면에 기대이하의 서비스를 받았을 경우는 불만족과 불안을 느끼게 된다. 허용의 영역은 고객으로선 만족하지는 않지만 이 정도라면 봐주고 넘어갈 수 있다고 생각하는 범위이다. 이 범위를 위로 넘어서면 긍정적으로 만족이 생기고, 그 아래로 넘어서면 부정적으로 불만족이 생기는 영역이다. 호텔에 투숙한 고객이 기대한 것보다는 못 미치지만 그래도 가격대에 비춰봐서 이 정도의 서비스수준이라면 그냥 참고 넘길만하다고 보는 서비스수준의 영역이다.

허용영역은 가격이나 경쟁, 특별한 서비스 속성에 대한 고객의 인식에 따라서 높아지기도 하고 낮아지고 하여 그 영역이 넓은 경우도 있을 수 있고, 아주 좁아질 수도 있다. 이들 요인들이 적정한 서비스수준에 영향을 주게 된다. 고객

그림 2-2 _ 바람직한 서비스와 적정한 서비스에 영향을 미치는 요인들

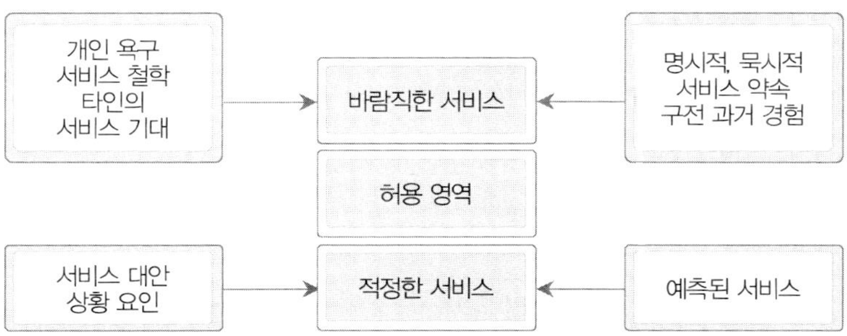

이 생각하는 바람직한 서비스수준은 고객의 경험이 쌓여감에 따라 자연적으로 그 수준이 높아지게 될 것이다. 이처럼 서비스수준에 대한 고객의 기대수준과 허용영역을 서비스조직은 잘 파악하여 고객만족을 높이고 불만족을 줄일 수 있는 방안을 강구해야한다.

2.3. 구매의사 결정과정

소비자구매 의사결정 과정

서비스 환경에서의 소비자들의 의사결정과정은 크게 구매 전 단계(문제인식, 정보탐색, 대안 평가과정), 서비스인카운터 단계, 구매 후 평가단계로 구분할 수가 있다.

- 문제인식

  소비자가 특정의 서비스에 대해서 필요와 욕구를 느낄 때 그것을 해결하려는 문제인식이 생긴다. 여기서 필요(needs)는 불만족한 상태로 이를 좋게 할 행동을 촉진하는 소비자의 상태로 예를 들어 배가 고프다, 휴식하고 싶다, 자고 싶다 등과 같이 인간의 원천적인 욕망을 말한다. 욕구(wants)는 불만족한 상태를 절대적으로 개선하는 것보다는 더 많은 만족을 얻기 위한 욕망으로 대개는 후천적 혹은 문화적인 성격이 강하다. 예를 들어 배가 고프면 한식, 양식, 중국식 등을, 휴식하고 싶으면 영화보기, 여행하기, 골프 하기 등처럼 자신이 더 만족할 수 있는 것에 대한 욕망이 생기게 된다.

  따라서 문제인식은 무엇인가가 결핍되거나 충족되지 않은 욕구가 있을 때 생기는 것이다. 이러한 문제인식을 자극하는 단서로는 서비스조직의 광고와 같은 촉진활동(상업적 단서)이나 가족이나 친구의 영향(사회적 단서), 소비자의 갈증이나 허기 등(생리적 단서)이 그러한 필요와 욕구를 불러일으키는 것이다. 보험회사의 암보험광고와 보험설계사의 권고, 친구의 권유로 암보험에 가입하는 것과 같이 현재 상태에서 결핍되어있거나 충족되지 않은 욕구가 생기면 소비자는 그 문제를 해결하고자하는 문제인식이 생긴다. 다시 달해 바람직한 상태와 현재 상태를 비교하여 그 갭이 클수록 문제인식은 강해진다.

그림 2-3 _ 구매의사결정과정

정보탐색

소비자는 여러 대안에 대한 정보를 탐색하는데 모든 가능한 대안을 모색하는 것은 아니다. 소비자는 자신의 과거 경험이나 편의성, 지식 등을 이용해서 찾는 대안의 수를 줄이려고 한다. 이 때 소비자가 인식하고 있는 대안을 인식된 대안이라 하고, 소비자가 결정을 할 때 떠오르는 대안을 환기된 대안이라 하고, 이들 대안 중 너무 비싸거나 멀리 떨어져 있는 것을 뺀 나머지 대안을 고려중인 대안이라 한다. 소비자는 먼저 자신의 기억 속에서 관련된 정보를 탐색하는 내부탐색을 한 후, 그래도 정보가 부족하다 싶으면 적극적으로 외부탐색을 시작한다. 일상적인 구매나 구매위험이 낮으면 특정한 서비스제공자를 선택한다. 그러나 구매가 처음이거나 위험인지가 높은 경우 광범한 정보탐색을 하여 잠재적 서비스제공자를 확인하고 구매결정 전에 대안들을 각각 평가한다. 경험품질이거나 신뢰품질의 속성이 강한 서비스에서는 위험인지가 높아서 구매와 소비 전에 평가하기가 힘들다.

위험인지가 높으면 소비자는 불안해져 그런 위험을 줄일 방법을 찾게 된다. 즉, 존경하고 믿을 수 있는 사람(가족, 친구, 이웃 등)으로부터 정보를 구하거나, 평판이 좋은 기업을 이용하거나, 보증을 해주는 기업을 찾거나, 서비스기업을 직접 방문하여 구매 전에 서비스의 여러 측면을 살펴보거나, 지식이 있는 종업원에게 경쟁하는 서비스에 대해서 질문을 하거나, 유형적인 물리적 단서를 검토하거나, 인터넷을 이용해서 서비스제공을 비교한다. 결국 소비자는 위험인지를 크게 느낄수록 정보탐색을 더 적극적으로 하게 된다.

서비스에서는 무형성 때문에 대량광고가 힘들고 효과적이지 못한 관계로 친구나 가족, 동료, 여론선도자 등과 같은 개인적 정보원천이 중요하다. 이들로부터의 정보와 그들의 판단은 사회적 위험을 줄이는 원천이기 때문이다.

- 대안평가

서비스는 대개 각각의 서비스제공자가 한 가지 브랜드만을 제공하고, 동일한 서비스를 제공하는 서비스조직이 특정 지역 내에서 소수인 경우가 많고, 구매 전에 활용할 수 있는 정보도 부족한 관계로 소비자가 고려할 수 있는 대안의 숫자가 적다.

소비자는 정보탐색 결과 확인된 대안들을 평가하는데 있어 직관에 의한 비체계적인 대안평가를 하거나, 다속성 평가모델(multi-attribute model)처럼 체계적인 대안평가를 거쳐서 결론에 도달한다. 다속성 평가모델은 대안을 평가할 때 준거하는 기준과 가중치를 고려한 기준별 평가점수를 합하여 가장 높은 점수를 받은 대안을 선택하는 것이다. 이에는 선형적 보상방식(linear compensatory approach)과 사전편집방식(lexicographic approach)이 있는데, 선형적 보상방식은 각 대안의 평가(속성점수×가중치)에서 총점수가 가장 높은 대안을 선택하는 방식이다. 반면에 사전편집방식은 평가에서 관련된 노력을 최소화하려는 것으로 가장 중요한 속성부터 시작해서 해당되지 않는 것을 탈락시키고, 그 다음 속성에서 미달되는 대안을 차례로 탈락시켜가는 방식이다.

다속성 평가모델은 소비자가 고려중인 여러 대안의 리스트이고, 구매결정시 소비자가 고려하는 속성들의 리스트이고, 각 속성에 부여된 가중치를 알 수 있고, 특정 기업과 연관된 소비자의 신념과 경쟁자와 연관된 소비자의 신념이 점수로 반영된다는 장점이 있다.

- 서비스인카운터 단계

서비스를 구매하기 전에 서비스종업원으로부터 서비스를 직접 받지 않고 셀프서비스로 하는 것도 하나의 대안이다. 하지만 그것은 특별한 상황이고 대개는 서비스종업과 서비스 환경 간의 상호작용을 통해서 서비스를 구매-사용하는 과정을 고객이 경험하는 것이다. 이 과정은 서비스에서는 분리된 것이 아니고 하나의 과정이나 서비스가 무형적이어서 폐기처분과는 무관하다.

소비자가 서비스를 선택해서 구매하고 이용하고 종료하는 활동인 서비스 인카운터 단계는 소비자와 서비스제공자가 상호작용을 하는 기간이다. 소비자가 구매결정을 한 후에 서비스제공자와 계약을 하고 서비스를 신청함으로써 시작된다. 이 단계에서 고객과 서비스제공자간의 접촉인 소위 진실의 순간(Moment of Truth)이 일어나는 것이다. 예약, 주문 등은 고객과 종업원간의 직접적인 개인적 교환형태나 전화, 메일, 인터넷 등 비개인적인 교환형태를 취한다.

고객과의 접촉이 높은 경우 직접 대면하여 상호작용을 하는 종업원들의 태도와 행동 등은 서비스 질의 중요한 단서가 되어 매우 중요하다. 물론 낮은 접촉의 서비스에서도 마찬가지이다. 서비스에 대해서 많은 지식과 경험이 있는 고객은 종업원이 어떻게 서비스를 제공할지 마음속에 각본을 갖고 있는데 그 각본대로 실행이 안 되면 실망하게 된다. 그리하여 종업원이 충분히 학습을 쌓고 올바른 태도와 정신으로 서비스를 제공하는 것이 중요하다. 그 다음으로 건물, 실내장식, 가구, 장비, 냄새, 소음, 조명, 다른 고객의 외양과 행동 등 다양한 유형적 특성을 포함하고 있는 서비스 환경이 서비스 인카운터 단계에서 고객행동에 영향을 미치는 또 다른 요인이다. 그리고 재료, 소모품, 장비 등을 지원해주는 후면부의 지원서비스가 없이는 서비스가 제대로 수행될 수가 없다. 아울러 다른 고객들의 외양이나 행동도 서비스 인카운터에 영향을 미친다. 예를 들어 식당에서 옆 테이블에서 시끄럽게 떠드는 다른 손님의 행동이나 음악회에서 코를 골거나 잡담을 하는 사람의 행동은 서비스 인카운터 단계에 나쁜 영향을 미치는 또 다른 요인이다. 그러나 경기장에서 서로 열심히 응원하는 다른 고객의 행동은 긍정적인 상호작용이라 할 수 있다.

고객은 서비스를 소비하는 과정인 인카운터에서도 여러 번 자신이 기대하였던 것과 실제 제공되는 서비스를 비교해서 평가를 하게 된다.

• 구매 후 평가단계

고객은 서비스를 받는 도중이나 후에 서비스평가를 계속하게 된다. 고객은 이 평가과정을 통해서 서비스 질을 평가하고 만족여부를 경험하게 된다. 이 평가과정의 결과는 충성도, 애호, 구전, 추천 여부 등 미래의도에 영향을 미친다. 만일 서비스 질에 대한 평가가 기대이상이면 만족하게 되나 기대이하면 불만족과 불평행동으로 이어진다. 기대하지 못한 정도의 큰 결과를 가져오는 경우 고객은 기쁨을 느끼게 되고, 기대와 결과가 동일하면 만족을 느끼게 된다. 기대이하의 결과로 생긴 불만족으로 인해 고객은 자신이 선택한 결정에 대해서 의구심을 갖고 자신의 구매결정을 후회하거나 자책하고 분노를 느끼는 심리상태를 경험하게 된다. 이러한 소비자의 심리상태를 흔히 인지적 부조화(cognitive dissonance)라 한다.

인지적 부조화는 소비자에게 부정적인 심리상태이므로 소비자는 합리화와 일반화를 통해서 자신의 결정에 대한 변명을 하여 이를 회복하려는 노력을 하게 된다. 합리화는 자신의 결정을 어떤 측면에선 잘못되었지만 다른 측면에서는 만족할만한 것이 많아서 충분히 잘된 결정이라고 생각하는 것이다. 비록 식당의 음식은 만족스럽지 못해서 불만족하지만 객실이나 경관은 좋지 않으냐하는 식으로 자신의 결정이 옳았다고 합리화하는 것이다. 일반화는 불만족한 상태에서 자신이 대안 평가 시 선택하지 않은 대안도 결과적으로 같은 결과를 가져왔을 것이라고 생각하는 것이다. 다른 식당이나 호텔을 가보아도 결과는 모두 비슷비슷할 것이라고 생각하는 경우 고객은 위안을 얻어 마음이 편해질 것이다.

이와 같은 인지적 부조화에 대해서 서비스조직은 적절한 대응을 하여 이를 최소화시켜야한다. 고객이 올바른 결정을 했다고 확신시키는 노력이 필요하다. 즉, 판매 후 고객과 접촉하여 전화나 편지, 메일 등으로 결정에 대한 확신을 높이고 광고나 보증으로 불안감을 줄여주고, 고객이 활용할 합리화 자료를 제공하는 게 바람직하다.

서비스에 대한 평가는 사회적, 심리적, 상황적인 변수가 작용하는 복잡한 과정이다. 서비스만족은 믹스요인과 다른 관련 요인들이 복합적으로 작용해서 생기는 것인 만큼 서비스조직은 고객의 경험을 조절할 수 있는 능력이 중요하다. 고객과 종업원, 고객과 고객, 종업원과 작업환경과 지원시설, 고객과 서비스 환경 간의 상호작용이 원만하게 이뤄질 수 있도록 세심한 신경을 쓸 필요가 있다.

서비스구매과정의 예

「K씨는 30대 후반의 회사원(연령, 직업)으로 대학을 졸업한 후(교육) 줄 곧 영업직에서만 일해 현재 과장직(사회적 지위)을 맡고 있는 비교적 깔끔한 외모에 신경을 쓰며 유행에 민감한(라이프 스타일, 성격) 남자이다.(성) 토요일 오후 그는 시간도 있고(상황적 제약요인) 기분도 전환할 겸(신체적, 심리적 욕구) 또 최근 회사의 단발지시(조

직내 규범)도 있던 차에 이발을 하려고 마음을 먹었다.(문제의 인식)

그는 어디서 이발을 할지 생각해 보았다.(정보탐색) 먼저 전에 여러 번 가봤던(과거경험) 이발관, 출퇴근 시 오가며 보았던 이발관, 동료들이 한번 가보라고 권했던 이발관(구전), 신장개업을 했다고 돌린 전단에서 본 이발관(서비스 기업의 촉진활동)이 떠올랐다. 그는 각 이발관에 대해서 생각해본 후(대체안 평가) 신장개업을 한 이발관의 광고내용도 그럴듯하고 서비스도 좋을 것 같아 그곳으로 가기로 정했다.(대체안 선택) 회사에서 몇 정거장 떨어진 이발관까지 걸어가서 그 이발관에 들어서자(준비행동) 예상했던 대로 분위기가 마음에 들었다.(평가 1) 실내장식, 시설, 종업원의 외모나 태도가 우선 마음에 들어 의자에 앉았다.(구매선택) 그가 원하는 머리 모양을 얘기해준 후 이발을 시작되었다.(사용) 이발사의 이발하는 자세와 태도가 매우 정성을 들이는 것 같았고 특히 그의 재미있는 말솜씨는 그를 즐겁게 만들었다.(평가 2) 머리를 감고 세면을 한 후(폐기처리) 화장을 하고 제공한 음료수를 마신 후 요금을 묻자 예상보다 낮았다. 그는 이만한 이용서비스를 그 요금수준에서 받을 수 있다는 사실에 매우 흡족해 했다.(평가 3) 그는 다음에도 다시 오기로 마음을 먹고 다른 직원들에게도 한번 이용해 볼 것을 권고했다.(구매 후 행동)」

위의 예는 이용서비스를 구매할 때 흔히 경험하는 일들을 기술한 것이다. 예에서 보듯이 성, 연령, 관습, 사회적 지위, 규범, 문화, 성격, 라이프 스타일, 구전, 광고, 시간적·신체적·금전적 여건, 거리와 위치, 분위기, 시설, 종업원의 기술, 태도, 열의, 외모, 화술, 기타 제공한 물품의 질, 다른 고객의 행동 등이 직간접으로 구매자의 의사결정과 평가에 영향을 미치고 있음을 알 수 있다.

2.4. 소비자행동의 영향요인

서비스의 소비자행동에서 구매의사결정과정에 영향을 미치는 요인 중에는 사회적 동물로서 인간이 행하는 개인상호 간의 영향요인과 소비자 개인의 심리적 요인으로 크게 구분할 수가 있다. 개인상호 간의 영향요인으로는 문화적 영향, 사회적 영향, 가족의 영향이 있다.

사회적 영향요인

• 문화

문화(culture)는 소비자행동에서 가장 광범위하게 영향을 미치는 요인으로써 사회구성원으로 인간이 상호의사소통을 하고 해석하고 평가하는데 도움을 줄 수 있는 여러 가치, 아이디어, 태도, 기타 의미 있는 상징의 집합체이다. 문화는 사회적으로 학습되고 공유되며 세대에 걸쳐 전수된다. 문화적 가치는 구성원들의 행동규범에 영향을 미침으로써 구체적인 소비자 행동에 영향을 미친다. 문화적 가치는 변하는 것이지만 거기에는 쉽게 변하지 않는 핵심적 가치가 있다. 동양문화와 서양문화 간에는 많은 차이가 있으나 빈번한 상호교류를 통해 최근 동질적인 성향을 많이 띄게 되었다. 효율성, 실용성, 개인주의, 자유추구, 젊음추구 등은 세계적으로 공통의 가치로 확산되고 있다.

• 소문화

문화는 동질성만을 갖는 것이 아니라 여러 개의 하위문화 혹은 소문화(subculture)에 따라 이질성을 갖게 된다. 인종, 국적, 연령, 지역, 종교 등에 따라 상이한 가치와 생활양식을 갖고 있다. 청소년문화 혹은 신세대문학라 불리는 젊은 연령층의 문화는 기성세대의 문화적 가치와는 상당한 차이를 보이고 있다. 이런 차이는 새로운 서비스를 창출시키고 있는 것이다. 기존의 다방과 청소년이 이용하는 록카페는 세대 간의 문화적 가치 차이를 잘 반영하고 있는 하나의 예이다.

• 준거집단

어떤 집단의 가치구조나 기준이 한 사람의 행동에 영향을 미칠 때 그런 집단을 준거집단(reference group)이라 한다. 우리 사회는 타인 지향적이므로 다른 사람들의 인정이나 승인을 받고자하는 욕구가 강해 어떤 결정에 있어 영향력 있는 사람들의 의견을 매우 중시하고 있다. 이런 경우 서비스 구매자는 자신의 동기와 태도뿐만 아니라 자기가 관계를 맺고 있는 준거집단의 동기와 태도에 따라 행동하게 된다. 서비스의 구매 및 소비패턴도 사회에서 자기가 갖고 있는 상대적 위치에 따라 크게 달라진다. 서비스 구매자행동에 영향을 미치는 두 가지 중요한 준거집단은 회원집단과 열망 집단일 것이다.

회원집단(membership groups)은 문자 그대로 어떤 공통적인 속성을 가진 집단에 개인이 속하게 된 경우 그 집단을 회원집단이라 한다. 서비스 마케터는 이런 집단을 중요시 여겨야 하는데 이들이 개인에게 미치는 영향이 매우 크기 때문이다. 가족, 친구, 동료 등에게 인정받고, 도움을 받기 위해 서비스 구매자는 집단 구성원이 인정하는 방식으로 행동함으로써 사회적 위험을 줄이려 한다. 회원집단은 강력한 통제수단이 되는 보상과 처벌을 이용해서 그들의 규범과 행동패턴을 따를 것을 강요한다. 이것이 명시적인 경우도 있지만 대부분의 경우 구성원들은 그래야한다고 인식하고 있다. 점잖은 어른이 청소년이 많이 가는 카페를 기피하는 것도 이 때문이다.

열망집단(aspiration groups)은 개인이 나중에 소속되기를 바라는 집단이다. 이런 집단에 속하고 싶은 열망 때문에 이미 그 집단에 속한 사람들의 행동패턴을 수용하게 된다. 로타리 클럽 등이 지역사회에서 유지들로 구성되기에 그런 인정을 얻기 위해 가입을 원하는 경우가 한 예가 된다. 반대로 그런 집단에 속하고 싶지 않은 회피집단도 있다. 준거집단이 하나의 개별적인 준거인물에 의해 이루어지는 경우 예를 들어 광고물에서 연예인 혹은 인기 스포츠맨 등이 특정서비스에 대해 어떻다고 말하게 되면 그것이 비슷비슷한 서비스를 제공하는 서비스업의 경우 상당한 영향을 미치게 된다. 이들을 하나의 대변자로서 내세워 선택적 애고(단골)를 강화시킬 수 있어 이들이 서비스 마케터의 관심의 초점이 되는 것이다.

• 사회계층

사회계층(social class)도 구매자 행동에 영향을 미치는 중요한 요소이다. 사회계층구조는 보통 직업, 소득, 학력, 주거지 및 주거유형에 의해 결정된다. 이런 것들에 의해 사람들의 상이한 신분계층과 라이프 스타일이 생긴다는 것이다. 보편적으로 하층계급은 생각이 현실적이고 서비스보다는 물질소유를 더 선호한다. 상류계층의 경우 소득이 많아 서비스 수요가 늘다.

• 여론선도자

모든 집단은 여론선도자(opinion leader)를 갖고 있는데 이들은 다른 구성원을 위해 정보원천으로 기여한다. 새로운 서비스에 대해 관심과 정보를 남보다 많이 갖고 있고 먼저 구매해본 후 그 내용과 평가를 타인에게 전파한다. 이들은 타인에게 정보와 조언을 제공하므로 개인상호 간의 커뮤니케이션에서 결정적인 역할을 한다.

• 가족

구매결정에서 중요한 역할을 하는 가족은 가족구성원간의 밀접하고 지속적인 관계 때문에 개인에 대한 집단의 영향중에서 가장 강한 영향을 미친다. 대부분의 사람들은 일생동안 적어도 두 가정의 일원이 된다. 하나는 자식으로서, 다른 하나는 부모로서의 역할이다. 가정은 외부의 자극과 영향을 여과시켜 다른 가족에 전달하는 여과기능, 어렸을 때부터 문화적 요소를 자녀에게 학습시키는 사회화기능, 친밀한 접촉을 통해 유사한 가치와 태도를 갖게 하는 동일화기능, 개인의 요구와 가족공동의 욕구를 조절하는 절충기능을 통해 소비자 행동에 영향을 미친다.

또 가족의 의사결정에서 역할(정보제공자, 영향자, 결정자, 구매자, 소비자)과 의사결정의 지배성에 따라 남편 주도적, 부인 주도적, 공동결정, 자율결정으로 구분된다. 가족의 생활주기(family life cycle)에 따라 각 단계별 요구되는 제품이나 서비스가 다르므로 세분화에 유용한 기준이 된다.

심리적 영향요인

소비자 행동에 영향을 미치는 개인적인 영향요인은 개인의 욕구와 동기, 지각, 태도, 학습, 자아개념 등이 있다.

- **서비스 욕구와 구매동기**

소비자는 자신들의 욕구와 구매동기에 따라 다양한 서비스에서 하나를 선택하게 된다. 매슬로우의 욕구단계설(Maslow's hierarchy)에 의하면 인간은 가장 우선적인 욕구중심으로 계층화가 되는데 높은 수준의 욕구는 낮은 수준의 욕구가 충족될 때까지 행동의 자극으로써 움직이지 않는다는 것이다. 인간은 가장 기본적인 생리적 욕구(의식주)가 충분히 만족되었을 때 안전 혹은 안정의 욕구(신체적, 재무적, 직업적 안전)가 나타난다. 다음에는 높은 수준의 욕구인 사회적 욕구(인정, 사랑, 개인 간의 조화)가 나타나고, 다음에는 자존심의 욕구(자기존경, 특권욕)가 마지막으로 자아실현 혹은 자기 성취욕구가 나타난다고 하였다.

▌그림 2-4 _ Maslow의 인간욕구단계

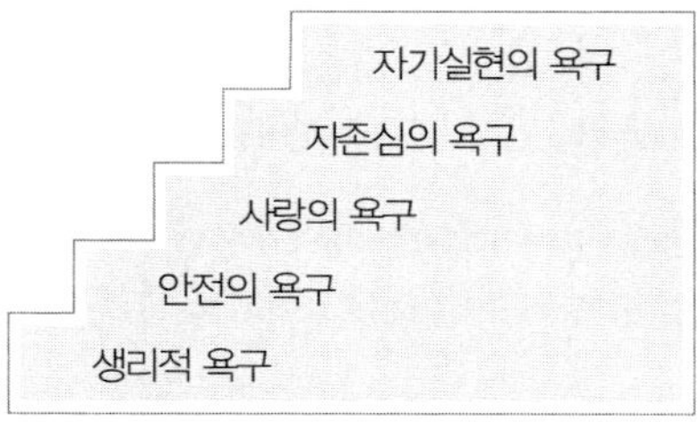

많은 서비스가 낮은 수준의 욕구와 관련된 서비스이다. 음식이나 물에 대한 욕구는 유형적 만족을 필요로 하지만 지진 발생 시 적십자사의 구호활동같이 긴급사태시에는 서비스의 영역이 된다. 패스트푸드 식당도 이런 욕구충족을 위한 서비스라 볼 수 있다. 주거욕구도 집을 사면되지만 호텔 이용이나 임대해서 사용하는 경우는 서비스가 된다. 안전욕구는 경찰, 군대, 소방서와 같이 공공보호도 있지만 경비, 도둑방지, 보디가드, CCTV 등과 같이 사적보호도 있다. 재무적 안전은 각종 보험, 투자수단 등이 여기에 해당된다. 이런 욕구들을 충족시키려는 서비스 기관의 여러 가지 독창적인 혁신이 급격히 증가하고 있다. 그러나 진정한 서비스 마케팅의 발전 기회는 바로 높은 수준의 인간욕구를 충족시키는데 있다. 전통사회가 붕괴되고 사회가 개인화됨에 따라 인간은 타인으로부터 인정받기를 원하며 타인과의 관계를 맺기 위한 여러 노력을 하게 된다. 소득이 늘고 여유시간이 많아짐에 따라 스스로 하기 보다는 서비스를 이용하려는 경향이 높아진다. 특히 자존심 혹은 자기실현의 욕구는 종교활동, 교육, 오락, 여행, 모임, 여가, 문화예술, 봉사활동 등에 큰 영향을 미친다.

• 지각

지각(perception)은 감각기관을 통해 들어온 자극에 대해 인간이 어떤 의미를 부여하는 것을 말한다. 어떤 대상에 대한 지각은 자극요인(물리적 요인)과 개인적 요인(감각처리과정, 경험, 동기, 기대 등)의 특성이 서로 작용한 결과로 나타난다. 지각과정은 자극으로부터 노출, 감각 및 주의, 해석이라는 과정을 거치게 되는데 이 과정에서 인간은 자신의 동기나 기존의 신념 및 태도를 강화시켜 주는 쪽으로 자극을 선별적으로 받아드리고 주의를 기울이고 해석한다. 이런 과정을 선택적 지각(selective perception)과 주관적 해석(subjective interpretation)이라 한다. 서비스에서는 구매 전에 서비스의 질을 판단할 수가 없어 물리적인 환경이나 종업원의 외양 등을 보고 자신이 어떠한 서비스를 받을 것인지를 주관적으로 판단하게 된다.

• 태도

태도(attitude)는 일반적으로 일정기간에 걸쳐 자극에 대해 반응하는 학습된 방법이라고 정의된다. 여기서 '학습된'이란 말은 태도가 과거 및 현재의 지식과 경험 위에서 형성됐다는 의미이다. 학습이 오랜 시간에 걸쳐 형성되므로 실제 및 잠재고객의 마음속에 잘 구축되어 있는 것이다. 태도는 일단 형성되면 변화하기가 힘들다. 특정 서비스에 대해 이미지 혹은 신념이 형성되려면 여러 태도가 뭉쳐진다는 사실은 마케터가 유념해야 할 내용이다. 소비자는 서비스의 무형성과 기타의 특성 때문에 서비스 제공자간의 차이를 명확하게 구분하기가 힘들다.

그래서 특정 서비스 기업의 이미지는 소비자 마음속에 그 기업이 어떻게 인식되는지를 보여주는 유일한 요소로 인식된다. 이미지는 아주 빨리 형성될 수가 있다. 한 종업원의 행동을 통해 소비자는 특정 서비스 기업이 친절하다 불친절하다 혹은 능력이 있고 없고를 판단하게 된다. 이미지도 일단 형성이 되면 오랫동안 지속된다.

- 학습

소비자 행동은 대부분 본능적인 반응이라기보다는 경험이나 사고를 통해서 학습된 결과로 나타난 것이다. 학습(learning)은 경험이나 사고의 결과로써 행동의 변화가 오는 과정이다. 학습과정은 행동을 일으키는 강한 자극인 추동(drive; 공포, 자부심, 경쟁심, 고통회피 등)이 있고, 그러한 추동을 유발시키는 단서(cue)가 있어야한다. 추동과 단서는 그에 대한 적절한 반응을 낳고 이것은 추후 긍정적인 강화(reinforcement)로 나타난다. 예를 들어 배고픔을 느낀 사람이 식당 간판을 보고 식사를 할 것을 결심한 후 식당에 들어가 식사를 마친 다음 매우 만족하여 다시 그 식당을 찾을 것을 결심했다면 그는 긍정적인 강화를 경험한 것이다. 학습은 직접적인 경험뿐만 아니라 광고나 타인의 구전 혹은 통찰력에 의해서도 형성된다.

- 자아개념

인간은 자기 자신의 신체적, 정신적, 사회적으로 어떠한 모습의 인간이라는 자아개념(self-concept) 혹은 자기이미지를 갖고 있다. 이런 자아개념은 소비자 행동에서 중요한 역할을 하는데 소비자는 자기의 이미지와 같거나 혹은 이를 강화시킬 제품이나 서비스를 구매하고자 한다. 골프를 치는 사람은 자신이 돈도 많고 사회적으로 높은 신분이며 사교적임을 은연 중 나타내고 싶어 하는 자기이미지를 갖고 있다. 자기이미지는 서비스의 유형과 서비스의 상점이미지와도 연관이 있어 소비자는 자신의 이미지와 걸 맞는 상점을 선택한다.

제 3 장

서비스배달시스템

3.1. 서비스배달시스템의 개념과 구성

서비스는 생산과정에서 서비스를 창출할 뿐만 아니다 동시에 그것을 고객에게 전달하고 있어 서비스배달시스템(service delivery system)은 소비자가 참여하는 과정이다. 제조업의 생산-유통시스템과 유사한 이 시스템은 서비스 개념을 실현하는 시스템이다. 서비스에서는 생산과 소비를 분리할 수 없어 이 부분이 서비스 제공의 핵심 부분이 된다. 이러한 동시성은 강한 서비스기업-고객 간의 상호작용을 낳게 된다. 즉 고객이 서비스의 투입과정이나 조립과정에 참여해야 하는데 이는 서비스 배달자(종업원)와 직접적인 대면관계를 발생시킨다.

이러한 서비스의 생산·배달·소비과정에서 판매자와 구매자간의 상호작용이 일어나며 그것이 소비자의 구매결정과 재구매 결정이 큰 영향을 미친다. 또 서비스에서는 교환이 일어나는 시기의 물적 환경이 고객만족에 큰 영향을 미친다. 물적 환경이 서비스 산출에 직접 관여하기도 하고 서비스에 대한 소비자의 기대형성에 큰 영향을 미치기도 한다.

이렇게 볼 때 서비스 배달시스템은 서비스를 제공하는 종업원(넓게는 서비스 제공자), 소비자, 물적 환경이 상호 결합되어 서비스를 생산-배달-소비하는 과정이나 절차라 할 수 있다.

서비스의 설계와 배달

서비스 조직은 서비스의 창출을 위해 서비스를 설계하고 이를 창출하여 배달하고 평가하는 단계를 거치게 된다.

① **기업의 목표와 지원**: 기업목표를 세우고 그런 목표를 달성하려면 현재 혹은 미래에 어떤 자원을 얼마나 확보해야 하는지를 평가한다.

② **시장기회분석**: 시장과 경쟁자를 분석하여 마케팅 기회를 파악한다. 어떠한 특성을 갖고 있는 서비스로 어떤 세분시장을 공략할지 결정한다.

③ **자원배분분석**: 특정 세분시장을 공략할 전략을 수행하는데 있어 필요한 물적시설, 장비, 정보, 커뮤니케이션 기술, 인적자원을 할당한다.

④ **서비스 마케팅 개념수립**: 어떤 편익의 서비스를 제공할 것인지와 제공에서 발생되는 비용을 명확히 한다. 여기서 핵심 서비스와 주변적 서비스는 무엇인지, 서비스의 신뢰성수준은 어떠한지, 고객은 언제 어디서 그 서비스를 이용할 수 있는지를 밝히고 그런 서비스 편익을 획득하려면 어느 정도의 비용, 시간, 정신적 갈등과 신체적 노력이 요구되는지를 기술한다.

⑤ **서비스 생산운영개념의 수립**: ⓐ 서비스 생산의 지리적 범위(서비스 지역을 어디로 할 것인가? 단일장소로 할 것인가? 여러 지역으로 할 것인가? 시설의 설계와 비치는 어떻게 할 것인가?)

ⓑ 서비스 생산의 스케쥴(서비스 생산의 시간/일/계절은 어떻게 할 것이며 지속적 생산인가 간헐적 생산인가? 만일 간헐적 생산이라면 그 빈도는?)

ⓒ 시설설계와 배치

ⓓ 생산운영자산의 전개(특정 서비스 수행을 위해 생산자산을 언제, 어디서 사용할 것인가?)

ⓔ 중간상과 고객의 자산을 통한 조절(중간상의 생산자산을 이용할 것인가? 고객의 자산(셀프서비스)을 이용할 것인가?)

ⓕ 전면부와 후면부의 과업할당(어떤 과업을 고객이 볼 수 있는 전면부에서 할 것인가? 아니면 볼 수 없는 후면부에서 할 것인가?)

⑥ **서비스 배달과정:** ⓐ 어떤 단계, 어떤 순서로, 어디서, 언제, 어떻게 서비스를 배달할 것인가?

ⓑ 기업이 모든 서비스 단계를 책임져야 하는가? 아니면 일부를 중간상에게 위임할 것인가(예약, 정보제공 등)?

ⓒ 고객과의 접촉은 고객이 오는가? 서비스 기업이 가는가? 아니면 우편이나 전화로 접촉하는가?

ⓓ 서비스를 집단적으로 제공하는가? 개별적으로 제공하는가? 또 셀프서비스를 하게 하는가?

ⓔ 예약제를 이용할 것인가? 선착순으로 할 것인가? 대기는 필요한가? 어떤 유형의 고객에게 우선권을 줄 것인가?

ⓕ 서비스 기업의 이미지와 분위기를 위해 물적 환경은 어떻게 할 것인지 또 종업원의 외모와 태도는 어떻게 할 것인가?

⑦ **서비스 수행의 평가:** 기업이 사전에 정해진 기준에 따라 실제 종업원의 서비스 수행을 측정한다. 이런 서비스 수행의 평가는 고객별, 종업원별, 관리자별로 분리해서 실시할 필요가 있다.

3.2. 서비스공연의 계획화와 생산

서비스를 이해할 때 자주 연극공연이 비유적으로 사용되는 것은 그만한 타당한 이유가 있다. 의사가 치료를 하고 택시를 타고 축구경기를 보고 교사가 가르치는 것은 모두 서비스로 고객이 받는 서비스는 소비를 위해 만들어지는 행위들로 연극공연과 유사하다. 연극처럼 서비스는 인간(의사, 택시기사, 축구선수, 교사)과 시설과 장비(X-ray, 택시, 스타디움, 교실), 고객에게 보이는 부분인 전면부와 보이지 않는 후면부분이 상호작용을 해서 만들어지고, 전달되고, 소비되는 서비스공연을 하는 것인데 그 자체로는 물리적인 특성이 없다. 감동적이고 좋은 연극을 공연하려면 사전에 탁월한 기획이 필요한 것처럼 서비스공연의 아래와 같은 특성을 잘 이해해야한다.

서비스공연의 보완화

연극에 주연과 조연, 엑스트러가 있는 것과 마찬가지로 서비스공연에도 핵심서비스와 보조서비스가 있다. 핵심서비스는 기본적인 욕구충족 능력이고 보조서비스는 핵심서비스를 지원, 강화시켜주는 요소이다. 호텔의 경우 핵심서비스는 객실이용인 숙박이다. 핵심서비스를 지원하기는 정보, 자문, 주문받기, 환대, 돌봄, 예외처리, 청구, 지불 등은 보조서비스로 서비스 확대나 충실화에서 좋은 수단이 된다. 조연이 잘하면 그만큼 주연의 연기가 살아나는 것처럼 서비스공연에서도 보조적 서비스가 원활하면 전면부나 후면부 활동이 효과적, 효율적으로 진행될 수가 있다.

보조서비스를 확대하면 그만큼 고객만족은 높아지나 서비스를 복합하게 할 수도 있고 비용 상승을 가져올 수가 있다. 여행사에서 항공보험을 처리해주고, 카센터에서 고객에게 휴게실 제공, 음료제공, 책자, 비디오, 인터넷이용 등을 제공하는 것이 그 예가 된다. 여하튼 경쟁력 강화에 도움이 되나 이런 것들은 경쟁자들이 쉽게 모방하게 된다.

서비스공연의 차별화

서비스조직이 경쟁에서 생존하려면 차별화를 기해야한다. 이러한 서비스공연의 차별화는 혁신과 경쟁에서 나오게 되는데 이때 서비스조직은 보조서비스를 언제 어떻게 도입함으로써 고객의 서비스경험을 높일 것인지를 검토해야한다. 보조서비스 도입에 세심하지 않으면 실패를 보기가 십상이다. 경쟁자가 모방하여 더 나은 차별화로 공격해오기가 제품보다 쉽기 때문이다. 현실적으로 보조서비스를 확대하는 것만이 능사는 아니고, 오히려 세분시장에 맞게 보조서비스를 축소하여 차별화하는 경우도 많다. 대표적으로 패스트푸드점에서 메뉴축소,

영업시간 단축, 셀프서비스 등으로 저가격을 실시한다든지, 저가항공사에서 기내서비스를 축소하여 서비스보다는 가격에 신경을 쓰는 고객층을 표적으로 하는 경우이다.

보조서비스를 확대하면 그만큼 재료비나 인건비가 증가하여 개발과 실행에서 신중을 기해 비용-효과분석을 검토할 필요가 있다. 고객을 기쁘게 하는 서비스를 확대하거나 신속하게 고객을 처리하면 좋으나 그만큼 비용이 높아지기 때문이다. 아울러 한번 다른 장소에서 보조서비스를 테스트하여 서비스조직의 서비스전략과 부합되는지를 평가하는 것도 바람직하다.

서비스공연의 맞춤화

서비스공연에서 맞춤화는 개개 고객의 요구에 맞게 특정한 단계 혹은 전체단계를 차별화하여 개별적으로 처리해주는 것이다. 서비스조직에서 맞춤화는 경쟁우위를 갖는데 있어 핵심역할을 한다. 서비스는 생산과 소비가 동시에 이뤄지고 서비스제공자와 고객 간의 상호작용이 자주 생기므로 맞춤화는 마케터나 고객에게 아주 매력적인 대안이 된다. 때론 맞춤화가 필수가 되는 경우도 있는데 환자 치료나 에어로빅 교습에서 개개 고객에 맞게 서비스를 제공하는 경우이다.

서비스공연의 맞춤화의 효과와 모든 고객에게 표준화된 서비스를 제공하는 서비스효율의 상쇄점을 파악하는 게 중요하다. 맞춤으로 개별화를 하면 스피드, 일관성, 경제성에서 어려움이 생기게 된다. 만일 다수의 고객이 고객맞춤화보다는 경제적 효율을 중시한다면 어느 점에다 초점을 둘지는 자명해진다. 서비스의 맞춤화가 중요시되는 경우라면 우선 서비스조직은 고객의 필요와 욕구를 잘 파악하고 이해해야한다. 그리고 그런 고객요구에 신속히 적응할 수 있는 기량을 갖고 있어야한다. 서비스공연에서 고객이 자신의 요구사항을 알리는 경우도 있지만 항상 그런 것은 아니다. 호텔, 병원, 투자나 법률상담 등에서처럼 종업원은 항상 고객의 소리를 경청하는 태도와 요구를 파악하는 기술이 중요하기에 이에 대한 교육이 필요하다. 고객의 요구파악 능력을 개발하려면 교육훈련이 절대적으로 필요하다. 그만큼 서비스조직으로선 투자를 해야 한다.

이렇게 서비스공연의 맞춤화는 서비스경험과 서비스 질 인식을 크게 향상시키는 긍정적인 면이 있다. 서비스경험을 개별화하는 방법의 하나는 극 연출 기법을 이용하여 서비스종업원에게 연기 기술을 교육시키는 것이다. 고객의 개별적인 선호를 파악해서 반응함으로써 서비스조직은 자신들이 우수한 서비스를 배달하는 것에 매우 신경을 쓰고 있음을 보여주는 것이다. Ritz-Carlton 호텔은 세계적으로 고객의 요구에 맞추는 능력이 우수하다고 정평이 나있는데 이는 훈련된 종업원의 높은 가량과 동기부여, 그리고 고객의 욕구를 데이터베이스화하여 추적하는 시스템이 이룬 성과인 것이다. 고객의 욕구에 맞춰서 개별화하는 것은 고객에 대한 약속이고 서비스 질인식과 고객만족에 큰 투자를 하는 것이다. 개별적인 맞춤화를 통해서 우수한 서비스경험을 창출하는 일은 서비스조직의 이미지를 개선하고 고객충성도를 더 높이게 된다.

하지만 개인화된 서비스공연이 항상 바람직하고 실행 가능한 것은 아니다. 패스트푸드점이나 대중교통의 경우는 표준화된 서비스를 신속하게 제공하는 게 더 중요하기 때문이다.

서비스공연의 각본화

서비스공연을 보면 서비스가 창출되어 배달-소비되는 과정은 일련의 이벤트(events)의 연속임을 알 수 있다. 연극에서 각본이 있고 그 각본대로 연출을 하여 연극이 만들어지는 것과 마찬가지로 서비스공연은 시작, 중간, 마무리로 이어지는 여러 행위가 포함되는데 이중에서 고객이 볼 수 없는 행위의 이벤트도 포함된다. 서비스 각본(script)에는 고객의 관점에서 서비스수행을 구성하는 여러 단계를 시간적인 순서로 표현한 것으로 누가, 무엇을, 어떻게 하라는 것이 표시되는데 이는 서비스 청사진의 중요한 핵심이다.

서비스각본(service script)은 현금출납기(ATM)처럼 아주 단순할 수도 있고 호텔 서비스처럼 정교할 수도 있다. 무척 개별화가 높은 서비스에서는 각본이 표준화가 힘들어 약하게 기술될 것이다. 셀프주유소나 지하철티켓 구매에서는 지시대로 따르면 된다. 대부분의 서비스에는 여러 단계가 분명하다. 서비스인카운터 동안에 고객이 무엇을 해야 할지를 상세히 알게 해준다. 예를 들어 병원서비스의 경우를 보자. 먼저 전화로 예약시간을 정하고, 약속시간에 병원에 도착해서 주차를 하고, 병원에 들어가, 접수를 하고 진료사항을 얘기한 후, 대기를 한 다음, 간호사의 도움으로 진료실에서 의사와 면담을 하고 상황을 설명한 후, 필요한 진료를 받은 후, 처방전을 받고, 차기 진료를 예약한 후, 치료비를 지불한 후, 주차장에서 차를 몰고 나온다는 각본이 가능하다. 여기서 고객의 관점에서 전형적인 서비스공연에서 일어나는 이벤트를 기술하는데 각 단계와 연관된 고객의 기대를 잘 검토해야 서비스조직은 고객의 기준에 맞는 서비스공연을 계획할 수가 있다.

인터넷과 서비스공연

현대 마케팅에서 인터넷을 이용한 서비스는 제품과 서비스판매에서 그야말로 혁명적인 변화를 가져왔다. 인터넷쇼핑, 인터넷뱅킹, 인터넷강의 등은 기존의 마케팅에서 서비스의 생산-배달-소비시스템에 있어 주문, 처리, 배달, 지불 등에서 서비스공연의 계획화와 생산에서 다양한 대안을 제시하였고 이는 앞으로 더욱 다양해질 것이다. 더구나 스마트폰의 활용으로 서비스공연의 청사진을 작성하는데 큰 변화를 가져오게 된다.

서비스의 감정적 측면

서비스의 인카운터에서는 고객, 종업원, 서비스 환경이 상호작용을 하는데 이때 서비스조직은 사람이 관여하는 서비스공연의 설계와 실행, 생산에서 행동의 감정적인 측면을 고려하지 않을 수 없다. 고객이나 종업원의 경험이 서비스 인카운터 중에 나타나는 감정에 따라서 긍정적일 수도 있고 부정적일 수도 있기 때문이다. 예의바르고 친절한 종업원의 행동과 기분 좋은 분위기는 고객만족에 긍정적인 영향을 줄 것이고, 착한 고객은 종업원의 직무만족에 긍정적인 영향을 미칠 것이다. 이러한 감정적 측면을 세심하게 고려해서 서비스공연 설계와 실천에서 반영토록 해야 한다.

3.3. 서비스배달시스템의 설계

서비스를 설계하는데 있어 무엇보다도 중요한 것은 먼저 철저한 고객중심사고를 기업 전체에 확산시키는 일이다. 서비스 배달시스템의 각 단계마다 고객의 필요와 욕구를 고려한 시스템을 설계하는 일이다. 흔히 고객을 위한 서비스를 수행한다고 내세우고 있지만 실제 고객의 입장보다 기업의 입장이나 종업원의 입장에서 사고하고 행동하는 경우가 많다. 비용이 더 든다든지 귀찮다든지 규칙에 어긋난다든지 하는 구실을 내세워 고객의 요구를 무시하는 경우가 빈번하면 그런 기업은 진정한 고객중심의 서비스를 수행한다고 볼 수가 없는 것이다.

서비스 기업은 고객중심사고 하에서 표적시장의 욕구변화를 예의 주시할 필요가 있다. 생활수준의 향상과 다양한 가치관, 그로인한 라이프 스타일의 변화는 서비스에 대한 소비자들의 욕구를 한층 다양화 시켰다. 특히 경제적 합리성보다 심리적 감성을 더 중시하는 시대에서 소비자들은 보다 다양하고 세분화된 서비스를 원하게 되었다. 다시 말해 한가지의 단순서비스에서 여러 가지의 복합적인 서비스를 동시에 요구하고 즐기려는 성향이 높아진 것이다.

예를 들어 호텔은 기본적인 기능이 숙박이지만 이제 단순한 숙박서비스만 제공하는 호텔은 없다. 호텔은 호텔을 이용하는 다양한 고객층의 욕구를 반영한 다양한 서비스를 개발해내고 있다. 연회장, 식당, 사우나, 회의실, 각종 오락실, 수영장 등을 확장하고 그것에 부수되는 하위서비스를 계속 개발하고 있다. 이렇게 서비스 기업이 고객의 다양하고 고도화된 욕구를 충족시키기 위해 스스로 서비스를 다양화하여 복합적인 만족을 제공하려는 추세는 앞으로 더욱 높아질 것이다. 이런 종합화 혹은 복합화추세는 서비스 기업이 여러 자원을 활용하여 시너지 효과를 얻고자 하는 데서도 기인한다.

이와 같이 부수적인 하위서비스로 확대하여 다양한 서비스를 제공하려는 추세와는 반대로 제공하는 서비스를 아주 단순화하여 전문화시키려는 경향도 있다. 특별한 소비자 계층의 욕구에 부응하기 위해 기존 서비스에서 그들이 요구하지 않는 하위서비스를 제거하여 필요한 서비스만 제공하는 것이다.

한편 서비스에서는 서비스를 제공하는 종업원의 자유재량을 어느 정도로 허용할 것이냐가 서비스 설계에서 중요한 과제가 된다. 서비스 창출이 고객과의 긴밀한 접촉에 의해서 이루어지는 경우 자연히 고객의 요구에 밀착한 서비스를 제공하게 되는데 이때 종업원의 개인적인 자유재량권의 발휘가 서비스의 질을 결정하는 요소가 된다. 물론 고객과의 인간적인 접촉이 적은 서비스의 경우 종업원의 활동을 표준화하여 서비스 질을 균일화하는 것이 중요하다.

▌그림 3-1 _ 서비스 설계의 선택

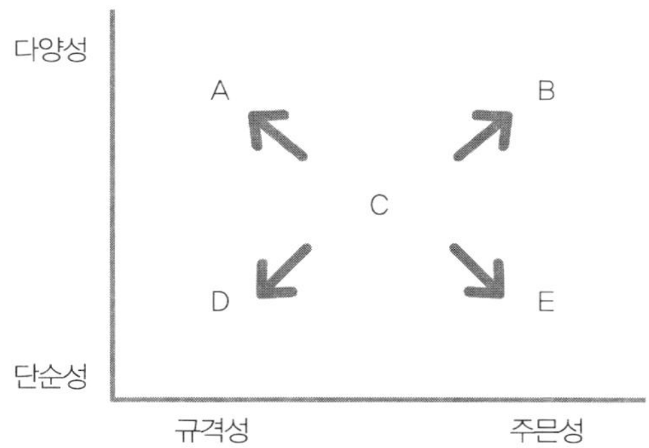

[그림 3-1]에서처럼 C를 기존의 서비스라 할 때 서비스 기업은 규격화된 서비스를 여러 가지 제공하는 A, 고객주문에 따른 주문성 서비스를 여러 가지 제

공하는 B, 규격화된 서비스를 단순화시켜 제공하는 D, 고객주문에 따른 서비스의 가지 수를 줄이는 E의 대안 중에서 여건에 적합한 방안을 택하게 된다.

이를 종합해 볼 때 서비스 설계에서는 서비스를 단순화할 것이냐, 아니면 다양화할 것이냐, 고객과의 접촉이 높은가 낮은가 혹은 일반대중을 대상으로 한 규격화를 할 것이냐, 특별한 표적고객을 대상으로 한 개별화(주문화)를 할 것이냐에 따라 전략적 선택이 달라질 수 있다.

3.4. 서비스청사진

건물을 지을 때 설계도인 청사진을 작성하면 건물의 구조와 건축과정을 알 수 있는 것과 마찬가지로 서비스를 생산운영하려면 이러한 청사진이 절대적으로 필요하다. 청사진은 서비스구축에 필요한 디자인과 구성을 위해서 기술적인 그림으로 예상되는 구조를 상세히 그려낸다. 이는 서비스를 하는데 있어 효율성을 높이는 것은 중요한 관리의 대상이기 때문이다. 생산과정의 효율성을 높이려면 복잡한 생산과정을 분석하여 관리하는 기법 중에 하나인 플로우차트(flow chart: 작업흐름도)를 이용하면 큰 도움이 된다. 플로우차트는 서비스과정의 흐름, 한 과정을 다른 과정으로 옮기는데 걸리는 시간, 각 단계에서 필요한 비용, 시스템에서의 애로사항을 보여주는 기법이다. 프로우차트를 작성하면 서비스생산시스템의 개별요소와 가시적인 상호작용을 파악하는데 있어 이해를 돕고 관리를 하는데 유용하다.

서비스청사진(blue print)은 이러한 플로우차트를 작성한 것으로 서비스수행의 핵심적인 구성 요소를 전면부와 후면부 모두에서 그래픽으로 표시한 것이다. 청사진에서는 고객과 종업원, 양자의 상호작용점, 전면부 환경과 후면부의 과정 혹은 활동들이 표시되어야한다. 가장 중요한 것은 이들이 서비스수행을 만들기 위해서 어떻게 결합되는지를 보여줘야 한다. 전면부에서 일어나는 것들은 서비스기업의 후면부 활동의 결과로 청사진에서 전면부의 서비스수행과 후면부의 지원활동을 기술한다.

서비스청사진을 개발하는 것은 때론 복잡하다. 서비스의 수행에서 여러 요소가 결합된 것이라면 더욱 그러하다. 서비스청사진을 작성할 때 유념해야할 점은 아래와 같다.

① 종업원과 고객의 관점에서 요구되는 가시적이건, 비가시적이건 모든 단계를 포함한 청사진의 각본을 작성해야한다. 서비스시스템은 많은 이벤트의 연속된 과정이기에 이를 분리해서 기술하는데 이를 실천하고 참여할 종업원과 고객의 입장을 모두 고려해야한다. 가능하면 여러 부서의 종업원들이 모여서 정확한 청사진을 만들어야한다.

② 시스템이 잘못될 수 있는 과정상의 단계를 파악한다. 특히 서비스조직과 고객 간의 중요한 접점과 실패할 가능성이 높은 접점을 파악한다. 이들은 서비스생산 운영에서 기능적인 불량이 생길 가능성이 높고, 그 결과가 고객에게 노출될 가능성이 있고, 중요하게 인식되는 접점들이기에 필요한 인력이나 자원을 투입해야 한다.

③ 서비스실행의 시간구조와 비용구조를 파악한다. 서비스완성에 필요한 시간이 곧 비용이기 때문이다.

④ 시스템의 수익성을 분석한다. 기존시스템과 신서비스시스템을 비교하여 수익성의 차이를 분석한다.

서비스청사진의 유용성

청사진은 서비스생산과정이나 마케팅에 있어 아주 매력적인 수단이다. 서비스청사진은 시각적이고 전체적으로 나타낸다면 마케터를 여러 가지로 도움을 준다. 서비스청사진은 서비스조직의 서류상의 가정을 테스트를 할 수 있게 하여 고객이나 종업원에게 부과하기 전에 시스템의 부족한 점을 최소화할 수 있게 해준다. 서비스각본과 유사한 기능을 하는 것 외에도 종업원에게 전반적인 서비스를 분명히 알게 해준다. 그렇게 함으로써 전반적인 서비스공연에서 종업원의 역할의 중요성을 보여준다. 그리고 청사진은 서비스기업이 서비스를 개선할 수 있게 한다. 앞으로 서비스 수행 시 변경될 것, 추가할 것, 삭제할 단계에 대해서 보다 주의를 기울일 수가 있다. 따라서 서비스청사진은 서비스를 수행계획을 세우는데 있어 중요한 수단이 된다.

서비스 플로우차트 개발

서비스 기업이 서비스를 설계하고 분석하려면 작업흐름도, 즉 플로우차트를 개발하는 게 매우 유용하다. 이는 건축설계에서 청사진을 만드는 것과 같다. 작업흐름도는 서비스 배달시스템을 도표화하여 한 눈으로 시설배치나 물적 혹은 정보 흐름을 파악할 수가 있다. 서비스 작업 흐름도는 서비스 창출과정-취약점의 분리-표준 실행시간의 수립-수익성 분석의 과정을 거쳐서 작성된다. 흐름도가 그려지면 각 시스템의 능력을 측정하는데 이는 애로작업이 어디서 유휴시설이 어디인지를 파악하게 해준다. 또 서비스 과정에서 고객과의 상호작용에 필요한 정보가 무엇인지 알게 해준다.

아주 간단한 식당서비스를 예로 들어 설명하기로 하자.

▌그림 3-2 _ 서비스플로우챠트

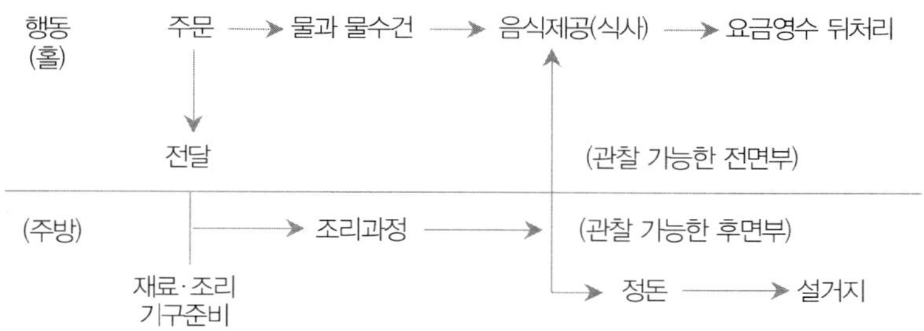

위의 예에서 알 수 있듯이 고객이 식당에 들어와서 식사를 마치고 나가는 전 과정이 서비스의 창출·배달·소비과정이다. 고객이 흔(서비스 생산의 전면부)에서 관찰할 수 있는 것은 종업원(외모, 태도, 말씨, 복장 등), 물적 환경(시설, 탁자와 의자, 실내장식, 배치, 조명, 냄새, 색조, 식기 등), 다른 고객(외양, 행동, 숫자 등)등이다. 전면부에서 서비스가 제공되는 과정이 있고 고객이 관찰할 수 없는 주방(후면부)에서 음식이 조리되는 과정이 있다. 각 단계마다 최소한 요구되는 표준작업시간이 있고 늦어질 경우 걸리는 최대작업시간이 있을 것이다. 이와 같은 서비스 배달시스템의 청사진 분석을 통해 서비스 기업은 서비스 배달과정의 각 단계별 필요한 시간과 비용을 계산하여 서비스의 수익성 분석을 할 수가 있다.

서비스 배달시스템을 설계하고 분석할 때 각 단계가 논리적인 연속과정으로 잘 배열되어 있는지, 각 단계별로 수행능력이 균형적으로 짜졌는지, 각 단계가 어느 정도 융통성을 갖고 있는지, 여러 단계를 결합할 수 있는지, 아니면 그냥 분리해서 놔둘 수 있는지, 각 단계마다 고객과의 상호작용은 어떠한지를 면밀하게 검토하는 것이 절대 필요하다.

특히 서비스 배달시스템을 설계할 때 유념할 것은 각 단계가 균형을 취하고 있어야 애로가 생기지 않는다. 만일 애로가 생겨 서비스가 원활히 제공되지 못하며 낭비가 클 뿐만 아니라 고객에게 서비스가 비효율적으로 행해진다는 인상을 주게 된다. 서비스의 연속수행에서 균형이 깨지면 고객이 기다리는 대기현상이 일어나게 되는데 이는 고객의 서비스 수준인식에 악영향을 미치게 된다. 이미 대기현상이 발생하게 되면 그 영향을 극소화할 여러 가지 대책을 세워두어야 한다.

청사진과 신서비스개발

청사진은 신서비스의 개발에서도 활용된다. 서비스개발 시 가시적인 부분과 비가시적인 부분을 분리하는데 가시적인 부분이 많으면 고객에게 더 차별적으로 보일 수가 있다. 식당에서 주방을 보이게 하면 종업원에게 부담이 될지 모르나 고객에겐 신뢰와 호기심을 줄 수가 있어 가치를 창조하는 것이다. 새로운 서비스를 개발할 때 복잡성과 다양성 차원으로 검토할 수가 있다.

복잡성은 서비스청사진에서 과정이 여러 단계이고 연속되는 이벤트의 수가 많고 이들 간의 연계가 분기되어 여러 갈래로 나눠지는 것을 말한다. 다양성은 서비스 제공시 허용되는 종업원의 재량정도를 말한다. 서비스의 다양성을 줄이면 통일성을 기할 수 있어 관리통제가 용이해지며 비용을 줄일 수가 있으나 창의성과 유연성은 그만큼 줄어든다. 다양성을 줄이는 것은 신뢰성과 가용성을 높여 서비스 질은 개선하지만 고객의 개인취향에 맞추기는 힘들다. 만일 고객에 요구에 맞춤식으로 대응하는 다양성을 늘리면 유연성은 높아지나 관리, 통제, 유통이 힘들고 비용이 더 들어 결국은 가격인상을 가져오게 된다.

3.5. 서비스배달시스템의 운영

서비스조직은 서비스가 무형적이라 제조업처럼 생산과 마케팅이 기능적으로 엄밀하게 분리되어 있지 않다. 서비스의 생산-배달-소비가 동시에 이뤄지기 때문이다. 따라서 서비스조직에서는 생산과 이를 배달하는 생산운영부서가 핵심이 되는데 이들 부서가 얼마나 경쟁 지향적이냐가 경쟁력의 관건이다. 경쟁이 없는 서비스의 경우는 생산운영부가 비용절감에 초점을 두고 기술투자, 후면부 지원, 일선종업운의 교육훈련 등도 최소화하게 된다. 서비스 질의 문제는 주요관심사가 아니다. 수동적으로 고객의 주문이나 받아서 처리하면 되기에 서비스생산의 복잡성은 최소로 유지될 것이다.

하지만 경쟁자 진입하여 경쟁이 촉발되면 기본적인 서비스생산만으로는 충분치 않다는 것을 인식하여 고객반응에 신경을 쓰고 서비스 질 개선과 이를 구현할 인사관리 기능에 관심을 갖게 된다. 서비스 질의 향상을 위한 기술개발과 종업원의 관리에 초점을 두고 규정과 절차를 만들고 이를 준수하려고 노력하게 된다. 서비스조직은 고객에 초점을 둔 인사관리 기능과 시스템에 의해서 생산운영이 한층 강화될 수가 있다. 무엇이 서비스조직에 있어 핵심기능인지를 이해하고 기술만으로는 한계가 있음을 자각하고 효율성과 효과성에 대한 인식의 변화가 오게 된다.

서비스조직이 최고수준의 서비스배달시스템을 창조하여 유지하려면 무엇보다도 경쟁자와 고객의 변화를 신속하게 파악하고 수용해야한다. 이 단계에서는 기술이 혁신의 돌파구가 된다. 경쟁자가 쉽게 따라올 수 없는 수준의 서비스배달시스템의 원천은 바로 종업원이다. 종업원의 개인적 능력개발을 도모하여 서비스제공에 필요한 기술을 개발하지 않으면 최고수준의 서비스 질의 창출은 운영부서만으로는 해결하지 못한다. 그래서 양자의 조화로운 균형이 요구되는 것이다.

효과성과 효율성의 조화

서비스생산은 물리적 환경, 종업원, 고객들이 투입되어서 이뤄지는 것이다. 고객은 서비스생산배달과정에 참여하므로 분리할 수가 없어 개개인의 요구에 맞출 수밖에 없어 자연 접촉이 많아지게 된다. 물리적 서비스 환경은 일정하지만 종업원과 고객들은 사람마다 질적으로 다르고 고객이 오는 시간도 불규칙하여 수요를 예측하기가 힘들다. 종업원들도 인간인지라 감정이 있고 그런 감정들이 서비스현장에서의 과업 수행에 영향을 미친다. 고객도 마찬가지로 분위기나 감정에 영향을 받는다. 따라서 서비스에선 수요와 공급이 일치하는 것은 매우 드물다. 제각기 다른 고객의 요구에 맞추다보면 서비스배달시스템이 흔들리게 되어 불확실성이 높아지게 된다. 이런 문제는 바로 서비스생산능력에 직접 영향을 주게 되어 효율성을 떨어뜨리게 되는 것이다.

서비스조직은 서비스를 생산-운영하는 것과 마케팅이 잘 조화를 이루어야 한다. 고객의 욕구와 기술과 서비스생산능력 간의 조화로운 결합을 기해야한다. 양자는 분명히 타협이 필요하다. 고객에게 필요한 편익을 전하는 고객경험을 창조하는 것이 바로 운영부서의 역할이기 때문이다. 식당에서 좋은 고객의 경험이란 맛있는 메뉴의 질과 즐겁고 유쾌한 분위기인데 이는 물리적인 서비스 환경과 종업원의 상호작용의 결과로 만들어지는 것이다. 따라서 서비스생산의 효율성(비용절감)과 마케팅의 효과성(고객만족)이 잘 조화를 이뤄야한다. 즉, 먼저 고객만족을 생각하고 그 다음에 이 목표를 달성하는데 있어 불필요한 낭비 없이 비용을 최소화할 수 있는 방안을 강구해야한다.

서비스생산운영의 문제해결

서비스생산의 문제를 해결하기 위해선 몇까지 전략이 필요하다.

① 고객이 참여해서 접촉이 높은 고접촉 과정과 낮은 저접촉 과정을 구분해 달리 운영하는 것이다.
고객과의 접촉이 많으면 고객의 욕구가 최대로 반영되기 고객욕구 충족면에서는 효과적이나 그 만큼 비용이 많이 들어 생산측면에서는 비효율적이다. 반면에 저접촉 서비스에서는 접촉을 줄이기 위해 고객과 직접 접촉하지 않고 전화나 메일 등을 이용해서 처리하면 효율적이 된다. 고객으로선 서비스종업원에게서 직접 서비스를 받는 것이 비용을 더 지불하지만 만족이 높은 경우도 있고, 전화나 메일 등 다른 비개인적인 방법을 통해서 서비스를 받는 게 비용절감 측면에서 더 좋은 경우가 있다.

② 서비스생산라인을 제한하고 표준화를 도입하는 것이다.
고객맞춤을 최소화하도록 기본적인 것은 사전에 정해두고 이를 기본으로 하여 고객의 요구를 수용해 반영하는 것이다. 서비스배달시스템의 전·후면부를 막론하고 가능하면 표준화를 정해놓고 서비스생산을 표준화하면 효율성을 높이면서 동시에 고객요구를 반영할 수가 있다.

③ 생산시설과 인력을 유연하게 활용한다.
수요변동에 맞춰서 서비스공급시설이나 인력을 최대로 활용하는 것으로

다른 서비스기업과 시설이나 장비 등을 공유해서 사용한다든지, 성수기에 시간제 종업원을 활용하고, 가용인력을 총동원해서 활용할 수 있게, 평소 여러 가지 일을 할 수 있게 교차훈련을 시키는 것이다. 시간제 종업원을 쓰는 경우 서비스 질의 하락이나 헌신적이지 못한 자세가 문제가 될 수 있으니 이를 보완할 대책을 강구해 둬야한다.

④ 고객의 참여를 늘리는 방법이다.

서비스생산 배달과정에 고객이 직접 참여를 하게 되면 서비스배달방법이나 과정을 수정해야하고, 통제가 힘들고, 인간적인 접촉을 선호해서 이를 좋지 않게 생각하는 고객도 있어 사전에 충분한 고지와 교육이 필요하다.

⑤ 수요의 시기를 조정하여 수요를 평준화시킨다

극장에서 조조할인을 하고, 식당에서 점심시간 전후에 오는 손님에게 가격을 인하해주고, 여행사에서 비수기 때 여행을 권장하고 여러 가지 인센티브를 제공하는 것 등이 이에 해당된다.

제 4 장

서비스마케팅전략 개발

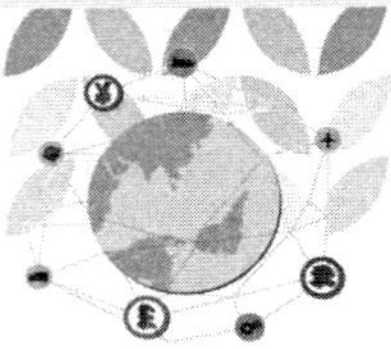

4.1. 마케팅전략의 개관

고객 지향적 마케팅전략이란 경제상황에 관계없이 기본고객을 유지하면서 신규고객을 창출하는 것이다. 서비스마케팅은 서비스의 근본적인 특성 때문에 제품에서 사용되는 전략과는 달라져야한다. 서비스에서는 인적자원과 생산운영 기능이 매우 밀접하게 연계되어 있어서 서비스에선 마케팅전략이 훨씬 더 중요하다. 서비스마케팅전략은 효율성이나 생산성과 같은 운영상의 목표뿐 아니라 인적자원의 채용, 훈련, 동기부여도 중요해 함께 검토해야한다.

마케팅전략은 통제 불능한 환경요인에 적합하게 대처할 수 있도록 통제 가능한 마케팅요인을 조정하여 적합 시키는 과정이라 할 수 있다. 통제 가능한 요인이란 서비스와 관련된 것이고 통제 불능의 요인은 서비스조직이나 시장에 영향을 미치는 요인을 말한다. 비록 서비스조직은 로비활동 등으로 통제 불능의 요인에 영향을 주기도 하지만 이는 극히 드물고 보통 조직은 외부환경여건에 대처하면서 적응해간다.

성공적인 마케팅전략은 서비스를 고객욕구에 맞추는 일이다. 조직자원을 환경여건에 맞추는 것이다. 그러려면 환경을 주의 깊게 분석해서 전략을 수립하고 실행하고 그 결과를 평가해야한다. 경제상황, 경쟁여건, 가처분소득 등과 같은 통제 불능의 요인은 서비스구매에 직접으로 영향을 미친다. 규제완화가 은행, 항공사, 전문서비스의 성격을 크게 바뀌게 만들었다. 또 사회적, 문화적, 인구 통계적 상황변화로 생긴 맞벌이부부의 증가, 주 5일근무제가 어린애 돌봄, 세탁, 홈 배달서비스, 관광, 식당, 레저 등 새로운 서비스업이 크게 성장하는 계기가 된 것이 좋은 예가 된다.

마지막으로 기술변화는 사람이 살고 일하는 방식을 크게 바뀌게 만들었다. 예를 들어 정보기술을 이용한 서비스부문의 변화는 엄청나다. 인터넷을 통해서 항공권, 극장표를 구매하는 경우를 보면 기존의 시스템에 얼마나 많은 변화를 가져오는지 알 수 있다. 마케터는 급변하는 환경 속에서 새로운 기회와 위협을 발견하고 이를 사업화하는 지혜를 가져야한다.

마케팅환경의 중요성

모든 기업이 다 마찬가지겠지만 서비스 기업도 주어진 환경 속에서 그들의 기업활동을 설계하지 않으면 안 된다. 여기서 마케팅 환경이란 기업의 성패를 좌우할 모든 외부환경 요인을 말한다. 이들 서비스 기업의 마케팅 환경은 소위말해 통제 불가능한 요인이지만 이들의 영향이 절대적이므로 마케팅 전략과 전술을 수립하는데 있어 일차적으로 고려해야 할 대상이다. 기업을 둘러싼 환경은 항상 변하는 것이므로 기업은 환경변화의 속성과 그들 간의 관련성을 잘 파악하여 기업의 활동을 그 변화추세에 맞춰야 한다. 왜냐하면 환경변화에 어떻게 대응하느냐 하는 마케팅 전략은 환경이 본질적으로 변화하는 것이므로 전략 자체도 계속 변할 수밖에 없다. 바로 이런 점 때문에 마케팅전략 수립이 어려운 것이다.

환경변화는 끊임없이 기업에게 새로운 기회와 위협을 제공한다. 컴퓨터 기술의 발달이 얼마나 새로운 서비스를 창출해냈고 기존의 서비스를 사라지게 만들었는가를 생각해보면 쉽게 알 수가 있다. 환경변화는 한 기업에겐 위협이 되지만 다른 기업에겐 새로운 기회가 되는 것이다. 따라서 서비스 경영자는 항상 변화의 추세를 잘 파악하는 것이 무엇보다 중요하다. 급변하는 환경변화를 정확히 분석하여 그것에 적절히 대응하는 전략을 수립하는 것이 경영자의 제일의 임무라 할 수 있다. 즉 마케팅 환경과 전략 간의 이와 같은 상호관련성을 잘 이행하여 환경변화가 만들어내는 수많은 문제에서 기업이 성장할 수 있는 절호의 기회를 발견하는 능력이야말로 서비스 경영자가 갖춰야 할 최고의 능력인 것이다.

서비스 기업이 아무리 내부적 관리를 잘 한다하여도 마케팅환경 변화에 유효하게 적응하지 못하면 결국은 쇠망하고 만다. 모든 경영에 다 적용되는 원칙이지만 일차적으로 환경변화에 잘 적응하는 것이 중요하고 그 다음이 내부적인 관리의 효율을 높이는 것이다.

마케팅환경

이와 같은 중요성을 지닌 마케팅 환경은 대개 7가지로 분류될 수가 있다. 즉 인구 통계적 환경, 경제적 환경, 사회적 환경, 법률적 환경, 기술적 환경, 경쟁적 환경, 자연적 환경이 그것이다.

• 인구 통계적 환경

인구수, 인구구조, 출생률, 성별, 수명, 결혼여부, 자녀수, 직업, 생활주기, 교육수준, 인구이동 등과 같은 인구 통계적 요인은 서비스 수요를 결정짓는데 있어 중요한 요인 중에 하나이다. 이와 같은 인구통계적 요인들은 그 상이한 차이로 인해 수많은 서비스를 출현하게 만든다. 인구수만을 가지고 서비스 시장규모가 크다고는 말할 수 없으나 다른 조건이 좋다면 인구수가 많을수록 시장규모는 커진다. 출생률이나 인구성장률은 미래시장 수요량을 측정할 수 있는 하나의 지표가 될 수 있다. 또 남녀의 비율, 결혼여부, 자녀수 등도 서비스의 수요량과 성격을 파악하는 지표가 된다. 생활주기와 교육수준 등은 다른 조건이 같은 소비자들은 세분화할 수 있는 요인이다.

• 경제적 환경

우선 경제성장으로 인한 서비스에 대한 지출의 증가를 들 수 있다. 개인소비지출에서 서비스 부문이 차지하는 비중은 매년 계속해서 상승해왔으며 이는 앞으로 계속 증가될 전망이다. 가계소득이 증대함에 따라 음식물에 지출되는 비용의 비율은 감소하고, 주택·가계운영비 비율은 큰 변동이 없으나 기타 구매 즉 교육, 의료, 여가활동, 오락, 교통비 등의 지출비율은 급속히 증가한다는 것이다. 일반적으로 소득의 증대에 따라 서비스에 대한 지출이 높아진다.

최근 고용인구의 대부분이 서비스 분야로 이동해가고 소규모의 서비스업이 크게 번성하는 배경은 첫째, 서비스업은 지리적으로 집중되어 있어 제조업처럼 대규모 제조업처럼 대규모 시장에 의존해야하는 경우가 덜하다. 둘째, 많은 제조업들이 종업원 1인당 초기자본비용이 낮은 서비스 부문으로 사업전환을 많이 하였다는 점이다. 셋째, 경제적 불확실성이 서비스 부문보다 제조업에 더 나쁜 영향을 미쳤기 때문이다. 서비스 사업은 제조업보다 경기변동에 덜 영향을 받는다. 선진국에서는 대부분의 내구재는 초기구매가 아니라 재구매이다. 경기가 나빠지면 내구재는 재구매보다 구매연기를 하든지 수리를 하여 사용한다. 실제로 경기침체 시 수리부품이나 개선용품이 많이 팔린다.

반면에 서비스는 무형적 경험 때문에 무한정 구대연기를 할 수가 없다. 이·미용이나 의료서비스와 같은 개인서비스는 불가피한 것이고 은행, 보험 같은 금융서비스도 통신서비스와 마찬가지로 경기가 나빠져도 필요한 것이다. 관광여행은 줄어들지만 사업성 여행은 크게 영향을 받지 않는다.

서비스에 대한 소비자 지출이 증가하는 것은 경제의 선진화, 풍요로운 생활, 레저 활동에 대한 수요증가, 맞벌이 부부 및 독신가구의 증가, 정부정책, 다른 국가와의 상호작용 등이 결합되어 나타난 것이다. 물론 심리적, 사회적 요인들도 무시 못할 요인들이며 개인적 서비스, 편의성 추구, 서비스 차별화도 중요한 소비자 서비스 욕구임을 인식해야 한다.

아마도 서비스에 대한 소비자 지출보다 더 놀라운 증가는 산업(사업)서비스일 것이다. 기업체나 공공기관에 대한 서비스 즉 산업서비스는 다양하여 경제구조의 핵심을 이루며 경제발달과 성장에 견인차 역할을 한다. 전기, 수송, 보험, 보관, 정보, 통신, 유통, 광고 등이 경제에서 점점 중요한 위치를 차지하고 있다. 최근 산업서비스가 크게 번창하게 된 이유 두 가지가 있다.

즉, 산업서비스 기업들이 특정기능을 수행하는데 있어 더 효율적이라는 점이다. 예를 들어 기업에서 소비자 만족도를 직접 조사하는 것보다 외부 전문조사기관에 의뢰하는 게 더 효과적이다. 건물유지, 경비, 청소, 보완 등 여러 분야에서 전문서비스 기업이 늘어가고 있다. 둘째, 많은 기업들이 스스로 어떤 서비스는 수행할 수가 없거나 실제 한다고 해도 비효율적인 경우가 많다. 예를 들어 마케팅 조사는 공평한 외부기관에 맡겨야 하고 자료처리, 광고, 판촉, 디자인 등과 같은 특수 분야는 전문적인 산업서비스 기업에 의뢰하는 것이 훨씬 효율적이다.

인플레가 경제전반에 걸쳐 영향을 미치지만 특히 서비스 산업에서 치명적이다. 에너지 비용이 급속히 상승하면 수송이나 공익산업이 큰 영향을 받는다. 높아진 서비스 가격이 결국 소비자에게로 전가되기 때문이다. 서비스 부문에서 인건비의 상승이 인플레를 가속화시킨다. 의사, 변호사, 회계사 등 전문서비스 제공자는 제조업 분야보다 봉급이 높다. 이것도 결국은 소비자가 지불해야할 비용인 것이다. 인플레 압력을 충분히 수용할만한 생산성의 향상이 제조업보다는 서비스업이 힘들다는 점도 하나의 중요한 문제이다.

• 사회적 환경

사회적 환경은 문화와 사회의 독특한 생활양식을 구성하는 개인상호 간의 가치, 태도, 행동패턴을 말한다. 서비스 마케팅에 영향을 미치는 많은 사회적 변화가 있다. 오늘날 소득이 증대되자 소비자들의 성향도 필수적이 아닌 다시 말해 신분상징과 같은 사치적 서비스로 점점 바뀌어가고 있다. 이제 여행, 문화, 건강, 교육 등이 많은 소비자 마음속에서 신분의 상징처럼 자리 잡아가고 있다. 이외에도 여러 사회적 추세가 서비스 수요를 급증시키고 있다. 안전에 대한 욕구가 보험, 은행, 투자서비스를 건강과 외모에 대한 욕구가 각종 병원과 헬스클럽, 스포츠센터를 양산시켰고, 신용에 대한 태도변화가 은행과 임대서비스를 높였으며, 현대사회에서 개인적 및 사업적 압력에 대처하기 위해 각종 전문적인 자문회사가 생겼다. 개인욕구가 다양하게 변화하고 사회가 활동지향적으로 변함에 따라 다양한 서비스가 출현하고 있다.

여성의 역할변화가 서비스 시장에 큰 변화를 몰고 왔다. 직업여성, 취업주부의 증가는 세계적인 추세이며 우리나라도 선진국만은 못하지만 앞으로 크게 증가될 전망이다. 서비스 기업은 이런 맞벌이 부부가 크게 늘고 있다는 사실을 유의해야 한다. 먼저 이들 맞벌이 부부는 연령적으로 보통 30세에서 45세 정도의 계층으로 이들은 여행, 오락, 외식 기타 사치성 서비스를 구매할 만큼 소득도 높고 생활 패턴도 서비스 지출성향이 높다.

둘째, 취업주부는 편의성과 시간절약형 서비스가 크게 필요하다. 또 은행, 세탁소, 소매점 등은 이들의 활동 스케줄에 맞춰 영업 시간대를 조절해야 한다. 직장여성의 증가와 매스컴의 영향 때문에 소비자들의 서비스 질에 대한 인식이 높아졌다는 점이다.

라이프 스타일은 특정 연령층과 세대와 자주 연관을 갖는 생활양식인데 서비스 기업에겐 중요한 것이다. 여러 가지 라이프 스타일의 출현 중 강력한 추세의 하나가 바로 자기중심세대 혹은 신세대, X세대라 불리는 계층이 크게 늘고 있다는 점이다. 주로 젊은 연령층에서 일고 있는 이와 같은 자기중심적 사고가 서비스에 미칠 영향은 아래와 같다. 전반적으로 시간절약, 노동절약형 서비스 사용이 높다. 일상생활의 지겨움, 불안에서 탈출하기 위해 변화를 바라는 욕구 때문에 오락, 여행서비스의 구매가 높다. 사치품이나 쾌락관련 서비스를 구매하기 위해 금융서비스 특히 신용카드 사용이 높다. 건강과 외모, 장수를 위해 건강과 운동관련 서비스 구매가 높다. 즉시만족뿐만 아니라 신속하고 쉽게 접근할 수 있는 편리한 서비스 기관에 대한 욕구가 높다.

● 법률적 환경

법률, 정부규제, 법원의 판결 등과 같은 법률적 환경이 서비스 기업의 마케팅 활동을 오랫동안 크게 제한하여 왔고 실제 서비스 기업은 다른 유형의 기업들보다 많은 규제를 받아왔다. 대부분이 정부의 규제뿐만 아니라 독점금지법, 공정거래법, 가격차별화, 광고, 세금 등에서 제한을 받고 있다. 이런 규제가 최근 크게 완화되는 추세에 있어 새로운 전기를 맞고 있다. 서비스 기업에 대하여 여러 정부기관들이나 지방행정기관들이 관여되어 규제를 하고 있다. 이뿐만 아니라 전문서비스의 경우 업계 내부적으로 여러 규제를 하고 있다. 전문서비스의 경우 신임회원의 가입, 자격, 허가, 윤리기준, 공정거래, 가격결정, 촉진활동 등에서 강력한 규제를 하고 있는데 이들 협회가 위반자에 대해 회원박탈, 범칙금부과 등과 같은 법적인 힘까지 갖고 있다.

정부의 허가 없이 서비스 영업을 하는 것은 불법이 되는 병원, 법률서비스 같은 제한된 서비스가 있고, 누구든지 영업을 할 수는 있으나 일정한 교육을 받고 자격시험에 합격한 사람만 영업을 할 수 있는 회계사, 부동산중개사, 건축사 등과 같은 반제한적 서비스가 있다. 마지막으로 업무수행기준이나 행동지침 같은 것도 없이 자유롭게 영업할 수 있는 컨설팅, 마케팅조사, 광고대행업 등과 같은 비제한적인 서비스가 있다.

이런 정부의 규제는 두 가지 측면에서 의미가 있는데 먼저 지나친 정부규제로 서비스기업의 마케팅 혁신이 제대로 이뤄지지 못하였다는 점이다. 서비스 기업이 취할 여러 가지 마케팅 수단들, 즉 가격경쟁, 서비스 다양화, 촉진 같은 것이 규제되었기 때문이다. 둘째 많은 서비스 기업들이나 협회는 마케팅 활동의 대부분을 대중에게 좋은 이미지를 창조하고 유지하는 일에 집중해 간접적이나마 규제를 완화하려고 애쓴다. 서비스 기업은 만일 소비자 불만이 높아지면 여론이 나빠져 결국 정부의 규제를 받게 되므로 항시 좋은 이미지를 구축하려고 노력한다.

최근 서비스 기업에 있어 중요한 법률적 환경변화는 규제가 완화내지 철폐

되고 있다는 사실이다. 규제해제는 결국 마케팅 활동이 본격적으로 실시되어 적자생존의 치열한 경쟁이 나타남을 의미한다. 그러나 규제해제나 완화에 대해 상반된 견해가 많다. 규제의 폐해를 들어 시장원리에 의한 자유경쟁을 주장하는 측도 있고 오히려 서비스업이 원래 경쟁이 치열하고 분열이 심한데 규제마저 풀리면 서로 생존이 위협받으므로 아예 규제강화를 주장하는 측도 있다.

정부규제에 대해 찬성하는 측은 규제가 소비자와 영세업자의 권리를 보호하고, 규제를 통해 생활의 질을 향상시키며, 독점을 방지하고, 가격과 가격변경에 대해 정부 허가를 받게 하여 불공정거래를 막고 소비자 이익을 보호하고, 경쟁을 통한 서비스 파괴를 방지한다고 주장한다. 그러나 규제에 반대하는 측의 입장은 규제가 관심의 초점을 규제기관에 두고 있어 소비자를 위한 관심이 결여되어 있고, 혁신이 부족해 현상유지에 만족하고 있으며, 업자들 간의 카르텔로 담합이 생길 수 있으며, 가격조정에 시간·비용·위험이 수반된다고 주장하고 있다.

서비스업에 대한 정부의 규제완화 내지 철폐가 시장경쟁을 유발하여 혁신을 이루고 생산성을 증대시켜 가격인하를 실제로 가져왔다. 이러한 규제의 완화는 앞으로 계속 이루어질 것으로 전망된다. 규제완화는 서비스 기업을 강력하게 만들고 소비자에겐 만족을 주었다. 바로 이것은 구대자를 대상으로 서비스업체 간의 치열한 경쟁이 유발되었음을 뜻한다. 하지만 규제완화로 인해 경쟁이 치열해짐에 따라 운영비와 인건비가 많이 들어 오히려 수익성이 악화된 경우도 많다. 따라서 시장에서의 여러 가지 변화에 적극 대응하기 위해 서비스 기업은 새로운 서비스 상품을 개발하고, 경쟁력 있는 가격을 결정하고, 창조적인 촉진활동을 펼치며, 편리한 배달시스템을 개발·조정하지 않으면 안 되게 되었다.

- 기술적 환경

서비스 기업에서 기술적 환경은 서비스의 산출과 배달에서 사용되는 장비에서 뚜렷하게 나타난다. 이런 장비를 이용하면 서비스 종사원이 쉽고 정확하게 서비스를 수행할 수가 있으며 서비스 배달도 훨씬 효율적으로 수행할 수가 있다. 첨단장비를 이용함으로써 서비스의 질을 일정하게 만들 수 있으며 동시에 서비스 산출의 속도를 높일 수가 있다. 제조업에서의 자동화, 로봇화 덕분에 노동력이 서비스업으로 많이 이동하였다. 하지만 제조업에서 만큼 뚜렷한 생산성의 향상이 서비스업에서는 잘 이루어지지 못한다.

서비스업에서 생산성 수준이 낮은 이유의 상당부분은 서비스가 표준화가 안되어 산출이 이질적이라는데 있다. 제조업의 경우 기계나 기술을 사용하여 산출물을 표준화하여 생산성을 높일 수가 있지만 서비스는 대부분이 인간중심적이어서 생산성의 변동이 심하다. 이런 문제를 해결하기 위해 서비스 배달에서는 구매자의 참여증대, 셀프서비스, 기술사용을 늘리고 있다. 장거리전화, 자동현금 출납기, 컴퓨터 예약시스템 등은 생산성 향상을 위한 기술사용의 한 예이다. 가정에서 홈쇼핑을 하고 대금을 지불하는 것에서 주식정보 등을 컴퓨터를 통해 얻는 시스템은 이제 일반화되고 있다.

서비스 배달시스템을 개선하려면 산업적·기술적인 사고를 도입해야 한다. 공항에서 X선 검문, 자동차 자동세척기의 경우처럼 사람을 대신하여 기계나 장비를 사용해야한다. 둘째, 패키지여행, 패스트푸드처럼 개인화된 서비스대신 사전에 철저히 계획된 시스템을 도입해야 한다. 세 번째는 장비와 사전 계획된 시스템을 결합하여 신속하고 효율적인 서비스를 제공하는 것이다.

서비스의 생산성을 향상시키기 위해 기술사용의 증가가 불가피하지만 이 경우 비개인화란 점이 문제가 된다. 병원에서 의사들이 너무 첨단기계에만 의존하다 보니 환자와 의사라는 개인적 인간관계는 자연 소홀해지고 만다. 소비자들의 이런 불만을 없애고 인정을 받기 위해 기술의 인간화 노력도 필요하다. 말하자면 하이테크-하이터취(high tech-high touch)가 요구되는 것이다.

• 경쟁적 환경

역사적으로 서비스 산업에서는 여러 형태의 다양한 내부경쟁이 존재할 수가 없었다. 즉, 수송, 통신, 산업, 법률, 의료서비스에서는 규제와 업계 관행으로 가격경쟁이 엄격히 제한되어 왔고, 병원, 교육기관, 종교기관, 복지기관 등은 영리추구를 목적으로 한 서비스 조직이 아니다. 어떤 서비스 산업은 시장진입이 쉽지 않고 공익서비스처럼 엄청난 자본투자가 요구되는 서비스도 있다. 의사나 변호사처럼 전문서비스는 개업하기 위해선 특별한 교육과 훈련을 받아야 하고 어떤 서비스업은 정부규제를 받아 쉽게 영업을 할 수 없다.

그러나 서비스업에서의 규제완화 내지 철폐가 서비스업의 경쟁 환경에 큰 변화를 가져오게 하였다. 변호서비스, 의료서비스 등이 광고나 PR을 통해 마케팅을 할 수 있게 됐다.

한편 서비스와 제품 간의 경쟁도 이들 양자가 같은 편익을 주는 경우 피할 수 없는 것이다. 미장원에 가는 대신 파머용품을 사서 집에서 파머를 하는 경우, 헬스클럽에 가지 않고 운동기구를 사서 집에서 운동을 하는 경우가 예이다. 최근에는 소비자들의 욕구변화를 인식한 제조업자들이 그들 제품에 서비스를 추가하거나 편의성을 추가해 경쟁에 참여하고 있다. 예를 들어 빨아서 그냥 입는 옷이 세탁소와 TV가 영화나 향락서비스와 경쟁하는 경우이다. 또 서비스 생산성이 떨어지고 가격만 인상된 경우 부속품을 사다가 자가제작하는 소위 'do-it-yourself' 제품도 서비스와 경쟁하는 것이다. 간단한 집안수리같이 별로 기술이 필요하지 않고 시간이 절약되는 경우 서비스를 스스로 하려고 한다. 최근에는 도소매업자들이 전통적으로 그들이 해온 영역 외에 소비자 및 산업서비스를 구매자들에게 제공하여 서비스경쟁을 더욱 치열하게 한다. 미장원, 자동차 수리센타, 안경점, 보험대리점, 부동산중개업 등을 백화점에 설치한 경우가 그것이다. 또 대규모 제조업체에서 그들이 얻은 여러 부산물, 예를 들어 시장조사 서비스, 시설, 공해방지시스템을 다른 기업에게 제공하고 수익을 챙기는 경우도 많아지고 있다.

정부가 제공하는 많은 서비스 예를 들어 고속도로, 철도, 전신전화, 우편, 교육, 사회복지 등과 같은 서비스는 주로 정부가 수행하지만 사기업체에서도 같은 서비스를 제공하게 하면 경쟁이 일게 된다. 서비스의 국제화가 비약적으로 발달함에 따라 은행, 보험, 회계, 광고, 프로젝트인지니어링, 경영자문, 패스트푸드 등과 같은 서비스는 국제적으로 점점 경쟁이 가열되고 있다.

• 자연적 환경

서비스에서는 자연적 환경이 제품보다 훨씬 영향을 덜 미친다고 볼 수 있다. 자연적 환경은 자원의 가용성의 자연적 조건으로 구분 할 수 있는데 서비스 기업이 서비스를 창출하는데 서비스 시설이 위치한 곳의 유형적인 자원을 사용하는 경우와 서비스 시설이 주위의 자연조건과 밀접한 관련을 맺고 있는 경우는 자연적 조건이 결정적으로 중요한 요인이 된다. 예를 들어 지역의 특산물을 이용한 식당, 온천호텔, 스키장, 골프장, 관광호텔 등은 서비스를 창출하는데 자연적 환경이 큰 영향을 미치는 예가 된다.

4.2. 서비스마케팅전략의 수립

서비스조직이 성공적인 마케팅전략을 개발하려면 먼저 조직이 직면할 환경을 먼저 이해하고 그 변화의 추세를 예측해야 전략을 세울 수 있다. 환경 분석은 서비스조직에 위협과 기회를 주는 변화에 대한 외부환경을 신중히 체크하고 분석하고 모니터하는 과정이다. 이런 환경요인은 통제 불능한 요인으로 서비스조직에 큰 영향을 준다. 서비스경험을 창조하는 통제 가능한 내부 환경에 대한 체크와 모니터 또한 필요하다. 서비스조직은 환경 분석을 통해서 파악된 위협은 극소화하고 기회는 극대화하도록 통제 가능한 요인을 이에 부합시켜야 한다.

환경을 체크하고 모니터하는 지속적인 과정이 잘되어야 성공적이 될 수 있다. 현재는 항상 주의를 기울여야할 정도로 환경이 급변하고 있다. 정보기술의 발전으로 서비스조직은 매우 풍부한 정보를 환경변화로부터 얻게 되었다. 문제는 환경 속에서 발견하는 기회와 위협을 어떤 관점에서 보는가이다. 경기가 불황이면 대다수의 기업들은 위협을 느끼나 모든 기업이 그런 것은 아니고 몇몇 기업은 불황속에서 기회를 발견하고 이를 발전의 기회로 삼는다. 기회나 위협은 그것을 보는 개인이나 조직의 관점에서 다를 뿐 그 자체는 의미가 없다.

서비스조직은 환경변화에 대해서 취할 수 있는 전략을 그 대응측면으로 보면 환경이 변화하니 어쩔 수 없이 그에 순응해서 천천히 반응하는 반응적인 전략이 있는데 대다수의 조직이 그렇다. 아니면 반대로 환경변화 신속히 반응을 하여 대책을 강구하는 진취적인 전략이 있다. 여기에는 위협으로부터 조직을 보호하기 위해 취한 신속한 방어적 반응이 있고, 아니면 적극적으로 환경변화로 인해 생긴 기회를 잡기 위해서 보인 신속한 공격적 반응이 있다. 너무 빨리 변하여 제대로 된 계획 없이 새로운 시장이나 서비스에 뛰어드는 경우도 있지만 경영자는 체계적으로 조직이 당면한 환경을 분석할 방법을 갖고 있어야한다. 보통 그런 단계는 계획화, 디자인화, 실천화, 통제화라는 단계를 거치게 된다.

전략의 계획

여기서는 서비스목표, 목표달성 방법 등을 결정하는 단계이다. 계획을 수립하는 것은 지속적인 환경체크와 모니터를 통해서 파악된 기회와 위협을 확인하는 것으로 시작된다. 이러한 외부환경에 대한 분석 외에도 기업의 여러 측면에 대한 광범한 자료를 수집해야한다. 정기적인 고객조사, 종업원의 얘기 피드백, 거래자료, 불평 감사, 경쟁자분석, 기타 정보들은 경영자가 기회와 위협을 파악할 통찰력을 줄 수 있다. 예를 들어 사회문화적 환경변화와 고객조사를 통해서 셀프서비스 체크아웃을 하나의 옵션으로 정하면 그에 따라 서비스배달과정을 변경할 목표를 세우게 된다.

전략의 설계

목적달성을 위해 전략을 설계하려면 조직이 당면한 핵심마케팅 문제와 기회를 분명히 알고 있어야할 것이다. 이런 단계는 계획단계와 밀접하게 연계된다. 여기서 필요한 행동, 필요한 서비스마케팅수단 파악, 고객이 누군지가 아주 명확하게 언급되어야한다. 경영자는 문제의 징후와 문제간의 차이를 인식하는 게 중요하다. 최신자료를 분석해서 문제의 징후를 사전에 발견하는 것이 중요하다.

문제와 기회가 올바르게 분석되어 구체화되면 대안이나 해결책이 쉽게 강구될 수 있다. 전략설계의 한 측면으로써 이 과정은 창의성, 상상력이 필요하다. 어느 경우엔 대안이 비교적 분명한 반면, 어떤 경우엔 전략을 개발하는데 있어 상당한 통찰력과 신중함이 필요한 경우도 있다. 선택한 대안이 실제 실천이 가능한지를 면밀히 검토해야한다.

서비스는 다른 서비스와 특성을 공유하는 게 많아 통찰력 검토와 문제해결 모색 시 다른 서비스의 마케팅 성공을 벤치마킹하면 도움이 된다. 예를 들어 병원은 호텔에서 고객서비스를 배우고 벤치마킹한다. 그러려면 평가기준과 대안비교 기준이 수립되어야하고 일단 대안이 선정되면 그 대안이 마케팅문제를 어떻게 해결할 것인지가 명확히 설명되어야한다. 각 추천된 대안의 인적자원과 운영에 대한 검토가 중요하다. 만일 서비스에서 셀프서비스시스템을 도입한다고 하면 그에 따른 서비스 환경과 운영설계에 변경이 뒤따를 것이고 필요한 인력의 유형과 숫자에도 영향을 주게 된다.

전략의 실천

이는 서비스조직의 마케팅전략 개발에서 가장 힘든 단계로 논리적인 순차로 실행계획을 상세한 시간표로 짜야한다. 전략실천에 필요한 단기, 장기예산을 포함한 세부항목별 예산을 짜야한다. 수립된 계획에는 상황변화에 따른 예비예산을 추가로 반영해야하고, 실시간으로 생산과 동시에 소비되기 때문에 생길 수 있는 실패의 여지를 점검해 막아야한다. 전략을 실천하는 중에 시간과 예산이 통제가 잘 안 되면 이는 곧 실패할 가능성이 높다.

전략의 통제

전략적 통제란 전략의 성공여부를 평가하는 것이다. 만일 문제가 성공을 위협하는 경우 시정조치가 필요하다. 예를 들어 종업원을 더 채용할 필요가 있다든지, 새로운 장비를 사용하든지, 서비스과정에다 새로운 단계를 추가한다든지를 평가하는 것이다. 전략을 주의 깊게 모니터하면 이 조치가 효과적인지 여부를 알 수가 있다. 전반적인 전략의 성공여부를 평가하려면 다양한 결과에 대한 측정이 필요한데 보통 서비스수익성과 질의 평가를 많이 이용한다.

4.3. 서비스 포지셔닝과 세분화

다음에는 어떤 세분시장을 표적시장으로 할 것인지, 또 서비스조직이나 서비스를 어떻게 포지셔닝(positioning)할 것인지를 결정해야한다.

포지셔닝(정위화)은 마케터가 다른 제품과 관련하여 그들의 제품에 대한 고객인식을 우호적으로 만들려는 노력이다. 그래서 포지셔닝을 마음의 공유라고도 한다. 구전이나 반복구매, 상표충성도 등에서 일종이 마음의 공유를 통해 우호적인 인식을 갖게 되어 브랜드명을 선택하게 된다. 서비스마케터의 과제는 무형적인 서비스에 포지셔닝을 구축하는 브랜딩전략을 기획하는 것이다. 왜냐하면 서비스는 과정이기 때문에 소비 전에 제품을 보여줄 수가 없고 심지어 그 특성조차도 고객에게 입증하기가 힘들다. 그래서 유형적 물적증거를 통해서 서비스를 보여주는 것도 한 가지 방법이다. 그래서 서비스를 설명하기 위해서 광고물, 책자 비디오 등을 활용하고 시설을 보여준다.

모든 개인이나 조직이 다 서비스에 적합한 고객은 아니기 때문에 효과적으로 마케팅을 하려면 이질적인 시장을 동질적인 시장으로 나누는 시장세분화를 통해 최선의 고객을 선정하는 일이 중요하다. 세분시장을 이해하는 것이 마케팅전략성공에서 핵심이다. 선정된 세분시장은 서비스조직의 포지셔닝을 위한 표적시장이 된다.

오늘날은 시장은 아주 세분화된 소규모시장으로 분할되고 있다. 마케팅을 성공적으로 하려면 이제 매스마케팅이 아니라 틈새(니치)마케팅을 해야 한다. 다양한 컴퓨터수단으로 활용하여 서비스조직은 고객에 대한 상세한 자료를 확보할 수가 있고 이를 통해서 효과적으로 고객선호에 맞는 서비스를 제공할 수가 있게 되었다. 방대한 고객정보를 토대로 하여 고객과 상호작용을 할 수 있어 서비스조직은 포지셔닝, 표적시장선정, 서비스마케팅믹스전략에서 변화에 유연하게 대응을 할 수 있다.

최근에는 호텔 비즈니스 손님 중에 상당수가 여성임에도 불구하고 전통적으로 호텔은 남성중심으로 운영되고 있어 여성편의성이 크게 부족한 실정이다. 여성들이 남성보다 안전을 중시하여 주차장에서의 안전조치, 객실의 잠금장치, 객실서비스, 스파나 피트니스 등 분위기 선호, 욕실, 스타일 좋은 가구 등을 선호하는 성향을 반영한 호텔이 늘고 있다. 여성들이 편하게 숙박하면서 즐길 수 있는 시설, 장비, 소품, 서비스를 확대해 성공한 좋은 예이다.

4.4. 마케팅믹스전략

서비스마케팅 삼각형(triangle)

서비스마케팅은 기존의 서비스조직이 원래 외부의 고객과 무엇을 해주겠다는 약속을 하는 외부마케팅과 서비스조직이 내부의 종업원들에게 고객에게 약속을 지킬 수 있게 만드는 내부마케팅(internal marketing), 그리고 종업원이 외부고객에게 약속한 것을 배달해주기 위한 상호작용마케팅(interactive marketing)이 기술을 중심으로 유기적으로 이뤄져야한다. 이러한 큰 틀의 마케팅 전략을 전제로 하여 일단 세분화와 포지셔닝의 결정이 이뤄지면 서비스조직은 마케팅믹스에 대한 전략적 선택을 하게 된다. 각각의 전략적 결정은 상황에 따른 실행계획을 수립해야하고 계획의 편차나 상황에 따른 통제계획을 세워야한다. 서비스마케터는 서비스종업원, 시설, 장비, 과정설계를 통해서 서비스배달을 창조하고 적정한 가격을 결정하고 촉진한다. 각각의 결정은 과제와 기회를 동시에 갖고 있다.

그림 4-1 _ 서비스마케팅삼각형

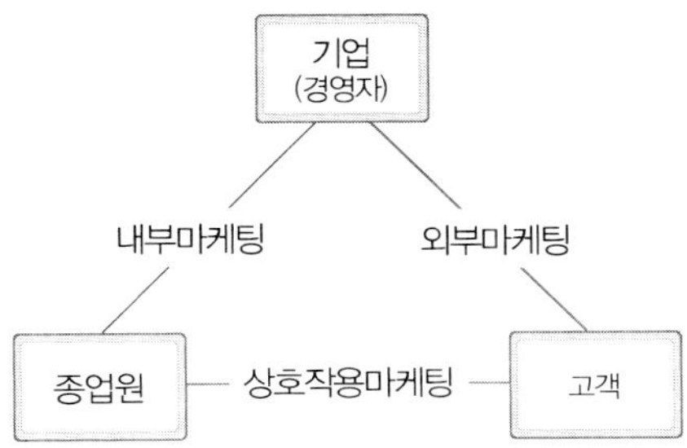

서비스조직이 택하는 서비스마케팅 어푸로우치는 시장세분화와 포지션닝을 잘 반영해야하고 핵심서비스제품과 보완서비스도 분명히 나타내야한다. 서비스창조와 배달에 필요한 자원을 결정해야한다. 주머니 사정이 안 좋은 젊은 층을 대상으로 하는 관광호텔인 경우 그런 시설을 갖춰야하고 보조서비스가 거의 없는 저가의 숙박업소로 포지션닝을 맞춰야한다. 반면 여유가 있는 비즈니스맨을 위한 프리미엄호텔은 비싼 고급 식당, 시설, 비즈니스센터 등을 갖추고 다른 보조서비스(우수한 주차장, 인터넷 비디오회의 등)를 제공해준다.

핵심과 보조서비스제품을 창조해 배달하기 전에 서비스조직은 서비스생산운영방식을 검토해야한다. 호텔은 미리 위치, 시설디자인, 객실 수, 직원 수준, 예약절차, 룸서비스, 체크인 등이 설계되어야한다. 이런 것들은 서비스마케팅 방식에 의해 영향을 받기도 하고 영향을 미친다. 호텔객실율과 광고는 서비스마케팅과 생산운영결정에 의해서 영향을 받는다. 서비스 마케팅방식과 생산운영방식이 잘 통합되고 포지션닝과 세분화전략과도 잘 조정되어야한다.

서비스는 기존의 제품중심의 4P's와 서비스만의 3P's(people, physical evidence, process)가 있다. 무형성, 비분리성, 소멸성, 이질성은 서비스마케터가 전략결정을 하는데 있어 새로운 도전과 기회를 주게 된다.

	참여자	물적증거(서비스 환경)	과정
무형성	종업원은 제품의 일부이다. 고객은 공유된 서비스에서 각자의 서비스경험에 영향을 미친다.	고객은 소비 전에 평가할 물리적 제품이 없다. 고객의 위험인지를 줄일 방법을 강구해야한다.	제품은 서비스수행이다. 과정은 종업원, 시설, 장비에 의해서 창조되고 배달된다.
동시성	고객은 서비스제공자와 공동생산하고 상호작용을 한다. 종업원은 신중히 선발, 교육, 훈련한다. 고객참여가 효과적으로 관리될 수 있게 각본대로 역할을 준다.	고객은 과정과 성과에서 물적 증거를 평가한다. 모든 소품이 평가된다. 제품성과는 고객이 평가할 수 있게 문서화되어야한다.	소비와 생산이 동시에 일어난다. 실시간으로 제품이 생산된다. 서비스수행은 청사진 연극화 같은 기법으로 기획되어야한다.
소멸성	고객의 수요와 종업원의 공급이 적합되어야한다. 수요의 기복은 평준화되어야한다.	생산능력은 유휴인력, 시설, 장비가 있으면 상실된다. 성수기에는 아웃소싱을, 비수기에는 임대 리스 등을 고려한다.	서비스제품은 재고저장이 불가능하다. 최대수익을 낳게 수요수준을 평준화하여 묶어서 가격을 정한다.
이질성	서비스는 종업원과 고객에 따라서 전면부와 후면부 종업원 모두 고객만족에 근거해서 동기를 부여하고 보상해준다.	물적증거는 세분시장에 맞게 설계되어야한다. 상이한 세분시장에 맞게 필요시 분할이 가능하게 만든다.	과정은 개별화 혹은 표준화할 수 있다. 고객참여수준에 따라(셀프서비스) 과정이 달라질 수 있다.

서비스의 전략적 과제

전반적으로 서비스조직은 전략과 관련된 7가지 과제가 있다. 이것들은 서비스를 소비하는 것이 제품을 소비하는 것이 아니라 경험을 소비하는 것이기 때문이다.

• 리더십

리더십은 서비스조직에서 가장 큰 과제이다. 서비스조직은 근본적으로 고객이나 종업원인 사람에 의해서 서비스가 수행되는 것이다. 외부마케팅은 고객에게 약속을 하는 것이고 내부마케팅은 종업원이 준비를 해서 그 약속을 지키게 만드는 것이다. 경영자의 리더십은 종업원과 고객이 서로 친교를 통해서 상호작용을 하고 소통함으로써 이해와 설득이 자연스럽게 이뤄지게 하는 것이다. 가장 강한 서비스조직은 최고경영자가 핵심적인 서비스가치를 개념화한 후 종업원과 고객과의 대화를 통해서 그런 가치를 개발하고 유지하고 지키는 조직이다.

- **종업원**

대부분 서비스조직에서 종업원은 고객과 상호작용을 한다. 고객이 종업원들을 어떻게 인식하느냐에 따라 서비스조직의 전체가 판단되는 것이다. 식당, 백화점, 호텔에서 종업원들이 어떤 모습, 어떤 태도와 행동을 하는지에 따라 이미지가 달라지기에 서비스조직에선 종업원들의 모집, 훈련, 보상, 동기부여가 제조업보다 더 중요하다.

서비스조직에서 고객만족에 가장 큰 영향을 주는 것은 접객원이다. 우수한 서비스 질에 대한 조직의 비전을 수행하는 종업원을 모집하고 선발하는 것을 강조하는 역삼각형의 조직도를 보면 그 중요성을 알 수 있다. 이 조직도에서는 최고경영자가 밑으로, 중간관리자가 중간에, 일선접객원이 맨 위에 위치한다. 고객을 왕으로 생각하여 맨 위에 위치시킨다면 당연히 그런 고객을 직접 서비스하는 접객원이 그다음에 위치하고, 접객원을 지원하는 지원기능과 관리자들이 그 밑에 위치해야한다.

▌그림 4-1 _ 역삼각형 조직도

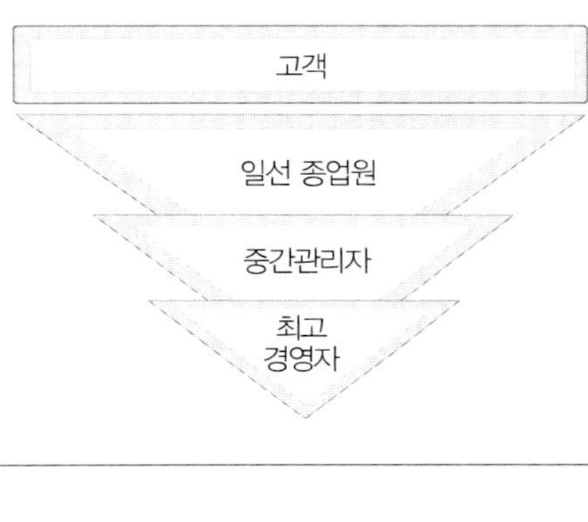

따라서 이러한 위상을 갖는 올바른 종업원을 채용하는데 있어 보다 신중할 필요가 있다. 선천적으로 서비스지향성이 높은 인재를 선발하여 이들이 서비스 조직의 얼굴이자 이미지 창출의 핵심이 되게 하려면 그에 상응하는 급여와 동기부여, 직무환경, 자기개발, 교육훈련이 뒤따라야한다.

• 고객

서비스조직에서는 제조업보다 고객과의 접촉이 많아서 고객욕구에 보다 민감해야한다. 예를 들어 Fedex는 고객이 자신의 화물이 현재 어디를 가고 있는지 알고 싶어 하는 점에 주목해 새로운 서비스전략을 개발해 성공했다. 고객은 서비스시스템 안에 직접 포함되기도 하고, 또 서로 각각에게 영향을 주기도 하여 이제는 고객과 고객관계를 조성하고 관리해야할 수준으로 서비스조직에서 중요한 영향을 준다. 줄을 서는 문제에서 공연이나 스포츠관람에 이르기까지, 팬들의 각종 모임이나 동호회 같은 것들은 고객과 고객 간의 관계와 이들 비공식적, 공식적인 고객조직이 서비스조직과 갖는 협동적 관계가 생산성향상이나 고객충성도 측면에서 잠재력이 있는 것이다.

• 서비스수행

서비스는 고객과 종업원이 실시간으로 상호작용을 하면서 서비스가 수행되는 것이다. 서비스가 생산-배달-소비되는 전체의 과정은 청사진의 각본에 의해서 계획되고 실행된다. 따라서 서비스수행을 이해하고 실천하는데 있어 연극적 접근방식을 이용하는 것이 매우 도움이 된다. 호텔에서 전면부에서 일하는 접객원뿐 아니라 후면부에서 일하는 여러 부분의 직원들의 지원활동이 잘 조화를 이룰 때 양질의 서비스가 창출될 수가 있다.

• 수요

서비스는 수요변동이 크고 서비스공급을 재고화 할 수 없어 수급이 불균형이 일상적이어서 서비스마케팅활동이 복잡해진다. 그리하여 서비스조직은 실시간으로 서비스수요와 공급을 적합 시키는 유연한 시스템을 개발해야한다. 그런 시스템은 파트 타임 종업원, 융통성 있는 유연한 스케줄, 특별촉진, 디마케팅(demarketing), 수요중심 가격결정 등을 통해서 수요와 공급을 맞추는 조절이 필요하다. ATM과 같은 자동서비스배달시스템도 수요관리의 한 방법이다. 성수기의 과잉수요를 비수기로 이동시켜서 수요를 평준화시키는 일이 매우 중요한 전략적 과제이다.

• 환경

환경은 서비스조직의 유일한 유형적 대표성을 나타내는 전략적 과제이기에 서비스조직은 그 환경을 마케팅수단으로 이용한다. 고객이 서비스조직으로 오는 경우, 마케팅도구로 환경을 이용할 기회가 생긴다. 예를 들어 청년층이 핵심고객인 록카페의 경우 록엔롤 가수사진이나 관련소품, 인테리어로 장식을 하는 경우나 전통한식 식당에서 한국의 고유한 풍취를 느낄 수 있게 환경을 디자인하는 것도 다 그런 이유이다. 그 환경에서 고객이 접하게 되는 모든 요소들이 연극처럼 무대와 소품, 배경음악, 냄새 등이 되어 고객의 만족과 서비스조직의 이미지에도 큰 영향을 미친다.

• 서비스 질

서비스 질 배달에는 항시 문제가 생긴다. 그것은 서비스조직이 서비스 질을 완전히 표준화할 능력에 한계가 있기 때문이다. 특히 사람중심 서비스조직인 경우 그렇다. 서비스 질은 서비스제공자, 고객, 시기에 따라 달라진다. 미장원에서 미용서비스는 미용사에 따라서, 고객에 따라서, 시간에 따라서 각기 질이 달라진다.

그러하기에 서비스 질을 측정하고 개선할 여러 기법이 개발되었고, 고객만족을 높일 전략들이 지속적으로 모색되고 있다. 이런 목표를 달성하기 위해서 서비스조직은 모든 서비스경험을 체크한 후, 각 서비스경험에서 무엇이 중요하고 무엇이 취약한지를 파악해 이를 개선하려고 노력한다. 서비스조직은 고객이 기대하는 최고수준 이상의 서비스를 제공할 수 있게 인적자원과 물적 환경을 잘 결합해 조정해야한다. 때로는 이러한 목표가 실천가능하지도 않고 또 바람직하지 않을 수도 있다. 특히 상당한 투자가 요구되면 장기적으로 수익성이 떨어질 수 있어 그렇다. 하지만 한 가지는 분명하다. 즉 서비스조직은 수익이 되는 고객을 많이 확보해 유지하면서, 계속 새로운 고객을 유치해야만 성장할 수 있다는 점이다. 이것이 실현되려면 서비스마케터는 일관된 서비스 질을 고객에게 제공해야하고, 기존의 경쟁력을 유지하기 위해서 또 새로운 경쟁우위를 창조하기 위해서 아래와 같은 부문에서 혁신적인 전략을 수립해야한다.

경쟁우위를 위한 서비스전략

서비스의 특성을 반영한 혁신은 서비스전략의 성공 핵심으로 미래에 경쟁에서 우위를 차지하려면 아래의 5가지 혁신전략을 실천해야한다.

- 경쟁자를 넘어서라.

고객에게 우수한 서비스를 효과적으로 제공하려면 경쟁자보다 더 혁신적인 아이디어를 창출해야한다. 끊임없이 새로운 발상으로 혁신하는 자세야말로 경쟁위위를 점할 수 있는 가장 중요한 자세이다.

- 서비스수행을 드라마처럼 연출하라.

효과적인 서비스조직은 서비스수행을 연극화하는 방법을 잘 활용한다. 전면부와 후면부의 관리가 필요한데 배우는 종업원, 관객은 고객이다. 서비스종업원들의 팀은 배역을 통한 협동하여 서비스경험을 전달하는데 이들 팀은 소품, 의상, 음악, 조명 등을 잘 배합해서 디즈니랜드처럼 고객이 반응할 하나의 강한 인상, 이미지를 창조하는 것이다.

- 관계를 구축하라.

고객관계 관리를 포함해서 서비스조직은 고객과의 관계를 구축하고 이를 유지하고 활용하는 방안을 중시하고 실천해야 한다. 이제는 서비스조직이 주도적으로 구축하는 단계를 넘어서 고객이 주도적으로 그러한 관계를 수용하고 관리하는 수준까지 높여야한다. 이러한 관계가 강한 충성도와 지속적인 구매확대, 추천, 비용절감, 프리미엄 가격 지불 등의 효과를 가져 온다. 고객과 조직이 하나의 새로운 소문화를 창조하는 그런 창의적 관계구축이 필요하다.

• 기술을 동력화하라.

현대의 커뮤니케이션과 수송기술의 발달덕분에 서비스조직은 고객과 종업원은 한층 더 밀접한 관계를 이용한 사업을 국내외적으로 할 수가 있게 되었다. 기술의 활용으로 이제 실시간으로 맞춤식으로 개별화가 가능해졌다. 대형항공기와 트럭을 결합한 정교한 수송시스템과 정보기술을 이용한 Fedex의 화물 추적시스템은 좋은 예이다.

• 서비스 배달을 기쁘고 활기 있게 만들라.

집단적인 즉흥연주로 유명한 재즈 연주자처럼 서비스조직도 즉흥연주적인 자세와 방법을 개발하여 종업원에게 교육할 필요가 있다. 재즈 방식은 현장에서 고객욕구에 적합한 서비스를 제공할 능력을 갖추고 즉시 반응하여 고객을 기쁘고 활기차게 만들고 종업원들이 업무에 대해 감정적으로 보다 몰입하게 만든다.

4.5. 전략요소로 이미지

이미지의 개념과 중요성

이미지(image)는 현실이나 상황 등 대상에 대해 갖고 있는 신념이며 아이디어, 인상의 집합으로 좋고 나쁨에 대한 전반적인 인상이다. 이미지는 사물이나 이벤트에 대한 총칭적 개념이다. 그리하여 이미지는 서비스관리시스템에서 중요한 하위요소 중에 하나이다.

이미지는 그 자체가 변하기 쉬워서 여러 가지 자극에 의해서 새롭게 형성되기도 하며 변하기도 한다. 또 이미지 자체가 인간의 행동에 크게 영향을 미치고 있다. 특정한 사람이나 사물 혹은 집단에 대하여 이미지는 좋을 수도 나쁠 수도 있다. 이미지가 현실을 정확하게 반영했건 또 못했건 간에 현실에 대한 인간의 지각에 따라 행동이 나타나게 된다. 이것이 바로 이미지가 큰 영향을 미치는 강력한 무기가 되는 이유이다.

▌그림 4-2 _ 서비스 관리시스템

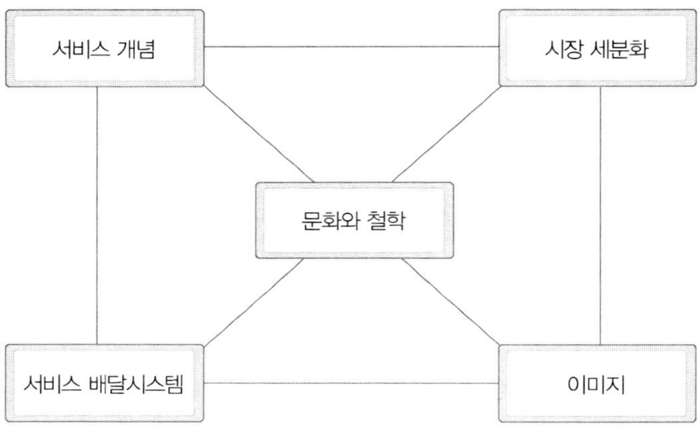

개인의 소득수준이 높아지고 많은 제품이나 서비스가 시장에 쏟아져 나오게 되면서 이미지가 소비자의 구매선택에서 중요한 결정기준이 되고 있다. 특히 소비자들은 대상을 인식할 때 추상화하고 단순화시켜서 인식하는 경우가 많고 또 그렇게 하고 싶어 한다. 그저 '이미지가 좋아서' 어떤 특정의 서비스 기업을 택했다는 소리를 자주 듣는 것도 이미지가 갖는 영향이 얼마나 큰지를 알 수 있게 해준다.

이미지는 한번 형성되면 스스로 강화되는 속성이 있다. 이미지는 이미지를 정당화하고 강화하려는 목적적 행동을 낳는다. 그리고 그것은 눈덩이처럼 점점 커지게 되는 것이다. 개인이 만일 나는 어떠어떠한 인간이라는 이미지를 스스로 갖고 있다면 그는 사고와 행동에서 자꾸 그런 이미지를 강화하는 쪽으로 갈 것이다. 보이지 않는 생각에서부터 보이는 가시적인 행동과 사물을 통해서 자신을 표현하려고 할 것이다.

이미지는 의사소통의 수단으로 특히 서비스 기업에서 중요한데 그것은 서비스가 무형적이기에 정신적 이미지 형성이 힘들기 때문이다. 이미지는 일단 형성되면 스스로 강화되어 그 이미지를 정당화하고 그에 따른 목적적 행동을 낳는다. 이렇게 하여 고객의 기대는 기업에 대한 그들의 이미지에 의해서 영향을 받는다. 기업이미지는 고객이 기업을 어떻게 인식하느냐의 결과인데 서비스 기업의 경우 인식하는 것은 서비스 자체와 서비스를 창출하는 과정에서 인식된 여러 요소들이다.

이미지의 형성요인

일반적으로 대상이 같아도 사람들은 각기 다른 이미지를 갖게 된다. 이것은 사람마다 그의 생활가치, 경험, 배경과 욕구가 다르기 때문이다. 이런 생활가치, 경험, 욕구는 개인의 지각, 사고, 감정에 영향을 주게 되는데 이런 요인들의 상호작용으로 이미지가 형성되는 것이다. 기업이미지의 형성은 기업으로부터 직접경험, 매스컴을 통해서 형성된 간접경험, 친지나 친구와 같은 준거집단을 통해서 형성된 간접체험, 소비자 자신의 특성이 다 관련된 영향요인이 된다.

서비스의 경우 이미지를 결정하는 가장 중요한 요인은 바로 서비스 기업자체이다. 서비스 기업이 창조하는 이미지는 크게는 서비스 본질에 의해서 결정된다.

그 외에 조직, 문화, 인간, 시장세분(고객)이 있다. 이미지는 기술적인 질과 기능적인 질에 의해서 영향을 받고 있으며 또 전통, 사상, 구전 등과 같은 외부요인과 전통적인 마케팅 활동에 의해서 영향을 받고 있으나 그 영향은 기술적인 질과 기능적인 질에 훨씬 못 미친다.

▌그림 4-3 _ 이미지에 영향을 미치는 요인

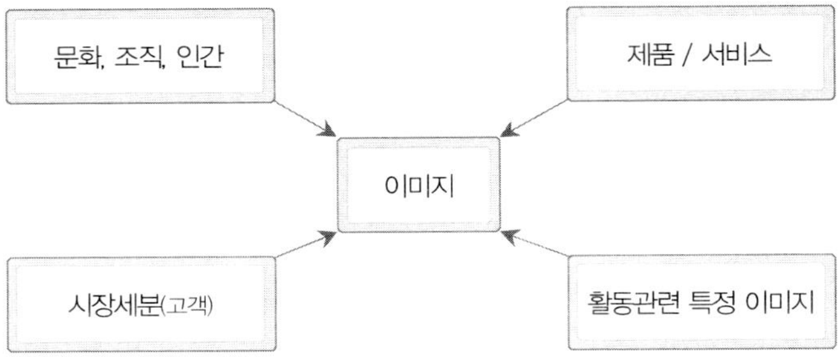

이미지는 기업에서 나오지만 그런 이미지가 나중에 다시 기업에 영향을 미친다. 만일 서비스 기업이 자신들이 서비스로 인해 얻은 이미지가 우수하고 친절하다면 서비스 기업은 그런 확립된 이미지와 부합되는 마케팅 전략을 계획하여 실행하게 된다. 서비스 기업이 광고에서 서비스 질이 우수하다고 이미지 광고를 냈지만 실제 그렇지 못할 경우 잘못된 이미지와 종업원간에는 갈등만 생기게 된다. 기업이 이미지를 낳지만 이미지가 다시 기업을 만든다는 말은 이미지를 통해서 기업이 원하는 방향으로 종업원들을 변하게 할 수 있음을 의미한다.

이미지의 이점

서비스 기업은 이미지를 여러 가지 목적에 이용할 수가 있다. 이러한 기업이미지가 좋으면 기업은 아래와 같은 이점을 갖게 된다.

① 경쟁기업과 차별화를 기할 수 있다.
② 좋은 이미지로 인해 고객유치가 쉬워 매출액이 증가한다.
③ 기업의 활동이 원활해진다. 특히 광고효과가 커진다.
④ 신서비스의 도입이 쉬워지고 성공가능성도 높아진다.
⑤ 기업의 여러 가지 단점이 좋은 이미지로 커버될 수 있다.

⑥ 거래처와의 관계가 유리하게 된다.
⑦ 종업원의 사기가 높아지고 유능한 사원을 모집하기가 쉽다.
⑧ 투자유치와 필요한 자금조달이 훨씬 쉬워진다.

우선 전략적 포지셔닝(정위화)에 이용할 수가 있다. 그리고 좋은 이미지를 갖고 좀 더 효과적인 시장침투를 할 수가 있다. 이미지가 좋으면 기업이 필요로 하는 여러 가지 자원에 쉽게 접근할 수가 있고 그런 자원을 획득하는 비용도 줄일 수가 있다. 이미지가 좋으면 종업원들의 동기부여가 높아 생산성도 크게 향상된다. 이미지가 가장 목표로 하는 집단은 고객이다. 이미지가 좋은 기업은 고객에게 서비스 질에 대한 기대를 높여주고 그들에게 판매를 하는데 드는 비용도 크게 줄게 만든다. 또 이미지가 좋으면 기업에 대한 충성심을 높이고 긍지를 높인다. 필요한 종업원을 모집하는데도 이미지가 좋으면 모집이 쉽고 비용도 절약된다.

기업이미지와 C.I.S.

기업이미지는 여러 가지 하위 이미지에 의해서 만들어지는 것이다. 즉 서비스(제품)이미지, 기업 활동 이미지, 물리적인 기업이미지, 조직이미지, 기업 심볼 이미지가 그것이다. 서비스 자체가 갖고 있는 이미지(주로 서비스배달과정에서 발생), 기업이 평소 행한 활동(소비자보호, 환경보호, 사회활동, PR, 광고 등)으로 얻게 된 이미지, 그리고 기업이름이나 마크, 심볼, 로고, 마스코트 등으로 생긴 이미지 등이 기업이미지를 만드는 것이다.

> 기업이미지 = 서비스(제품)이미지 + 기업 활동 이미지 + 물리적 기업이미지
> + 조직이미지 + 기업 심볼 이미지

최근에 들어와서 서비스 기업들이 새로운 이미지 개선을 위해 C. I. S. 전략을 많이 사용하고 있는데 이는 기업의 이미지가 갖는 중요성을 인식했기 때문이다.

C. I. S.(Corporate Identity System)는 기업이미지 확정전략이나 행동을 말한다. 즉 C. I. S.는 포괄적인 것으로 제품 서비스의 이미지 변화를 통해서, 기업 활동의 이미지 변화를 통해서, 조직이미지 변화를 통해서, 물리적 기업이미지 변화를 통해서, 기업 심볼 이미지의 변화를 통해서 새로운 기업이미지를 확정하는 전략이나 행동을 가리킨다.

기업이 이런 C. I. S.를 도입하는 이유는 여러 가지가 있다.

① 타사와의 이미지를 차별화를 위해서
② 현재의 사업활동과 소비자가 지니고 있는 이미지를 일치시키기 위해서
③ 이상적인 기업이미지를 확정하기 위해서
④ 이미지를 지금보다 높이기 위해서
⑤ 나쁜 이미지를 개선하기 위해서
⑥ 새로운 전기를 마련하기 위해서(신설, 합병, 확장, 다각화를 할 때)
⑦ 경영자 교체시 새로운 정책을 강조하기 위해서
⑧ 침체된 조직분위기를 쇄신하기 위해서
⑨ 촉진활동의 일종이기 때문에
⑩ 국제화에 부응하기 위해서

흔히 말하는 CI는 주로 기업 심볼 이미지를 가리킨다. 이것은 기업의 존재를 명확히 하고 기업을 둘러싼 여러 환경과의 관계를 커뮤니케이션을 통해 개선하여 보다 나은 기업환경을 조성하려는 기업문화전략이다. 이런 CI를 통해서 대외적으로는 이미지 개선효과를, 또 대내적으로는 기업 내 전 구성원들의 의식개혁, 단결심, 충성심 등을 강화시킬 수가 있다.

CI의 요소는 회사명, 상표, 상징색채, 기업문자, 그래픽, 슬로건 등이 해당되

며 그 적용대상은 서류, 명함, 간판, 건물, 유니폼, 표지, 실내장식, 차량, 광고물 등 모든 분야에 적용할 수 있다. 또 PI(President Identity)는 최고경영자의 이미지를 통해 기업의 이미지를 강화하고자 하는 조직이미지의 일종이라 할 수 있다. 보통 광고에 사장이 직접 등장해서 광고를 하는 경우가 여기에 해당된다.

CI도입의 문제점도 없는 것은 아니다. CI를 도입해도 이미지가 개선되지 않는 경우가 많고 매출액도 늘지 않을 수가 있다. 또 마크나 회사 이름만 바꾼다고 해서 이미지가 크게 개선되는 것도 아니다. 또 그 비용이 많이 들고 경쟁사도 이를 도입할 경우 효과가 상쇄될 가능성이 높다. 이것은 결국 무엇을 말하는가하면 서비스 기업의 서비스 자체나 기타 여러 가지 이미지가 함께 좋아져야 기업 전체의 이미지가 높아진다는 의미이다. 단순한 시각적 요소의 변화만으론 소기의 성과를 거둘 수가 없다.

그러나 기업이미지를 구성하는 여러 이미지가 좋을 경우 시각적 심볼 이미지는 매우 강력한 영향을 내외에 주게 된다. 서비스 기업에선 비주얼마케팅(visual marketing)이 중요한데 이는 서비스 자체가 무형적이라 소비자들에게 유형적인 단서와 이미지 연상을 주기 때문이다. 최근과 같이 비디오-오디오 시대에선 이런 시각적 마케팅이 매우 큰 효력을 갖는다. 시각마케팅은 소비자의 이해나 설득을 위해 시각적인 요소를 이용하는 마케팅 활동을 말한다.

이런 시각마케팅은 친밀하게, 쉽게, 강한 인상을 남기게, 오락성이 있게, 아름답게, 소비자가 의미를 부여할 수 있게, 쉽게 메시지를 전달할 수 있게, 소비자가 쉽게 이해할 수 있게 만들어서 제공해야 한다.

제 **5** 장

서비스 포지셔닝

5.1. 시장기회분석

시장의 조건

서비스 기업은 마케팅믹스 전략을 실천하기 전에 먼저 시장을 확인하고 평가한 후 표적시장을 선택해야 한다. 그러려면 시장이 무엇인지를 이해해야 한다. 기업의 입장에서 전개되는 마케팅에 있어서 시장이란 충족되어야 할 욕구와 욕구 충족을 위한 재화와 서비스를 획득할 수 있는 능력을 가진 개인, 집단 및 조직의 총체로 다시 말하면 잠재구매의 총수요라 할 수 있다.

시장이 되려면 다음과 같은 조건을 갖추고 있어야 한다. 우선 사람과 기관이 있어야 하고, 구매력과 구매의도가 있어야 하며, 구매할 수 있는 자격과 권한이 있어야 시장이 되는 것이다. 매력 있는 시장이 되려면 개인이나 기관이 많이 있어야 한다. 하지만 그 숫자만 많다고 해서 시장이 되는 것은 아니고 그들이 구매력을 갖고 있어야 한다. 아울러 그들이 서비스를 구매하려는 구매의도가 강해야 한다. 대부분의 서비스에서는 위의 세 가지 조건이 중심이 되나 서비스를 구매할 수 있는 자격이나 권한이 필요한 경우도 많다. 미성년자들이 출입할 수 없는 술집이나 극장에선 그들이 아무리 숫자가 많고 돈이 있고 또 출입하고 싶어도 미성년자는 시장이 될 수 없는 것이다.

시장기회의 발견 및 창조

서비스 기업이 시장에서 그들의 목적을 달성하려면 먼저 시장기회를 발견해야 하며 또 그런 시장기회를 발견하려면 시장세분화를 해야 한다. 특정기업에서 매력적인 시장기회란 기업의 자원 및 목적으로 탁월한 성과를 거둘 수 있는 가능성이 있다는 것을 의미한다. 즉 시장기회(market opportunity)란 충족되거나 발견되기를 기다리는 시장 적소라고 볼 수 있다.

그러나 시장이란 고정불변의 것이 아니라 환경변화에 따라 계속 변하는 것이므로 시장기회도 계속 바뀌는 것이다. 오늘날과 같이 급변하는 상황 속에서 기업은 무수한 시장기회를 포착해서 이를 사업화시켜야 성공할 수가 있다. 따라서 기업은 시장기회를 체계적으로 탐색하고 평가하는 일을 잘 수행해야 한다. 시장기회를 체계적으로 분석하는 일은 제품/서비스와 시장의 메트릭스에 의해 가능하다. 기존서비스의 기존 시장에의 확대, 기존서비스의 신시장 도입, 신서비스의 기존시장도입, 신서비스의 신시장 개척 등 가능한 전략 중에서 기업은 자신의 목적과 자원에 가장 적합한 시장기회를 찾아 거기에 적합한 마케팅 전략을 집중시킬 수가 있다.

경쟁이 치열한 서비스 기업에선 단순히 시장기회를 발견하는 것으론 부족하다. 남보다 앞서려면 적극적으로 시장기회를 창조하는 자세가 필요하다. 특히 시장기회의 탐색은 자금과 인력에서 여러 제약이 많은 중소서비스업체에선 더욱 중요하다. 왜냐하면 한정된 자원으로 사업을 영위하려면 시장적소의 개발이 절대적으로 필요하기 때문이다.

5.2. 시장세분화와 표적시장

시장세분화 개념

모든 소비자는 소비자란 한 단어로 불리지만 사실 따지고 보면 제각기 다른 속성을 갖고 있다. 소비자 욕구를 위시해서 여러 가지 측면에서 다 다른 특성을 갖고 있다.

그러나 그 중에서도 유사한 속성을 지닌 구매자들을 집단화하여 그들이 원하는 서비스를 제공할 수만 있다면 소비자도 만족하게 되고 기업도 이익이 된다. 크고 다양한 소비자들로 구성된 전체시장을 동질적인 세분시장으로 분할하고 이를 충족시키려는 기업의 활동을 시장세분화(market segmentation)라 한다. 즉 이질적인 전체시장을 동질적인 몇 개의 세분시장으로 나누는 활동으로써 마케팅 콘셉트를 구현하는 과정이라 할 수 있다.

이와 같은 시장세분화는 나중에 설명할 포지셔닝 전략에서 중요한 역할을 한다. 특히 다음과 같은 문제를 해결하는데 도움이 된다.

- 우리의 서비스를 위해 어떤 식으로 세분화를 해야 하는가?
- 우리가 파악한 세분시장의 욕구는 무엇인가?
- 세분시장 중 어느 것이 우리의 기업사명과 능력에 잘 부합되는가?
- 각 경우에 있어 우리의 경쟁우위는 무엇이고 또 약점은 무엇인가?
- 어떤 세분시장을 우리가 서비스해야 하는가?
- 우리의 마케팅 활동을 어떻게 경쟁자와 차별화할 것인가?

세분화의 요건과 기준

시장세분화를 하면 구매자에 대한 서비스 기업의 이해를 높여주어 기업이 고객의 기대에 부응할 수 있는 서비스를 생산 배달할 수 있게 해준다. 자신의 서비스를 이용할 고객에 대한 충분한 지식과 이해를 갖고 있으므로 기업은 자원을 낭비하지 않고 효율적으로 배분할 수가 있다. 또 전체시장을 대상으로 하지 않고 세분시장을 대상으로 하는 만큼 시장의 변화 추이를 세밀하게 파악할 수가 있다. 이러한 세분화 과정을 통해 기업은 자원을 최적 배분할 수 있는 마케팅 믹스를 개발할 수가 있어 고객만족을 줄 수 있으며 궁극적으로 기업의 목적을 달성하게 된다.

시장세분화가 현대마케팅에서 절대적으로 필요하고 중요한 것이지만 그렇다고 해서 무조건 세분화를 하는 것은 아니다. 적어도 아래와 같은 요건이 충족될 경우에만 효과적인 시장세분화를 추진할 수가 있는 것이다.

첫째, 세분시장의 구매력과 규모가 계량적으로 측정될 수 있어야 한다.

둘째, 서비스 기업이 세분시장에 효과적으로 촉진을 하거나 접근이 가능해서 기여할 수가 있어야 한다.

셋째, 별도의 프로그램이나 노력을 투입할 만큼 규모가 크거나 수익성이 확보될 수 있어야 한다.

넷째, 서비스 기업이 효과적인 마케팅 믹스를 개발할 능력과 자원을 갖고 있어야 한다.

세분화 방법에는 지리적 세분화(국가, 도, 시, 군, 도시와 농촌 등), 인구통계적 세분화(연령, 성, 직업, 교육수준, 가족수, 가족생활주기 등), 심리행태적 세분화(AIO분석: Activities, Interests, Opinions), 행동적 세분화(重사용자, 輕사용자 등, 非사용자, 前사용자, 잠재사용자, 신규사용자 및 정규사용자 등), 편익 세분화(수익성, 편리성, 안전성 등)가 있다.

표적시장의 확인과 선정

전체 시장을 여러 가지 기준에 의해서 세분화한 후 이들 세분시장에서 어느 세분시장을 기업이 공략의 대상으로 삼아야할 것인지를 결정하는 과정을 시장 표적화(market targeting)라 한다. 다시 말해 시장세분화를 통해 파악된 각 세분시장에서 기업이 주 고객시장으로 삼을 시장을 확인하고 선정하는 활동이다. 흔히 이렇게 선정된 시장을 목표시장 혹은 표적시장(target market)이라 한다. 표적시장은 기업이 차별적 경쟁우위를 발휘할 수 있다고 판단되어 선정한 고객집단이다.

따라서 표적시장을 선정함에 있어 서비스 기업은 서비스속성에 대한 현재 및 잠재고객의 인식과 평가, 표적시장의 규모와 시장의 성장성, 수익창출의 전망, 현재의 경쟁 상태와 잠재경쟁자의 진출 가능성, 그리고 표적시장에서 자신들이 경쟁자보다 확실한 우위를 차지할만한 인적·물적 자원과 기술을 갖고 있는지 세밀하게 분석해 보아야 한다. 특히 표적시장에서 기업이 추구하는 장기 목표를 과연 실현할 수 있을지 여부도 검토해야 한다.

표적시장을 선정하는데 있어 서비스 기업은 다음과 같은 여러 가지 선택이 있을 수 있다.

▌그림 5-1 _ 표적시장의 선정유형

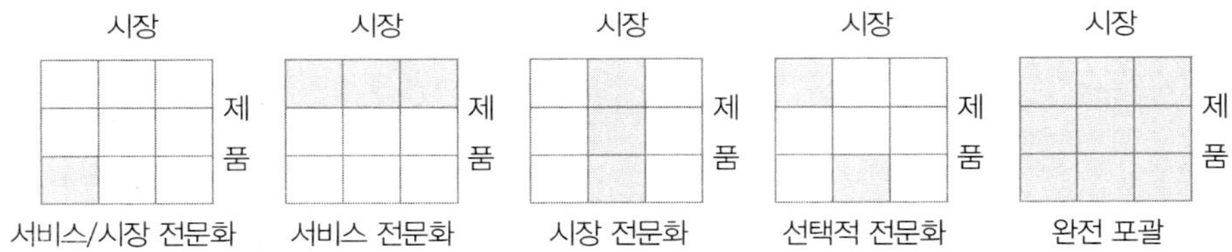

① 서비스/시장전문화: 단일 서비스로 단일 세분시장을 커버하는 것으로 소규모 서비스 기업이 주로 채택한다.

② 서비스전문화: 다양한 여러 고객집단을 충족시킬 단일 서비스 상품을 개발하는 형태이다.

③ 시장전문화: 여러 가지 서비스 상품으로 단일의 세분시장을 충족시키는 형태이다.

④ 선택적전문화: 매력적이고 기업의 목표와 자원에 부합되는 소수의 세분시장을 선택해서 표적시장으로 삼는 형태이다.

⑤ 완전포괄: 전체시장을 커버하기 위해 각 세분시장이 요구하는 모든 서비

스 상품을 개발하여 제공하는 형태로 기업의 자원이나 능력이 풍부할 때 가능하다.

5.3. 서비스 포지셔닝

서비스 기업 간의 경쟁이 치열해지자 서비스 기업은 고객유치에 보다 적극적인 자세를 보이지 않으면 안 되게 되었다. 그러나 서비스의 무형성 때문에 자신의 서비스와 경쟁자의 서비스를 이런 점에서 이렇게 다르다고 확연히 제시할 수가 없다. 이런 제약이 있음에도 불구하고 치열한 경쟁 때문에 서비스 기업은 자신의 서비스가 고객에게 어떻게 인식되고 평가되는지, 고객은 어느 수준의 서비스를 요구하는지, 서비스의 중요속성에 대해 세분시장의 고객들이 어떻게 인식하고 있는지를 파악하지 않으면 안 된다.

운동경기에서 선수들은 각자 위치가 정해져 있고 수행해야 할 임무가 부여돼 있다. 자기의 포지션에 맞는 역할을 잘 수행했을 때 그 선수에 대한 평가가 관중들의 마음속에 자리 잡게 된다. 팬들의 마음속에 「수비하면 누구이고 공격하면 누구이다」라는 인식이 생기는 것처럼 서비스 기업들도 이와 같은 인식을 소비자로부터 받고 있는 것이다. 시장포지션(market position)이라는 개념에는 두 가지 의미가 있다. 즉 특정서비스가 시장에서 경쟁서비스에 대해 상대적으로 가지는 서열과 그 서비스가 고객의 욕구측면에서 볼 때 차지하는 위치개념이다. 서열은 시장점유율이나 매출액 등으로 표시되는 기업적 측면이고 위치는 고객의 욕구 측면에서 인식되는 지각도(perceptual map)로 생각될 수 있다.

포지셔닝의 개념을 이해하려면 다음과 같은 질문에 대한 답을 생각해보면 쉽게 이해가 갈 것이다. 즉 우리의 서비스 개념은 무엇인가? 경쟁자의 서비스와 어떻게 다른가? 우리의 서비스는 여러 세분시장에서 고객의 욕구를 얼마나 잘 충족시켜 주는가?

포지셔닝의 역할

서비스의 포지셔닝은 시장세분화와 표적시장 선정에서 얻은 정보를 기초로 하여 서비스 개념을 파악하고 이를 세부적인 마케팅믹스 전략으로 전환하는데 중추적인 역할을 한다. 서비스 기업이 시장에서 바람직한 포지션을 갖지 못하고 흔들릴 때 언제든지 다른 기업으로부터 공격을 받을 수 있고 소비자로부터 외면당하게 된다. 기업이 시장에서 확실한 포지셔닝 전략을 갖고 있으면 다른 기업의 모방과 진입으로부터 자신을 보호할 수 있고 확보한 서열과 위치를 유지하기 위해 혁신을 계속 추구하게 된다.

기업이 포지셔닝을 하는 이유는 이를 통해 확인된 메시지를 전해야 선택적 지각이라는 소비자 지각에 쉽게 부합될 수가 있다. 경쟁이 치열한 상황에선 차별적 이미지를 구축해야 상표충성을 확보할 수 있고, 광고홍수로 혼란을 느끼는 사람들에게 선택적 주의를 끌려면 효과적인 포지셔닝이 필요하다.

① 포지셔닝은 제품과 시장간의 관계를 정의하고 이해하는데 필요한 진단적 도구를 제공한다. 특정한 속성에 대해 소비자는 경쟁서비스와 어떻게 비교하는가? 우리가 수행하고 있는 서비스가 소비자의 욕구를 충족시키고 있는가? 그 가격에 서비스에 대한 예상 소비수준은 어떠한가?

② 포지셔닝은 시장기회를 확인해준다. 우선 신서비스 도입을 위해서 어느 세분시장을 목표로 어떤 속성을 제공해야 할까를 파악할 수 있다. 기존서비스의 재설계를 위해서는 같은 시장을 혹은 새로운 시장을 대상으로 할 것인가? 어떤 속성을 추가하고 탈락시키고 변경할 것인가? 어느 속성을 광고에서 강조할 것인가를 알게 된다. 어떤 서비스가 고객의 욕구를 충족시키지 못하는지 또 과잉경쟁에 직면하고 있는지를 파악하게 해준다.

③ 포지셔닝은 경쟁자에 대응할 수 있는 다른 마케팅 믹스를 결정하게 한다. 포지셔닝을 통해 가격수준, 지불절차, 서비스 제공장소의 위치, 유형, 서비스 가용시기, 목표청중의 특성, 강조해야할 메시지, 이용할 커뮤니케이션 채널 등에 대한 결정을 보다 쉽게 내릴 수 있다.

포지셔닝 전략의 개발

▌그림 5-2 _ 시장포지셔닝전략개발

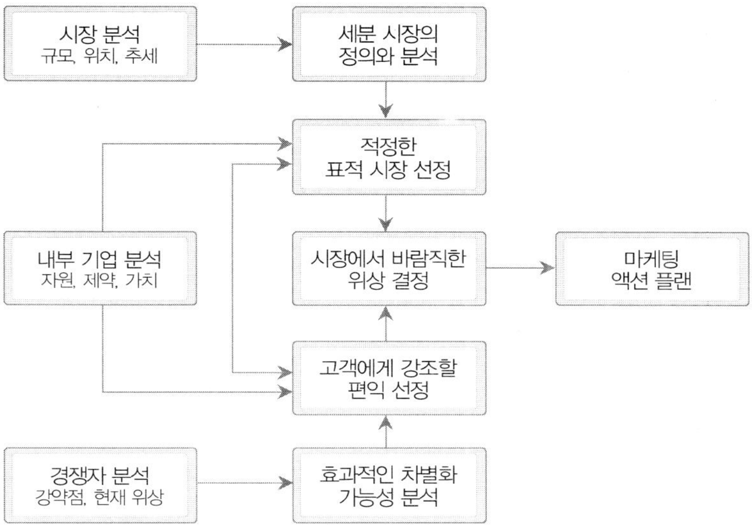

포지셔닝 전략은 소비자의 지각도 상에 확실한 위치를 잡기위한 기본적인 의사결정으로 이런 전략을 개발하기 위해선 다음과 같은 세 가지 분석이 필요하다. 먼저 시장분석을 통해서 수요의 전체수준과 추세, 수요의 지역적 위치 등과 같은 요인을 결정한다. 그 다음 시장세분화의 대체적 방법을 고려해서 세분시장의 규모와 잠재력을 평가한다. 각 세분시장내의 고객의 욕구와 선호, 그리고 경쟁자에 대한 인식을 조사한다.

내부기업분석은 자원(재정, 인력, 노하우, 물적자산 등), 제약과 한계, 경영자의 가치와 목표(수익성, 성장성, 전문적 선호 등)등과 같은 것을 분석한 후 표적시장을 선택한다. 표적시장을 기존서비스로 충족할 것인지 아니면 신서비스로 충족시킬 것인지도 결정한다. 경쟁분석은 직·간접의 경쟁자를 확인하고 그들의 강약점을 파악한다. 이를 내부기업분석 결과와 연결하면 어떤 표적시장에다 어떤 편익을 제공할지가 분명해진다.

이런 세 가지 분석 결과를 통합하게 되면 자연히 시장에서 바람직한 위치의 포지션이 밝혀지고 구체적인 행동 계획인 마케팅 믹스가 모색되는 것이다.

여기서 주의해야할 것은 특정 표적시장을 다른 경쟁기업이 노릴 수도 있다는 점이다. 만일 같은 시장포지션을 여러 기업이 동시에 추구하고 있다면 어떻게 할 것인가에 대한 철저한 분석이 있어야 한다. 가능한 모든 경쟁자의 반응을 예상해 보려면 현재 및 잠재경쟁자를 파악하여 그들의 입장에서 그들의 내부기업분석을 해봐야 한다. 기존시장과 경쟁자 분석을 통해 앞으로 경쟁자가 어떤 행동을 취할지를 예상해서 만일 경쟁자가 나은 서비스 개념으로 같은 표적시장을 노린다면 행동계획을 재고하는 게 현명하다.

특히 포지셔닝 전략개발에 중요한 것은 소비자 선택을 정확히 이해하는 일이다. 표적시장에서 올바른 서비스 개념을 개발하려면 어떤 속성이 그 표적시장에서 중시되고 경쟁자보다 그런 속성을 잘 제공할 수 있는지를 알아야 한다. 서비스를 이용하는 목적이 무엇인지, 누가 서비스 구매를 결정하는지, 서비스를 이용하는 시기는 언제인지, 서비스를 혼자 이용하는지, 집단으로 이용하는지를 파악해야 한다.

여기서 유념할 것은 자신을 경쟁서비스와 차별화하는 서비스 속성이 항상 가장 중요한 것은 아니라는 점이다. 예를 들어 항공여행에서 안전성을 고객들이 중시하지만 대부분의 항공사가 다 안전하다고 인식되면 안전성은 소비자 선택에 영향을 미치는 중요한 속성은 아니다. 비즈니스 여행자에게는 출발과 도착시간의 편리성, 마일리지 가용성, 특혜, 식음료의 질, 예약의 용이성 등이 결정적 요소이나 휴가여행객에는 가격이 차별적 특성이 된다. 따라서 소비자 선택에서 어떤 요인들이 차별화가 가능한 결정요인인지를 파악하는 것이 포지셔닝 전략개발에서 중요한 전제가 된다.

포지셔닝 지도와 포지셔닝 분석

포지셔닝 지도(postitioning map)는 서비스에 대한 소비자의 지각도(perceptual map)로써 서비스의 속성에 대해 경쟁서비스와 비교해서 소비자가 어떻게 인식하고 있는가를 나타낸 심리적 좌표라 할 수 있다. 포지셔닝 지도는 서비스에 대한 여러 속성을 기준으로 하여(보통은 두 가지 차원의 속성) 소비자 조사를 통해 획득된 평가자료를 이용하여 작성한다. 예를 들어 호텔에 대한 평가기준 즉 내부시설의 편리함과 종업원의 서비스 질을 기준으로 할 경우 각 호텔에 대한 소비자 평가를 조사하여 지각도에 표시한다.

▌그림 5-3 _ 포지셔닝 지도의 예

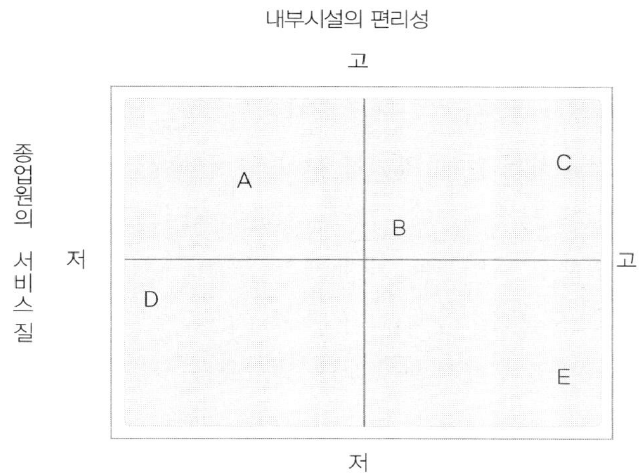

서비스가 무형적이고 경험적이어서 실제 소비자들이 특정 특성을 평가하는데 있어 객관적인 근거보다는 주관적인 근거로 평가하는 경우가 많다. 소비자 지각도에 나타난 위치를 분석하여 경쟁자와 자사간의 경쟁구조를 알 수가 있다. 일단 경쟁구조를 파악한 후 현재 및 잠재고객이 원하는 이상점(ideal point)을 찾아내면 그것을 근거로 하여 자산의 강약점, 경쟁구조 등을 고려하여 자신이 추구하고자 하는 목표 포지션을 결정한다. 그런 목표 포지션이 결정되면 기업은 소비자의 인식을 그 위치로 변경시키기 위한 세부 마케팅 프로그램을 수립하여 실천하게 된다. 건물이나 시설의 내용을 개선하고 종업원들의 서비스 질을 향상시킬 수 있는 방안을 강구하게 된다. 실질적인 개선도 필요하고 또 광고를 통해 이미지를 차별화시키기도 한다.

재포지셔닝

포지션은 시장구조의 변화, 고객욕구의 변화, 경쟁자의 활동, 기업 자체의 활동에 따라 변화하게 된다. 만일 소비자의 인식과 기업이 바라는 포지션이 다를 경우 기존의 포지션을 바꿀 필요가 생긴다. 이를 재포지셔닝이라 한다. 재포지셔닝(repositioning)은 서비스 기업이 경쟁에서 우위를 확보하는데 절대 필요한 전략 수단이다.

재포지셔닝은 다음과 같은 경우 필요하다.

① 시장에서 바람직하지 않은 위치를 갖고 있는 경우
② 이상적인 위치를 달성하고자 했으나 실패한 경우
③ 경쟁자의 진입으로 차별적 우위 유지가 힘들게 됐을 경우
④ 유망한 새로운 시장적소나 기회가 발견되었을 경우
⑤ 기존의 포지션이 진부해져 매력성이 상실됐을 경우

서비스 기업이 재포지셔닝을 하려면 우선

① 현재 자신이 위치한 포지션을 정확히 파악한다.
② 새롭게 추구하고자 하는 목표 포지션을 결정한다.
③ 서비스의 속성을 목표 포지션에 맞게 변경시킨다.
④ 재포지셔닝된 서비스 내용을 고객에게 알리고 설득시킨다.
⑤ 의도된 방향으로 재포지셔닝이 되고 있는지를 확인하다.

서비스가 과정이므로 그 산출과정의 성격에 따라 서비스 수행 시 거쳐야 할 단계가 많고 절차가 복잡한가(복잡성)와 서비스 수행의 각 단계에서 얼마나 자유재량이 허용되는가(다양성)를 분석하면 서비스의 재포지셔닝에 많은 대안을 찾을 수가 있다. 예를 들어 의료, 건축, 법률, 컨설팅 등은 복잡하고 다양한 서비스이다. 왜냐하면 여러 단계와 절차를 거치고 많은 판단과 재량, 상황적응이 요구되기 때문이다. 그러나 호텔서비스는 절차는 복잡하지만 서비스 과정이 표준화되어 있어 다양성은 낮은 서비스이다. 한편 가수의 공연이나 화가의 그림 제작은 과정은 간단하나 실제 수행에서는 다양성이 높은 서비스이다.

이런 점을 감안하여 구조변화를 통한 서비스를 재포지션 할 수 있다. 즉 복잡성을 축소할 것인지 아니면 증대시킬 것인지, 다양성을 축소시킬 것인지 아니면 증대시킬 것인지를 결정해서 활용하면 포지셔닝에서 대안이 된다. 과거의 이발소는 아주 단순한 서비스였으나 최근에는 다양한 헤어스타일을 창출하는 곳으로 재포지션하여 유행에 민감한 남성들을 고객으로 끌고 있다. 요즘 복잡하고 다양한 법률서비스 중 일부를 떼어내서 그것을 표준화하여 일정한 수수료만 받고 처리해주는 법률사무소가 등장했는데 이는 전통적인 법률서비스의 재포지셔닝이라 볼 수 있다.

무형적인 서비스에서는 경쟁자의 모방도 쉽고 소비자의 욕구도 변화가 많아 서비스의 포지션도 시시각각 변한다고 할 수 있다. 따라서 시장 환경변화에 따라 항시 재포지셔닝을 할 수 있어야 치열한 경쟁에서 살아남을 수가 있다.

제 6 장

서비스제품의 개발과 관리

6.1. 서비스 제품의 개념

서비스 제품과 그것의 구성요소를 이해하는 것은 서비스 마케팅에서 핵심적인 부분이다. 제품에서처럼 고객은 서비스 제품을 통해 어떤 편익과 만족을 얻기 위해 서비스 제품을 구매하는 것이다. 다시 말해 서비스 자체가 아니라 서비스가 제공하는 편익이나 만족을 위해 구매하는 것이다. 그러나 서비스 제품이 무엇인지는 한마디로 정의 내리기가 힘들 정도로 복잡하다. 왜냐하면 서비스 제품을 소비자(사용자)의 시각에서 보느냐 아니면 생산자(제공자)의 시각에서 보느냐에 따라 달리 정의내릴 수 있기 때문이다.

먼저 소비자가 서비스 제품에서 추구하는 편익이 무엇이냐에 초점을 맞춘 것이다. 소비자 편익개념(benefit concept)은 제품의 기능적, 감정적, 심리적 속성의 다발로 이를 제품 자체와 분리하는 것이 중요하다. 따라서 소비자가 추구하는 편익이 무엇인지를 알아내는 일이 중요하다. 소비자 편익개념을 잘 파악하고 있어야 그것을 서비스 제품설계와 배달에 잘 반영할 수가 있다. 그러나 실제 소비자가 자신이 추구하는 욕구나 편익을 정확히 알고 표현하기가 쉽지 않다. 또 추구하는 편익도 서비스를 경험하거나 기대가 달라지면 변하는 것이고 설사 그것을 안다고 해도 추구하는 편익 중 어느 것을 중요시하고 더 선호하는지를 정확히 측정하기도 힘들다.

이와 유사한 개념인 서비스 개념(service concept)은 고객이 추구하는 편익에 근거하여 서비스 기업이 제공하는 일반적인 편익을 말한다. 즉 우리 기업은 무슨 사업을 하며 우리는 고객의 어떤 욕구와 필요를 충족시키려 하는가에 대한 답이 될 수 있는 것이다. 예를 들어 렌터카 서비스는 일시적으로 수송문제를 해결해주는 것이다. 서비스 개념은 서비스 기업이 어떤 일반적인 편익을 제공하려 하는가에 초점을 맞추고 이를 서비스 개념으로 보는 것이다. 서비스제품을 이해하는데 있어 서비스의 구성요소는 핵심서비스와 주변적 서비스로 구분할 수가 있고, 유형적 요소와 무형적 요소로 구분할 수도 있다. 고급식당에서 음식이나 음료수는 유형적인 요소이고 맛, 향기, 안락함 등은 무형적인 요소가 된다.

서비스제품의 이해에서 중요한 개념은 서비스 질(service quality)로 서비스의 수요량과 수요자에 영향을 미치고 있어 시장에서 경쟁자에 대한 시장포지션닝(positioning)에서도 중요하다. 그러나 서비스 질은 서비스 제품에서 명확하게 정의내리기 힘든 모호한 개념이다. 여러 가지 차원으로 구성되어 측정하기가 매우 힘들고 객관적으로 파악할 수 있는 속성이 있는 반면 주관적인 평가를 해야 하는 요소도 많기 때문이다. 그래서 가격과 같은 대리지표를 이용하는 경우가 많다.

서비스 질은 궁극적으로 고객이 어떻게 인식하느냐에 달려 있는 만큼 서비스 기업은 소비자가 어떤 속성을 질의 판단에서 중시하는지 또 상황이 바뀌면 그런 속성이 어떻게 변하는지를 잘 파악하고 있어야 한다. 서비스가 생산과 동시에 소비되고 노동집약적인 성격이 강하므로 서비스의 질은 종업원의 질과 밀접한 관계를 맺고 있다. 따라서 이들의 동기부여, 보상, 사기, 관리 및 통제가 서비스 질에서 중요한 과제가 되는 것이다.

서비스 제품과 서비스 배달시스템

서비스 제품을 정의하는데 있어 필요한 마지막 분석 수준은 서비스 배달시스템

(service delivery system)이다. 서비스 제품의 수행과 배달은 서비스 제품의 통합부분이다. 제품과 달리 서비스는 생산과 소비가 동시에 발생하며 또 고객이 생산에 참여한다. 서비스 배달시스템에서는 두 가지 요소가 중요한데 바로 사람(종업원과 고객)과 물적 환경(증거)이다. 이 부분은 나중에 장을 달리하여 상술하겠다.

서비스 제품을 창출하는데 있어 관련된 사람들은 많다. 경영자를 포함하여 여러 부문의 종업원이 있다. 또 직접 고객과 접촉하는 종업원이 있는 반면 후면에서 직접 접촉하지 않고 일을 도와주는 종업원도 있다. 여하튼 이들의 태도, 기술, 지식, 행동은 서비스 제품의 소비에서 고객이 얻는 만족수준에 결정적으로 중요한 영향을 미친다.

또 다른 사람은 바로 고객이다. 과거 및 현재 그리고 잠재고객을 망라한 고객이다. 이들은 서비스 창출과정에 참여하고 또 서로 영향을 주고 있다. 고객들은 서비스 기업에 대한 자신의 경험을 서로 얘기하게 되는데 이들의 구전이 서비스 기업의 이미지를 형성하는데 큰 영향을 준다. 또 다른 고객의 외모, 태도, 행동, 역할이 다른 고객에 영향을 미치게 되어 서비스 제품에 영향을 미치는 것이다.

물적증거(환경)는 건물, 시설, 장비, 배치 등과 같은 유형적인 것으로 이러한 물적 환경은 서비스 제품의 수행과 배달에 영향을 미친다. 분위기나 이미지와 같은 무형적인 질도 물적 환경이나 서비스 제공자, 나아가 사회적, 경제적, 지리적, 문화적 환경에서 겪는 총체적인 경험의 결과라 할 수 있다.

위에서 설명한 내용을 종합해서 정리해보면 서비스제품설계 시 소비자가 추구하는 편익과 서비스 기업이 제공할 수 있는 편익을 잘 연계해야 한다. 서비스 기업은 고객만족을 위해 어떤 서비스 요소를 어떤 서비스 형태로 하여 어느 수준의 양과 질로 제공할 것인지를 서비스 제품의 창출과 배달결정에서 항상 결정해둬야 할 것이다. 서비스 생산자의 입장과 고객의 입장을 잘 조화시켜 만족스런 서비스 제품을 창출하려면 이런 여러 가지 요소와 그들 간의 관계를 잘 이해하는 일이 중요하다.

6.2. 서비스 제품계획

서비스 기업의 서비스 제품계획은 서비스 제품-시장전략에 의해 크게 영향 받는다. 어떤 목표시장을 선택해서 그 시장에 어떤 서비스 제품을 제공해야 하느냐하는 결정은 먼저 신서비스 제품이 무엇이냐, 새로운 목표시장에 진출하려면 어떤 자원이 필요하고 그것을 소유하고 있는지 여부를 파악해야 한다. 또 제공해야 할 서비스 제품의 범위도 결정하고 새로운 서비스 제품을 개발하는데 있어 필요한 자원을 구매할 것인가 아니면 자체 개발할 것인가를 검토해야 한다.

우선 신서비스 제품은 완전 새로운 서비스 제품, 두 번째로 나온 서비스 제품, 이미 시장에 나와 있지만 서비스 기업에선 새로운 서비스 제품, 이미 사용되고 있으나 새로운 시장에선 처음 사용되는 서비스 제품처럼 그 범위가 넓다.

시장에서 새로운 서비스 제품 개발의 기회를 발견했다고 치더라도 그것을 현실화시킬 자원이 있거나 획득할 수 있느냐가 중요하다. 그러나 많은 서비스 기업은 자신이 보유하고 있는 모든 자원을 잘 알고 있지 못하다. 서비스는 무형적인 요소(종업원의 기술, 태도, 열의 등)가 대부분이므로 그런 자원들을 자세하게 파악하기가 힘들기 때문이다.

둘째, 실제로 한 가지 서비스만을 제공하는 서비스 기업은 거의 없다. 은행에서 기업을 상대하거나 일반고객을 상대로 하는 금융서비스의 종류를 생각해보면 매우 많은 것을 알 수 있다. 서비스 기업은 내부적인 필요와 외부적인 영향에 의해서 새로운 서비스를 추가 개발한다. 계절적 수요변동, 소비자의 요구, 경쟁자의 활동 등에 따라 서비스 기업은 다양한 서비스 제품믹스를 개발하게 된다.

서비스 제품라인(line)은 고객특성, 최종이용, 판매방법, 가격 등에서 유사한 특성을 갖고 있는 것들을 집단화한 것이다. 서비스 제품믹스를 설계하는데 있어 아래와 같은 사항을 유념해야 한다.

① 서비스 믹스의 최적범위를 파악한다.
② 경쟁자와 비교한 자사 서비스 제품믹스의 포지셔닝을 파악한다.
③ 믹스의 폭과 깊이, 제품라인내의 상호보완성, 시너지효과를 고려한다.
④ 서비스 제품믹스의 수익성을 고려한다.

마지막으로 서비스 기업은 신서비스를 추가해서 개발할 때 필요한 자본, 인력, 훈련 등을 자체 생산할 것인가 아니면 외부에서 구매할 것인가를 결정해야 한다. 이런 결정은 비용과 통제 면에서 검토되고 또 업계 간의 경쟁도 고려해야 한다. 컨설팅회사에서 전문연구원을 자체 양성할 것이냐 아니면 외부에서 스카웃해 올 것이냐를 결정하는 것, 개인연금을 두고 은행과 다른 금융기관이 경쟁하는 것, 항공사가 공항터미날과 호텔을 소유해서 운영하는 것(이런 것을 특히 시스템판매(system selling)라 함)등이 그 예가 된다.

신서비스 개발과 실패의 원인

서비스 기업들이 계속해서 성장·유지·발전하려면 지속적인 신서비스 제품개발이 있어야 한다. 신서비스 제품을 개발해야 하는 이유를 구체적으로 살펴보면 다음과 같다.

① 현재의 판매수준을 유지하고 환경변화를 활용하기 위해서이다.
② 구식이 돼서 판매가 하락하는 서비스를 대체하기 위해서이다.
③ 과잉으로 보유하고 있는 시설, 장비 등을 활용하기 위해서이다.
④ 판매의 계절적 변동을 평준화하기 위해서이다.
⑤ 위험을 감소하기 위해서이다.
⑥ 고객의 욕구변화나 경쟁자의 탈락 등과 같은 새로운 기회를 활용하기 위해서이다.

위와 같은 신서비스개발의 원인에도 불구하고 실제로 서비스 기업에서 신서비스 개발은 부진한데 그 이유는 다음과 같다.

① 대부분의 서비스 기업은 자금이나 인력이 부족하다.
② 공공 서비스 기업은 독점을 하고 있어 혁신의 동기부여가 매우 낮다.
③ 정부규제나 통제를 받는 서비스는 제약 때문에 혁신기회가 적다.
④ 서비스 혁신이 특허 등을 통해 보호받기가 어렵다.

신서비스를 개발해도 실패할 확률이 높은 것은 아래와 같은 네 가지 결정을 경영자가 제대로 하지 못한 무능력에서 주로 기인한다.

첫째, 서비스 개념을 명확하게 정의하지 못하면 실패한다. 서비스 기업이 제공하려는 고객편익이 무엇인지, 그런 편익을 나타낼 수 있는 서비스 속성은 무엇인지, 서비스가 생산, 배달, 소비되는 방법과 수단은 무엇인지가 불분명하면 실패한다.

둘째, 세분시장에 관한 것으로 특정 서비스에 대해서 소비자가 갖고 있는 욕구가 무엇이고 신서비스를 획득하기 위해 소비자들이 시간과 비용을 얼마나 투자할지를 잘 모르면 실패한다.

셋째, 대량매체 뿐만 아니라 서비스 기업과 고객의 상호작용, 다른 고객과의 교류를 통해서 형성되고 전달된 서비스 이미지가 나쁘면 실패한다.

넷째, 상당한 행동변화를 요구하는 신서비스에 대해 소비자가 갖는 심리적 불안을 효과적으로 최소화시키지 못했거나, 세분시장에다 의도한대로 신서비스의 편익을 전달하지 못했을 때 실패하게 되는 것이다.

6.3. 신서비스의 혁신유형과 조직

혁신유형

새로운 서비스가 경쟁에 대처하고, 수익성을 확보하고, 지속적인 성장을 위한 전제라면 완전히 새로운 서비스를 개발하거나 기존의 서비스 믹스에 새로운 서비스를 추가하는 혁신을 기해야한다.

첫째, 완전히 새로운 서비스를 개발하여 새로운 시장에 진입하는 것으로 이런 서비스에 대한 투자는 위험성이 큰 반면 성공한다면 상당한 수익과 그 분야에서의 경쟁 우위확보가 가능하다.

둘째, 현재 서비스를 받고 있는 소비자의 욕구를 다른 방식으로 해결해 주거나, 현재 고객에다 여러 서비스를 교차판매하거나, 기존 서비스 품목 내에서 구매자가 좀 더 다양한 선택메뉴를 갖게 하는 것이다. 예를 들어 은행에서 보험이나 증권업무를 개발하여 고객에게 추가로 판매할 경우, 또 신용카드 판매 시 생명보험도 판매한다든지 휴양지 호텔에서 관광이나 스포츠 프로그램을 동시 판매하는 경우, 항공사에서 새로운 항로를 개발하거나 패스트푸드 체인에서 샐러드 바(bar)를 추가한 것도 여기에 해당되는 예이다.

셋째, 기존서비스의 개선을 통해서 새로운 서비스로 인식시키는 것이다. 이는 기존 서비스의 속성을 수정하는 것으로 경쟁자에 비해 상대적 우위를 차지하기 위해 서비스를 강화하거나 세련되게 하는 것이다. 이 방법이 가장 손쉬운 방법인데 기존 서비스의 인기를 업고도 구매자에겐 새로움을 줄 수 있다는 장점이 있다. 핵심서비스를 더 빠르고 정확하게 처리해준다든지, 주변서비스를 강화한다든지, 서비스 배달시스템과 관련된 것들을 개선하여 이런 개선을 높일 수 있다. 철도회사에서 고속화하거나 컴퓨터를 이용한 정확한 처리라든지 항공사에서 좌석의 안락함을 크게 높인다든지 영업시간을 연장하는 것이 그 예이다.

마지막으로 서비스의 유형적 속성을 바꾸는 스타일 변화이다. 예를 들어 종업원의 유니폼을 바꾼다든지 서비스 시설의 인테리어를 변화한다든지 하는 것도 고객에겐 새로운 서비스혁신이 되는 것이다.

신제품 개발조직

신서비스는 결코 우연히 나오는 게 아니라 지속적이고 조직적인 연구 노력의 결과이어야 한다. 신서비스 개발을 위한 집중적인 노력이 없다면 서비스 기업의 운명은 운에 맡기는 꼴이 된다. 신서비스 프로그램이 장기적으로 성공하기 위해서는 조직 내에 신서비스 개발을 책임지고 운영할 부서가 있어야 한다. 가장 대표적인 것이 소위 프로덕트 매니저(product manager)라는 것으로 다양한 여러 제품을 만드는 회사의 경우 한 제품 혹은 한 품목에 대해 모든 마케팅활동을 책임지고 수행하는 중간관리자이다. 이들은 상당한 책임은 주어지나 권한은 한정되어 있고 내부적으로 마케팅조사, 광고, 판매와 같은 서비스와 자금 확보를 위해 다른 제품관리자와 경쟁한다. 이런 조직은 젊고 야심에 찬 중간관리자에게 새로운 도전과 기회를 준다. 자기가 책임지고 있는 제품에서 챔피온이 되고자 하는 열정으로 최선을 다하게 된다.

서비스 기업에서도 이런 제품관리자 개념을 적극적으로 도입해서 성공하였다. 보험회사, 은행, 항공사, 부동산회사, 위락사업 등에서 제품관리자 제도를 많이 사용하고 있다. 이들이 그들에게 맡겨진 서비스를 위해 마케팅 프로그램을 개발하고 관리하며 그들의 전문지식과 헌신적 노력으로 서비스 기업의 성장에 크게 공헌하고 있다.

이외에도 신서비스개발부를 두고 지속적으로 서비스를 개발하기도 하며 특별서비스 프로젝트를 위해 각 부서의 전문가가 모여 팀을 이뤄 일을 마친 후에는 해체하여 각기 원래 소속으로 복귀하는 테스크포스(task force)를 두는 경우도 있다.

6.4. 신서비스의 개발단계

혁신적인 서비스의 개발과정은 대체로 6단계로 구성된다. 신제품전략, 아이디어와 개념창출, 아이디어 및 개념의 검토와 평가(분석)이라는 세 단계는 상호 밀접한 관계를 갖고 있다. 첫 번째인 신제품 개발전략 단계는 아이디어 창출의 초점이 되는데 이는 전략적 목표에 부합되는 아이디어를 창출해야 되기 때문이다. 아울러 검색 및 평가단계에서 사용되는 검토기준은 같은 전략적 목표와 연계돼 있어야 한다. 신제품 전략개발의 주요목적은 신제품이 충족시킬 전략적 사업요건이 무엇인지를 밝히는데 있다. 시장과 기업 모두에게 요구되는 조건들이 신제품의 역할을 결정짓기 때문이다.

이와 같은 신서비스 개발과정을 거치면서 새로운 서비스가 시장에 도입되게 되는 것이다.

▌그림 6-1 _ 신서비스 개발단계

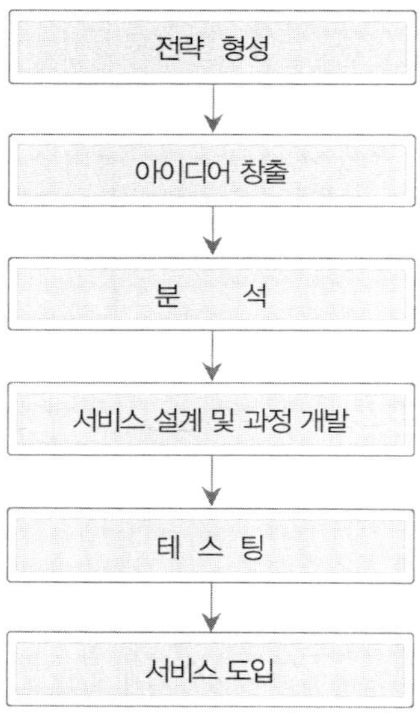

전략형성

과거 많은 서비스 기업들은 신서비스 개발에서 환경변화에 신속히 대처해야 한다는 생각에서 긴급 상황에 대처하는 위험스런 일을 많이 하였다. 이런 식으로

해서는 미래의 성장을 위한 기반을 구축할 수가 없다. 우수한 서비스 기업이라면 먼저 기업의 사명을 분명히 하고 기업 활동의 명확한 방향과 노력집중을 위해 장기적인 전략적 결정을 해야 한다. 세밀하게 수립된 마케팅 전략을 갖고 있으면 일시적인 변화가 생기더라도 방향을 잃지 않고 목표한 방향으로 기업을 이끌 수가 있다.

서비스 기업의 전략적 선택은 시장세분화, 시장 포지셔닝, 이미지관리 등이 포함된다. 서비스 기업이 취할 수 있는 대안은 시장이나 서비스 혹은 이들 양자의 결합으로 생긴 새로운 혁신을 창출하는 것이다. 이런 구조에서 생각될 수 있는 네 가지 기본 대안은 아래와 같다.

① 현재의 고객에게 기존 서비스를 더 많이 판다.(시장침투라 부르는 점유구축전략)
② 신시장에다 기존서비스를 판다.(시장개발이라 부르는 시장확장전략)
③ 신서비스를 기존 시장에다 판다.(제품개발이라 부르는 품목확장전략)
④ 신시장에다 신서비스를 판다.(다각화라 부르는 신사업전략)

표 6-2 _ 전략적 신서비스 옵션

서비스 \ 시장	기존구매자	신구매자
기존서비스	점유구축	시장확장
신서비스	품목확장	신사업

• **시장점유구축전략**

시장점유구축전략에서는 서비스도 시장(구매자)도 모두 새로운 것은 아니다. 차별화할 수 있는 것은 스타일에서 새로운 적극성을 갖게 하는 것으로 예를 들어 마케팅 수단에서 새로운 방식을(가격할인 등) 처음으로 도입할 경우이다. 은행, 회계사, 병원, 광고회사 등에서 고객을 끌기 위한 촉진활동이 그 예이다. 이

방법은 성장하는 서비스 시장에서는 적당하지만 시장점유가 안정된 성숙기 시장에선 비용지출이 많아 수익성을 해칠 수가 있다.

- 시장확장전략

시장확장전략은 기업의 기존 서비스를 갖고 새로운 구매자 집단을 모색하는 것으로 대표적인 것이 은행, 보험, 항공사가 해외시장에다 서비스를 판매하는 경우이다.

- 품목확장전략

더 이상의 성장이 기존 서비스에서는 힘든 성숙기의 서비스 산업에서 이용되는 전략으로써 위락사업에서 기존 고객들에게 새로운 호텔시설이나 음식을 제공하거나 신용카드 발급회사에서 기존 소지자에게 다양한 서비스를 교차 판매하는 경우가 그 예이다.

- 신사업전략

서비스 기업이 기존의 고객이나 서비스 배달시스템을 이용하지 않고 새로운 시장에다 새로운 서비스를 판매하게 되므로 가장 위험이 큰 전략이다. 여러 부문의 시너지 효과(synergy effects)를 극대화시키는 일이 성공을 좌우하므로 사전에 치밀한 분석이 절대 필요하다.

아이디어의 창출

신서비스 아이디어는 다양한 정보원천에서 나올 수가 있으므로 서비스 마케터는 상상력과 독창성을 발휘하여 정보원천을 찾아야 한다. 기존의 아이디어를 수집하거나 새로운 창출하려면 기업 내외의 여러 원천을 잘 이용해야 한다.

- 내부원천

신서비스 아이디어의 원천으로 쉽게 접할 수 있는 것은 바로 마케팅부서이다. 경쟁자나 소비자들과 계속 접촉을 하고 있어 여러 가지 시장기회를 잘 파악할 수가 있기 때문이다. 예를 들어 판매원은 경쟁자 활동이나 고객의 평가를 주기적으로 보고하도록 요구받고 있다. 아울러 후면사무실(back office)이라 불리는 서비스 기업의 후면부서가 정보원천이 된다. 서비스 기업에서는 고객과 접촉하면서 서비스를 실제 제공하는 부서와 뒤에서 이들의 활동을 지원해주는 부서가 있다.

은행 창구직원, 비행기 승무원, 호텔프론트 근무자 등과 같이 고객과 접촉하는 종업원들은 고객의 여러 불평불만, 요구, 평가를 직접 들을 수가 있어 이들도 새로운 서비스 아이디어의 지속적인 원천이 될 수가 있다. 이들은 자신들의 독창성이나 통찰력으로 혹은 내외의 여러 정보원천과의 접촉으로 아이디어를 낼 수가 있다. 이들은 아이디어를 현실로 바꾼 창조적인 사람이기에 다시 새로운 아이디어를 창안할 수가 있다.

- 외부원천

외부원천에서 가장 이상적인 정보원천은 서비스 기업의 고객이다. 이들은 자발적인 제안자로서 혹은 마케팅 조사의 응답자로서 자신들의 생각을 나타낼 수가 있다. 이들의 생각을 현실화시키면 잠재고객을 발견할 기회를 갖게 된다. 또 현재 충족되지 못한 욕구가 무엇인지를 발견하여 이를 실제 구매자로 전환시킬 수가 있다.

또 다른 유용한 정보원천에는 서비스의 배달과 관련된 중간 유통업자들이다. 예를 들어 여행사나 보험대리점은 서비스 기업과 고객을 매일 접촉하여 이들의 필요와 욕구를 잘 알고 있다. 이들은 또 경쟁자들이 제공하는 서비스에 대해서도 잘 알고 있기 때문에 새로운 서비스를 개념화하는데 많은 도움을 줄 수가 있다. 물론 이들의 관심이 서비스 제공자나 구매자와 같을 수는 없다. 여행사는 수수료를 바라고 가능하면 비싼 여행계약을 추구할 것이고 이것은 보험대리점도 마찬가지이다.

경쟁자들도 신서비스 아이디어의 중요한 원천이 된다. 이들도 동일한 고객을 대상으로 하기 때문에 그들의 새로운 아이디어의 성공과 실패여부를 보면 바로 시장테스트를 공짜로 하는 셈이 된다. 한 서비스 기업에서 성공한 서비스는 쉽게 모방될 수가 있거나 다른 기업들이 프랜차이즈로 이용할 수가 있다. 항공서비스, 신용카드, 광고 등에서는 국내뿐만 아니라 다른 나라 기업들이 모방을 하는 경우가 많다.

서비스나 장비의 외부 공급자들이나 중간 알선업자들도 신서비스 과정에 중요원천이 된다. 서비스에 필요한 장비의 판매자 혹은 컨설턴트 혹은 프랜차이저도 설치나 운용에 있어 새로운 서비스 프로그램을 제안하기 때문이다.

서비스 마케터는 이와 같은 내외 정보원천에서 정보를 얻는데 고객이나 중간상으로부터 올라온 편지, 판매원이나 운영부서종사자, 업계의 각종 보고서나 논문, 외부기관에서 실시한 특별 연구조사서 등도 이용할 수가 있다. 해외시장을 직접 방문하여 경쟁자의 활동을 관찰할 수도 있고 구매자나 관련자들을 면담하는 것도 큰 도움이 된다. 하지만 서비스 아이디어 창출에서 가장 많이 이용되는 방법은 두뇌선풍과 표적집단 면접법이다.

① 두뇌선풍(brain storming)은 소비자, 중간상, 경영자, 판매원 등 집단에게 기존서비스를 개선하거나 문제해결을 위해 가능하면 많은 방법을 생각해보도록 요구하는 것이다. 발안자의 독창력을 방해하지 않기 위하여 어떤 생각이나 아이디어도 평가하지 않는다. 어떤 압력이나 영향도 받지 않고 자유스럽게 자신의 생각을 개진하고 남의 의견에 덧붙여서 새로운 아이디어를 내도록 하는 것이다. 이 경우 가능하면 다양한 배경을 가진 여러 사람이 모여서 하는 것이 좋다.

② 표적집단 면접법(focus group interview)은 예비탐색 조사 시 사용되는 방법으로 7~9명 정도의 소규모 실제소비자나 잠재소비자를 모아 훈련된 사회자가 아주 자유스러운 분위기에서 주어진 주제에 대해 이야기하도록 유도하는 것이다. 자유토론의 형식으로 진행하며 녹음이나 화면으로 녹화하여 나중에 검토 분석을 한다. 이 장면을 무비카메라(movie camera)를 통해 다른 방에서 전문가들이 볼 수 있게 할 수도 있다.

③ 기타의 방법으로는 컨테스트(contest)와 제안제도(suggestion system)가 있다. 컨테스트는 일시적으로 많은 사람들로부터 서면으로 제안을 받는 것이다. 종업원들을 대상으로 아이디어를 모집해 심사하여 포상하는 방법이 가장 많이 쓰인다. 제안제도는 연중 종업원들로 하여금 서비스 개선이나 신서비스 아이디어를 제안토록 하여 위원회에서 심사하여 포상하는 제도이다.

분석

일단 아이디어가 수집되면 이들에 대한 장점과 잠재가능성을 검토해야 하는데 이를 분석이라 한다. 분석과정은 3단계를 거치게 되는데 검색, 개념 테스팅, 사업성 분석을 하게 된다. 검색은 아이디어를 분류하기 위해 사전검토를 하는 것이고, 개념 테스팅(concept testing)은 특정한 신서비스 개념에 대한 구매자의 반응을 조사하는 것이다. 사업성 분석은 최종적으로 남은 개념의 세부적인 사항을 전반적으로 검토하여 수익성이 있는지 여부를 검토하는 과정이다. 여기서 새로운 서비스 아이디어가 기업의 성공에 기여할 수 있느냐하는 실행가능성과 수익성이 중요한 필수조건이 된다. 이 단계가 끝나면 채택할 프로젝트를 경영자에게 제의하게 된다.

- **검색**(screening)

이 단계는 매력적이지 못한 아이디어와 유망한 아이디어를 구분해 내는 과정으로 각 아이디어의 실행가능성이나 장점에 대해 개략적으로 대충 검토해 보는 것이다. 여기서 범하기 쉬운 오류는 유망한 아이디어가 낮게 평가되어 결국 거부되는 경우와 불량한 아이디어가 겉으로 좋게 보여 채택되는 경우 공연한 기업자원만 낭비하게 되는 경우이다. 이런 오류를 범하지 않게 할 완전한 안전장치는 없지만 검색을 위원회에 맡겨 여러 사람의 검토를 거치게 하는 것이 좋다. 그래서 거부된 아이디어 파일(file)을 보관했다가 주기적으로 검토하는 것도 좋은 아이디어를 다시 발견하는데 도움이 된다. 불량한 아이디어는 나중에 개념 테스팅이나 사업성 분석에서 걸러져 제거되어야 한다.

검색과정이 주관성이 개입 안 된 체계적인 분석이 되려면 모든 아이디어에 통일된 절차가 적용되어야 한다. 실행가능성과 수익성 이외에 아이디어가 기업과 시장에 적합한지도 아울러 검토해야 한다. 아이디어의 장점을 객관적으로 평가하기 위해선 체크 리스트가 절대 필요하다. 각 기준에 따라 단순화된 척도로 각각의 아이디어를 평가하는 것이 좋다. 그 다음 전체적으로 바람직한지를 따져 점수로 계산한다. 여기서 유의할 점은 검색에 너무 많은 시간을 들일 필요가 없다는 점이다. 그러면 신속하게 예비검토를 하는 검색의 목적이 흐려지기 때문이다. 보통 수집된 아이디어의 4분의 1 정도만 다음 정밀 검사를 위해 남게 된다. 많은 아이디어들이 실행가능성과 수익성을 충족시키지 못하여 탈락하게 된다.

• **개념 테스팅**(concept testing)

첫 번째 관문을 통과한 아이디어는 다음 전면적인 개념테스트를 받게 된다. 처음 아이디어는 잠재적인 신서비스 제품의 한낱 설명에 불과하다. 개념테스팅이란 서비스 개념을 잠재구매자에게 제시하여 그 아이디어에 대한 그들의 반응을 알아보는 것이다. 보통 예비조사로 표적집단 면접법을 이용한다. 여러 가지 대안이 있는 개념의 경우 참여자에게 어느 것을 더 선호하는지 또 어떤 서비스특징을 갖고 있는 것이 더 만족을 줄 것인지를 묻는다. 아직은 서비스 설계나 배달시스템에 투자를 하지 않아서 조정이 쉽다. 여기서 구매자의 태도와 구매의도를 측정하게 된다. 개념테스트단계에서 신통치 못한 반응을 얻은 개념은 성공하기가 힘든 만큼 재구성을 하든지 포기해야 한다.

• **사업성 분석**(business analysis)

신서비스 개념에 대한 예상구매자들의 반응이 좋으면 그 서비스에 대한 이점을 기업의 입장에서 좀 더 세밀하게 분석해야 한다. 여기서 나온 것을 경영자에게 전달하고 어느 개념이 앞으로 신서비스 개발프로젝트로써 적당하다고 제안을 한다. 서비스 개념이 실행화 되어 서비스 믹스로 구체화될 때 기업에 미칠 수 있는 여러 가지 영향을 분석하여 기술해야 한다. 신서비스의 설계와 배달에 있어 생기는 고정비와 변동비를 계상하고 손익분기점 분석에서 예상되는 시장점유와 수익을 계상해 본다. 신서비스가 유휴시설의 이용으로 가능한가 아니면 과부하를 더 심하게 할 것인가 혹은 새로운 시설을 필요로 하는가 하는 시설 이용문제도 신중히 검토해야 한다. 사원훈련이 필요한지 아니면 새로 사원을 뽑아야할 것인지와 같은 판매원이나 운영부서 사원에 미치는 영향도 검토해야 한다. 자본투자 분석이나 자본회수 분석도 필요하며 신서비스가 기업의 전체 이미지에 어떤 영향을 미칠지도 신중히 분석해야 한다. 신서비스가 기업의 이미지를 떨어뜨려서는 안 되면 이미지를 높이거나 자본화시킬 수 있도록 해야 한다.

서비스 설계와 배달과정 개발

이 과정부터 중요한 국면에 접어들게 되는데 앞의 세 가지 단계(전략형성, 아이디어 창출, 분석)는 말하자면 머릿속으로 그리는 단계인데 이제부터는 최고경영자가 신서비스의 개발여부를 승인할 단계이다. 선택된 서비스 개념이 시장에서 실제 팔릴 서비스로 구체화되는 단계이다. 여기서는 두 과정이 필요한데 첫째, 서비스 자체의 설계이고 둘째는 지원서비스 배달과정 혹은 시스템을 개발하는 것이다.

- 서비스 설계

서비스 설계는 서비스의 구성요소와 생산에 대해 조감하고 이를 통합한다는 점에서 제품설계와 같다. 서비스의 구성요소에는 유형적인 것과 무형적인 요소가 있다. 유형적인 요소에는 고객에게 배달되는 설명서나 책자 같은 편의지원 상품도 있을 것이며 특별 지원용품은 배달의 일부로 고객에게 제시될 것이다. 서비스 설계에는 서비스의 특성 예를 들어 자격성이나 가격 같은 것이 나타나도록 해야 한다.

• **서비스 배달과정/시스템**(service delivery process/system)

신서비스를 항시 일정수준의 질로 배달할 수 있는 과정 혹은 시스템을 구축하는 것은 서비스 자체만큼 중요하다. 아무리 매력적인 서비스라 할지라도 서비스가 제대로 배달되지 않고 처음 기대에 못 미치면 심각한 문제가 발생한다. 신서비스의 배달시스템의 개발은 적어도 네 가지 요소가 포함되어야 한다.

① 여러 다른 서비스부서들의 기여도를 개략적으로 설명하면서 점진적으로 설계한다.
② 신서비스를 실행하기 위해 적정한 조직을 만든다.
③ 필요한 설비를 구매, 설치, 가동시킨다.
④ 새롭게 설계된 운영절차에서 영향을 받는 종업원들을 훈련시킨다.

신서비스 배달시스템이 원활하게 운영되고 있는지를 확인하기 위해 한 두 번의 시험테스트를 해 보는 것이 좋다. 그리고 새로운 서비스 배달시스템이 예상한 초기수요를 수용할 수 있는지도 반드시 확인해 두어야 한다. 만일 시설이 부적절하다면 취소나 구매자의 반발 혹은 규제요구가 나올 것이다. 그러면 이런 혼란을 이용해 경쟁자만 좋아지게 된다. 짧은 기간 내에 적정한 서비스 배달시스템을 만들기란 힘들다. 이런 경우 기존 서비스업체의 일부나 혹은 전부를 임대하거나 구매해서 문제를 해결하는 방법도 고려해 볼 만하다.

테스팅(testing)

신서비스와 배달시스템이 개발되고 테스트되어 내부적으로 정비됐다하더라도 예상고객들이 그것을 수용하고 지지할 것인가를 아직 확신할 수 없다. 그래서 서비스 기업은 전면적인 시장도입 전에 추가로 마케팅 조사를 해야 한다. 이런 사전테스팅은 두 단계를 거치게 된다. 먼저 현재 고려중인 신서비스가 구매자의 기대에 부합되는지 여부를 검토해보는 제품 테스팅을 하고, 제한된 지역에서 실제로 신서비스를 판매해 그 반응을 알아보는 테스트 마케팅을 실시해 본다.

• **제품 테스팅**(product testing)

제품 테스팅의 목적은 성능과 선호도를 확인해 보는 것인데 서비스의 경우 이것이 훨씬 힘들다. 실제로 서비스를 구매자에게 해보라하면 어차피 전체 서비스 배달시스템을 가동해야 하므로 비용과 시간이 많이 들게 된다. 서비스 기업이 이런 투자를 마다하지 않는다면 전체 서비스 배달시스템을 가동해서 해보나 그 중 일부를 가동해서 해보나 큰 차이가 없다면 완전 풀가동을 해서 테스트를 해 볼 것이다. 경쟁자의 서비스와 비교하여 소비자가 인식하는 서비스 수행특성과 선호도 순위를 측정하면 전체시장에 서비스를 도입하여 어떤 평판을 얻기 전에 서비스나 서비스 배달시스템을 다듬을 기회를 얻게 된다. 이런 제품 테스팅은 패스트푸드 사업에선 흔히 사용하는 것으로 새로운 메뉴를 소비자를 초청해 시식해보게 한다. 여러 가지 대안을 내놓고 어느 것이 좋은지 그 이유를 질문해 본다. 유형적 속성이 덜한 서비스의 경우 실제로 표본대상 고객에게 서비스를 배달해 본다. 이 경우 서비스의 판매성은 이때는 대부분 무료로 제공하기 때문에 판매성은 크게 고려하지 않는다. 어떤 서비스는 제품테스트를 전혀 할 수 없는 것도 있다. 예를 들어 신보험 정책 같은 것은 너무 추상적이기 때문에 비록 개념테스트나 테스트 마케팅은 할 수 있어도 제품테스트는 할 수가 없다.

• **테스트 마케팅**(test marketing)

이 경우는 실제로 신서비스를 일정한 지역에서 시험적으로 팔아보는 것이다. 테스트 마케팅은 제한된 규모로 신서비스 마케팅 믹스를 시험판매해서 위험을 파악하고 최종적인 개선을 해 보려고 하는 것이다. 테스트 마케팅과 관련된 두 가지 위험은 첫째, 테스트 마케팅은 시간과 비용이 많이 든다는 점이다. 둘째, 테스트 마케팅은 경쟁자를 자극하여 그들의 혁신을 유도하게 된다. 이럴 경우 신서비스를 전면 도입하기도 전에 경쟁자가 분발하게 되어 자사의 시장에서 우월한 지위를 빼앗게 된다. 이와 같은 위험 때문에 많은 서비스 기업들이 테스트 마케팅을 회피하게 되며 대신 바로 전면적으로 신서비스를 시장에 도입하게 만든다.

그러나 어느 특정 신서비스 믹스에 대한 시장반응을 테스트해보는 것 외에도 테스트 마케팅은 여러 대체적인 마케팅 믹스를 검토해 볼 기회를 제공한다. 예를 들어 은행의 경우 여러 가지 서비스를 패키지화하여 고객에게 제공할 경우 어떤 경우가 가장 좋은 결과를 가져올 것인지를 파악하여 최선안을 택할 수가 있다. 구매자와의 인터뷰를 통해 구매예상자의 인지수준, 태도, 구매이유, 의도 등을 파악하여 예상 판매 규모를 추정할 수도 있다. 이런 과정은 비용과 시간이 많이 소요되지만 테스트 마케팅은 단순한 판매테스트가 아니다. 처음의 판매결과에 너무 현혹되어 그 후에 낭패를 보는 경우가 흔히 발생하기 때문이다. 제품테스트의 결과가 만족스럽게 나오는 것은 좋지만 이것이 반드시 시장에서 성공의 전제가 되는 것은 아니다. 테스팅 마케팅에서 좋은 결과가 나오지 않은 신서비스는 더 이상의 비용지출이 생기지 않게 중단하는 게 현명하다.

시장도입

신서비스 진화의 마지막 단계는 시장도입이다. 신서비스가 여러 가지 어려운 관문을 뚫고 이 단계까지 오기란 쉽지 않다. 신서비스의 도입범위가 지역적이건, 전국적이건, 심지어 국제적이건 간에 시장도입은 전체고객을 대상으로 서비스 활동을 개시하는 것이다. 시장도입을 하려면 광고 등 여러 가지 촉진비용이 소요되지만 신서비스가 성공하면 기업에 상당한 공헌을 하게 된다. 테스팅 마케팅에서 성공적인 평가를 받은 시장에 전면 도입하여 분석단계에서 수립된 판매 및 수익목표를 달성하도록 필요한 조치를 취한다.

6.5. 신서비스 제품의 관련속성

신서비스 제품을 구매자들이 선택할 때 그 서비스와 관련된 속성이 영향을 미친다. 그런 속성은 구매자한테 핵심적인 서비스일 수도 있고 주변적인 서비스일 수도 있다. 유형적인 제품에서는 상표, 색채, 포장 등이 구매자의 구매결정에서 중요한 요소가 되나 서비스에서는 그렇지 못하다. 하지만 서비스 제품에서도 그런 속성은 제품계획 수립 시 반드시 고려되어야 할 사항이다.

서비스 제품의 상표화

- 상표화

서비스 마케팅에서 상표화(branding)는 제품에서처럼 관심을 끄는 부분은 아니다. 서비스에서는 질의 유지가 어려워 상표화가 어려운 것이다. 하지만 서비스가 무형적이고 다른 서비스와의 비교가 힘들다 해도 상표화는 서비스 차별화에서 중요한 수단이 될 수가 있는 것이다. 서비스는 제품에다 상표를 붙이기가 힘들어 결국 기업상표가 주요상표가 된다. 기업이름은 고객, 종업원, 주주 등에게 매체(시설, 인쇄물, TV광고, 차량, 유니폼 등)를 통해 표시한다. 000기업의 이름은 단순한 문자 의미를 넘어선 것으로 어떤 가치와 신뢰성을 의미하는 것이다. 즉 상표는 서비스 개념, 질, 가치의 총체적 실체로 볼 수 있다. 서비스의 개념, 질, 가치가 소비자가 원하는 수준이상의 것이 되면 우수한 상표전략이 서비스를 더 우수하게 만들 수가 있다.

상표화가 효과적으로 될 수 있는 상황은 다음과 같다.

① 고객이 서비스 개념, 질, 가치에서 경쟁자와 비슷하다고 느낄 때
② 고객이 경쟁자의 서비스를 이용한 경험이 적거나 거의 없을 때, 그리고 제시된 상표에 대해 강하게 반응할 때
③ 기업이 관련된 서비스범주로 진입하려고 할 때, 그리고 그 상표를 새로운 서비스 범주로 확대시키려할 때
④ 기업이 혁신적인 신서비스를 도입하려할 때
⑤ 기업이 마케팅 전략을 전환하려할 때

• 좋은 상표의 기준

이런 상황에서 제시된 상표에서 기업명은 가장 핵심적인 요소이다. 상표명은 4가지 요건을 갖추고 있어야 한다. 즉,

① 독특성: 상표는 경쟁자로부터 즉시 구별될 수 있어야 한다.
② 관련성: 서비스의 편익과 질을 나타낼 수 있어야 한다.
③ 기억성: 쉽게 이해되고 간결 단순하여 사용이 편리하며 빨리 회상이 될 수 있어야 한다.
④ 융통성: 서비스의 성질이나 범위의 변경이 불가피할 때 상표도 함께 변경될 수 있어야 한다.

상표는 단순한 이름이 되어서는 안 되고 단어, 색채, 상징, 슬로건 등과 통합적으로 잘 조화를 이루어야 효과적이다. 이런 상표 구성요소들이 전 상표매체에 일관성 있게 적용되어야 한다. 강력한 상표성은 가시적인 요소(기업명, 로고(logo), 색채, 장비, 유니폼 등)를 일관성 있게 제시하는 것이다. 이런 가시적 요소가 일관성 있게 고객에게 제시 될수록 상표정체성(brand identity)이 강해진다. 특히 호텔, 은행, 식당처럼 여러 개의 지점을 갖고 있는 서비스 기업에서 중요하다. 세계 어디서나 맥도날드 햄버거 가게는 골든 아치의 일관성의 강한 이미지를 주고 있다.

서비스 제품의 특허

서비스에서는 무형성 때문에 특허가 없다. 따라서 영업명칭은 보호될 수 있어도 경쟁자가 그것을 모방하는 것을 막기란 힘들다. 서비스 혁신이 수명이 짧은 것은 쉽게 모방되기 때문이다. 은행이나 항공사에서 새로운 서비스를 개발하면 곧 다른 경쟁사로 확산되는 것도 다 그런 이유 때문이다. 물론 다른 경쟁자가 쉽게 모방할 수 없도록 전문적인 비법을 강구해두는 기업도 있다.

서비스 제품의 보증

보증(warranty)은 보통 제품판매와 관련된 것인데 서비스에서도 중요한 전략이 될 수 있다. 서비스보증은 만일 서비스배달이 기존의 기준에 못 미치면 고객에게 보상을 해주겠다는 약속이다. 특히 서비스가격이 높을 때 보증은 고객의 자아가 손상될 위험에 빠져들거나 혹은 서비스실패의 부정적인 결과가 클 경우에 위험인지를 낮출 수 있는 좋은 방법이다. '우리는 100% 고객만족을 보증합니다. 만일 우리 호텔에 머무시는 동안에 만족하지 못한 점이 있으면 알려주십시오. 즉시 시정 조치할 것이며 숙박비도 내지 않으셔도 됩니다. 그것은 보증되기 때문입니다'라는 광고는 보증이 평판이라는 의미를 잘 나타내고 있다.

제품이나 서비스를 막론하고 보증은 가격이 비싸거나, 잘못 구매 시 피해가 크거나, 구매자가 구매에 지식이 없거나, 구매가 자기개념과 직결되어 있거나, 구전이 중요한 경우 특히 중요하다. 서비스 제품의 보증은 소비자로 하여금 위험인지를 감소시켜 신뢰감을 갖게 한다. 서비스 질에 대한 자신감으로 고객의 충성도도 높일 수 있고 구전을 통해 새로운 고객을 확보할 수가 있다.

서비스 제품을 보증할 만큼 사전에 많은 준비를 하게 되므로 불량서비스를 줄이게 되어 비용절감을 할 수 있다. 보증은 종업원으로 하여금 기업에 대해 자긍심을 갖게 하며 고객에겐 만족감과 신뢰감을 주게 되므로 보증에 따른 경제적 지출은 실제 장기적인 투자로 봐야 한다. 서비스를 잘못 제공하면 각종 사후처리 비용이 들고 고객불만으로 고객이 이탈하며 나쁜 소문으로 다른 잠재고객도 상실하게 되어 큰 손실이 생긴다. 이런 것들을 서비스 제품보증이 사전에 예방해주는 셈이다.

좋은 서비스보증은 무조건적이고 이해하기 쉽고 커뮤니케이션이 쉽고 의미가 있어야한다. 보증을 청구하기가 쉽고 신속해야한다. 서비스기업은 조건 없이 보증을 해야 한다. 서비스보증은 간결해야지 복잡하고 조건이 많으면 잘 되지 않는다. 보증은 고객에게 중요한 것을 담고 있어야 의미가 있고 청구나 실제 수혜가 합리적이고 중요해야한다. 자신이 불만족한 것을 증명하는데 어렵거나 보상과정이 복잡하면 보증은 잘 안된 것이다. 서비스보증은 서비스 질을 개선할 수단인데 배달할 수 없는 서비스 질을 보증하겠다면 그것은 이미 실패한 것이다.

서비스보증의 설계

서비스보증을 설계하려면 조직의 목적이 무엇이며, 핵심고객이 구매 전에 무슨 관심을 갖고 있는지, 고객의 위험인지를 낮출 수 있는 처방이 무엇인지, 충족이 되지 않을 때 불쾌한 점이 무엇인지 등을 고려해야한다. 서비스가 완전히 새롭고 그 속성이 특이하다면 고객은 그 서비스편익에 익숙하지가 않을 것이고 구전을 통해서도 서비스편익을 듣기가 힘들 것이다. 그 경우 서비스보증은 중요한 커뮤니케이션 수단이 된다. 새로 개업한 식당이나 세탁소는 고객유치를 위해서 서비스보증을 이용한다. 고객이 아직 세탁서비스를 이용해본 경험이 없으니 제대로 세탁을 해줄지, 문제가 생기면 어떻게 할지 몰라 의구심이 들 때 만일 만족하지 못하면 보상을 해주겠다고 하면 안심이 될 것이다.

서비스보증 시 조직은 세 가지를 결정해야한다. 어느 정도로 명백하게 보증을 할 것인지 보증의 정도, 보증으로 커버할 범위, 보증할 조건을 명세화 하는 것이다. 어떤 기업은 아주 상세하게 세부적으로 약속내용을 정하여 고객에게 전하고 광고나 판매 시 그것을 활용하기도 한다. 고객이 만족을 하지 않으면 돈을 돌려준다. 케이스별로 고객을 다뤄 돈을 반환해주는 기업도 있다. 돈의 반환은 중요한 결정이다. 구매 후 몇 일안에만 반환을 해준다든지, 돈의 반환, 교환, 상품신용 등의 결정은 신중히 할 필요가 있다.

서비스기업은 고객충성도를 강화할 목적으로, 시장점유를 구축하기 위해서, 서비스 질의 개선을 위한 목적으로 서비스를 보증해준다. 서비스에 대한 소비자들의 불만 두려움 위험을 줄여주고 최대의 고객만족을 제공하려면 여러 가지 단서를 달지 않고 무조건적으로 서비스를 보증하겠다는 생각으로 보증을 해주어야한다. 고객이 서비스 구매 시 가장 중시하는 요소가 무엇인지를 파악한 후

보증내용을 고객이나 종업원 모두가 확실하고 구체적으로 이해할 수 있게 작성하여 공표해야 한다.

① 무조건적 보증은 완전 고객만족을 약속하는 것과 마찬가지이다. 이러한 무조건의 보증을 접하게 되면 고객은 양질의 서비스를 얻을 수 있고 구매와 관련해서 위험인지도 크게 낮아져 고객이 더 적극적으로 구매에 임하게 될 것이다. 고객은 이로 인해 기업을 더욱 신뢰하게 된다. 무조건적 보증으로 고객충성도의 강화, 부정적 구전효과의 극복, 브랜드인지와 차별화로 기업은 높은 가격을 책정할 수가 있다. 그리고 종업원들에게 자부심을 고취시키고 팀워크를 구축하려는 동기를 부여해준다. 무조건적 보증은 고객에게 부정적인 메시지를 보낼 수 있다. 기업이미지 손상이나 실패때문에 그런 보증을 하는 것으로 의심할 수도 있다.

② 특별결과보증은 서비스배달과정에서 특별한 단계나 결과에 대해서만이 적용하는 보증이다. 보증 범위의 폭이 좁고, 그 내용이 구체적으로 정의되어 있다. 주로 양적결과에 적용되며, 기업이 이 부문에서는 능력이 부족하다는 생각을 갖게 할 수도 있다.

③ 묵시적 보증은 구체적으로 표명되진 않아도 기업이 보증을 할 것으로 믿는 것이다. 서비스 제품의 보증이 명문화되어 있는 경우도 있고 명문화는 안 되어 있어도 서비스에 대한 보증이 있다는 것을 서비스 제공자와 고객이 함께 묵시적으로 인정한 보증도 있다. 여하튼 서비스 기업은 서비스 제품의 보증이 고객유지와 호의구축에 있어 매우 중요한 역할을 하고 있다는 사실을 알아야 한다. 이런 묵시적 보증은 신뢰와 존경을 토대로 한다. 명백한 보증이 표시 안 되어 어느 정도의 실패크기에 보증을 할지 따져 봐야한다. 기업이 약속을 가끔 지키지 않을 가능성을 공개적으로 표명하는 것을 피할 수 있다. 제품수명초기에 있는 기업은 고객이 기업의 입장을 잘 몰라 주의를 끌지 못해 이것으로는 차별화가 안 된다.

서비스의 내용이 전문적이고 기술적이어서 서비스를 받은 후에도 그 서비스 질을 쉽게 알 수 없고 판단할 수 없는 전문서비스의 경우, 구매자가 높은 위험 인지를 갖고 있어 쉽게 구매결정을 내리기가 어렵다. 이 경우 전문서비스에서는 보증이 가장 효과적이다. 전문서비스의 가격이 비싸고, 서비스가 잘못될 경우 부정적 결과로 안게 되는 비용이 클 때, 서비스가 맞춤화 된 경우, 브랜드 인지가 낮아 소비자들의 구매저항이 강한 전문서비스에서 보증이 가장 효과적이다.

애프터서비스

판매 후 서비스(After-Sale Service: A/S)는 보통 제품판매와 관련된 것이나 서비스 제품에서도 필요하다. 예를 들어 항공사는 서비스의 일부로써 렌터카나 호텔예약 등을 서비스로 해 주고 있다. 보험사는 고객의 개인적인 여건변화에 따라 어떤 보험 상품을 갖고 있는 게 좋을 거라는 조언을 해 준다. 치과병원에서 치아를 새로 해주고 추후 교정을 봐주는 것도 다 예가 된다. 애프터서비스도 서비스 마케팅 믹스에서 중요한 요소인데 그 이유는 애프터 서비스를 해주면 고객의 충성도와 호의를 개발·유지할 수가 있고, 애프터서비스를 통해 서비스 수행에 대한 반응을 알아볼 수 있고, 새로운 서비스 아이디어나 개선책을 제시받을 수가 있기 때문이다.

제 7 장

서비스의 가격결정

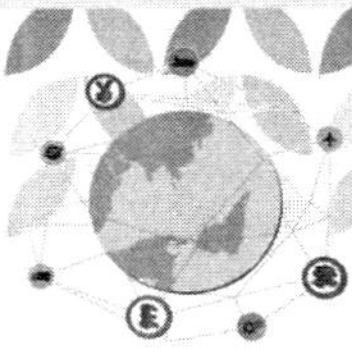

7.1. 서비스가격의 성격

가치와 비용

서비스를 구매하는 소비자는 서비스를 제공하는 서비스조직으로부터 자신이 원하는 가치의 편익을 얻기 위해서 자신이 갖고 있는 금전, 시간, 에너지, 심리적 대가를 교환을 통해서 지출한다. 자신이 지출하는 총비용을 통해서 획득하는 편익을 총 고객 가치라 하는데 이에는 제품가치, 서비스가치, 개인 가치, 이미지 가치 등이 다 포함된다. 결국 구매자가 인식하는 가치는 총고객 가치에서 총고객 비용을 뺀 것이다.

총고객가치 = 제품가치 + 서비스가치 + 개인가치 + 이미지가치
총고객비용 = 금전적 비용 + 시간비용 + 에너지비용 + 심리적 비용
구매자의 가치인식(순가치) = 총고객가치 - 총고객비용

고객의 관점에서 보면, 서비스를 구매할 때 서비스제공자에게 지불하는 금액만이 지출비용이 아니라 구매를 위한 탐색, 구매, 이용과 관련해서 생기는 모든 비용이 총구매비용이 되는 것이다. 서비스에서 주요 비용요소는 기회비용으로서 시간, 서비스 획득에 필요한 신체적 에너지비용, 감각적으로 불쾌한 감각

적 비용, 불안, 공포와 같은 심리적 비용 등이 포함되며 모두 구매자가 부담해야하는 비용요소인 것이다. 특히 사람을 대상으로 직접 서비스를 하는 병원치료의 경우나 셀프서비스의 경우, 소비자는 금전적인 지출을 하는 것 외에도 시간을 써야하고, 신체적으로도 이동, 운전 등의 에너지를 소비해서 피로해지고, 심리적으로도 잘못되지는 않을까하는 불안감, 걱정 등으로 부담이 되고 냄새, 소음 등으로 감각적으로도 불쾌한 경험을 감수해야한다.

소비자는 시간절약, 원하지 않는 노력의 최소화, 더 큰 안락의 획득 등의 추가적인 편익을 얻을 수 있다고 판단하면, 즉 비금전적인 비용지출을 줄이기 위해서 높은 서비스가격을 지불하려고 한다. 항공사가 같은 비행기라도 좌석의 등급에 따라 추가편익(특별 기내식, 넓고 편한 좌석 제공, 우선탑승 등)을 제공하고 높은 가격을 부과하는 것도 그 예이다.

순가치의 제고

순가치의 인식은 가치와 비용에 따라서 다르게 인식되며 고객에 따라서, 또 상황에 따라서 다르다. 또 경험의 질이 반영되기에 서비스사용 전후에 따라서 도 다르게 인식할 수가 있다. 그만큼 순가치는 가변성이 높은 것이다. 가격과 직결되는 순가치를 높이기 위해서는 비용-편익분석에서 고객의 편익인식을 높이고 비용인식을 낮추면 가치인식은 높아진다. 핵심서비스에다 새로운 편익을 추가하거나, 보조서비스를 강화하여 총고객가치(편익)를 높이거나, 아니면 구매와 사용과 관련된 비금전적 비용을 줄임으로써 서비스의 순가치를 높일 수가 있다. 즉, 서비스구매와 배달, 소비에 포함된 시간의 양을 줄이고, 각 단계에서 원하지 않는 심리적 부담감을 최소화하고, 탐색과 배달과정 동안 고객이 직면하는 원치 않는 신체적 노력을 없애거나 줄이고, 좀 더 매력적이고 안락하고 상쾌한 서비스 환경을 조성(소음, 냄새 제거, 안락한 가구 등)하여 감각적으로 쾌적하게 만드는 것이다. 즉 구매의 편리성과 사용의 편리성을 높일수록 비용인식을 낮출 수가 있다.

서비스가격의 특성

가치를 화폐액으로 표시한 가격인데 제품에서와 마찬가지로 서비스의 가격결정도 복잡하고 어려운 일이다. 서비스 기업은 수요의 추세, 원가계상, 구매자의 인식, 경쟁 등을 고려하여 가격결정의 목표나 전략을 결정하게 된다. 그 외에도 서비스의 무형성과 소멸성, 정부의 규제, 전통적인 관행 같은 것이 서비스의 가격결정을 더욱 어렵게 만든다. 혼란스러운 문제는 서비스에서는 가격이란 용어를 사용하는 경우가 사실은 드물고 오히려 입장료, 수수료, 급여, 등록금, 이자, 요금, 수수료, 임대료 등의 용어를 더 많이 쓰고 있다.

서비스의 특성이 가격결정에 영향을 미치고 있다. 우선 서비스가 저장될 수 없고 수요변동에 대처하여 재고화를 할 수 없다는 사실 때문에 서비스에서는 유휴시설이 생기면 가격을 인하해서라도 유휴시설의 이용을 높이려 한다. 항공사나 호텔에서 이런 가격할인을 자주 이용한다. 이런 사실을 알고 있는 고객들은 기다렸다가 가격인하가 있으면 이를 이용한다. 서비스 기업은 다른 사람들보다 빨리 서비스를 이용하도록 만들기 위해서 특별할인을 해주기도 한다.

서비스를 이용하는데 있어 소비자는 가격이 오르면 서비스 구매를 연기할 수가 있다. 그들은 가격이 오를 경우 자기 스스로 서비스 문제를 해결하는 경우가 많아 서비스 기업 간에 판매경쟁이 치열하다. 또 서비스의 무형성 때문에 처음으로 서비스를 구매하는 고객은 서비스 제품의 내용에 대해서 잘 모른다. 따라서 서비스 제품의 물적 내용이 가치판단에 영향을 많이 준다. 서비스 제품에서 그런 물적인 요소가 높으면 원가중심으로 가격이 결정되어 표준가격이 높아진다. 반면에 무형적 요소가 많으면 가격을 표준화하기가 힘들다. 서비스에서는 서비스 질이나 양, 수준이 고객의 요구에 따라 쉽게 변경될 수가 있어 가격결정이 궁극적으로는 판매자와 구매자간의 협상에 의해 결정된다.

동질성이 강한 서비스의 경우(세차, 드라이클리닝 등)는 가격경쟁이 치열하여, 협회나 정부에서 가격을 사전에 결정해버려 가격인하를 못하게 막는다. 서비스가 독특할수록 판매자는 가격변동을 자유롭게 할 수가 있다. 이런 경우는 가격이 품질의 지표로써 이용되면 그런 서비스를 제공하는 기업은 그 평판 때문에 가격결정에서 상당한 융통성을 가질 수가 있다. 서비스의 비분리성 때문에 서비스의 구매자나 제공자 모두 시간적으로나 공간적으로 일정한 한계를 갖게 된다. 이 점이 또 가격에 영향을 미친다.

서비스는 서비스가 완결되어도 실제 지불해야할 가격을 잘 모르고, 그 원가를 계산하기가 무척 힘들고 규모의 경제를 기하는데도 한계가 있다. 서비스가 무형적이고 서비스를 사전에는 말할 것도 없고 사후에도 파악하기도 힘들어 구매 전에 가격을 품질의 단서로 사용한다. 따라서 이를 악용할 소지가 많아 불법적인 가격결정의 기회가 제품보다 훨씬 높다. 서비스대안의 가격비교도 힘들고 셀프서비스인 경우도 가격경쟁의 대안이 되기에 다양한 경우가 생길 수 있다. 게다가 서비스가격은 다양한 명칭으로 사용되고 원가개념도 불명확하고 가격구조도 복잡하여 소비자의 가격민감도도 제품보다는 낮다고 볼 수 있다. 이러한 복잡성에도 불구하고 서비스의 가격결정 문제는 서비스업에서 중요한 마케팅 믹스요소의 하나이다.

서비스가격결정의 어려움

서비스의 가격결정이 복잡하고 어려운 것은 여러 가지 이유 때문이다. 우선 서비스가 무형적이어서 거래에서 소유권이 없어 서비스 창출에서 지출된 비용을 계상하기가 힘들다는 점이다. 그리고 투입과 산출의 변동이 높아 무엇을 기준으로 가격결정을 할지가 모호한 경우가 많다. 고객이 제품을 구매할 때처럼 자신이 얻은 게 무엇인지가 불분명하여 객관적인 평가가 힘들다. 또 시간의 소비가 전제되기에 서비스창출에 필요한 시간이 가치인식에 큰 영향을 미친다. 신속한 서비스를 원하면 생산원가가 그만큼 높아져 추가적인 가격인상이 수반된다. 최근 전자상거래와 인터넷의 활용 증대와 주요 서비스부문에서의 규제완화와 서비스외부환경의 변화도 가격결정의 전략적 역할을 높이는 요인이다.

7.2. 서비스의 가격결정 목표

서비스의 가격을 어느 수준으로 정하고 어떻게 결정하는가는 기업의 매출과 수익에 직결되는 매우 중요한 마케팅전략이고 서비스조직의 전반적인 마케팅전략과 연관이 된다. 모든 서비스조직은 비용을 커버하고 수익을 얻기 위한 가격에 초점을 둔다. 궁극적으로는 기업의 성장, 유지, 발전이 목표라면 기업은 지출에 비해서 수입을 늘려 수익목표를 정해놓고 그것을 달성하기 위한 노력을 한다. 서비스조직의 전략과 고객의 특성에 따라 여러 가지 가격결정 목표가 가능한데 고객만족과 애고(patronage)에 초점을 두는 경우, 고객과의 관계 유지개발에 초점을 두는 경우, 경제적 효율성에 초점을 두는 경우로 구분해서 볼 수 있다.

만족 지향적 목표

서비스구매와 관련하여 가격측면에서의 고객만족을 높이기 위한 것으로 특히 구매 전에 느끼는 위험인지를 줄이는 것이 중요하다. 만일 소비자가 설정된 가격에 불만족을 갖게 되면 이를 해소시키기 위해서 가격의 전부 혹은 일부를 반환해줄 것을 보증하는 것, 실제 고객이 이용한 서비스에 대해서만 요금을 부과하는 것, 가격변동을 평준화하여 서비스거래 전에 확정가격을 수용케 하여 최종가격에 대한 고객 불확실성을 줄이는 것 등이 모두 위험인지를 줄여 만족을 높이려는 것이다.

관계 지향적 목표

서비스제공자와의 거래를 확대하거나 유지하기 위한 것으로 초점은 관계의 유지와 강화를 위한 가격결정이다. 신서비스의 경우는 고객유치에 어려움이 많지만 소비자는 서비스구매에서 위험인지가 높아 한번 선호해서 정한 서비스를 쉽게 바꾸지 않으려하기에 첫인상이 중요하다. 따라서 신서비스가 좋은 인상을 주려면 기업의 이미지가 중요하고 이를 통해서 고객의 구매를 유도해야한다. 이때 가격할인과 시용을 유도하기 위해 무료선물제공 등 판촉을 병행하기도 한다. 이 경우 수익은 떨어지나 고객의 인지도와 애고를 높일 수가 있다. 고객과의 장기적인 관계를 유지하려면 보통 장기계약과 가격다발을 제공하게 된다. 가격다발(bundling)은 여러 개의 서비스를 묶어서 하나의 단일가격으로 책정하는데 예를 들어 호텔에서 1일 숙박비 30만 원에 숙박, 조식제공, 사우나, 헬스클럽 이용을 다할 수 있게 하는 것이다.

효율 지향적 목표

최고의 효율적인 비용 산정으로 서비스가격을 책정하여 가격에 민감한 소비자에게 어필하기 위한 가격결정 목표이다. 가능하면 비용을 합리적으로 절감하여 가격을 낮추는 것인데 이때 서비스조직은 시설이나 장비, 인력을 수요에 맞게 운용하여 유휴시설, 장비, 인력이 생기지 않도록 하기 위해서 성수기와 비수기에 가격책정을 수요에 맞게 조정한다. 이는 판매 수량적 측면을 강조하는 것으로 수요의 변동이 큰 서비스의 경우 수요를 평준화시킨다는 목표를 지향하는 것이다.

7.3. 가격결정의 방법

가격목표가 수립되면 다음 적정한 가격결정 전략을 결정해야 한다. 서비스 기업의 가격결정 전략에 영향을 미치는 네 가지 요인은 서비스에 대한 수요, 경쟁, 비용, 서비스 가치에 대한 구매자 인식이다.

수요중심 가격결정

수요는 어느 시점에서 상이한 가격에서 구매자가 구매할 제품이나 서비스의 변화하는 양으로 수요는 가격과 반비례한다. 즉 가격이 오르면 수요량은 떨어지고 가격이 떨어지면 수요량은 늘어난다. 가격결정에서 중요한 개념은 수요의 탄력성(elasticity)으로 가격변동에 따른 구매자의 반응을 말한다. 서비스의 수요가 탄력적일 때 가격의 변화는 구매량의 큰 변화를 갖고 올 것이다. 반면에 가격변화가 커도 구매량의 큰 변화를 가져오지 못한 경우를 비탄력적(inelastic)인 수요라 한다.

서비스의 수요탄력성은 세 가지 요인에 의해 결정된다.

첫째, 수용할 수 있는 대체적 서비스가 있는가? 수용할만한 대체적 서비스가 없거나 있어도 극소수인 경우 그런 서비스는 비탄력적이다. 예를 들어 대부분의 의료서비스는 비탄력적이다.

둘째, 서비스 비용이 구매자 예산에서 얼마만큼의 중요한 위치를 차지하고 있는가? 예를 들어 자동차 세척과 같이 값이 싼 서비스보다 휴가여행과 같이 비용이 많이 드는 서비스가 더 탄력적일 것이다.

셋째, 구매자에게 서비스가 사치스럽게 인식되고 있는가? 휴가여행이나 고급식당에서의 식사가 구매자에게 사치스럽게 인식되면 그런 서비스는 탄력적일 것이다.

서비스의 수요탄력성은 서비스의 가격결정에 중요한 의미를 함축하고 있다. 만일 서비스 수요가 탄력적이라면 가격은 서비스 마케팅 믹스에서 중요한 부분이 될 것이다. 탄력적인 수요를 가진 서비스의 가격을 인하하면 판매가 크게 증가할 것이다. 항공여행의 경우 여러 가지 대체서비스가 존재하며, 항공요금이 높아 아직도 많은 사람들이 항공여행을 사치스러운 것으로 인식하고 있어 항공여행 수요는 탄력적이다. 유명한 해외연주단의 공연입장료를 반으로 인하할 경우 관객이 줄을 서겠지만 입장료가 엄청나게 비싸면 포기하거나 연기하게 된다. 그래서 수요가 탄력적인 서비스의 경우 여러 가지 다양한 방법을 사용해 저가격으로 서비스를 판매하여 수요를 증가시킨다.

하지만 대체적 서비스가 없거나 있어도 극소수인 경우 서비스 수요는 비탄력적이다. 의료, 공익서비스, 필수서비스와 같이 수요가 비탄력적인 경우 판매를 증대시키기 위해서는 가격인하가 아닌 촉진이나 서비스 차별화 등과 같은 다른 마케팅 방법을 사용해야 한다.

경쟁중심 가격결정

최근까지 경쟁적 가격결정은 서비스에서는 그리 흔하지가 않았다. 그것은 몇몇 서비스의 비탄력성, 정부의 규제, 윤리적 제약, 한정된 경쟁자의 수 때문에 서비스에서 경쟁적 가격전략이 그리 중요하게 인식되지 못했다. 하지만 규제해제와 개방화, 소비자의 가격인식의 제고, 경쟁자 수의 증가로 경쟁지향적인 가격결정이 중요하게 인식되기 시작하였다.

경제학자들은 경쟁적 시장구조를 완전경쟁, 독점, 과점, 독점적 경쟁으로 구분하고 있다. 완전경쟁은 비현실적인 모델로써 분석도구로서의 가치만 갖고 있을 뿐이다. 여기서는 다수의 판매자가 표준화된 서비스를 제공하고 있어 서비스 기업이 시장에 진출하거나 철시할 때 아무런 장애가 없고 한 기업이 가격에 대해 아무런 통제도 할 수가 없다. 또 서비스 구매자는 모든 서비스에 대해 완전한 정보를 갖고 있다는 가정을 하고 있다. 이와는 반대로 독점은 한 기업이 완전한 시장통제를 할 수가 있다. 여기서는 창설비나 운영비가 높아 시장진입의 장애가 많으며 자원 확보가 힘들어 유사한 대체서비스도 제공할 만한 경쟁자가 없는 상태이다. 철도나 전기, 전화 등 공익서비스의 경우 정부가 가격을 규제하고 있다.

대부분의 서비스 산업은 독점적 경쟁과 과점 사이에 있게 되는데 독점적 경쟁(monopolistic competition)은 판매자가 서비스를 차별화하여 가격결정에 대해 어느 정도 통제를 할 수 있는 경우이다. 서비스 차별화는 판매자의 위치, 평판, 개인적인 기술, 또는 소비자가 독특하다고 인식되는 속성에 의해 만들어지는데 보통 소매점, 이·미용실, 세탁소 등이 여기에 해당된다. 과점(oligopoly)은 소수의 판매자로 이루어진 시장구조로 한 서비스 판매자가 시장에 진입하려면 상당한 투자가 요구되어 새로운 경쟁자 진입이 힘들다. 보험회사, 방송국, 자동차 대여업 등이 여기에 해당 된다. 지역사회에서 보면 병원, 법률사무소, 기타 전문서비스업도 여기에 속한다고 볼 수 있다. 경쟁자가 소수인 시장구조 하에서 가격은 보통 마케팅 도구로써 이용되지 않는다. 보통은 지도적인 기업의 가격을 따르는 것이 일반적이다. 하지만 일반대중이 경쟁하는 서비스 제공자의 서비스가 상호교환 될 수 있다고 생각될 때 한 서비스 기업의 가격변화가 전체 서비스 기업의 판매와 수익에 영향을 미쳐 심한 가격전쟁이 일어날 수도 있다. 최근에 서비스 산업의 시장개방화와 경쟁격화가 서비스 마케팅에서 가격결정이 갖는 중요성을 높이고 있다.

원가중심 가격결정

원가는 제품이나 서비스에 있어 가장 기본적인 가격결정의 근거가 된다. 원가에는 고정비와 변동비가 있는데 서비스 기업에서는 판매와 관계없이 일정하게 지출되는 고정비의 비율이 높다. 임대료, 봉급, 보험료, 감가상각비와 같은 경상적 지출 외에도 서비스 산출을 위한 시설이나 자본적 장비에 투자하는 금액이 크기 때문이다. 호텔, 은행, 항공사 등이 예가 되는데 대부분의 경우 노무비도 계약 때문에 고정비의 성격을 갖게 된다. 프로팀에서는 선수들에게 지급하는 계약금이 원가에 핵을 이루게 된다. 그러나 판매량이 증가하면 단위당 고정비용은 판매량 증가분에 분산되어 급속하게 감소하게 된다.

변동비는 생산량 혹은 판매량에 따라 변하는 비용으로 서비스업에서는 고객을 위해 지출되는 특별비용이라고 볼 수 있다. 직접노무비, 소모품비, 판매 수수료 등이 여기에 해당된다. 일반적으로 변동비는 고객당 비용은 일정하지만 판매량이 증가할수록 총변동비는 증가한다.

일정한 판매수준에서 고정비와 변동비를 합한 것이 총비용이다. 판매량이 증가하면 총비용은 증가한다. 그러나 고정비가 많은 생산단위로 분산되어 생산단위당 총비용은 감소하게 된다.

• 손익분기점 분석

손익분기점 분석(break-even analysis)은 고정비가 높은 서비스 기업에서 유용한 서비스관리 계획과 통제기법이 되어 판매나 비용예측, 비용통제, 가격결정 시 많이 이용된다. 손익분기점은 서비스의 판매수입이 모든 비용과 같아지는 점에서의 판매량(혹은 판매액)수준을 말한다. [그림 7-1]에서 손익분기점은 손실도 수익도 없는 점으로써 만일 판매수입이나 판매량이 이 점 위에 있으면 기업은 이익이 발생하는 것이고 그 점 밑에 있으면 손실이 발생하게 된다.

그림 7-1 _ 손익분기점도

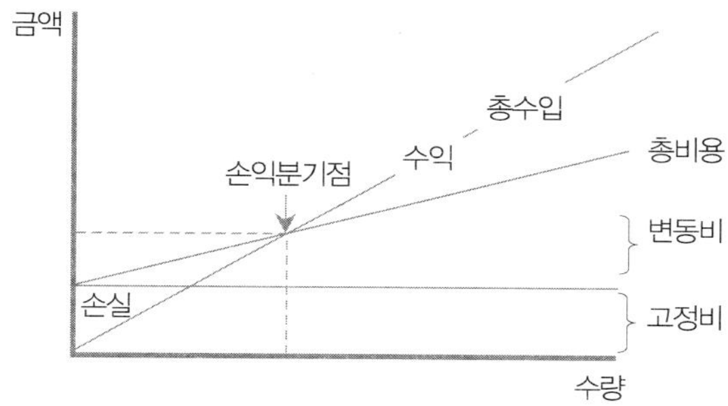

서비스 기업의 손익분기점 분석의 예를 간단히 들어보자. 객실이 25개 있는 소규모 호텔의 하루 객실료는 20,000원, 호텔의 1일 총고정비는 180,000원, 객실당 변동비는 2,000원이라 하자. 먼저 경상비용과 수익에 대한 단위당 공헌비를 계산하기 위해 객실료 20,000원에서 변동비 2,000원을 뺀다. 20,000원-2,000=18,000원으로 총고정비 180,000원을 나눈다. 180,000원/18,000원=10 즉 1일 10개의 객실이 차야 손익분기점이 된다. (10/25 = 40%) 만일 객실료를 22,000원으로 인상할 경우 손익분기점은 1일 9개 객실로 떨어진다.

이상의 간단한 예에서 보듯이 손익분기점 분석은 고정비의 비중이 높은 서비스 업체에서 유용한 분석수단이 된다. 항공사에서 빈 좌석을 메꾸기 위해 항공료를 할인해서 파는 이유가 거기에 있다.

- **원가가산 가격결정**

또 다른 원가지향적 가격결정의 하나가 서비스 기업 외에도 소매상, 제조업체에서 많이 사용하는 원가가산법(cost-plus pricing)이다. 생산자는 단위당 총비용을 계상한 후 할당되지 않은 비용을 보전하고 또 적정한 이익을 낼 정도의 금액을 더해 가격을 추출해 낸다. 유형적인 제품을 생산하는 제조업체에서 원재료비, 주요 원가요소는 쉽게 계상할 수가 있으며 노무비나 경상비를 계상하는 표준원가 계산방법이 있다. 하지만 서비스의 경우 제조업과 같은 원재료의 개념도 불분명하고 노무비나 경상비도 특정서비스 생산에 직접 배분하기도 쉽지 않다.

이런 어려움에도 불구하고 원가가산법은 서비스 가격결정에서 많이 이용되는데 서비스 산출에 사용된 시간이 원가배분의 기준으로 자주 이용된다. 하지만 이것도 전문 서비스의 경우 문제가 있다. 전문 서비스 수행자의 자격이나 수행의 질에 따라 시간당 비용이 다를 경우 문제가 되는데 일상적인 업무는 급수가 낮은 사람이 시간당 5만 원에 하지만 복잡하고 어려운 업무를 시간당 10만 원에 하는 경우이다. 구매자에게 가장 중요한 서비스의 질 혹은 가치가 문제가 되는데 이런 경우는 가치가 서비스 가격결정에 중요기준이 된다.

최근 많은 기업들이 전통적으로 행해온 원가회계시스템의 의존에서 벗어나 자원지출을 생산된 제품의 다양성과 복잡성에 연계하는 활동기준 원가관리시스템(ABC)을 사용하는데 이러한 활동중심가격결정은 물리적 양이 아니라 서비스를 창조하고 배달하는데 필요한 과정과 활동의 정확한 비용정보를 토대로 가격을 결정하는 것이다.

가치중심의 가격결정

서비스의 가격은 가장 적정한 두 개의 개념 즉 효용(utility)과 가치(value)와 관련되어 있다. 효용은 고객의 욕구를 충족시킬 수 있는 서비스의 능력을 말한다. 이 효용은 교환에 있어 다른 서비스나 재화를 요구할 수 있는 서비스의 가치 혹은 힘을 결정한다. 가격은 화폐로 표시된 서비스의 교환가치를 말한다. 가치가 사람마다 다르기에 서비스에 대한 가치를 정하는 것은 어렵다. 가치는 서비스의 편익과 그것과 관련된 비용을 평가하는 것이다. 서비스로부터 비용보다 편익을 더 인식하면 욕구충족이 되었다고 생각해 소비자는 서비스가 가치가 있다고 본다. 특히 욕구충족과 가격은 가치인식에서 중요한 요소인데 자신의 욕구충족 여부를 쉽게 알기가 힘들다. 예를 들어 서비스를 미리 평가하기가 힘들어 유형적 단서인 물적 환경을 통해 그 서비스 질을 가늠한다. 대다수의 서비스는 서비스 중이나 후에 서비스경험을 평가할 수가 있지만 의료서비스나 차수리 서비스처럼 전문적인 서비스는 서비스경험 후에도 그 편익을 제대로 파악하기가 힘들다. 역설적으로 서비스편익을 평가하기가 힘들면 고객은 가격을 서비스우수성의 대리지표로 생각한다. 어떤 서비스기업은 경쟁자보다 서비스가 우수하다는 것을 보이기 위해 경쟁자가격보다 높게 책정하기도 한다.

많은 서비스의 가격은 원가보다 가치를 중심으로 형성된다. 서비스가 나타내는 가치는 고객의 인식에 의해 결정된다. 많은 전문서비스의 경우 가격결정구조는 고객이 인식하는 가치위에 근거해서 결정된다. 만일 고객이 서비스 가격이 너무 높다고 인식되면 구매하지 않을 것이다. 그러면 서비스 기업은 가격을 인하해야 한다. 그렇지 않으면 경쟁자에게 고객을 빼앗기거나, 고객이 자기생산(do-it-yourself)을 해버려 판매기회를 상실할 확률이 높다. 결국 서비스의 가치 즉 가격은 시장에 의해 결정되는 것이다. 같은 서비스라 해도 서비스 제공자에 따라 가치인식이 달라질 수가 있어 일정한 폭의 가격 융통성이 있게 된다.

특정의 서비스로부터 얼마큼의 가치를 고객이 받을지를 확신하지 못하면 고객들은 이미 알고 있는 공급자와 계속 거래하거나 아니면 아예 구매를 안 할 것이다. 따라서 만족스럽지 못하면 돈을 반환해주는 서비스보증이 필요하다. 또 서비스배달 전에 미리 정해진 가격으로 혼란을 피하는 것도 한 가지 방법이다.

이외에도 고객이 주도하는 가격결정도 있는데 최근에는 인터넷의 발달로 경매입찰 등이 손쉽게 이뤄질 수 있어 고객이 참여하여 주도하는 가격결정이 크게 늘고 있다. 경매, 항공권 구매, 호텔예약, 리조트패키지 예약, 오페라입장권 예약 등에서 인터넷경매를 할 수 있는 것이 그 예이다.

7.4. 가격결정의 여러 문제

서비스 기업에서의 가격결정시 아래와 같은 문제에 대한 결정이 요구된다.

① 가격결정은 어느 수준으로 할 것인가?

- 서비스 기업은 가격결정을 통해 어떤 비용을 회수하려 하는가(변동비인가 고정비인가 아니면 총비용인가)?
- 고객은 상이한 가격에 대해서 얼마나 민감한가?
- 경쟁구조는 어떠하며 경쟁자의 가격은 어떠한가?
- 할인가격을 고객에게 부여해야 하는가?
- 습관적으로 심리가격이 이용되는가?

② 무엇을 기초로 하여 가격결정을 할 것인가?

- 서비스 과업이 종결되는 것을 기초로 해야 하는가(세탁이나 이발)?
- 서비스 시설의 입장을 기초로 해야 하는가(교육, 극장, 스포츠 관람)?
- 서비스 이용시간을 기초로 해야 하는가(유선TV시청, 변호사, 호텔객실료)?
- 금전적 가치를 기초로 해야 하는가(보험사, 부동산중개의 수수료)?
- 물적 자원의 소비량을 기초로 하는가(식음료, 전기, 가스 등)?

- 서비스 거리를 기초로 하는가(고속버스요금)?
- 서비스를 받는 대상의 무게와 크기를 기초로 하는가(화물수송요금)?
- 각 서비스 요소에 대해 각각 비용을 부담하는가?
- 패키지로 묶어서 단일가격으로 해야 하는가?

③ 누가 지불대금을 받아야 하는가?

- 서비스를 제공하는 조직이 받는다.
- 정해진 수수료를 받는 중간중개자가 받는다(여행사).

④ 어디서 지불이 이뤄지는가?

- 서비스가 배달되는 장소
- 편리한 소매점 혹은 은행
- 고객의 집/직장

⑤ 언제 지불해야 하는가?

- 서비스 배달 전(입장료, 항공권, 우편요금, 패스권, 연회비 등)
- 서비스 배달 후(식당, 수리점)

⑥ 지불을 어떻게 하는가?

- 현금, 토큰, 수표, 카드, 외상, 바우처, 전자자금이체, 제3자 지불 등

⑦ 목표시장에다 어떻게 가격을 전달해야 하는가?

- 구매 전 커뮤니케이션 수단을 통해서 고지(광고, 표지판, 외판원, 종업원 등)하고 메시지에서 가격을 얼마나 강조하는가?

수입관리

서비스에서는 수익관리를 잘 활용해서 효율성과 수익성을 높일 방안을 강구해야하는데 그중 하나가 바로 가격결정관리이다. 서비스조직은 기업이 갖고 있는 물적, 인적자산을 최대로 활용해야한다. 수요변동이 큰 경우 수입관리시스템을

도입해서 예약과 서비스이용시기에 맞춘 가격을 정해야한다. 다른 시기에 다른 가격을 제공하거나 수요변동의 사이클에 맞춰 자산활용을 극대화하는 것이다. 물론 가격과 수요 간의 분기점의 파악이 쉽지 않아 수입관리가 쉬운 것은 아니다. 모든 요인이 동일하다면 서비스가격을 인상하면 서비스이용은 줄어든다. 역으로 가격을 낮추면 서비스사용은 늘어나게 된다. 사용이 늘어난다고 해서 반드시 수익이 높아지는 것은 아니다. 따라서 수입관리를 잘하려면 고객의 구매패턴과 가격민감도, 그리고 서비스생산과 배달에 있어서 원가관리를 잘 이해해야한다.

가격결정시 추가적인 고려사항

원래 서비스는 그 특성에 의해 다양한 가격을 설정할 기회가 많다. 우선적으로 장기적인 수익성과 확보한 자산으로부터 얻을 수 있는 수입극대화를 세밀히 검토해야한다. 그리고 경쟁자와 관련해서는 항상 가격-품질문제에 따른 시장포지셔닝의 변화도 파악해야한다. 항공권 판매처럼 서비스의 구매 및 사용 시기에 따라 차별가격을 잘 활용할 필요가 있다. 회원권을 가진 고객에게는 고객충성도를 유지하기 위해 특별가격을 제공할 수가 있다. 또 개별 고객의 요구에 맞춰서 맞춤식서비스를 제공하는 경우에는 높은 가격을 붙일 수가 있지만, 셀프서비스와 같은 경우에는 가격을 낮춰 줄 수가 있다.

서비스가격의 윤리적 문제

서비스가격결정에서 고객은 실제 무지한 상태인 경우가 많다. 고객이 하지도 않은 것에 지불을 했는지, 필요하지도 않은 것에 지불을 했는지, 또 잘못 행해진 것에 대해서도 지불을 했는지 잘 모른다. 의료서비스나 법률서비스, 투자상담서비스 등과 같은 전문서비스의 경우는 가격만으로 서비스 질을 대체해 판단하기도 쉽지 않다. 더구나 서비스의 가격결정 자체가 복잡하고 다양해서 소비자로선 이것이 공정한지 합리적인지를 판단할 수 있는 능력이나 정보를 갖지 못해 특히 경쟁이 치열한 경우 이를 악용하려는 비윤리적 행동유혹에 빠지기가 쉽다. 그래서 신뢰가 중요하고 서비스조직은 신뢰확보를 위해 간단한 가격산정 구조를 개발하고 이를 알려 소비자의 이해를 돕도록 노력할 필요가 있다.

7.5. 전술적 가격결정

서비스 가격의 변경

서비스의 가격변경은 서비스 조직에 있어 힘들고 불확실한 과업이다. 서비스 기업은 수요를 유발하기 위해 가격인하를 원하기도 하며, 비용 상승에 따라 가격인상을 도모하기도 한다. 가격변경이 인상이건 인하이건 간에 가격변경은 서비스 기업, 고객, 경쟁자들에게 영향을 미치게 된다. 따라서 가격변경은 신중하게 해야 한다. 서비스 기업은 시장(소비자)이 가격변경전략의 성공을 좌우하는 핵심요소이므로 고객의 예상반응을 잘 검토해봐야 한다. 그러나 고객의 반응을 예상하는 일이 그리 쉬운 일은 아니다. 한 가지 방법이 서비스에 대한 수요탄력성을 예측하는 것인데 수요가 비탄력적인 서비스는 수요가 탄력적인 서비스보다 가격변경에 그리 크게 영향을 받지 않는다. 그리고 서비스 가격이 규제를 받는 경우는 해당 감독기관이 승인을 받아야 가격변경을 할 수가 있다. 가격변경을 하기 전에 공청회 개최와 같은 절차를 밟아 가격변동의 타당성을 입증할 필요가 있고 감독위원회 등에서 이를 검토해야 한다.

서비스 가격협상

몇몇 서비스에는 가격협상이 중요한 전략적 의미를 갖고 있다. 가격협상을 하는 소비자서비스는 자동차수리, 해외여행, 금융, 법률, 의료지원서비스 등을 포함하고 있다. 장비대여, 마케팅조사, 보험, 유지, 경비서비스와 같은 기업서비스도 직접 가격협상을 통해 가격이 결정된다. 많은 기업서비스 구매 시 가격협상은 최고경영자가 직접 한다. 예를 들어 경영컨설팅회사에서 판매훈련 프로그램을 구매할 때 구매회사는 전반적인 훈련계획서와 비용을 검토한 후 내용과 비용을 조정하여 최종 합의를 도출하게 된다. 이런 주고받는 협상의 결과로 적정한 서비스 가격이 결정되는 것이다.

신서비스의 가격결정

신서비스의 가격결정은 마케팅 전략 수립에 있어 핵심부분이 된다. 만일 가격결정에 대한 규제가 없다면 서비스 기업은 두 가지의 가격결정 선택이 있을 수 있다. 즉 상층흡수가격결정과 침투가격결정이다. 이 두 가지 방법 중 어느 것을 택하느냐는 서비스의 특성과 그 수요의 탄력성에 달렸다. 상층흡수가격(skimming price)은 새로운 서비스가 주요혁신 서비스이고 독특한 특성을 갖고 있는 경우에 적합한 가격결정방법이다. 그런 서비스의 수요는 유사한 대체서비스가 없기 때문에 수요가 비탄력적이다. 그런 서비스의 가격은 고가격을 붙여 고소득층을 흡수하는 것이다. 인기 있는 흥행사업의 경우 입장료를 비싸게 하여 상류계층을 흡수하는 경우가 많다. 서비스 가격에서 상층흡수가격을 사용하는 경우 생기는 위험은 구매자들이 자주 자가생산(do-it-yourself)방식을 대안으로 사용한다는 점이다.

만일 신서비스의 예상수요가 가격에 대해 탄력적이라면 침투가격(penetration price)이 적합하다. 이 방법은 모든 잠재 구매자들에게 어필할 수 있을 정도로 저가격을 사용해 신서비스가 쉽게 일반화될 수 있게 하는데 있다. 신서비스의 모방이 이루어질 전망이거나 새로운 경쟁자의 진입이 예상될 때 침투가격을 사용해 이를 방지하고 시장점유를 높이기 위해 이 방법을 사용하게 된다.

비성수기 가격결정

비성수기의 가격결정도 서비스에서 볼 수 있는 독특한 전략이다. 서비스가 소멸되고 수요변동이 크며 저장이 불가능하기에 서비스 기업에서는 비성수기 때 수요를 증가시키는 방법이 중요하다. 호텔의 빈 객실, 은행에서 빈 창구, 극장의 빈 좌석에서 생기는 손실은 다시 회복할 수 없는 경제적 손실이다. 서비스 수요를 증대시키고 서비스 자원의 이용을 극대화하려면 서비스의 가격차별화를 이용해야 한다. 전기통신공사에서 야간 장거리 통화료를 싸게 하는 이유도 낮에 수요가 너무 몰리는 것을 막고 또 야간 수요를 높이기 위한 방법이다. 극장에서 조조할인을 해 주는 것이나 관광호텔에서 비성수기 때 객실요금을 인하하거나 기타 부대시설이용을 무료로 해주는 것도 다 이런 이유 때문이다. 비성수기 때 그냥 내버려두는 것 보다 적어도 관리유지비와 인건비 정도만이라도 커버할 수 있다면 가격인하는 좋은 수요증대 방안이 된다.

전문서비스의 가격결정

전문서비스의 가격결정의 관행은 가격경쟁의 제한이 있다. 변호사, 의사, 치과의사 등 전문서비스업의 경우 전통적으로 협회에서 통제해 왔고 광고회사나 회계사 등은 전통적인 가격구조를 따라 왔다. 그러나 최근에 이런 전문서비스업에도 이들의 가격결정관행을 재검토해야 한다는 소리가 높다. 또 이들의 가격결정에 제약적인 요인으로 작용한 것이 소위 윤리적 측면으로 의료나 법률서비스와 같은 경우 그 수요가 비탄력적이고 이들이 갖고 있는 사회적 책임 때문에 과대하게 고객에게 비용부담을 요구할 수가 없다는 점이다. 하지만 이런 윤리적 측면보다 협회회원들의 소득증대를 보장해주려는 전문서비스 협회의 욕구가 더 강한 이상 이 문제도 그리 간단하지만은 않다

전문서비스의 경우 자기들이 받는 수수료에 관심을 두지 말고 필요한 서비스를 제공해야 한다는 주장에서 표준가격이 생겨나왔다. 일정지역에서 전문서비스의 수행별로 표준가격을 결정해서 수수료를 받게 된다.

차별적 가격

고객의 지불의지에 따라 가격을 달리한다. 이런 가격을 이용하는 경우는 비성수기 때 서비스 수요를 높이기 위해서 또 서비스의 소멸되는 성질을 감안해서 서비스 수요를 평준화하는 경우이다. 이는 시간별 차별화(휴일, 야간요금 차별화), 고객의 지불능력에 따른 차별화(어린이, 군경, 성인요금), 서비스 제품유형에 따른 차별화(렌터카의 모델에 따라 가격차이), 장소에 따른 차별화(1등석, 호텔객실료)등이 있다.

차별가격은 실제 공표된 서비스 가격에서 사용되는 방법이다. 고객은 차별가격을 적용할 때 까지 구매를 연기하거나 기다린다. 고객이 차별가격을 서비스 제품의 고정된 특성으로 인식해 할인을 기대한다. 이런 이유로 서비스 기업은 차별가격을 거부하는 경우가 많다. 대신에 시간, 장소, 지불능력에 관계없이 모든 고객에게 동일한 가격을 부담시키는 통일가격을 사용하기도 한다.

촉진가격결정

가격결정은 서비스 차별화, 인적판매, 기타의 마케팅 믹스와 마찬가지로 판매를 촉진하는 수단으로 이용될 수가 있다. 촉진가격은 고객을 끌기 위해 저가격 혹은 다양한 가격을 이용하는 것이다. 그러나 실제로 서비스 기업에서 촉진가격결정으로 성공한 경우가 많은데도 대부분의 서비스 기업들은 가격을 촉진수단으로 이용하는데 거부감을 가져 왔다.

촉진가격결정 방법 중 효과적인 것의 하나가 미끼상품(loss leader)을 이용하는 것이다. 고객을 유인하기 위해 특정 서비스를 저가격으로 때로는 원가이하로 하여 다른 서비스를 파는 경우이다. 이것은 싼 서비스에 만족한 고객으로 하여금 다른 서비스를 제값대로 구매하게 하는 것이다. 세탁소에서 특정 의류에 대해 값을 아주 싸게 해주는 경우나 패스트푸드 식당에서 샌드위치나 음료수 값을 싸게 파는 경우가 여기에 해당된다.

단수가격

단수가격(odd price)은 짝수로 된 가격보다 약간 낮은 가격으로 했을 때 구매자들이 싸다고 느껴지도록 한 일종의 심리적 가격결정 방법이다. 예를 들어 동남아 해외여행을 60만 원으로 정하는 것보다 59만 원으로 하는 것이 구매자로 하여금 더 어필한다는 것이다.

가격할인과 공제

가격할인(price discount)과 공제(allowance)도 잠재고객을 유인하여 서비스 구매를 늘리는 방법 중에 하나이다. 모든 서비스에 이런 가격할인과 공제가 다 적용될 수는 없지만 가격인하의 가치를 인식하는 서비스 기업들이 늘어가고 있다. 이런 방식을 가장 잘 이용하는 곳이 항공사로 항공사에서는 단체승객에 대해 가격할인을 해주고 있다. 또 자주 항공여행을 하여 일정한 마일리지(mileage)를 넘는 고객에게 항공료 할인이나 무료항공권을 제공하고 있다. 또 가격할인이나 공제는 서비스에 고객이 직접 참여하는 것을 적극 유도하는데 이용되기도 한다. 식당에서 셀프서비스를 하는 경우나 주유소에서 셀프서비스를 하는 경우 풀서비스의 요금보다 가격인하를 해주는 것이 그것이다.

명성(긍지)가격결정

명성가격(prestige price)은 서비스 구매자의 가격에 대한 감정적 반응을 고려한 심리적 가격전술이다. 서비스가 무형적이기에 서비스 구매자는 구매대안 평가 시 서비스 기업의 평판이나 기타 감정적 요인에 주로 의존할 수밖에 없다. 그래서 서비스 가격이 서비스 질의 주요지표가 된다. 이런 인식 때문에 서비스 기업은 명성가격을 효과적으로 이용할 수가 있다. 그래서 의료, 법률과 같은 전문서비스의 경우 높은 가격이 보다 우수한 서비스 질을 제공한다고 구매자는 인식하게 된다. 예를 들어 일주일간의 경영자를 위한 세미나 참석비가 300만 원인 경우가 100만 원인 경우보다 알차고 나은 세미나일 것이라고 인식되는 것은 바로 이 때문이다.

명성가격의 또 다른 측면은 고가격의 서비스와 연관되어 자신을 과시하려는 속물근성 때문이다. 이럴 경우는 가격에 대한 민감도가 수요법칙과는 반대로 작용하여 가격이 높을수록 수요가 높아지게 된다. 예를 들어 외국의 유명예술인이나 교향악단의 초청공연의 경우 특석좌석표가 값이 싼 좌석표 보다 먼저 매진되는 경우이다.

제 8 장

서비스 유통관리

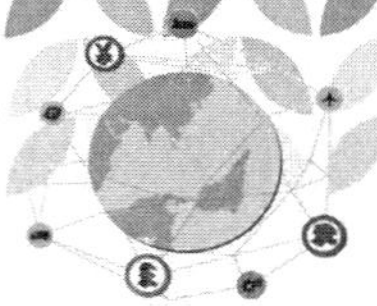

8.1. 유통경로의 개념과 특성

일반적으로 유통경로는 제품이나 서비스를 생산자로부터 소비자로 이전시키는 과정에 참여하는 모든 개인 및 기업이 결합이라 볼 수 있다. 서비스에서 유통경로를 사용할 때는 개념적인 혼란이 오는데 그 이유는 무형적인 서비스는 서비스를 수행하는 사람과 서비스를 분리해낼 수가 없고 서비스가 생산과 동시에 소멸되어 재고화가 불가능하기 때문이다. 따라서 어떻게 해서 유통경로나 물적 유통 문제가 생길 수 있느냐 하는 반론이 있을 수 있다.

그러나 서비스 역시 경제적 사회적 유통기능을 담당하는 주체들이 존재함으로써 엄연히 유통경로가 존재하는 것이다. 물론 서비스의 무형성 때문에 제품에서처럼 확실한 유통체계를 가지고 있지는 못하지만 서비스에서 전혀 유통경로나 물적 유통이 없는 것은 아니다. 실제 제한적이긴 하나 대여회사, 호텔, 항공사 등에서도 지원용품 관리에 있어서 재고문제가 발생한다.

서비스 유통경로는 동일한 목표를 가진 상호 관련된 요소들의 집합인 시스템으로써 이런 요소들이 네트워크 혹은 배달시스템(delivery system)을 구성하여 고객에게 서비스를 전달해주는 것이다. 유통경로는 서비스 마케팅과 제품 마케팅의 차이와 유사성을 더욱 분명하게 해주는 부분이다. 제품의 경우 생산자로부터 소비자에 이르는 경로를 유통경로(channel of distribution)라 부르는데 이 유통경로가 제품의 경우 많은 중간상들을 포함하고 있어 복잡하고 그 수가 많다. 반면에 서비스는 무형성과 소멸성 때문에 서비스의 유통경로가 제품에서의 유통경로와는 다른 특성을 갖고 있다.

서비스 마케팅에서 유통경로의 기능은 구매자에게 좀 더 편리하게 서비스를 이용할 수 있게 하는 것이다. 제품과는 달리 서비스는 이전될 수가 없다. 따라서 서비스의 유통경로는 서비스 기업이 구매자에게 가든지 구매자에게 가든지 구매자를 서비스 시설로 오게 하는 수밖에 없다. 예를 들어 의사는 직접 환자에게 의료서비스를 제공한다. 변호사나 교수도 직접 고객이나 학생들에게 필요한 서비스를 제공한다. 보험회사는 보험대리점을 통해서 보험서비스를 판매하고 있다. 모든 경우 제품에서 보다 훨씬 짧고 직접적인 유통경로를 갖고 있음을 알 수가 있다.

서비스가 제품처럼 광범위한 중간상을 통해 서비스를 배달할 수 없는 이유는 바로 서비스가 갖는 독특한 특성 때문이다. 서비스가 무형적이기에 저장되거나 재고화 되지 못하고 또 수송될 수도 없다. 서비스는 생산과 동시에 소멸되므로 소유권을 이전할 수가 없다. 이런 동시성 때문에 서비스 배달시스템에 고객이 참여하지 않으면 안 된다. 서비스 생산자와 소비자 간의 개인적인 관계는 사용되는 서비스 배달시스템의 유형에 영향을 크게 미치게 된다.

이런 이유 때문에 서비스 유통경로는 제품보다 단순하고 직접적일 수밖에 없다. 제품에서 많이 이용되는 완전서비스를 해주는 도매상을 서비스에서는 이용할 수가 없다. 물론 예외적으로 항공사나 호텔로부터 좌석이나 객실을 사서 그것을 패키지화하여 여행사를 통해 재판매하는 여행도매상도 있기는 하다.

위와 같은 내용을 종합해 보면 서비스의 유통문제는 서비스의 속성상 경로가 길 수가 없다. 따라서 대부분이 직접판매를 한다. 필요에 따라 중간상을 이용하더라도 그 숫자가 적고 그들의 영향력 또한 제품에 비해 훨씬 약하다. 서비스의 유통경로는 단순하고 짧으나 최근에 발달된 여러 가지 매체덕분에 서비스의 전달방법은 다양하다는 것을 알 수가 있다.

따라서 서비스 유통경로는 서비스 생산자가 서비스를 고객에게 직접 혹은 간접적으로 판매할 수 있느냐 하는 여부와 서비스가 수행되는 장소(위치)에 따라 두 가지로 분류될 수가 있다.

시간효용과 장소효용

서비스를 이용하는 고객들은 점점 서비스의 접근성을 중시하게 되었다. 고객들은 편의성 즉, 즉시 손쉽게 서비스를 이용하기를 원해 시간효용과 장소효용을 창출하는 서비스 유통경로가 서비스 마케팅에서 중요한 위치를 차지하게 된다. 시간과 장소효용은 모든 서비스 마케팅의 근본목적이 되는 고객만족을 창출하는 것이다.

시간효용(time utility)은 고객이 원할 때 즉시 서비스를 이용할 수 있게 하는 것이다. 항공기가 편리한 시간에 이·착륙하고 공항에서 대기함이 없이 즉시 연결되게 만드는 것이나 언제고 은행서비스를 받고 싶어 하는 욕구를 충족시키기 위해 24시간 영업하는 은행이 생긴 게 그 예가 된다. 장소효용(place utility)은 고객이 서비스를 구매하고 싶은 장소에서 즉시 구매할 수 있게 하는 것으로 서비스가 가정이나 사업장에 배달되게 하는 것이다. 이와 같은 극단적인 편의성 추구가 홈쇼핑이나 홈뱅킹, 펌뱅킹을 등장시켰다.

시간효용과 장소효용은 제품 마케팅보다 서비스 마케팅에서 더 중요한데 이는 무형적인 서비스를 수요 증가 시 일정한 장소에 저장하거나 시장에 전달할 수가 없기 때문이다. 서비스 기업이 수요변동에 맞는 충분한 시설을 적소에 갖추지 못하고 있으면 구매자는 시간과 장소효용을 얻을 수가 없어 다른 곳으로 가든지 포기해야 한다. 가장 중요한 문제는 수요발생시 즉시 서비스를 이용할 수 있는 가용성이다. 식당에서 아무리 음식이 뛰어나다해도 식당의 위치가 외진 구석에 떨어져 있으면 많은 손님을 끌 수가 없을 것이다.

서비스의 유통경로

서비스는 직접적으로 혹은 간접적으로 판매되거나 수행된다. [그림 8-1]처럼 서비스의 유통경로는 직접판매방식과 간접판매방식이 있다.

▌그림 8-1 _ 서비스의 유통경로

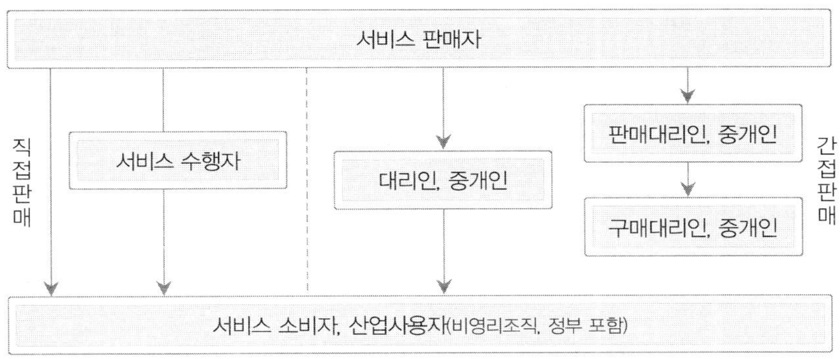

- 직접판매

가장 간단한 직접판매 방식은 서비스 판매자에서부터 소비자로 배달되는 경로이며 경영컨설팅, 의료, 법률서비스 등 대부분의 전문서비스나 사업서비스가 이런 방식으로 배달된다. 직접판매는 생산과 소비의 비분리성 때문에 선택된 방법으로 이와 같은 직접판매를 하는 이유는 중간상을 이용하면 힘든 서비스를 직접 통제·관리할 수 있고, 개인적인 접촉을 통해서 서비스를 보다 차별화할 수 있다. 또 직접판매를 통해서 고객의 현재 욕구가 어떻게 변하고 있으며, 그들은 경쟁자의 서비스를 어떻게 인식하고 있는지를 쉽게 파악할 수가 있다. 따라서 고객에게 개인적인 서비스를 제공하려는 고급서비스업에서는 고객의 수를 제한하기도 한다.

그러나 직접판매가 문제점이 없는 것은 아니다. 직접판매는 판매자에겐 업무가 과중하고 사업을 확장하기가 힘들다. 직접고객을 상대해야 하므로 커버할 수 있는 시장의 지리적 범위도 한정되고 서비스 기업과 고객을 연결하는 새로운 기술을 사용하기도 힘들다.

- 간접판매

간접적인 서비스 판매방식은 판매, 구매자 혹은 양자를 위해 활동하는 중간상을 이용한 경우이다. 이러한 중간상을 서비스 마케팅에서 이용할 때 대리점이나 중개인이 중간상이 된다. 이들은 티켓, 계약서, 보험증권과 같은 유형적 제시물을 발급하거나 서비스 유통을 쉽게 만드는 기능을 갖고 있다. 여행사, 부동산 중개인, 보험대리점, 증권대리점 등이 이런 중간상의 예가 된다. 그러나 이들이 수용가능한 적정수준의 서비스를 제공하고 있는지를 확인하기 위해 이들을 잘 감독해야 한다. 고객에게 조언을 해줄 책임이 있기에 이들은 면허를 받아야 한다.

8.2. 유통경로의 설계와 관리

고객욕구의 분석

서비스 기업은 바람직한 유통경로를 설계하기 위해 우선 고객들이 유통경로에서 원하고 있는 유통경로서비스의 형태와 수준을 파악하고 있어야 한다. 물론 고객이 원한다고 해서 기업의 능력을 벗어나는 서비스를 제공할 수는 없다. 설혹 그것이 가능하더라도 비용이 증가하면 곤란하다. 따라서 서비스 기업은 고객이 원하는 수준 내에서 동원할 수 있는 자원들을 체크해 봐야 한다. 현실적인 비용으로 수용 가능한 서비스 수준을 만들어 내기 위해서 서비스의 유형, 필요한 기술수준, 구매자에게 있어 서비스의 가치 등을 고려해야 한다. 전문서비스의 경우 고객에게 있어 서비스 가치가 중요해 대기와 같은 불편함은 감수하겠지만 편의서비스의 경우 즉시성이 중요한 요건이 된다.

유통경로의 목표설정

서비스 기업은 고객의 욕구분석과 함께 기업이 추구하는 마케팅 목표를 함께 고려하여 유통경로의 목표를 수립해야 한다. 예를 들어 기간별, 지역별, 고객별 목표매출액, 시장점유율, 필요한 물적·기술적 지원, 경로별 투자수익율 등과 같은 구체적인 목표를 세운다.

유통경로구조의 선정

유통경로의 목표를 달성하려면 최적의 유통경로구조를 택해야 한다. 경로구조란 서비스를 고객에게 전달하는데 필요한 유통단계의 수와 관련된 중간상의 형태를 말한다. 이미 앞에서 설명한 것처럼 직접판매경로와 간접판매경로가 있다.

경로는 한번 결정되면 쉽게 변경할 수가 없을 뿐 아니라 경로에 투입된 시간과 비용, 노력이 커서 경로선정을 신중하게 해야 한다. 우선 특정경로를 선택함으로써 얻게 될 경제적 이득을 철저히 분석한다. 둘째 서비스기업이 유통경로의 참가자들을 얼마나 잘 통제할 수 있겠는가를 검토한다. 통제력이 약할 경우 경로상의 각종 갈등과 불협화가 발생하여 사업을 어렵게 할 수 있기 때문이다. 마지막으로 환경이 변하였을 경우 경로 구조를 얼마나 쉽게 바꿀 수 있느냐 하는 적응성을 검토해봐야 한다.

서비스 유통정책의 수립

서비스 유통에서 주요한 문제는 시장에 대한 유통의 강도를 어느 정도로 할 것이냐 하는 문제이다. 여기에는 [그림 8-2]처럼 개방적 유통, 선택적 유통, 전속적 유통의 세 가지 유형이 있다.

▌그림 8-2 _ 서비스 유통정책

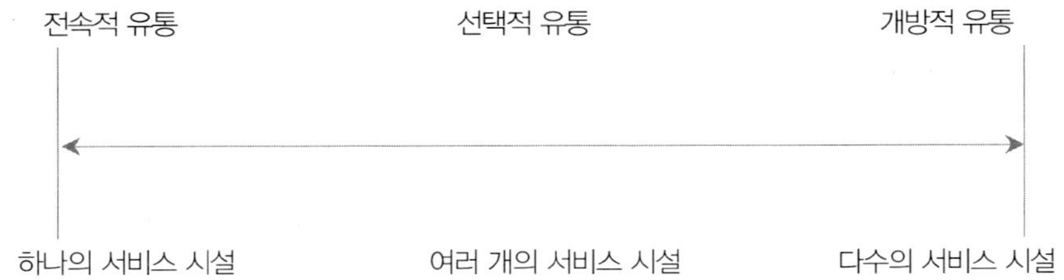

개방적 유통정책은 가능한 한 많은 곳에 서비스 제공시설을 설치하여 서비스 접근성을 높이려는 정책이다. 예를 들어 은행이 공중이 많이 모이는 여러 장소에 현금출납기를 설치하여 누구나 쉽게 서비스를 받을 수 있게 하는 것이 그 예이다. 개방적 유통정책과 반대되는 것이 전속적 유통정책으로 이는 한 지역에 하나의 서비스 제공자나 시설을 갖게 하는 것이다. 보통 전문서비스나 사업서비스에서 많이 이용하는 정책으로 광범위한 노출을 피해 서비스에의 접근을 제한시켜 엄격한 품질관리를 하며 희소성을 부각시킨다. 그래서 서비스나 서비스 시설의 특권적 우월감을 갖게 할 수가 있다.

선택적 유통정책은 개방적 유통정책과 전속적 유통정책의 중간 형태로 한 지역 내에 여러 개의 서비스 시설을 개설하는 것으로 은행이 여러 개의 지점을 개설한다든지 각종 티켓판매소를 여러 개 두는 것이 여기에 해당된다.

구매자의 욕구와 행동패턴이 변함에 따라 서비스 기업들은 그들의 유통정책을 검토해서 수정해야 한다. 많은 서비스 기업에서 점차로 전속적 유통정책에서 개방적 혹은 선택적 유통정책으로 전환하고 있는 경향인데 이는 장소효용에 대한 고객의 욕구를 인식해 여러 곳에 서비스 시설을 개설해 접근이 용이하고 편리한 서비스를 제공하고자 함이다.

유통경로의 갈등관리

유통경로의 갈등은 유통경로 구성원들이 상호배타적이고 공존할 수 없는 목적, 가치, 이해를 갖고 있을 때 발생한다. 주로 판매지역, 가격정책, 거래처지원, 중간상의 능력과 자질, 고객취급방법, 마진율 등에서 갈등이 많이 일어난다. 특히 판매지역을 두고 이해가 상충되어 갈등이 일어나는 경우가 많다. 이러한 갈등은 방치할 경우 경로구성원 간의 단합을 저해하여 결국 경제적 손실을 가져오게 된다.

이러한 갈등을 효과적으로 관리하여 경로참가자들이 협력할 수 있도록 노력해야 한다. 서비스 기업은 높은 마진이나 특별할인, 공제, 협동광고, 판매경연 등을 통해 동기를 부여하고 그렇지 못할 경우는 마진감축, 거래단절 등 위협을 가해 협동을 얻어 낼 수가 있다. 또 상호이해관계가 큰 것은 협정을 맺으므로 장기적인 동반관계를 구축해 둔다. 나아가 경로구성원들을 통합하는 수직적 마케팅시스템도 시도해 볼 수 있다.

8.3. 서비스 유통전략의 변화

서비스의 유통전략도 서비스에 대한 지출증가로 크게 변하고 있다. 프랜차이즈 외에도 전통적인 소매점에서 서비스판매, 서비스의 자동화증가, 예약제의 개선, 편리한 소매장소의 입지강조 등으로 서비스 유통에 중요한 변화가 있어 왔다. 대형소매점에서 수리점, 미용실, 안경점과 같은 소비자 서비스를 고객한테 해주고 있는 추세이다. 대형백화점에서 고객금융 서비스 센터를 운영하기도 한다. 은행 및 여러 금융기관은 법적인 제약 때문에 제공할 수 없는 금융서비스를 고객에게 제공하기 위해 소매점들에게 공간을 임대해주기도 하며 슈퍼마켓이나 다른 소매점의 일부를 임대해서 미니점포나 자동현금출납기를 설치하기도 한다.

서비스 기업에서 자동화를 이용함으로써 인건비를 크게 줄일 수 있고 서비스의 이질성을 줄일 수 있으며 생산성도 높일 수가 있다. 더구나 언제 어디서든지 고객이 편리하게 서비스를 이용할 수 있게 해 준다. 은행 자동화의 하나인 자동현금출납기는 대표적인 예이다. 효율적인 예약제도도 수요를 관리하여 고객에게 양질의 서비스를 제공할 수 있는 방법 중의 하나이다. 우편이나 전화 혹은 편리한 판매 창구에서 직접 예약을 할 수가 있으며 최근에는 컴퓨터화된 전산망을 통해 호텔, 항공사 등의 예약시스템이 잘 이루어져 있다.

서비스 기업에 있어 중요한 것이 편리한 소매장소 입지를 선택하는 것이다. 그래서 고객의 편의를 위해 여러 지점을 개설하게 된다. 가장 경제적인 전략이란 구매자가 오가고 또 서비스 수행자를 쉽게 파견할 수 있는 중심센터를 정해서 소비자의 서비스 수요를 커버하는 일인데 한 서비스 시설이 커버할 수 있는 지역이 한정되어 결국은 입지를 확장하는 수밖에 없다.

판매자와 고객 간의 계약의 수를 줄임으로써 고객의 편리성을 높이고 서비스 배달의 효율성을 증대시킬 수가 있다. 최근에 직접우송이나 텔레마케팅 직접판매가 증가되자 서비스 중간상의 역할을 했던 조직들이 많이 감소돼 가고 있다. 그러나 항공사의 경우 항공기의 수, 루트, 요금이 하도 복잡하고 다양하기 때문에 정보나 안내, 조언을 얻기 위해 여행사를 찾는 여행자들이 부쩍 증가하고 있다. 교통, 숙박, 모든 여행서비스를 한데 묶어 패키지화하는 일괄구매(one-stop shopping)가 증가함에 여행중간상인 여행사가 번창하고 있다. 최근 서비스 분야에서 일고 있는 혁신적인 변화중 대표적인 것으로는 대여 및 리스서비스의 증가와 프랜차이즈의 성장, 그리고 서비스 조직의 통합이다.

대여 및 리스서비스의 성장

많은 개인이나 기업들은 이제 필요한 제품을 소유하지 않고 빌려 사용하는 경향이 높아지고 있다. 상품의 대여(rent)나 리스(lease)가 많아지는 것은 구매가 상품에서 서비스로 전환됨을 의미한다. 대여시장에 뛰어드는 새로운 서비스기업이 급속히 증가하고 있다. 산업시장에서 각종 장비, 차, 사무실, 공장 등 많은 대상들이 임대나 리스를 통해 이용되고 있으며 소비자시장에서도 식품, 기름, 의약품 등을 제외하고 많은 상품들이 이런 방식을 통해 이용되고 있다. 은행과 금융기관들이 이런 대여나 리스에 있어 필요한 지원을 해주고 있다.

대여나 리스의 비용이 많이 들어 아예 상품을 구매하는 게 나은 경우도 있지만 자금이 자본재에 묶이지 않고 필요할 때 이용하면 되므로 대여나 리스가 편리해서 앞으로 이용도가 늘어날 것이다. 기술변화가 급속하므로 진부화, 구식화가 심할 것이고 관리나 수리상의 문제도 신경 쓸 필요가 없고 중요하지만 사용빈도가 많지 않은 경우 대여나 리스가 유리하다. 또 세제상의 혜택도 받을 수 있어 유리하다.

프랜차이즈의 성장

프랜차이즈가 서비스의 표준화가 가능한 서비스 산업에서 급속히 성장하고 있다. 프랜차이즈 시스템(franchise system)은 본사(franchisor)가 가맹점(franchisee)과 계약을 통해 계열화하는 것으로 일종의 계약형 수직적 마케팅시스템이다. 최근에는 제품에서 뿐만 아니라 회계사무실, 미용실, 렌터카, 패스트푸드, 호텔, 산업서비스, 모텔, 식당, 여행사 등과 같은 다양한 서비스업에서도 프랜차이즈가 급속히 성장하고 있다. 최근 의료, 법률, 회계서비스와 같은 전문서비스에서도 프랜차이즈화되는 추세이다.

프랜차이즈 시스템은 집중관리의 장점과 개별소유사업관리의 장점을 결합한 형태로 프랜차이즈 가맹점(franchisee)은 약정된 체계 하에서 영업할 권리에 대해 수수료를 지불하고 프랜차이즈본부(franchisor)는 영업 권리금과 판매액에 따른 수수료를 받게 된다. 프랜차이즈본부는 회사명, 서비스개념, 영업절차, 서비스운영에 필요한 장비나 소모품을 제공해주며 촉진, 종업원훈련, 경영지도 등을 해준다. 본사는 큰 자본이나 인력투입 없이 사업을 확장할 수가 있고, 서비스 질이나 가격, 촉진, 유통에서 일관성을 기할 수 있고, 가입비나 로얄티를 받아 수익도 확보할 수가 있다. 가맹점은 유명한 서비스 제품을 취급할 수 있고 자금, 경영지도, 촉진지원 등을 본사로부터 받을 수가 있다. 특히 훈련프로그램으로 종업원과 관리자의 자질을 향상시킬 수 있다. 전국적인 유통망을 갖고 있는 경우 소비자도 표준화된 일정수준의 서비스를 받을 수가 있다.

서비스 기업들은 재무적 부담 때문에 여러 개의 소매판로를 직접 소유할 수가 없다. 따라서 큰 재정적 투자 없이 판로를 확장하는 방법으로 프랜차이즈 시스템을 이용하게 된다. 이외에도 개별독립적인 대리점이나 중개인을 두는 것보다 프랜차이즈 시스템을 이용하면 서비스 품질통제도 훨씬 용이하기 때문이다. 여하튼 많은 서비스 기업이 성장전략의 일환으로써 프랜차이즈를 이용하고 있다.

서비스 기업의 통합

프랜차이즈에서 한 걸음 더 나아가 최근에는 생산자와 중간상들이 통합하여 경로효율성을 높이려는 통합된 기업시스템이 많아지고 있다. 최근 관광서비스의 경우 고객에게 효율적이고 편리하게 서비스를 제공하기 위해 체인호텔과 항공사 간에 제휴관계가 많아지고 있다. 이보다 한발 더 나아가 관광여행과 관련된 여러 서비스 기업들, 예를 들어 호텔, 항공사, 모텔, 렌터카회사, 관광버스회사, 식당, 레저, 스키장 등이 수직적, 수평적으로 결합하여 완전한 통합관광 패키지를 제공하는 것이 그 예이다.

8.4. 서비스 기업의 입지

고객에게 접근하기 위해 어떤 유통방법을 사용하든지 서비스 기업 혹은 중간상의 위치는 매우 중요한 요소이다. 위치(location)란 서비스를 생산하기 위해 사람과 시설을 정하는 것을 말한다. 위치는 판매 또는 서비스의 성격에 따라 다양하게 나타난다. 가정에서 행해지는 수리서비스의 경우 서비스 수행자의 위치는 소비자 구매결정에서 별로 관련이 없다. 하지만 은행 선택에서 위치의 편리성은 소비자 선택에서 중요한 요소가 된다. 서비스 유통경로에서 서비스 시설을 어디에다 위치시키는가는 중요한 문제이다.

- 얼마나 많은 시설이 있어야 하는가?
- 시설을 어디에다 설치해야 하는가?
- 각 시설의 수용능력을 어느 정도로 해야 하는가?
- 어느 시설에서 어느 고객을 서비스해야 하는가?
- 각 시설이 제공해야 하는 서비스는 무슨 서비스인가?

위 문제는 서로 영향을 미치므로 동시에 해결해야 한다.

위치문제

서비스 시설의 위치를 결정하는 데는 지리적 구조, 시설의 수, 최적화기준이 검토되어야 한다. 병원 같은 서비스에서는 서비스 계층이 존재한다. 개인병원, 진료소, 종합병원, 의료센터는 제공하는 서비스 수준이 달라 위치문제에 영향을 미친다. 개인서비스에서는 최대로 고객을 유치할 수 있는 곳에다 시설을 위치시킨다. 그러나 공공서비스에서는 사회적 편익을 중시하여 이용자의 총 평균 이동거리를 극소화할 수 있는 장소에 위치시킨다. 그리고 서비스 장소의 입지분석은 서비스에 대한 공간수요의 정확한 예측에 달려 있다.

실제로 장소를 선택하는데 있어 이동거리의 최소화 외에도 다음과 같은 고려사항이 있다.

① 접근성(출입 퇴장의 편리, 대중교통과의 연계)
② 가시성(거리에서 떨어짐, 간판설치)
③ 교통(교통량, 교통 혼잡)
④ 주차(적정한 주차시설)
⑤ 확장가능성(확장의 여유)

⑥ 환경(서비스를 보완할 수 있는 주위환경)

⑦ 경쟁(경쟁자의 위치)

⑧ 정부(제한지역, 세금 등)

서비스 시설의 설계와 배치

서비스 시설의 설계와 배치는 서비스 패키지 개념과 연계해볼 때 매우 중요한 것이다. 소비자는 시설과 상호작용을 해서 서비스를 평가하는 경우가 많기 때문이다. 실질적으로 잘못된 설계와 배치는 서비스 생산과 조직목표 달성에 악영향을 미친다.

- **시설설계**(디자인)

  시설설계에 영향을 미치는 요소는 다음과 같다.

  ① 서비스 기업의 성격과 목표(예식장, 교회, 식당)

  ② 토지 이용성과 필요한 공간

  ③ 융통성(상황에 따라 변경)

  ④ 심미적 요인(고객, 종업원태도와 연관)

  ⑤ 지역사회와 환경(해당지역의 특성, 주민요구나 규제)

  ⑥ 건축비용과 관리운영비용

- **시설배치**

  서비스기업에서 사용되는 배치는 다음과 같은 요소를 고려해서 결정한다.

  ① 서비스에 대한 수요량

  ② 제공되는 서비스 유형의 다양성

  ③ 서비스의 개인화정도

  ④ 종업원의 기술과 기타 특수속성

  ⑤ 셀프서비스와 같은 서비스 활동과 고객과의 상호작용

⑥ 서비스 제공에 드는 비용
⑦ 고객에게 지출되는 명시적, 함축적 비용
⑧ 수요량 변화와 특수요구에의 적합성
⑨ 서비스의 일관성

서비스의 재고관리

서비스 자체는 무형적이라 재고문제가 발생하지 않지만 서비스 기업에서도 엄연히 재고관리 문제는 발생한다. 서비스 기업의 경영자가 재고문제를 이해해야 하는 이유는 실제로 많은 서비스 기업이 대규모의 재고를 유지하고 있다는 점이다. 판매품, 장차 처리될 지원 및 편의용품, 장비유지를 위한 여유물품, 소모품 등 서비스 창출에 직간접으로 관련된 물품들이 많다. 이런 것들이 관리가 수익성과 기업의 목표달성에 영향을 미치고 있다. 또 서비스 기업의 시설능력이 재고의 속성을 반영하는 경우, 예를 들어 비행기의 좌석이나 호텔객실 등은 재고의 속성을 나타내고 있다. 서비스 창출에 필요한 여러 지원 및 편의용품의 재고가 확보되어 서비스 생산이 중단 없이 계속될 수 있도록 관리자는 재고품목의 수요특성과 관련된 비용의 속성을 잘 파악해야 한다.

제 9 장

서비스의 촉진

9.1. 촉진개념과 목표

서비스 믹스의 한 요소인 촉진(promotion)은 목표고객과 기타 관련 시청자들에게 서비스와 관련된 내용을 전달하는 기업의 마케팅 활동이다. 촉진활동은 실제 및 잠재고객들에게 서비스 기업의 서비스에 대해 알리고 수요를 환기시키려는 목적을 가지고 있다. 서비스 기업의 마케팅 활동이 얼마큼 성공할 수 있느냐 하는 것은 촉진활동에 의해 크게 좌우된다.

오늘날과 같이 치열한 경쟁 속에서 촉진은 서비스 기업의 성공에 있어 핵심적인 역할을 한다. 서비스가 무형적이기에 구매자들이 특정서비스의 특성이나 편익을 완전히 이해하기도 힘들고, 또 그 서비스가 그들의 욕구를 얼마나 충족시킬 수 있는지 평가하기도 힘들며, 다른 서비스 제공자의 서비스와 구별하기도 힘들기 때문이다. 이런 구분은 서비스를 구매해서 사용한 후에도 사실 힘들다. 적정한 정보나 대안이 없기 때문에 예를 들어 호텔에 투숙하는 경우 고객은 그들의 욕구에 가장 잘 맞는 호텔을 자기가 잘 골랐는지 좋은 객실을 배정받았는지, 숙박료가 적정한지 쉽게 판단할 수가 없다.

이런 불확실성 때문에 서비스 기업의 촉진메시지가 서비스의 특징과 편익을 강조하기도 하지만 강력하고도 뚜렷한 기업이미지를 창조하여 유지시키는데도 아주 중요한 역할을 한다. 따라서 촉진의 목적은 경쟁자의 서비스와 자사의 서비스를 차별화하여 구매자 마음속에 뚜렷한 차별성을 부각시키는 일이다.

서비스 촉진의 목표

서비스 촉진의 세 가지 목표는 서비스 기업과 서비스에 대해 구매자들에게 알리고, 설득하고, 회상시켜 주는데 있다.

- **정보제공**

커뮤니케이션의 한 형태로써 촉진은 기업의 서비스와 능력을 잠재구매자에게 알리는 일이다. 잠재구매자가 경험하는 불확실성, 무형성, 경험성 때문에 서비스 구매자의 정보필요성은 제품구매자보다 훨씬 높다. 목표시장을 통해 적정한 정보를 확산시키는 일은 신서비스나 기업에 있어 매우 중요하다. 예를 들어 변호사나 개인병원 등 전문 서비스 제공자는 개업을 할 때 지역사회에 대해 자신들의 서비스를 이용할 수 있음을 신문광고나 직접우송 등을 통해 알린다.

- **설득**

촉진의 가장 큰 목적은 목표시장의 구매자들을 설득시켜 구매하도록 설득하는 것이다. 보험에 가입하게 한다든지 은행과 새로운 거래를 하게 한다든지 하여 서비스 기업의 사업에 도움이 되도록 행동을 촉구하는 것이다. 설득을 통하여 서비스 기업은 예상고객이 그들의 서비스를 선택하게끔 노력하게 된다.

- **회상**

촉진은 시장에서의 서비스 혹은 판매자의 위치를 유지하는데도 자주 사용된다. 경쟁이 치열한 환경에선 기존의 서비스 기업들은 구매자들이 자신들의 서비스를 잊어버리지 않도록 주기적으로 회상을 시켜주어야 한다.

표 9-1 _ 서비스 촉진의 목표

목 표	정 의	편 익
정보제공	특정서비스의 존재와 그 특징에 대한 지식을 제공	신서비스와(혹은)서비스 제공자를 소개함.
	•예: 개인병원, 변호사가 지역신문에 개업소식을 광고함(패스트푸드 체인점에서 새로운 메뉴를 TV광고나 전단을 통해 광고).	
설 득	행동을 유발하거나 혹은 반응을 유도하여 잠재소비자를 적극적으로 소비자로 만듦.	특정의 서비스와 특정 제공자에 대해 행동하게 함.
	•예: 금융시장개방으로 금융기관간의 경쟁이 치열하게 되자 각 금융기관은 광고 예산증액, 판매사원 훈련강화 등을 통해 직접고객을 설득하고 있음(전신전화국에서 장거리전화는 야간에 이용하면 요율이 낮다는 것을 광고).	
회 상	소비자 마음속에 특정서비스와 서비스 제공자의 이름을 생생하게 기억시킴.	빈번히 이용되지 않는 서비스나 소비자가 당연하다고 생각되는 서비스에서 중요함.
	•예: 사람의 왕래가 많은 장소에다 광고판을 세움. 「고객이 필요할 때 항시 우리가 있다」는 표어	

서비스와 통합마케팅 커뮤니케이션(IMC)

통합마케팅 커뮤니케이션(integrated markting communication: IMC) IMC는 조직의 광고, 포장, PR, 인적판매, 온라인 등에서 모든 커뮤니케이션 도구를 계획, 조정, 통합하여 달성하고자 하는 조직 혹은 제품을 위한 단일 포지셔닝 개념의 추구를 말한다. 서비스조직은 기업의 마케팅 커뮤니케이션을 오랫동안 어느 정도 통합해왔으나 무형적인 서비스를 마케팅 하는데 있어서 그 모호성 때문에 어려움이 많은데 이를 해결해주는 것이 바로 IMC이다. 연극공연에서 배우, 무대와 후면부 활동, 관중과 배우의 상호작용 등이 잘 조화를 이뤄야하는 것처럼 서비스에서도 그래야한다. 따라서 연극에서 사용하는 개념이나 기법을 이용하는 것이 큰 도움이 된다. 서비스조직은 그들의 일관된 이미지를 창조하기 위해 종업원들의 외양, 복장, 매너, 서비스 환경, 서비스공연이 이뤄지는 무대, 서비스명

칭, 모든 전통적인 촉진도구들이 조직의 일관된 이미지와 위상을 위해 만들어지고 조정되어야한다.

오늘날 마케팅환경 속에서 IMC의 중요한 측면 하나가 다양한 커뮤니케이션 도구를 통해서 고객이 기업과 연계되도록 촉진을 함으로써 강한 고객관계를 구축할 수 있게 하는 것이다. 기업은 광고, web site, 무료전화, e-mail 등을 이용해 정보를 제공하고, 고객데이터베이스를 구축해 고객과의 연계를 강화하는 노력을 한다. 이러한 고객관계 구축은 facebook, Youtube, Twitter와 같은 새로운 미디어를 활용하면 훨씬 강력한 힘을 발휘할 수가 있다. 다양한 IMC 도구들을 잘 활용하게 되면 서비스조직들은 고객들의 직접적인 반응을 이용해 더욱 적시에 의미 있는 고객과의 연계망을 구축하여 촉진을 효과적으로 할 수가 있다.

9.2. 마케팅커뮤니케이션의 역할

• 마케팅커뮤니케이션의 과업

서비스조직과 현재 및 예상고객 간의 창의적이며 효과적인 커뮤니케이션이 마케팅전략에서 중요한 역할을 한다. 즉, 마케팅커뮤니케이션은 예상고객에게 서비스조직이나 브랜드의 약속과 서비스에 대한 특성을 알리고 교육시킨다. 경쟁자에 비해서 예상고객의 욕구를 해결하는데 있어 최선이라는 것을 표적고객에게 설득한다. 서비스의 이용 가능성을 고객에게 상기시키고 행동하도록 동기를 부여한다. 고객의 입장에서 서비스조직의 서비스에서 최선의 결과를 얻도록 계속해서 고객과 접촉할 수 있게 교육시킨다.

• 기존고객과의 커뮤니케이션

서비스조직은 신규고객의 유치뿐만 아니라 기존고객과 접촉유지를 위해 커뮤니케이션 활동을 한다. 이는 반복구매를 높이고 고객충성도를 강화하는 것이 장기적인 수익성을 유지하는데 있어 핵심이기 때문이다. 이러 기업의 노력은 주기적으로 메일, 편지, 전화, 뉴스레터, 기타 텔레커뮤니케이션을 통해서 이뤄진다. 또 교차판매를 위해서 직접우편, 생일 등 고객기념일에 축하카드나 선물보내기 등을 보내기도 한다. 기업은 다양한 방법을 통해서 커뮤니케이션 수단을 아주 개인적인 것처럼 만들어 고객관계를 돈독히 해야 한다.

- 내부커뮤니케이션

고객지향적인 기업문화를 만들고 유지·강화하기 위해선 먼저 내부구성원들에게 서비스조직이 지향하는 바를 알리고 교육시켜서 이들을 서비스 지향적으로 만드는 것이 중요하다. 이는 고객에게 알리고 설득하기 전에 먼저 종업원들에게 알리고 설득하여야 한다는 내부마케팅의 정신을 구현하는 일이다. 기업내부의 부서 간, 경영자와 종업원 간에 잘 설계된 마케팅커뮤니케이션 활동은 특히 여러 지점으로 분산된 대규모 서비스조직에서 절대적으로 필요하다. 본국이나 본사에서 멀리 떨어진 경우, 서비스특성의 변화에 맞는 신규 정책을 실시하기 위해서, 새로운 서비스방식의 채택을 알리고 만족스러운 서비스배달을 확실히 하기 위해서, 종업원의 신뢰를 구축하고 충성도를 높이기 위해서 이를 내부구성원들에게 알리고 설득하는 내부마케팅 커뮤니케이션이 필요하다. 내부마케팅 커뮤니케이션은 회의, 교육, 내부소식지, 촉진캠페인, 상금, 브리핑, 인터넷 등을 활용한다.

- 커뮤니케이션에서 윤리적 문제

정보와 조언을 제공하는 마케팅 커뮤니케이션의 메시지는 고객편익과 서비스 질에 대한 일종의 약속인데 광고나 인적판매, 판촉에서 이를 잘못 이용하면 고객은 시간, 돈, 노력을 낭비한 결과가 되어 크게 실망하거나 분노를 갖게 된다. 따라서 비현실적이거나 과대허위의 서비스약속을 하는 비윤리적인 촉진활동은 고객의 이탈뿐 아니라 조직내부의 커뮤니케이션(특히 서비스생산부서와 마케팅부서간)에도 악영향을 미친다.

제품과 서비스의 커뮤니케이션 전략의 차이

서비스의 커뮤니케이션은 아래와 같은 특성 때문에 제품과는 다른 전략적 차이를 갖는다.

- **서비스의 무형적 속성**

서비스가 무형적이므로 서비스광고는 유형적인 단서를 이용한다. 특히 유형적인 요소가 거의 없는 저접촉 서비스에서 그러하다. 강하고 분명한 인상을 심어줄 생생한 정보를 보여줘야 한다. 기업의 브랜드명과 유형적인 심볼을 연계시킨다. 무형적인 서비스를 구체화하여 잠재구매자 마음속에 하나의 실체로 인식되게 광고하는 것이 좋다. 예를 들어 보험회사에서는 손, 담요, 우산, 바위, 병사 등의 안전성과 안정성을 의미하는 상징물을 광고에 이용한다.

- **생산에서 고객참여**

서비스배달에서 기술혁신이나 셀프서비스를 도입하는 경우 생산성향상으로 비용을 절감할 수는 있으나 고객이 이를 배척하고 기피하는 경우 TV광고를 통해서 실제 사용법 등을 교육시켜야한다. 고객의 적극적인 참여를 높이기 위해서 촉진을 통해 고객에게 필요한 정보를 제공해야한다.

- **고객이 평가하기 힘듦**

서비스는 경쟁자는 물론 같은 서비스제공자라해도 서비스의 차이를 평가하기가 힘들다. 따라서 유형적인 단서를 이용하는데 사용하는 장비, 종업원의 자격증 등이 그 예이다. 주기적으로 서비스 질에 대한 이슈를 광고에다 싣고, 종업원의 활동을 보여주는 것이 좋다. 광고는 고객의 서비스이해와 평가를 돕는 역할을 하는데 이를 구전에 적극 활용하는 게 중요하다. 또 서비스 기업은 서비스의 독특성을 고취하기 위해 대변자로서 유명인(운동선수나 텔런트, 배우, 최고경영자 등)이 갖고 있는 인기와 이미지를 연계시켜 그 서비스의 차별성을 부각시키는 것이다.

- 수요와 공급의 균형 필요성

서비스는 저장이 불가능하여 비수기 때는 이용시점에서 수요를 높일 촉진활동을 하고 성수기 때는 수요를 줄일 촉진활동을 하여 수요와 공급을 균형 있게 조절한다. 비성수기 때의 촉진은 신서비스의 도입, 가격인하 등의 이점을 알린다든지 비성수기 때 이용하면 여러 가지 혜택이 있다는 것을 알리고 설득하고 회상시키는 광고를 한다. 관광호텔에서 비성수기 때 손님을 끌기 위해 여러 가지 유인책을 사용하는 것이 좋은 예가 된다.

- 접객원의 중요성

서비스에서는 특히 직접 고객에게 서비스를 제공하는 접객원들의 역할이 중요하다. 고객에 대해 개인적인 관심을 보이고 친절하고 미소 짓는 모습을 보여주는 이들은 서비스를 보다 유형적으로 만들고 개인화시킨다. 고객만족과 충성도 구축에서 종업원들의 역할을 강조하는 내용을 내부마케팅 커뮤니케이션의 일환으로 활용해야한다. 포스터나 광고물, 책자 등에서 이들을 잘 활용하여 동기부여와 자긍심을 심어줄 필요가 있다.

9.3. 촉진믹스

마케팅 커뮤니케이션 믹스는 크게는 두 가지가 있다. 먼저 개인적인 커뮤니케이션은 개인기준으로 기업과 고객 간의 상호작용으로 메시지를 개인화하여 양방향으로 보내는 것이다. 한편 비개인적인 커뮤니케이션은 기업이 메시지를 한 방향으로만 고객에게 보내는 것이다. 이 두 가지를 결합한 중간 형태의 직접메일도 있다.

첫째, 개인적 커뮤니케이션은 인적판매, 고객서비스와 훈련, 구전처럼 대면 접촉을 말한다. 인적판매는 고객을 교육시키고 그들이 선호하는 브랜드를 촉진하는 것으로 고객에게 적합한 메시지를 통해 주의와 청취에 대한 피드백이 용이해서 관계마케팅에서 절대적으로 필요하나 비용이 많이 든다. 고객서비스는 직접 고객에게 서비스를 배달하면서 정보를 제공하고 주문을 접수하고 문제를 해결해준다. 훈련은 고객에게 사용법 등을 교육시키면서 소통을 하는 것이고, 구전도 서비스경험에 대한 논평, 추천 등이 이에 해당된다.

네 가지의 중요한 촉진수단은 광고, 인적판매, 판매촉진, 홍보활동이다. 이런 촉진활동은 앞서 말한 바와 같이 서비스 기업이 그들의 서비스에 대해 알리고, 설득하고, 회상시키는 수단들로써 흔히 서비스 촉진믹스(service promotion mix)라 부른다.

서비스 기업의 촉진믹스결정은 광고와 인적판매 중 어느 것을 더 강조할 것이냐 여부에 달려 있다. 결정은 서비스 기업의 마케팅목표, 자원, 조직, 구매자 특성, 서비스의 특성, 기타 마케팅믹스에 대한 결정내용 등에 따라 달라진다. 그러나 제품과는 달리 서비스 구매자들의 욕구와 수요는 인적접촉에 의해 크게 야기된다. 인적판매의 중요성은 두 가지 요소 즉, 서비스 비용과 서비스가 소비자서비스인지 전문서비스인지에 따라 좌우된다. 인적판매는 비용이 높은 서비스, 예를 들어 건강, 보험, 주택과 같은 서비스의 촉진에서 많이 이용되고 전화나 전기처럼 비교적 값이 싸고 이용 빈도가 많은 서비스는 인적판매보다 광고를 많이 이용한다.

산업서비스나 전문서비스에 있어서 인적판매는 가장 핵심적인 촉진믹스가 된다. 산업 및 전문서비스는 판매자와 구매자간의 광범위한 개인적인 접촉이 필요하다. 제품의 경우 판매시점에서 고객접촉이 생기고 제품의 장점을 알 수가 있어 불쾌하거나 무능한 판매원은 상대 안할 수가 있다. 산업 및 전문서비스의 경우 서비스판매자가 고객과의 강한 신뢰를 바탕으로 하는 서비스 수행자이기에 그런 개인적인 접촉은 매우 중요하다. 서비스 촉진믹스 중 어느 한 가지를 주로 사용하게 되지만 필요에 따라 다른 촉진수단을 이용하여 이를 강화할 수도 있다. 예를 들어 보험세일즈를 할 때 외판원이 책자나 PR 홍보자료를 이용해서 기업의 이미지를 강화할 수가 있으면 판매에 도움을 받을 수 있다.

표 9-2 _ 촉진믹스

광 고
•정의: 광고주에 의한 서비스와 아이디어의 촉진, 비개인적인 제시에 대한 지불 •목적: 서비스와 그 공급자와의 인지창출, 욕구의 자극, •사용영역: 저렴하고 빈번히 구매되는 소비자서비스 •예: TV 라디오 광고, 직접우송, 신문, 잡지광고, 인터넷 텔레마케팅
인적판매
•정의: 판매를 성사시킬 목적으로 잠재구매자와 직접 대면하여 구두로 제시 •목적: 서비스제시, 고객으로부터 약속을 받아냄. •사용영역: 비교적 값비싸고 빈번히 이용되지 않는 소비자서비스, 산업 및 전문서비스 •예: 보험회사사원의 제시, 은행원의 구좌개설, 항공사직원의 항공권판매
홍보 및 공중관계
•정의: 광고주가 직접 지불하지 않는 서비스기업, 종업원, 서비스에 대한 좋은 인상을 창출하기 위한 활동 •목적: 인지와 긍정적인 이미지 창출 •사용영역: 콘서트, 스포츠행사, 기타오락행사, 광고 등 촉진활동을 통해 얻은 이미지 강화 •예: 신서비스에 대한 신문기사, 장학금지급, 회사방문, 견학
판매촉진
•정의: 광고, 인적판매, 홍보 및 공중관계로 분류되지 않는 구매자 자극의 여타 촉진활동 •목적: 즉각적인 구매행동을 유발하기 위해 직접인센티브 제공 •사용영역: 편의성의 소비자서비스, 직접행동을 자극하기 위한 구매시점에서의 이미지 강화 •예: 프리미엄, 콘테스트, 구매시점진열(POP display)

촉진믹스의 조정

어떤 경우이든 촉진수단은 기업의 마케팅 목표달성에 초점을 두고 조정되어야 한다. 서비스 마케터는 촉진믹스의 여러 요소들이 서로 상충되지 않고 같은 목표를 향해 가도록 조정하며 이에 대한 전적인 책임을 지게 된다. 판매원들은 광고의 내용이나 주제를 잘 알고 있지 못하면 광고 메시지에 근거한 판매제시를 할 수가 없다. 마찬가지로 판매촉진도 광고나 인적판매의 지원이 없으면 효과적이지 못하다.

촉진믹스가 제대로 조정되려면 아래와 같은 점을 고래해야 한다.

① 촉진의 조정은 먼저 서비스 기업의 사명과 목표가 확실히 정립되어야 촉진메시지의 내용이 결정된다. 서비스기업의 목표가 변하면 촉진믹스도 달라질 것이다. 호텔이 신장개업 시에는 호텔이름을 널리 알리기 위해서 광고에 치중하고 비수기에는 판촉활동에 치중하게 된다.

② 주요한 촉진수단인 광고는 가능한 한 많은 사람들에게 효과적 능률적으로 정보전달 및 설득 메시지를 전달해 주어야 한다.

③ 광고는 프로그램에 대한 지식과 열의를 갖고 있는 고객서비스 종업원의 노력, 여러 스포츠행사나 지역사회행사의 후원, 많은 사람들이 인지하고 관련되도록 추첨을 활용한다.

④ 모든 촉진활동은 통일된 촉진프로그램에 의해 조정되어야 한다. 프로그램은 정보를 제공하여 행동을 취하게 설득시키고 고객의 마음속에 뚜렷한 이미지를 심어주기 위해서이다.

9.4. 서비스의 광고

촉진믹스에서 광고(advertising)는 서비스 조직과 서비스에 대해 알리고 설득하고 회상하게 하는 주요한 비개인적 촉진수단이다. 광고는 TV, 라디오, 신문, 잡지, 인터넷, 텔레마케팅, 직접우편 등 대량매체를 이용해서 많은 시청자들에게 표준화된 촉진메시지를 전달할 수가 있다. 서비스 광고는 기업 활동과 서비스, 가치를 알게 하여 고객 마음속에 기업세계를 심어준다. 고객의 욕구, 가치, 태도와 관련된 기업이미지와 서비스로 고객이 기업정체를 인식할 수 있게 해 준다. 광고로 종업원이 고객에게 어떻게 봉사해야 하는지를 알게 해 준다. 광고를 하면 인적판매에 큰 도움을 준다. 광고가 다른 촉진활동을 지원하는데 있어 핵심

역할을 한다. 특히 광고는 인적판매는 물론이고 기타 홍보활동, PR, 판촉활동을 하는데 큰 도움을 준다.

광고 캠페인의 개발

서비스 기업은 자체적이건 광고대행사를 통해서건 기업의 광고목표를 달성하기 위한 광고캠페인을 개발해야 한다. 캠페인이란 선정된 매체에서 기본적인 전략이나 혹은 주제를 제시하도록 계획되고 조정된 일련의 광고물을 말한다. 각각의 광고물은 캠페인의 전반적인 전략과 일치하는 메시지를 제시해야 한다. 광고목표의 수립은 캠페인의 성패를 좌우하는 기본이 된다. 이들의 목표는 기업의 마케팅목표와 일치해야 하고 목표시장에다 초점을 맞추고 있어야 한다. 광고목표가 분명할수록 목표시장의 욕구에 부합되는 광고캠페인을 효과적으로 개발할 수가 있다. 신 서비스의 경우는 고객의 인지에 초점을 두고, 경쟁이 치열한 경우는 욕구개발과 행동을 촉진하기 위해서 비교광고도 활용한다.

서비스조직은 서비스광고를 할 때 아래와 같은 지침을 준수하는 것이 필요하다.

첫째, 유형적인 단서를 제시함으로써 위험인지를 줄인다. 서비스에 유형성을 부가하기 위해서 구체적인 사실이나 형체를 보여주는 것이 중요하다. 구체적인 언어와 유형적인 대상을 드라마화하여 서비스의 새로움과 독특함을 생생하게 전하는 것이 서비스 질의 인식을 강화할 수가 있다. 그림을 통한 상호작용적 이미지전략을 통해서 서비스조직의 이름과 그 서비스의 성격을 강하게 연계하는 광고를 개발하면 서비스 이름과 그 성격을 고객이 회상하는데 있어 특히 효과적이다.

둘째, 서비스조직은 구전을 잘 활용해야한다. 구전이 신뢰성이 높은 개인적이고 공정한 정보의 원천이기 때문이다. 만족한 고객의 증언이나 서비스에 대한 사람들의 견해가 큰 영향을 미친다.

셋째, 서비스가 복잡하고 무형적이기에 서비스를 이해시키고 지속적으로 바람직한 이미지를 창조하려면 심볼, 로고, 슬로건 등을 이용한다. 푸르덴셜 보험사는 지브롤터 바위, 트래벌러 보험은 우산, 메릴 린치는 황소, 맥도날드는 황금색 아치를 상징으로 사용하고 있다.

넷째, 종업원을 활용한다. 종업원은 서비스조직의 광고물에서 제2의 청중이다. 이들을 동기부여하고 교육시키는 것을 광고에서 보여주고 긍정적인 관점에서 종업원을 묘사하면 사기가 진작된다. 서비스와 관련하여 바람직한 모습을 보여주는 것으로 그리면 교육적 수단이 될 수 있다. 이는 서비스조직이 그들의 종업원을 어떻게 보고 있는지를 인식시키는 강한 메시지를 보여준다. 또 종업원의 성과에 대한 기대를 전달하는 것이 된다. 항공사, 은행 등에서 직원을 이용하여 자신들의 기업이 예의바르고 친절하며 능력 있고 전문성을 가지고 있음을 광고에 실어 그런 이미지를 주게 만든다. 이로써 종업원들의 귀속감과 광고에서 제시된 대로 서비스 수준을 유지하도록 동기부여를 높이게 된다.

마지막으로 현실적으로 가능한 것을 약속하는 광고를 한다. 서비스가 무형적이어서 자칫 과대광고를 하거나 제대로 전달될 수 없는 것을 약속할 유혹에 빠지기 쉬운데 이럴 경우 고객에게 고객 불만과 부정적인 구전을 낳게 된다.

광고메시지와 매체의 선택

일단 광고목표가 결정되면 선정된 매체를 통해 전달할 광고메시지를 개발해야 한다. 이것이 목표성취자에 대해 의도된 영향을 주게 되므로 매우 중요하다. 광고메시지의 확인은 목표시장의 구성원의 상호작용 혹은 종업원과의 면접 혹은 양자를 통해 얻는다. 메시지는 이성적 소구, 감정적 소구, 윤리적 소구(appeal)를 이용할 수 있다.

광고매체는 의도된 목표시장에 광고메시지를 전달하는 통로 혹은 수단이다. 적정한 매체를 잘 선택해야 하는 것은 만약 매체 선택이 잘못되면 비용과 판매기회를 잃어버리기 때문이다. 최소CPM(Cost Per Thousand Prospects: 천명당 광고비)이 되면서 도달범위가 넓고 빈도가 많은 광고매체를 선택해야 된다. 매체선정은 광고메시지가 전달될 목표시장의 확인에서 시작되는데 이용할 매체에는 방송매체와 인쇄매체가 있다. 특정한 매체믹스(media mix)와 일정을 선택하기에 앞서 각 매체가 갖는 장단점을 검토해야 한다. 특히 목표시장의 매체습관을 세밀히 분석하여 합당한 광고매체를 선택하도록 해야 한다.

예산책정

대부분의 서비스 기업들은 광고예산의 할당에서 임의할당이나 매출액비율법을 많이 사용하고 있다. 임의할당(arbitrary allocation)이란 가장 간단한 방법으로 서비스마케팅 담당자나 최고경영자가 일정기간동안 얼마를 광고비로 지출할 것인지를 경쟁자의 지출 등을 참작해서 임의로 결정하는 것이다. 여기에는 분명히 합리성이 결여되어 있고 광고예산과 광고물의 질이나 양과 연계하는 아무런 노력이 없어 좋은 방법은 못된다.

매출액 비율법(percentage of sales)도 광고예산결정시 쉬운 방법의 하나인데 전년도 매출액 혹은 명년도 매출액의 일정비율을 광고예산으로 결정하는 방법이다. 이 방법의 약점은 광고를 통해 소비자들의 인지와 욕구가 높아져 판매가 증대되는 것인데 판매에 따라 광고예산이 결정된다는 논리적 약점을 갖고 있다.

광고예산 책정에 있어 가장 합리적인 방법은 목표과업법(objective and task method)이다. 예를 들어 오는 12개월 안에 월 평균 매출액을 2억 원에서 4억 원으로 증대시킨다든지 하는 세밀한 광고목표를 수립하고 다음에 이런 목표달성에 필요한 광고활동 혹은 과업을 결정한다. 이 방법은 광고예산이 기업의 광고목표와 밀접한 관계를 갖고 있다는 강점이 있다.

광고예산의 총액이 결정되면 이를 세분시장별, 지역별, 매체별, 기간별로 할당한다. 상이한 세분시장은 그들의 중요도에 따라 광고액을 배정하고 경쟁이 치열한 지역에는 더 많은 광고예산을 할당한다. 성수기에 수요를 강화하기 위해 혹은 비성수기에 수요를 유발하기 위해 계절별로 광고예산 할당을 달리할 수도 있다.

광고효과의 평가

광고효과를 정확하게 평가한다는 것은 쉬운 일이 아니다. '내가 지출한 광고비의 반은 낭비되었지만 그러나 나머지 반은 어떻게 됐는지 모른다'라는 한 백화점창설자의 말은 광고효과 평가가 그만큼 어렵다는 것을 대변해주고 있다. 더구나 서비스의 광고효과 평가는 더 힘들다. 서비스에서는 광고의 커뮤니케이션 영향평가가 대부분이다. 대부분이 카피(copy)의 사전 혹은 사후테스트가 일반적인 광고효과 측정이 된다.

광고하기 전에 여러 광고물의 내용을 잠재구매자에게 제시해 그 반응이 어떠하며 어느 것이 가장 효과적인지를 선택하는 사전테스트와 광고를 매체를 통해 실시한 후 그 결과를 측정하는 사후테스트가 있다. 사후테스트로는 광고물을 조사대상자에게 보여주고 전에 이런 광고를 보거나 읽었는지 여부를 묻는 인지측정(recognition) 방법과 아무런 자료도 제시해 주지 않고 조사대상자가 본 것을 물어 기술하게 하는 회상(recall)측정 방법이 있다.

인터넷 광고

서비스촉진에서 개인 PC와 스마트폰의 이용확대로 인터넷이 서비스촉진의 성격과 그 과정에 엄청 큰 영향을 미쳐 인터넷 광고는 서비스조직의 촉진전략과 예산을 온라인광고로 전환을 가져오도록 만들었다. 웹(Web), 온라인광고가 급속히 증대됨에 따라서 서비스조직은 보다 고상하고 상호적인 방식으로 고객을 세분하여 촉진을 할 수 있게 되었다. 구글(Google)이나 야후(Yahoo) 등 검색엔진을 이용해서 서비스조직, 쇼핑장소, 물품, 가격 등 광범한 정보에 연계시켜서 고객을 유치할 수가 있다. 인터넷 광고는 온라인으로 쿠폰을 제공하고 다운로드 받아 출력해 사용하거나 인터넷으로 콘테스트를 하는 등 다양한 형태의 판촉과 같이 사용할 수가 있다.

인터넷광고의 가장 큰 특징은 청취자들이 어떻게 광고에 반응하는가에 따라 각각의 효과를 추적할 수 있는 능력이다. 인터넷접속이 쉽고 정보획득에 대한 추적이 용이하여 측정이 쉬운 점 때문이다. 소비자의 인식과 관심을 촉진하여 정보를 쉽게 제공할 수 있으며, 질의응답, 자문, 메일 등 쌍방으로 커뮤니케이션이 가능해 주문이나 시용촉진, 예약이 용이하다. 따라서 고객이 자발적으로 선택하고 허용하여 개별적으로 친화적인 소통이 가능한 것이 강점이다. 웹에서는 고객이 흥미를 갖고 접속할 수 있는 다양한 애플리케이션을 갖고 있어 호텔, 항공서비스처럼 세계 어디서고 대안을 탐색할 수 있다. 경쟁자와 항상 비교가 가능하게 자료를 업데이트를 시켜서 사이트주소, 기업명, 사업명 등과 항시 연계접속이 가능하도록 소비자를 교육시켜야한다. 또 인터넷 광고는 상호작용적인 멀티미디어 광고물을 쉽게 만들 수 있다. 기존의 15~20초 방송광고의 한계를 벗어나 조직의 웹사이트의 여러 부문에 연계할 수가 있어 추가정보도 많이 얻을 수가 있다.

서비스조직은 e-mail과 SNS의 메시지를 인터넷광고와 묶을 수가 있어 광고와 판매를 강력하게 연계할 수가 있다. 따라서 마케팅커뮤니케이션 수단과 웹사이트를 효과적으로 통합할 필요가 있다. 델타항공은 이런 서비스를 바라는 여행자에게 특별요금에 대한 정보를 e-mail로 보낸다. 만일 여행자가 메일로 보낸 요금에 관심을 가지면 클릭하여 티켓을 구입하면 된다. 항공사웹사이트를 방문하는 사람은 모든 종류의 정보와 촉진 자료를 활용할 수가 있다. facebook과 같은 SNS를 이용해서 정보를 제공하고 촉진활동을 할 수 있어 인터넷 광고는 강력한 서비스촉진수단이 될 수 있다.

9.5. 인적판매와 서비스

인적판매(personal selling)란 서비스 조직의 고객 혹은 예상고객에게 서비스를 구매하도록 지원하고 설득하는 개인상호 간의 과정을 말하며 대부분의 서비스 기업의 마케팅에서 아주 핵심적인 위치를 차지하고 있다. 이것은 서비스 구매자가 서비스 업체와 직접적이고 지속적인 개인적인 관계를 갖고 싶어 하기 때문이다. 고객은 서비스 기업의 모든 사람들과 접촉하게 되며 이것이 바로 인적판매에 다 포함되기 때문이다. 일반적으로 서비스의 판매는 제품판매와 다를 게 없다. 예상구매자의 확인과 자격부여, 판매제시물의 준비와 제작, 구매자반대의 처리, 판매종결, 사후추구(follow-up)와 같은 판매활동을 다 수행해야 한다.

여기서 인적판매의 두 가지 과업인 지원과 설득을 좀 더 상세히 살펴보기로 하자.

① 지원(assist): 일종의 커뮤니케이션의 한 형태로써 인적판매는 서비스 기업의 서비스와 능력에 대한 정보를 고객에게 제공한다. 보험, 신용, 의료서비스 등은 소비자를 혼동하게 할 경우가 많아 서비스와 그 편익에 대해서 상세히 설명할 구매자와 서비스 기업 간의 쌍방적 의사소통이 절대 필요하다. 구매자들도 서비스 고객으로서 자기역할을 수행하기 위해 다른 형태의 지원을 받아야 한다.

② 설득(persuade): 인적판매를 통해 서비스 판매원은 잠재구매자를 설득해 서비스 기업이나 구매자 모두에게 이익이 되는 일을 하도록 노력한다. 예를 들어 보험가입, 은행구좌개설, 헬스클럽에 가입하게 설득한다.

과거 고압적인 판매시대를 거쳐 현대적인 마케팅개념이 소비자의 필요와 욕구를 충족시키는 활동으로 바뀌감에 따라 판매원의 역할도 창조적인 문제해결자로서 인식되어야 한다. 말하자면 고객의 문제를 해결해주는 자문역할이 요구된다고 하겠다. 보험회사의 마케팅이 서비스 판매원의 역할을 가장 잘 보여주는 예이다. 보험이 일반구매자들에겐 복잡하고 혼동되는 것이어서 구매자들은 보험사원이 단순한 판매원 이상의 역할을 해 주기를 기대한다. 보험외판원은 고객과 긴밀한 개인적인 관계를 개발해서 고객을 위한 전문금융문제 조언자가 되어야 한다. 구매자의 보험욕구가 일생주기에서 변할 수 있기 때문에 장기적인 관계가 되도록 해야 한다. 이런 이유로 보험회사의 판매원은 아주 훈련이 잘 되고 동기부여가 높아야 한다.

서비스의 특성과 판매

서비스를 파는 일은 그것이 무형적이라서 어렵다. 고객이 만질 수도 볼 수도 없는 것을 판매원이 판다는 것이 쉽지 않다. 판매원은 어떤 식으로든지 서비스속성이나 질을 구매자가 알 수 있게 확신시켜 줘야한다. 서비스의 특성은 서비스 판매원에게 독특한 문제와 기회를 동시에 주고 있다.

① 무형성: 서비스가 무형적이기 때문에 광고나 진열에서 이를 설명하기가 힘들다. 이런 촉진상의 어려움이 바로 판매원으로 하여금 서비스의 특징과 편익을 설명하게 할 수 밖에 없다. 판매원의 외양과 행동도 실제 서비스와 서비스조직에 대한 잠재적인 단서로써 작용하게 된다.

② 소멸성: 서비스는 생산 즉시 소멸되기 때문에 성수기에 앞서 미리 생산해 둘 수가 없다. 따라서 수요가 밀릴 때 필연적으로 대기현상이 발생한다. 서비스의 수요변동에서 생기는 여러 부정적인 영향을 극소화하면 효과적인 인적판매기술이 필요하다.

③ 이질성: 대부분의 서비스 수행에는 사람이 관련되므로 그들에 의한 서비스가 다 같을 수가 없다. 서비스를 표준화하거나 일관성 있게 배달하기가 힘들지만 이것도 만일 판매원이 개별적인 고객의 욕구에 맞게 창의력을 발휘한다면 서비스 기업에 도움이 된다. 법률서비스, 회계서비스 등과 같은 전문서비스에서는 서비스 판매원이 서비스 수행자가 되므로 이것이

가능해진다.

④ 고객의 참여: 많은 서비스의 구매와 창출에서 고객이 중요한 역할을 한다. 고객은 청구서를 작성하거나 자신의 문제를 진술하게 된다. 고객이 그들의 역할을 만족하게 수행하면 그들은 서비스 기업으로부터 개인적인 지원을 요구한다. 특히 전문서비스의 경우 고객에게 개인적인 관심을 기울이는 것이 중요하다.

인적판매는 컴퓨터수리, 광고회사의 촉진계획 등과 같이 복잡하거나 값비싼 서비스의 경우 고객에게 알리고 설득하는데 좋은 촉진도구이다. 대면접촉을 통해서 판매원은 고객의 질문에 상세히 설명을 할 수 있고 기술상 문제를 직접 시연해보이기도 하여 고객의 반응을 이끌어내기 좋은 방식이다. 법률, 보험, 건축, 컨설팅 등 전문서비스의 촉진에서 매우 효과적이다.

어느 서비스조직이라도 고객과의 강한 관계를 구축하는 노력을 해야 한다. 서비스판매 시 약속대로 서비스를 배달해주고 고객과의 접촉을 유지하게 되면 그런 관계가 형성될 수가 있는데 최근에는 인터넷, e-mail, SNS 등이 고객과의 새로운 관계를 형성하고 유지시키는 새로운 수단이 되고 있다.

서비스 판매의 지침

서비스의 특성에 따른 여러 문제 때문에 서비스 판매에서 유의할 점을 몇 가지 지침으로 밝히고자 한다. 서비스판매 시 이런 지침을 판매원이 지키면 고객에게 나은 서비스를 제공할 수가 있다.

① 전문가적 태도를 갖는다.

성공하는 서비스 계약의 핵심은 고객이 자신이 바라는 결과를 종업원이 배달해 줄 수 있다고 종업원의 능력을 신뢰하는 것이다. 예를 들어 은행원은 고객의 금전문제 조언자이어야 한다. 은행원은 능력 있고 정직하며 성실하다는 인상을 구축해야한다. 일반 고객은 금융서비스에 대한 경험과 정보가 많지 않아 은행원이 자신들의 지식부족을 보충해주길 바란다. 이런 이유로 은행원은 모두 전문가적인 태도를 갖고 이들과 밀접한 전문적인 관계를 유지토록 애써야 한다. 이런 사실은 여타의 서비스에서도 마찬가지이다.

② 개인적인 관계를 개발한다.

서비스 고객은 자신들이 갖는 상이한 욕구와 문제와 감정 때문에 개인으로서 대접받기를 원한다. 서비스보다는 오히려 이런 개인적인 관계가 서비스 기업에 대한 고객의 만족여부를 결정하는 수가 많다. 서비스 기업의 종업원이나 판매원은 먼저 자신들이 사람을 파는 사업에서 일하고 있음을 잊어서는 안 된다.

③ 긍정적인 이미지를 창출하도록 노력한다.

대부분의 고객에겐 판매원이 곧 서비스 기업이다. 서비스의 선택결정에서 판매원의 인상과 태도는 중요하여 우호적인 이미지를 창출하고 유지하는 것은 서비스 마케팅에서 절대 필요하다. 고객과 판매원간에 신뢰가 있을 때 이런 우호적인 대중이미지는 쉽게 만들어지고 유지될 수가 있는 것이다.

④ 간접판매의 가치를 인정한다.

서비스 기업과 종업원들은 지역사회 일에 참여함으로써 간접판매를 할 수가 있다. 서비스 기업의 관리자나 종업원은 그들의 서비스가 필요한 사람이나 다른 사람의 서비스 선택에 영향을 미칠 여러 사람들과 접촉이 많아 이들을 잘 알고 있다. 지역사회활동에 적극적인 변호사는 은행가, 부동산업자, 기업가 등을 많이 접하게 되어 이들을 통해 법률서비스가 필요한 사람들에게 간접판매를 하게 되는 것이다. 고객의 선택과정에서 여론선도자나 증언을 해 줄 사람들을 적절히 활용한다. 전문서비스인의 경우 강연, 지역사회 행사참여, 협회나 회의참석 등에서 간접판매를 할 기회를 얻을 수가 있는 것이다.

⑤ 교차판매를 한다.

특정고객이 특정한 서비스를 위해 서비스 기업과 접촉을 하게 될 때 이들은 여러 가지 서비스 욕구를 가지고 있다. 고객이 갖고 있는 여러 서비스 욕구해결에 관심을 기울이면 한 가지가 아닌 여러 서비스를 팔 수가 있다. 보험회사 외판원이 생명보험에만 판매노력을 기울이지 말고 여러 금융서비스에도 전문성을 갖고 있음을 보여주면 다른 보험상품도 팔 수가 있다. 한 고객에게 여러 서비스를 파는 기술을 교차판매(cross-selling)라 하는데 은행이나 기타 서비스에서 자주 이용된다.

판매과정

창조적 혹은 개발형 판매원을 상호작용 마케팅 기능(interactive marketing function)으로 부를 정도로 이런 판매과업은 중요하다. 이들은 자신을 자문역할자로서 인식하여 고객의 욕구를 파악해서 기업의 서비스를 그들 욕구에 적합하게 만드는 것이다. 서비스 수행을 고객욕구에 지속적으로 적합 시키고 구매자와 판매자간의 상호작용을 관리하는 게 바로 상호작용적 마케팅 기능이다. 창조적 혹은 개발형의 판매원이 지켜야 할 판매과정은 모든 창조적인 판매원이 수행해야 할 주요 판매활동을 말한다. 여기에는 예상고객의 파악, 시선접근, 제시, 이의처리, 판매종결, 추구가 해당된다. 이러한 활동들은 상호연계 되어 서로 영향을 미치게 된다.

- 예상고객의 파악

개인적인 관찰, 광고, 시사회, 전화, 직접우편 등을 통해 서비스의 잠재고객을 파악한다. 가장 많이 쓰이는 방법은 고객이나 서비스 구매자에게 영향을 미칠 수 있는 사람들로부터 필요한 참고자료를 얻는 것이다. 서비스 판매원은 이들을 파악하기 위해 간접판매기술을 사용할 수가 있다. 일단 예상고객이 확인되면 이들에 대한 자격분류를 시작해야 한다. 이들이 서비스의 욕구를 갖고 있는지 구매력은 있는지 구매결정에서 결정권을 갖고 있는지를 파악해야 한다. 산업서비스의 구매에서는 기업 내에서 누가 구매결정권한이 있는지를 파악하기가 힘들다. 복잡한 산업서비스에서는 서비스 구매자의 자격분류 파악이 핵심적인 판매활동이 된다.

• 사전접근

일단 예상고객이 파악되면 판매원은 판매를 위한 계획을 세운다. 여기서는 먼저 예상고객의 욕구를 확인해야 한다. 만일 판매원이 다른 정보원으로부터 예상고객에 대한 정보를 얻을 수 있으면 판매방문 전에 이것을 할 수가 있다. 그러나 대부분은 판매원이 그것을 질문을 통해 조사해야 한다. 고객에 대한 필요한 정보를 획득한 다음 판매원은 판매방문계획을 준비하는데 판매방문의 목표, 예상되는 판매전략, 전술 등이 포함된다. 예를 들어 보험외판원의 경우 예상고객의 연령, 결혼상태, 부양가족 수, 소득, 기타 관련사항을 서면계획안으로 작성한 다음 후에 판매제시의 기초로써 이용하면 좋다. 무형적인 서비스를 유형적인 양식으로 제시하는 것도 도움이 된다.

• 판매제시

서비스의 무형성이 판매과정에 가장 큰 영향을 미칠 때가 바로 판매제시이다. 판매제시의 초기에 판매원은 예상고객과 친화관계를 가지려고 애써야 한다. 고객이 판매원을 좋아하고 신뢰하는 것이 중요하므로 판매원은 먼저 자기 자신부터 팔아야 한다. 판매제시에 있어 판매원은 여러 상이한 판매기법을 구사하여야 한다. 특히 서비스는 제품처럼 제시할 유형적 특성이 없기 때문에 감정적인 구매동기에 어필하도록 해야 한다. 경험 있는 판매원은 그들이 파는 서비스의 감정적인 편익을 예시하는데 정통하고 있어야 한다.

서비스의 무형성을 깰 수 있는 또 하나의 방법은 서비스의 편익을 나타내는 그림이나 그래프 등을 보여주는 것이다. 또 서비스를 함축하고 있는 조그만 선물을 줄 수도 있다. 서비스의 판매제시에서 가장 중요한 것은 서비스의 편익을 예상고객에게 이해시키는 일이다. 이렇게 하기 위해서 판매원은 예상고객의 입장에서 그들의 관심을 끌 수 있는 말로 잘 설명을 해야 한다.

• 이의처리

판매원은 판매저항을 받게 된다. 판매이의라 불리는 판매저항은 판매종결을 방해하는 예상고객의 말이나 행동을 말한다. 판매원은 예상고객이 제기할 이의를 예상하고 처리하는데 능숙한 솜씨를 발휘해야 한다. 대부분의 경우 이의는 더 많은 정보의 요구이다. 보험, 투자, 금융서비스와 같이 복잡한 서비스의 경우 고객은 서비스의 특성이나 편익에 대해서 잘 이해하지 못하고 있다. 이럴 때 판매원은 고객의 관심을 알아차리고 바로 대답을 해주어야 한다.

이외에도 여러 가지 이유로 이의가 제기된다. 고객이 구매결정을 연기하고 싶다든지, 가격이 너무 비싸든지 아니면 서비스 공급자에 대해 신뢰가 안가는 경우이다. 고객의 이의를 다루는 데는 판매원이 고객과 신뢰관계를 수립하는 것이 무엇보다 중요하다. 일단 신뢰가 형성되면 무형적인 서비스와 그 공급자에 대한 고객의 관심을 다루기가 훨씬 수월해질 것이다.

• 판매종결

판매종결은 판매제시의 종점으로 판매원이 예상고객으로부터 구매하겠다는 약속을 받아내는 시점이다. 판매지향성개발이 더딘 기업이나 업계의 판매원들이 주문요청을 여기서 잘못해 비난받고 있는데 이는 판매훈련이 잘못됐거나 주문요청의 중요성을 판매원들에게 확실히 심어주지 못했기 때문이다. 서비스의 무형성이 판매종결에서도 도움을 준다. 제품판매에서는 제품을 보여주므로 판매종결이 수월하게 넘어가지만 서비스에서는 이것을 할 수가 없다. 따라서 서비스 판매원은 종결 시 감정적 구매동기에 의존하지 않을 수 없다. 판매종결을 성공적으로 마무리하는 데는 직선적으로 주문을 요청하는 직접종결이 가장 효과적인 방법이다.

• 추구(follow-up)

경험 있는 판매원이나 관리자들은 판매 후 추구가 판매성공에 있어 중요한 요소라는데 의견을 같이 하고 있다. 추구활동은 고객에게 구매결정에 대해 재

확신을 심어주고 미래 판매를 사전에 준비한다는 의미에서 중요하다. 서비스에서는 만족한 고객이 미래 판매의 주요원천이 되기에 더욱 추구활동이 중요하다. 왜냐하면 이들이 서비스에 대한 참고증인으로서 혹은 재판매의 대상이 되기 때문이다.

고객이 서비스 판매원이나 서비스에 만족했는지를 확인하기 위한 여러 가지 특별한 추구활동이 있다. 첫째, 서비스 판매원은 새로운 서비스의 출현, 변화의 추세에 대해 고객에게 설명해주고 가치 있는 정보를 고객에게 알려줘야 한다. 이렇게 하려면 판매원은 고객의 욕구가 제대로 충족되었는지를 주기적으로 분석할 필요가 있다.

두 번째는 고객의 불평이나 문제를 신속히 처리해주는 것이다. 아무래도 판매원이 가장 고객의 불만을 먼저 알 수 있기에 고객과의 호의를 유지하려면 즉각 시정조치를 취해줘야 한다. 고객의 문제해결을 도와주면서 필요한 추가서비스도 팔 수 있는 경우도 많다.

셋째는 고객과의 만족스러운 장기적인 신뢰관계를 구축하면 추가서비스를 판매할 기회가 많아진다는 사실이다. 믿을만한 서비스와 여러 가지 유용한 조언을 해줌으로써 형성된 신뢰관계가 더 많은 서비스의 추가판매 기회를 가져오기 때문이다.

추구의 마지막 요소는 교차판매(cross-selling)이다. 이것은 은행이나 기타 서비스업에서 판매원이 당연히 해야 할 의무로 굳어질 정도로 일반화된 추구활동이다.

교차판매

간단히 말해 판매원이 현재의 고객에게 추가적으로 서비스를 판매하는 활동이다. 이것을 통해 서비스 기업은 시장침투나 서비스 개발, 성장전략을 실천할 수 있는 것이다. 이 방법은 소매점의 점원이 고객과의 거래가 끝나기 전에 추가품목을 사도록 요구하는 제안판매(suggestion selling)에서 유래된 것이다. 예를 들어 양복을 사는 고객에게 양복과 어울리는 넥타이나 와이셔츠를 보여주고 함께 살

것을 제안하는 경우이다. 많은 소매점에서는 점원들에게 관련 품목리스트를 작성하여 판매 시 제안할 것을 교육시키고 있다. 은행에서 고객서비스 담당직원은 구좌개설을 한 고객에게 자동현금출납기 이용카드를 제안할 수가 있다.

그러나 효과적인 교차판매는 단순한 제안판매 이상이어야 한다. 먼저 판매원들은 기업이 제공하는 서비스에 대해 충분한 지식을 갖고 있어야 하며 고객의 필요와 욕구 그리고 행동을 꿰뚫어 볼 수 있는 통찰력이 필요하고 모든 서비스를 교차판매 할 수 있는 판매 전략을 가지고 있어야 한다. 특히 서비스 판매원은 여러 서비스들이 어떻게 상호보완적이며 어떤 서비스가 어떤 특정한 유형의 고객에 의해 이용되는지를 알고 있어야 한다.

교차판매를 가장 많이 이용하는 서비스조직은 은행과 기타 금융기관이다. 은행에서는 은행원들이 교차판매를 하도록 고취시키고 성과를 올렸을 경우 이에 합당한 보너스 등 인센티브를 주고 있다. 이외에도 여러 서비스 기업들이 교차판매에서 수익을 올리고 있다. 서비스 마케터와 고객 모두 교차판매에서 이익을 보고 있다. 고객이 서비스 기업과 거래를 많이 하면 할수록 장기적인 관계가 형성되어 교차판매가 쉽게 이루어진다. 이것은 서비스 구매자가 바라는 주요 요구사항의 하나이다. 교차판매는 서비스 판매가 아니라 고객의 욕구를 충족시키는데 마케팅노력을 집중한다는 개념이다.

9.6. 판매촉진(sales promotion)

서비스의 판매촉진은 광범위하여 광고나 인적판매, 홍보활동을 제외한 모든 촉진활동을 포함하고 있다. 판매촉진은 특정시점에서 판매를 증가시키기 위해서 구매자나 중간상에게 추가적인 촉진을 하는 것이다. 단기적으로 고객의 관심과 흥미를 유발하여 친숙도를 높여서 신규 고객을 유치하고 기존 고객을 유지하는데 초점을 두는 촉진방법이다. 특히 경쟁자로부터 고객을 끌어오거나 유휴시설을 가진 경우 수요를 촉진하는데 효과적이다.

서비스기업은 주기적인 수요변동에 대처하기 위해서 다양한 판매촉진방법을 자주 이용한다. 실제 경쟁자에 대응하기 위해 판촉을 하는 경우가 많다. 여하튼 판촉을 통해 고객이 서비스와 연계하여 인식하도록 하는 것이다. 특히 이벤트의 스폰서로 촉진을 이용하는 게 효과적이다. 그러나 판매촉진을 과도하게 하면 서비스 질에 대한 의구심을 불러올 수가 있고, 판촉에 민감한 고객층인 경우 이를 중지하면 서비스의 이용수준이 급작이 떨어져 어쩔 수 없이 계속 쿠폰이나 상금걸기 등을 해야 하는 경우도 생긴다. 판매촉진은 구매자 판매촉진과 중간상 및 판매원 촉진으로 구분될 수가 있다.

구매자 판촉

구매시점촉진(point-of-purchase)이란 서비스 시설에다 간판, 포스터, 안내책자 등을 이용하여 구매자에게 정보를 제공하는 것이다. 이런 촉진물을 제공해서 서비스의 성격을 알리고 서비스의 무형성이 갖는 불확실성을 줄이는 것이다. 구매시점촉진은 충동구매를 유발하고 서비스 기업의 광고를 강화해 구매를 상기시키는 목적을 갖고 있다. 이런 구매시점촉진을 많은 서비스 기업들이 이용하고 있다. 은행에서 대기 중 볼 수 있는 여러 안내 팸플릿을 비치하고, 미장원이나 이발소에서 여러 가지 헤어스타일의 사진이나 그림을 붙여놓는 것, 병원에서 환자가 대기 중 볼 수 있게 한 기본치료 절차설명서나 고통을 줄이는 방법들을 실은 안내 팸플릿, 극장에서 포스터 등이 전부 서비스 판매촉진의 예가 된다.

프리미엄(premium)은 구매나 혹은 시용을 유도하기 위한 것으로 무료로 제공되는 경우도 있지만 아주 실비로 파는 경우도 있다. 은행과 같은 금융기관에서는 새로 구좌를 개설한 사람이나 일정저축금액을 넘은 사람들에게 가정용품, 가방, 지갑, 시계 등 선물을 판매촉진으로 주고 있으며 항공여행을 많이 하는 고객에게 일정 마일리지이상이 되면 세계일주 항공권을 선물로 주는 경우 모두 여기에 해당되는 촉진 방법이다. 프로야구, 농구, 축구 등 인기 있는 스포츠 팀에서 어린이나 관객을 위한 팬서비스로 제공하는 공, 셔츠, 사인품 등 기념품을 무료로 주거나 판매하는 것도 일반화된 프리미엄이다. 프리미엄 제공은 판매증가 뿐만 아니라 다른 마케팅 목표달성에도 이용되는데 진료예약을 한 환자가 정시에 있을 경우 선물을 제공한다든지 하는 것도 효과적인 인센티브가 된다.

쿠폰(coupon)은 인하된 가격으로 여러 가지 서비스를 구매하게 하는 것으로 이발소, 세탁소, 미장원, 수리점 등에서 고객을 끌기위해 많이 사용된다. 항공사에서 자주 항공여행을 하는 비즈니스 여행객에게 호텔이나 렌터카회사와 연결해 이용쿠폰을 제공해 판매증대와 상표충성 구축을 노리는 프로그램이 점차 확대되고 있다. 이런 방식은 호텔업에서도 비성수기나 새로운 시설개설시 많이 이용하고 있다.

콘테스트(contest)나 상금걸기도 서비스의 관심증대와 홍보활동에 많이 이용되는데 콘테스트는 어느 정도 기술과 지식이 요구되는 반면 상금 걸기는 그야말로 운에 좌우되는 점에 차이가 있다. 이런 방식은 큰 이벤트나 새로운 시설의 오픈이나 신서비스 도입 시 많이 이용된다.

무료샘플(free sample)은 소비자들에게 구매 전에 시용으로 작은 제품을 제공하는 것인데 서비스에서는 무형성과 생산과 소비의 동시성 때문에 그 사용이 극히 제약된다. 학원 같은데서 개강 전에 일주일 정도 무료로 수강하게 한다든지 프로야구팀이 시즌 전에 무료 혹은 싼 입장료로 게임을 관람하게 하는 것이 여기에 해당된다.

전시(demonstration)는 서비스가 보여줄 것이 없어 극히 힘든데 은행이 자동현금출납기를 신 고객에게 도입하기 위해 전시를 이용하거나 미장원에서 새로운 헤어스타일이나 기법을 전시하는 경우가 여기에 해당된다.

중간상 및 판매원 판촉

대부분의 서비스 유통경로가 짧고 직접적이기에 중간상 및 판매원 촉진은 독립된 대리점이나 프랜차이즈 판로 혹은 기업의 판매원이 있는 대규모 서비스 기업에 주로 한정된다. 가장 많이 이용되는 것이 중간상지원, 협동광고, 콘테스트, 회의개최, 시사회 등이다.

중간상지원프로그램은 대규모 서비스 기업이 그들의 서비스 판매를 높이기 위해 중간상들에게 촉진이나 금전적 지원을 해주기 위한 것이다. 예를 들어 항공사 호텔 등에서 여행사에 포스터나 안내책자 등을 제공하는 것이나 서비스 프랜차이즈에서 가맹점에게 광고, 촉진지원, 종업원 및 관리자훈련, 회계절차, 품질관리 등 여러 가지 지원을 해주는 것이 여기에 해당된다.

협동광고는 중간상들이 광고비를 부담하기 힘들 때 서비스 소매상과 서비스 생산자가 공동으로 광고비를 나눠 부담하는데 항공사가 여행사의 광고를 공동 부담하는 경우 항공사는 홍보효과도 높고 여행사와의 관계를 증진시킬 수가 있다.

콘테스트도 특별한 판매목표를 달성하기 위해 사용되는데 새로운 서비스의 도입 시, 서비스의 질 개선, 비성수기에 판매증대를 위해 주로 이용된다. 보험회사, 은행 등 금융기관에서 대리점, 지점이나 판매원을 대상으로 많이 이용한다.

회의, 시사회(trade show), 집회 등은 서비스 제공자, 중간상, 프랜차이즈가맹점, 대리점, 고객들에게 서비스 배달과정에서 각자의 역할을 잘 이해할 수 있는 기회를 제공하는데 목적이 있다. 참가자들은 서비스나 여러 문제, 애로사항, 품질, 가격, 배달 등에 대해 토론할 기회를 갖게 된다. 여기서 그동안 많은 공헌을 한 사람들에게 상도 주고 새로운 서비스 아이디어도 얻거나 테스트할 수가 있다. 회의나 시사회도 보험회사, 항공사, 투자기관 등에서 여러 관련자를 모아 판매원훈련, 동기부여, 정보교환, 기타 판매촉진 지원을 큰 비용 안들이고 할 수 있는 방법이다.

9.7. PR 및 홍보와 서비스

PR과 홍보(publicity)활동 간에 많은 혼동이 있는데 학자들은 홍보를 PR의 한 부분으로 보고 있다. 홍보가 뉴스스토리와 매체의 관계라면 PR은 여러 수단과 매체를 이용하는 포괄적인 커뮤니케이션 프로그램이다. 또 다른 차이점은 커뮤니케이션에 대한 통제성인데 PR은 서비스 기업의 통제 하에 있는 간접적인 촉진활동이지만 홍보는 대량매체가 갖고 있는 정보이기에 이론적으로 보면 서비스 기업의 통제 밖이다. 따라서 언론 매체에 뉴스거리로 등장하는 홍보의 내용이 부정적일 수가 있다(예 항공기 추락사건, 식당의 식중독사건 등).

홍보와 PR은 서비스촉진에서 아주 우수한 수단이다. 특히 새롭거나 혹은 위험이 큰 서비스에서 그러하다. 효과적인 PR은 이미지를 개선하고, 혁신적 높은 위험의 서비스를 긍정적 시각에서 보게 만든다. 홍보는 신서비스의 초기 수용에 있어 신뢰감을 주어 큰 영향을 미친다. PR은 부정적인 홍보를 완화시키는 역할을 한다. 또 서비스를 대중적인 인기 있는 이벤트(음악축제, 스포츠이벤트)나 사회적 명분(환경주의, 헌혈, 금연운동 등)과 연계하여 서비스제품의 소구성을 높인다.

PR(Public Relations) 혹은 공중관계는 서비스 기업에 대한 우호적인 대중의 이미지를 개발하고 유지하기 위해 설계된 다양한 의사소통기법이다. 특히 서비스 기업의 PR은 기업의 광고, 인적판매, 기타 촉진활동을 보완해 주고 지역사회에서 그 평판을 높이는 것을 지원해주는 기능을 갖고 있다. 서비스 기업이 공개적으로 후원하는 여타의 촉진활동과는 달리 PR은 간접판매의 기능을 한다. 간접적인 촉진활동으로 서비스 기업에 대한 신뢰성을 높이고 다른 촉진활동을 잠재구매자가 수월하게 수용하도록 만드는 것이다.

- **언론매체관계**

뉴스발송은 매체지면이나 시간이용에 직접적인 비용이 들지 않아 서비스 기업촉진에 있어 효율적인 방법이다. 서비스 기업의 관련기사가 뉴스화 되면 광고보다 신뢰성이 높고 주제가 흥미로우면 독자의 관심이나 시청률이 광고보다 훨씬 높아지게 된다. 신문, 라디오, 텔레비전과 같은 대중매체를 통한 뉴스형의 커뮤니케이션을 특히 홍보(publicity)라 한다. 이것은 광고와는 달리 비용이 들지 않는 편집자의 보도이다. 매체관계의 중요성 때문에 큰 규모의 서비스 기업은 매체담당 홍보부서가 있어 이를 전담하게하고 소규모인 경우는 마케팅담당자가 이를 다루게 된다.

기업에 나쁜 기사가 나올 경우 능력 있는 언론관계 담당자가 이를 잘 처리해야 한다. 파업, 화재, 사고의 발생, 정부의 수사나 각종 비리 같은 것이 뉴스화되거나 혹은 왜곡돼서 전달될 경우를 예상하여 평소 언론관계를 잘 유지해두는 것이 절대 필요하다. 더 나아가 적극적으로 중요한 행사나 새로운 사실을 미리 체계적으로 준비하여 뉴스화 시키도록 준비해야 한다. 예를 들어 신시설의 개장, 새로운 경영자의 임명, 신서비스의 도입과 같은 중요한 사실들을 흥미 있고 뉴스화할 만한 가치가 있게 만들어 기자회견 등을 개최하여 설명하고 필요한 홍보자료를 제공해 주는 것이다.

특히 서비스 기업은 업계에서 발행하는 여러 출판물에 게재할 뉴스를 발송해야 한다. 이런 출판물의 독자는 특별한 관심을 갖고 있어 기업에 대한 뉴스전파자의 역할을 하기 때문이다. 최고경영자와의 인터뷰, 신서비스나 성공한 관리활동, 기타 흥미 있는 뉴스거리가 업계 출판물게재에 적합하다. 또한 서비스 기업의 경영자 혹은 직원이 쓴 논문게재 혹은 대학과 같은 전문기관과의 공동연구 결과 등을 싣는 것도 한 방법이 된다.

전문서비스 기업의 경우 논문이나 책자의 발행은 신뢰획득에 있어 매우 효과적인 방법이다. 이런 출판물을 통해 지식이나 기술을 알릴 기회도 생기며 관심있는 잠재고객으로부터 조회를 받게 되어 자연스러운 홍보효과를 갖게 된다.

• 기업의 출판물

이것은 이미 서비스 기업과 관계를 맺고 있는 종업원, 주주, 주요고객에게 기업이 출판간행물을 발송하는 것이다. 이러한 출판간행물을 통해 종업원의 성취를 인식시키고, 기업의 정책이나 목표를 알리고, 수익과 재무상태를 보고하고, 판매증대를 고취하며 고객관계를 개선하기 위해서이다. 효과를 높이기 위해 잘 편집되고 목표독자층이 관심을 갖는 내용을 담고 있어야 한다. 서비스 기업은 여러 가지 인쇄된 자료를 발간하는데 뉴스레터(news letter), 연차보고서, 잡지, 종업원훈련 매뉴얼, 안내책자, 포스터, 팜플렛 등이 해당된다. 가장 보편적인 것이 안내책자와 뉴스레터이다.

안내책자는 서비스 기업과 서비스에 대해 개관을 싣고 특정목표고객에게 어필할 내용을 간략하게 싣는다. 예를 들어 병원의 경우 시설, 의료진, 제공되는 서비스 등 필요한 안내사항을 담은 안내책자를 만들어 배포하는데 책자준비 전에 커뮤니케이션의 목표를 항시 명심하는 것이 중요하다.

뉴스레터는 정기적으로 종업원, 고객, 기타 계층에게 필요한 정보나 인사변동사항, 기타 관련정보나 소식을 알려주고 기업의 이름을 기억하게 하는 목적으로 제작된다. 또 재무관계사항을 의무적으로 공시하게 돼있는 연말결산서와 같이 기업이 매년 발간하는 연말보고서도 기업의 활동을 언론, 주주, 일반대중, 증권사, 재무분석가 등에게 배포하여 알릴 기회를 갖게 해 준다. 최근에는 기술의 발달로 출판물 발간을 오디오나 비디오, 인터넷을 이용해 대체하고 있다. 대학의 홍보에서 여러 가지 필름이나 비디오테이프, 슬라이드 등을 이용해 고등학교 졸업생들에게 이를 보여주어 지원학생을 유치하는 예는 새로운 변화라 할 수 있으며 이것은 앞으로 많은 서비스 기업에서 확산될 전망이다.

어떠한 매체를 사용하든지 기업출판물과 기타 커뮤니케이션 자료가 일관성이 있어야 한다. 그러기 위해서는 서비스 조직을 분명하게 인식시킬 수 있도록 사전에 철저한 계획과 조정이 필요하다. 한 가지 방법이 출판물이나 카드 기타 인쇄물위에 심벌이나 독특한 로고를 이용하는 것이다. 로고(logo)는 고객들에게 서비스 기업을 확실하게 인식시켜 무형성으로 생기는 불확실성을 크게 줄여 준다.

- 전시와 진열

대규모 전시에서부터 윈도우진열에 이르기까지 다양한 이런 촉진방법은 우선 흥미를 주고 정보제공적인 속성이 강해야 한다. 전문진열 및 전시업체를 이용해서 설계나 건설을 담당하게 하는 게 일반적이다. 많은 서비스 기업에서 전시관을 마련해서 서비스 시설로 고객을 오게 하여 관심을 불러일으키도록 애쓰고 있다.

• **공개초청방문 및 견학**

일반대중이나 특정 고객집단을 초청하여 서비스 기업에 관련된 것을 보여주는 방법이다. 새로운 지점이나 시설을 개설하거나 특별행사를 개최하는 경우 관련인사나 일반인을 초청하여 시설을 둘러보게 하고 축하의 말을 나눈 후 음료수나 간단한 기념품을 제공하는 경우가 여기에 해당된다. 특별한 경우가 아니더라도 상시 고객이나 지역유지, 정치인들이 기업을 방문하여 견학할 수 있는 기회를 만드는 것도 중요하다. 종업원가족들을 위한 가족의 밤 같은 행사를 개최하여 방문견학을 시키는 것도 화합과 이해증진에 큰 도움이 된다. 프로스포츠 팀에서 대중들을 위한 여러 자선행사에 선수를 파견하여 팀과 그 운동에 대해 관심과 응원을 보내게 유도하는 것도 일종의 촉진이다.

• **지역사회관계**

서비스 기업이 지역사회와 좋은 관계를 유지하는 것은 매우 중요하다. 좋은 지역사회 시민으로서 서비스 기업이 기여하고 있다는 것을 인식시키고 지지를 받을 때 성공이 가능한 것이다. 특히 서비스 기업은 지역사회의 지지가 절대적이기에 지역사회에 대한 책임에 큰 관심을 가져야 한다. 지역사회와 좋은 관계를 유지해야 많은 고객을 유치·유지할 수가 있으며 유능한 종업원도 확보하며 그들의 사기도 높일 수가 있다. 아울러 지역관청의 협조도 쉽게 얻을 수가 있을 것이다. 서비스 기업의 종사자들이 지역관계프로그램에 핵심이 된다. 그래서 이들을 지역사회활동에 적극 참여하고 여러 행사에 후원을 해줌으로써 좋은 이웃이라는 평판을 갖게 되고, 그것이 서비스 사업의 큰 후원세력이 되게 만들어야 한다.

최근에는 인터넷의 발달로 홍보환경에 큰 변화가 왔다. SNS와 같은 사회적 미디어의 발달로 인해서 긍정적 혹은 부정적 홍보가 더 빠르게 더 넓게 확산되고 있기 때문이다. Facebook, Twitter, MySpace, Youtube, Web site, Blog 등으로 인해 뉴스검색이 쉬워 홍보의 영향을 가속화시키고 있다.

9.8. 서비스믹스의 커뮤니케이션 역할

서비스의 무형성 때문에 고객이 서비스배달 전, 도중, 심지어 배달 후에도 자신이 구매한 것을 정확히 이해하기가 힘들어 서비스조직으로선 촉진이 큰 도전이다. 이런 이유로 서비스조직은 서비스를 유형화시킬 필요가 있다. 서비스의 유형화는 서비스를 좀 더 구체적으로 만들어 고객이 서비스를 잘 이해하도록 만드는 일이다. 이를 위해서 여러 가지 도구들을 활용할 수가 있다. 서비스마케팅믹스의 모든 요소들은 이 목적을 위해서 활용이 가능하다.

촉진은 고객과 명백하게 소통할 수 있는 마케팅믹스 요소 중에 하나일 뿐이다. 그래서 서비스기업은 고객을 이해시키는데 촉진에 의존하게 된다. 다른 요소들도 나름대로 촉진기능을 발휘하고 있다. 고객과의 소통이 가격결정, 물적환경, 경로계획의 중요한 관심사는 아니지만 이런 요소들이 고객이 볼 수 없는 서비스의 중요속성을 파악하는데 함축적으로 도움을 주기 때문이다.

예를 들어 가격은 서비스의 질을 파악하는데 도움을 준다. 고가격은 고품질로 인식하고 저가격은 품질이 기준 이하인 것으로 생각한다. 비행기 일등석에 타면 이등석에 탄 것보다 더 큰 관심을 기울여줄 것으로 기대한다. 서비스기관의 위치인 장소도 촉진 역할을 한다. 고급주택가에 있는 세탁소와 빈민가에 있는 세탁소에 대한 고객의 기대가 다른 것을 보면 그렇다. 서비스기관이 있는 위치를 알면 건물외양, 크기, 그걸 이용하는 고객의 유형, 거기서 일하는 사람까지도 짐작할 수가 있다. 제품도 커뮤니케이션 기능을 한다. 기본서비스에 대한 보증이나 서비스조직이 택한 명칭에 따라 서비스에 대한 고객인식이 달라진다. 15분 안에 음식을 제공하겠다는 식당은 서비스의 신속성에 대한 의미는 전달해주지만 고급스런 분위기와 안락함의 기대와는 다른 것이다.

서비스배달에 참여자도 서비스에 대한 정보를 알려준다. 이용고객의 숫자와 프로필은 서비스의 인기도와 이상적인 표적시장을 파악할 수 있게 만든다. 종업원의 의상, 외양, 행동을 보면 서비스가 얼마나 공식화되었는지, 고객에 대해서 서비스조직이 어떤 태도와 감정을 갖고 있는지를 알 수가 있다. 물적증거도 여러 가지 방식으로 바람직한 이미지를 전달할 수가 있다. 서비스조직의 실내장식, 가구, 장비 등을 보면 서비스를 전통적 혹은 현대적으로 제공할지, 또 셀프서비스인지 완전서비스인지를 그것을 통해서 전달하는 것으로 보이게 만든다. 서비스의 배합과정도 고객에 대한 관심배려의 수준, 개별적 서비스화, 공동생산자로서의 고객역할까지도 알게 하는 메시지를 전한다. 서비스의 실행과정을 관찰하거나 참여함으로써 고객은 서비스의 속성에 대한 여러 정보를 얻게 된다. 카서비스센터가 고객들이 차를 수리하는 과정을 다볼 수 있게 하는 것도 다 그런 이유이다. 고객과의 접촉이 높은 의료나 미용서비스의 경우 고객이 적극적으로 서비스배달과정에 참여하도록 한다. 서비스가 어떻게 이뤄지는지를 통해서 고객도 필요한 정보를 얻을 수가 있다.

요약하면 서비스조직은 그들의 의도대로 서비스믹스의 요소들을 일부 혹은 전부 이용하여 서비스를 유형화할 수가 있다. 서비스조직은 서비스마케팅믹스 요소들의 잠재적인 커뮤니케이션 및 촉진 역할에 대해서 주의를 기울이고 서비스믹스의 설계 시 촉진적 기능을 검토할 필요가 있다.

전문서비스의 촉진관리

의료, 법률, 금융, 투자, 엔지니어링 등과 같은 전문서비스를 촉진하기 위해서 우선 전문서비스 제공자는 자신의 행동을 다른 사람들에게 세미나, 연설, 논문, 기고 등을 통해서 잘 설명하는 것이 중요하다. 이를 통해서 제3자가 전문서비스와 그 제공자에 대한 이해와 신뢰를 갖게 되기 때문이다. 전문서비스는 고객에게 중요성이 높고 위험인지가 높은 서비스이다. 또 전문적인 지식과 기술, 경험을 요하기에 이해가 어렵다. 따라서 실제 자신이 받은 서비스의 내용이나 질을 판단하기가 쉽지 않다. 그리하여 고객에게 서비스절차를 알려주고 성과를 보여주며 고객이 갖는 의문에 성실히 답해주는 것이 필요하다.

전문서비스일수록 서비스제공자의 연륜, 경험의 질이 중요하다. 그리고 고객이 서비스생산과정에 참여하여 서비스성과의 일부가 되므로 서비스품질관리의 유지에서 고객이 상당한 영향을 미치게 된다. 서비스의 차별화도 서비스제공자의 이미지가 큰 영향을 주게 됨으로 전문서비스의 제공자는 스스로 자신을 마케터로 인식하는 적극적인 자세가 필요하다. 외부의 판매원을 이용하여 촉진을 하는 것이 오히려 비효과적일 수가 있다.

전문서비스의 경우, 현재의 고객을 기업의 대변인으로 활용하는 것이 필요하다. 만족한 고객은 특히 신뢰성이 중요한 서비스에서는 고객의 평가가 절대적으로 중요하므로 이들을 서비스조직의 대변인으로 만들어야한다. 첫인상이나 이미지가 중요하므로 초기 서비스인카운터에서 특별히 주의를 기울여야한다. 웹사이트, 광고물, 표지판 등에 신경을 써야하고, 서비스조직의 전문적 지식을 내보일 시각적인 수단(연차보고서, 뉴스레터 등)과 고객들과 정기적으로 소통할 수 있는 편지, 메일, SNS 등을 활용한다. 또 서비스조직을 소개하는 홈페이지, 브로쉬 등을 통해 조직의 역사, 철학, 개인의 프로필 등을 알리는 것이 중요하다. 아울러 고객과 직접 접촉하는 직원들의 이미지도 중요한 커뮤니케이션의 수단이 됨을 알아야한다.

제 **10** 장

서비스 환경-물적증거

10.1. 서비스 환경의 개념과 중요성

환경의 의미

고객의 집이나 기거장소에서 서비스를 제공하는 경우를 제외하고는 서비스 기업에 있어 환경설계와 창출은 신중해야 한다. 이런 경우에서도 장비디자인, 차량치장, 문구류 등과 같은 것들이 고객의 마음속에 형성된 서비스 조직의 인상에 영향을 미치므로 신경을 써야 한다.

여기서 환경이란 서비스가 수행되고 고객과 서비스 기업의 상호작용이 일어나는 물적, 비물적 환경을 말한다. 그래서 서비스의 수행과 커뮤니케이션에 영향을 미치는 모든 시설물들이 포함된다. 호텔의 경우 건물, 대지, 장비, 가구, 소모품, 종이 등에서 얼핏 보면 디자인에 포함될 수 없다고 볼 수 있는 것까지 포함한 모든 것들이 해당된다. 과거에는 기업의 개성과 실체 문제는 좁게 해석되었으나 이제는 상당히 포괄적으로 봐야 한다. 그래서 현재는 서비스 시설의 설계에서 전체 환경의 의미와 환경이 종업원과 고객에 미치는 영향을 함께 고려해야 한다. 환경은 단순한 사물 이상의 것으로 양자 간의 차이를 보면 다음과 같다.

① 환경은 모든 것을 둘러싸고 감싸고 있는 것으로 어떤 것도 환경의 주체가 될 수 없고 환경의 일부일 뿐이다.

② 환경은 다면적이어서 한 가지 이상의 감각적 영향을 미친다. 그렇게 하지 않고서 환경을 구축하기란 불가능하다.

③ 중심정보뿐만 아니라 주변적 정보도 항시 존재한다. 후면에 있는 것도 전면에 있는 것과 마찬가지로 환경의 일부이다. 그래서 실제 관심의 초점이 되지 않는 부분도 인식하고 있어야 한다.

④ 이렇게 환경을 확대할 때 실제 처리할 수 있는 이상의 정보를 얻게 된다. 그래서 환경이 제시하는 정보는 때로 상충되고 반론이 제기되며 모호할 수가 있다.

⑤ 환경은 목적과 행동(역할)을 함축하고 있다.

⑥ 환경은 의미와 동기화된 메시지를 담고 있다.

⑦ 환경은 심미적, 사회적, 체계적인 질을 함축하고 있다.

개념과 중요성

특정 서비스를 구매하거나 이용할 때 소비자의 구매결정에 영향을 미치는 여러 요소 중에 하나가 혹은 서비스 환경(servcescape) 혹은 물적증거(physical evidence)이다. 이는 서비스제공자와 고객이 상호작용을 하는 물리적 환경의 모든 측면을 말한다. 서비스는 무형적이므로 고객은 서비스 그 자체는 볼 수 없지만 시설, 장비 등 서비스와 관련된 여러 가지 물적증거는 볼 수가 있다. 바로 이런 다양한 유형적인 물적증거가 보이지 않는 서비스를 구체적으로 인식할 수 있는 단서가 되는 것이다. 이러한 물적증거를 포괄적으로 서비스 환경이라 보면 된다. 소비자들은 구매하기 전에 무엇을 사려는지, 왜 사야만 하는지를 알고 싶어 하기 때문에 소비자들은 서비스와 관련된 유형적 증거들에다 관심을 쏟게 마련이다. 따라서 서비스 환경은 서비스배달과 고객의 서비스인식에 큰 영향을 미친다. 이는 제품사용을 편리하게 하고 외부로부터 위해를 막아주는 제품의 포장과 비슷하다.

서비스 환경의 물적증거들은 그 자체가 하나의 커뮤니케이션 기능을 한다. 특히 서비스 환경의 디자인은 고객과 종업원간의 움직임과 상호작용에 영향을 준다. 경관, 장비, 인테리어, 다른 물리적 단서들은 서비스 자체와 서비스조직에 대한 고객의 첫인상을 형성하는데 영향을 주기에 서비스 환경은 고객의 구매의사결정과정에 직간접으로 큰 영향을 미친다. 환경특성에서 서비스의 성격에 영향을 주는 것 중 환경의 색채, 조명, 음향의 크기와 간격, 냄새 ,상쾌함, 온도, 환경디자인, 청결, 기타 분위기 등이다. 극장, 오페라 홀, 도박장, 호텔, 공항, 쇼핑몰, 대학 등에서 서비스 환경을 구성하는 요소들을 보면 이런 모든 것들이 고객의 서비스실체를 파악하는데 얼마나 도움을 주는지 알 수 있다. 서비스 환경은 서비스조직으로부터 무엇을 기대하는지를 파악하도록 한다. 처음으로 새로운 친숙치 않은 식당에 들어갈 경우 장식이나 분위기, 종업원의 외양과 유니폼을 보고 어떤 유형의 음식이 나올지를 짐작할 수가 있다.

물리적인 서비스 환경은 서비스배달과정에 영향을 미치는 다양한 서비스관련활동이 행해지는 공간이다. 고객은 '서비스공장' 안에서 있다고 보면 된다. 이런 측면을 볼 때 서비스조직은 서비스에서 물적증거, 즉 서비스 환경을 잘 관리하는 것이 바로 마케팅의 일부임을 알아야한다.

서비스 환경의 유형

서비스 환경은 보는 관점에 따라 다양하게 분류할 수가 있다. 먼저, 가시적인 디자인요소로 고객에게 긍정적인 인식을 주는 것으로 심미적인 요소인 건축물, 색채, 규모, 재질, 직조, 패턴, 모양, 액세서리 등과 기능적 요소인 배열, 안락함 등과 서비스 시설의 내·외부 인테리어 등으로 이것들은 주로 고객의 접근행동을 불러일으킨다. 핵심적 증거(essential evidence)는 고객이 소유할 수 없지만 서비스 구매에서 중요하다. 호텔의 외관이나 배치, 렌터카회사의 자동차의 모델, 항공사의 비행기모델 등이 핵심적 증거의 예가 된다. 주변적 증거(peripheral evidence)는 그 자체로는 거의 독립적인 가치가 없지만 서비스 구매 시 구매의 일부로써 소유할 수 있는 것들이다. 유명호텔은 전화번호부, 시가지 안내도, 펜, 노트, 감사의 선물, 음료수, 성냥, 치약, 칫솔 등을 주변적 증거로 이용하고 있다. 서비스 기업은 이런 것들을 소비자가 원하는 것에 맞게 만든다. 고객이 원하는 핵심서비스의 보조품으로 제공되기도 한다. 궁극적으로 핵심적 증거나 주변적 증거나 모두 종업원과 같은 이미지 형성요인과 결합하여 서비스에 대한 고객인식에 영향을 준다. 소비자가 서비스를 판단할 때, 특히 서비스를 구매나 이용하기 전에 서비스를 둘러싼 주위의 유형적 증거(단서)를 보고 서비스를 판단한다.

둘째, 주위요소로 고객이 일정수준 이하라고 생각될 때 불쾌하게 생각하는 것으로 온도, 소음, 습도, 냄새, 청결성 등이 해당된다. 이런 것들의 수준이 당연한 것으로 생각했는데 그렇지 못할 경우 그 영향은 중립적이거나 부정적이 된다. 이는 접근보다 회피행동을 낳는다. 시끄러운 식당을 고객이 회피하는 게 그 예이다.

셋째, 서비스에서는 고객과 종업원 및 다른 고객이 형성하는 인적요소가 중요하다. 고객은 서비스와 서비스 제공자를 구별하지 않아 종업원을 통해 자신이 받을 서비스를 인식한다. 외양이 지저분한 종업원을 보면 지저분한 식당이라 느끼는 것도 그 때문이다. 따라서 종업원의 수, 외양, 의복, 장신구 등이 바로 증거관리의 대상이 되는 것이다. 또 다른 고객의 수, 외양, 행동 등도 고객의 서비스 인식에 영향을 미친다.

넷째, 커뮤니케이션 도구로 청구서에서부터 광고, 간판, 표지판, 멤버십카드 등도 서비스의 유형적 단서를 제공한다. 가격레벨도 일종의 서비스에 대한 어떤 메시지를 전달하는 단서의 유형적 증거의 하나이다.

10.2. 서비스 환경의 역할

서비스 환경(물적증거)의 역할은 서비스 기업의 마케팅전략을 지원하는 것이다. 서비스 마케터는 유형적인 물적증거를 어떻게 조작하는 것이 고객과 종업원들에게 가장 바람직한 방향으로 영향을 미칠지를 세밀히 검토해야 한다. 서비스에서 유형적인 서비스 환경은 서비스 기업의 마케팅 전략을 강화하는 역할을 하는데 이를 구체적으로 살펴보기로 하자.

① 첫인상의 형성

물적증거들은 서비스에 대해 전혀 경험이 없거나 적은 고객에게 영향을 미치는데 중요한 역할을 한다. 서비스에 대해서 특별한 경험이나 정보가 없으면 소비자는 가시적인 단서에 의존할 수밖에 없고 그것으로 자신이 받을 서비스의 질의 수준을 미루어 짐작하게 된다. 만일 고객이 전문적인 지식이나 정보가 있으면 유형적인 증거에 덜 민감하나 그렇지 못할 경우는 유형적인 단서에 크게 의존하게 된다.

② 차별화 수단

서비스 환경은 서비스의 차별화의 수단으로 이용될 수가 있다. 호텔에서 건물의 외양, 경관, 시설이나 인테리어, 종업원의 외양, 유니폼 등을 고급화하여 호텔서비스를 경쟁호텔과 차별화하는 수단으로 이용한다. 고객의 시각에서 서비스조직을 보는 눈을 다르게 함으로써 재포지션닝을 하는데 도움을 줄 수 있다. 여기서 종업원의 유니폼은 종업원의 파악, 조직의 상징표현, 일관성유지, 종업원의 위상, 실수통제라는 측면에서 도움을 줄 수 있게 디자인되어야 한다.

③ 신뢰감 형성

서비스는 구매 전에는 완전히 그 내용을 알 수 없다. 서비스 마케팅 전략에서 어렵고도 중요한 점은 아직 발생하지 않은 서비스를 언제 어떻게 배달해주겠다는 약속을 고객이 신뢰하게 하는 일이다. 실제 고객은 서비스 시스템이 어떻게 움직이고 있는지를 잘 모른다. 항공기를 타면 안전하게 정시에 목적지에 도착할 것이라고 믿는다. 만일 그런 신뢰가 없으면 불안해진다. 따라서 어떤 기업은 보이지 않는 후면부까지 노출시켜 작업내용을 아예 보여주는 기업도 있다. 가시적으로 볼 수 있게 만듦으로써 고객의 신뢰를 얻고자 하는 것이다. 식당에서 유리로 주방을 볼 수 있게 하는 것도 증거를 통한 신뢰형성의 일환이라 볼 수 있다. 새로운 서비스콘셉을 파는 기업은 그들의 서비스에 대하여 정보를 전달하는데 있어 다양한 물리적 단서를 이용하는 게 현명하다.

④ 서비스 질의 향상

유형적인 물적증거들은 고객의 서비스 질 인식에 큰 영향을 미친다. 고객은 서비스 경험과 관련된 여러 유형적인 증거들을 통해 자신이 받을 서비스 질을 판단한다. 정돈이 안 된 사무실을 보면 서비스에 문제가 있다는 생각이 드는 것도 그런 이유에서이다. 이런 것을 통해 서비스 질을 개선하는 것이 사소하고 가치 없는 투자라고 생각하면 큰 잘못이다. 그리고 서비스과정을 촉진하여 서비스를 만드는 활동들의 흐름을 잘 되게 한다. 고객에게 서비스가 어떤 과정을 거쳐서 만들어지는지에 대한 정보를 제공해주기 때문이다.

⑤ 이미지의 전환

기업에 대한 이미지를 바꾸려면 가시적인 서비스 환경을 통해서 바꿔야 한다. 서비스 환경은 일종의 서비스의 포장화로 서비스 질의 단서를 나타내고 이미지라는 부가가치를 만든다. 이미지는 인지적 부조화와 구매의 위험인지를 개선한다. 예를 들어 항공사의 신형에어버스의 도입은 최고항공서비스를 하는 항공사라는 이미지를 갖게 해준다.

⑥ 감각적 자극

서비스 환경은 고객이 소비경험을 하는 과정에서 감각적 자극을 준다. 따라서 지겨움이나 불쾌함을 없애고 고상함, 흥분 그리고 재미를 줄 수 있도록 해야 한다.

⑦ 종업원과 고객의 사회화

조직의 사회화는 개인이 조직의 가치, 규범, 필수행동 패턴을 수용하고 평가하는 과정이다. 서비스 환경은 종업원들 간의 관계와 종업원과 고객 간의 관계를 만들고 전달하는데 있어 중요한 역할을 하고 있다. 종업원과 고객에게 서비스의 올바른 정신적 측면이 전달될 수 있게 쾌적함과 편안함을 줄 수 있게 만들어야 한다. 작업환경에서 유형적인 것들이 고객과 종업원에 대한 기업의 관심을 나타내고 있는지를 보여줄 수 있어야 한다.

10.3. 서비스 환경에 대한 행동반응

행동반응

인간은 환경변화로부터 자극을 받으면 내부적으로 상호작용을 거쳐 반응을 하게 된다. 서비스 환경을 오감을 통해서 인지하면 즐겁거나 불쾌한 경험을 자극의 정도에 따라 느끼며 그런 환경 속에서 자신이 자유롭게 통제하며 행동할 수 있는지를 따져 서비스 환경에 더 머물고 싶다든지, 떠나고 싶다든지, 더 탐색하고 관심을 갖고 싶다든지, 다른 사람과 소통하고 싶다든지 하는 반응을 한다.

소비자가 서비스조직에서 접하여 인식하는 서비스 환경 요소는 주변여건인 조명, 공기의 질, 소음, 배경음악, 시설배치, 장비, 가구, 표지, 인공물 등이다. 이러한 환경요소로부터 전반적인 인상, 이미지가 형성되고 그에 따라 반응행동이 달라지는 것이다.

소비자의 행동반응은 인지적 반응, 감정적 반응, 생리적 반응으로 나타난다. 서비스 환경은 비언어적 커뮤니케이션의 일종으로 고객은 서비스 환경을 통해서 서비스제공자의 서비스수행능력에 대해서 어떤 신념을 갖게 하고 우수한 서비스조직인지 아니면 좋지 않은 서비스조직인지 쉽게 범주화를 하게 만든다.

예를 들어 인테리어를 대리석으로 호화롭게 한 경우, 서비스도 그에 맞게 고급스러울 것이라는 생각을 갖게 만든다. 또 조명이 어두운 식당이나 카페는 조용히 담소하라는 의미를 전하는 것이다.

감정적 반응은 서비스 환경이나 분위기로 인해서 생기는 감정으로 예를 들어 배경음악으로 인해 갑자기 즐거워지거나 슬퍼지는 감정을 느끼는 경우이다. 그리고 서비스 환경은 신체적으로 오감을 통해 쾌락과 불편함의 생리적 반응을 야기 시킨다.

서비스 환경은 일종의 자극으로 이에 대해서 고객이 취할 반응은 계속해서 서비스를 이용할 것이냐 아니면 회피할 것이냐로 결정된다. 반응결과가 만족스러우면 쇼핑을 오래 즐기며 반복해서 방문할 것이고 서비스조직에 대해서 좋은 인상을 갖게 된다. 아울러 서비스 환경은 사람간의 사회적 상호작용도 높여 사회적 욕구를 충족시키는 요인이 된다. 한 명의 요리사를 중심으로 여러 고객이 둘러앉아 식사를 하게 만든 경우, 타인과의 친교 하고자하는 사회적 욕구를 반영한 것이다. 바로 접근성, 좌석배치, 시설의 규모, 환경변경의 융통성 등에 따라서 개인 간 상호작용이 달라지는 것이다.

감각적 요소의 영향

서비스조직은 서비스 환경과 분위기 무드를 새롭게 하여 관리할 때 고객, 종업원, 그리고 인적자원, 마케팅, 생산 등 조직경영에 미치는 영향을 고려해야 하고 그들의 욕구를 반영해야한다. 주요 표적시장의 고객은 우리 기업의 서비스 경험에서 무엇을 얻고자 하는지, 어떤 서비스 환경 요소가 고객과 종업원의 신념과 감정반응에 도움을 줄 수 있는지, 경쟁자보다 차별적인 분위기를 만들 수 있는 것은 무엇인지를 세밀히 검토할 필요가 있다.

① 시각

점포에 대한 고객인식에 영향을 주는 시각적 요소를 흔히 시각상품

(visual merchandising)이라 한다. 이런 것들은 이미지 구축과 판매와 관련된 것들이다. 이것은 고객이 상점 안에 있을 때 이미지를 형성하고 판매가 잘 될 수 있도록 하는 목적으로 만들어진 것이다. 조명, 배치, 색채 등과 같은 것이 모두 시각상품이 된다. 이런 시각적 단서들이 서비스 시설에 대한 고객의 애고를 높이는 요소가 된다.

시각은 인간에게 최대 정보를 제공하기에 서비스 환경 설계 시 중시해야한다. 시각적 요소는 크기, 모양, 색채이다. 조화로운 것은 조용하고 공식적인 환경에 적합하고 대비와 상충은 흥분, 즐거움을 주는 비공식적인 환경에 적합하다. 크기가 크면 중요성, 성공, 안전, 안정감을 나타내는 반면에 개인적이지 못하다. 크기가 작으면 개인적이고 친밀감을 준다. 거울, 창문, 벽지, 디자인의 모양은 사용과 위치에 따라 다른 감정을 불러일으킨다. 색채도 밝고 어두운 색, 따뜻한 색, 시원한 색 등 색조에 따라 사람에게 심리적 영향을 미친다.

서비스장소의 위치도 고객편의성, 서비스참여의 규모와 주변 환경과의 어울림 등에 영향을 준다. 건물과 인테리어도 목표고객을 유인하고 서비스의 효율성을 극대화하고 서비스조직의 첫인상(사업성격, 강점, 안정성, 가격 등)에 영향을 주는 요소이다. 건물입구도 첫인상에 있어 매우 중요하므로 넓게 청결하고 정돈되게 한다. 조명도 분위기에 맞게 톤을 조절해야한다. 어두우면 대화도 천천히 하게 되고 서비스인카운터의 속도도 느려지나, 밝으면 소통도 빈번해지고 흥분되고 즐거운 기분을 주게 된다. 표지도 기업을 확인할 수 있게 하고 고객의 주의와 집중을 끌게 디자인되어야 하며 기업의 이미지와 맞게 크기, 모양, 색, 조명에 신경을 써야한다.

② 냄새

냄새도 역시 이미지에 영향을 미친다. 커피숍, 빵집, 꽃집, 향수가게에서는 그들 제품을 파는데 냄새나 향기를 이용한다. 빵집은 갓 구워낸 구수한 빵 냄새를 거리로 내보내고 식당도 좋은 음식 냄새를 통해 손님의 식욕을 자극한다. 가죽제품이나 가구점에서는 그런 제품이 갖고 있는 독특한 냄새로 고객에게 강한 이미지를 주고 있다.

③ 소리

소리가 분위기를 만드는데 얼마나 중요한지는 영화나 연극에서 배경음악이 갖는 중요성을 생각하면 쉽게 이해가 간다. 젊은이들이 많이 이용하는 패션상점에서는 록음악이나 밝고 경쾌한 음악을 배경음악으로 틀어준다. 병원에서 환자들에게 차분하고 조용한 음악을 틀어주므로 안정을 취하고 불안을 해소시켜 준다. 배경음악의 성격은 서비스 상점의 전체적인 것, 즉 서비스 성격이나 고객특성 등과 잘 조화를 이루어야 한다. 백화점이나 슈퍼마켓에서 틀어주는 음악유형에 따라 쇼핑하는 사람들의 발걸음이 달라진다는 연구도 있는 것처럼 음악은 상황적 분위기를 만들어내는데 있어 매우 중요한 수단이 된다.

④ 촉감

서비스 기업의 실내바닥, 카펫, 의자, 벽면, 테이블 등을 손으로 만지거나 피부에 닿았을 때 이런 촉감들이 감정을 불러일으키고 분위기를 느끼게 만든다. 샘플을 진열하여 만져보는 것을 권장하는 점포가 있는 반면 전시관, 박물관, 유리상품점, 골동품상처럼 만지는 것을 금하는 점포도 있다. 어느 경우든지 사용재질과 진열기술이 중요하다.

10.4. 서비스 환경의 개발

서비스 환경의 설계

서비스 환경을 설계할 때 원거리 서비스인 경우는 종업원만이 있으면 되기에 종업원이 활동하기 편한 환경을 만들어주는데 초점을 두고 설계하여 생산성을 높이고 그들에게 만족을 주도록 한다. 반면에 고객만이 오는 셀프서비스인 경우는 접근 편리성에 초점을 두고 고객유치에 신경을 써서 고객만족을 기한다. 고객과 종업원이 모두 만나는 개인상호적인 서비스의 경우는 양측의 욕구를 반영하되 고접촉인지 저접촉인지 여부에 따라 달라진다.

서비스시설의 위치는 고접촉인 경우, 집이나 직장에서 가까운 것으로 편리한 위치가 중요하다. 반면 저접촉의 서비스인 경우 노동공급, 원료공급, 주요교통수단의 접근이 편리해야한다. 시설의 배치에 있어서는 고접촉 서비스인 경우 고객의 육체적, 심리적 욕구와 기대를 반영하여 청결하고 넓고 동반이 수월하게 배치하고, 저접촉 서비스인 경우 종업원의 기대와 생산요구조건을 극대화하는 방향으로 시설을 배치한다.

고객과의 접촉이 많은 경우는 서비스과정의 각 단계의 서비스 환경이 고객의 서비스평가에 큰 영향을 준다. 반면 저접촉 서비스의 경우는 주로 서비스성과에 의해서 평가되어 서비스 환경의 영향이 상대적으로 적다.

서비스 마케팅 기업도 그들의 무형적 제품을 강화하기 위해 유형적 단서를 직관적으로 이용해왔다. 서비스가 무형적이기 때문에 물적증거인 서비스 환경은 서비스 기업에서 중요한 전략이 된다. 서비스 환경은 서비스기업의 이미지를 창조할 최적인 마케팅믹스변수이다. 물리적 환경을 통해서 기업을 차별화하는데 성공한 기업들이 많다. 서비스 환경은 신개념의 전달, 재포지셔닝, 새로운 세분시장의 유치 등과 같은 다양한 마케팅목표를 성취하는데 큰 역할을 한다. 그렇게 때문에 서비스 기업은 서비스를 좀 더 감지하기 쉽고 정신적으로 이해할 수 있게 만들 방법을 모색하여야 한다.

① 서비스를 좀 더 유형적이게 만든다.

앞서 설명했듯이 서비스를 유형적이게 표현하는 것이다. 은행의 신용카드는 신용이라는 서비스를 유형화시킨 예이다. 그림, 상표명, 색채 등을 통해 자신의 서비스 제품을 타서비스 제품과 차별화할 수 있다. 카드는 신용이고 또한 신분의 상징이다. 최근 카드회사들은 신용 외에 여러 가지 카드서비스를 제공하고 있다. 서비스의 물리적 환경은 가장 중요한 유형적 측면이다. 기업은 환경의 모든 측면이 고객에게 좋든 혹은 나쁘든 강한 인상을 주기에 사소한 작은 환경이라도 신경을 써야한다.

유형적 증거관리에서 기업은 우선 자기들이 바람직하다고 생각하는 특정의 이미지를 결정해야한다. 이를 구체적으로 나타내는 것이 물적증거로 연극에서 무대, 소품, 조명, 배경음악 등과 같은 것이다. 서비스 환경은 여러 가지 요소들을 결합하여 나타내고자 하는 이미지를 일관되게 창조해야한다. 호텔에서 바닥은 호화로운 대리석으로 장식되어 있어도 변기가 싸구려 제품이면 전체이미지를 흐리게 만든다.

종업원의 외모, 의상, 품행도 유형적 증거로 고객의 서비스 인식에 영향을 준다. 종업원의 채용, 훈련, 전문성개발 시 종업원의 역할을 고려해 종업원이 만드는 이미지가 전반적인 바람직한 인상이나 메시지와 잘 맞는지를 검토해야한다. 이처럼 서비스 환경인 물적증거는 서비스 기업의 개성과 이미지를 살리는데 있어 매우 중요하다. 특히 경쟁이 치열하고 서비스제품이 차별화되지 않았을 경우 서비스 환경이 주요한 차별적 특성이 되기 때문이다.

② 정신적으로 이해하기 쉽게 만든다.

서비스를 이해하기 쉽게 만드는 방법은 두 가지가 있다. 첫째, 고객이 쉽게 인식할 수 있는 유형적 사물을 가지고 서비스를 연관시킨다. 여기서 서비스의 무형적 속성은 서비스를 나타내는 유형적 사물로 바꾸어져 해석되는 것이다. 이것은 고객에게 중요하고 의미 있는 일이다. 여기서 주의할 점은 서비스의 일부로써 고객이 추구하고 고객이 중요시 여기는 유형적 사물을 이용하라는 점이다. 유형적 사물이 함축하고 있는 약속이 서비스 이용 시 실제 배달된다는 것을 확신하게 해야 한다. 사용된 제품의 질이 약속에서 함축된 평판과 맞아 떨어져야 소비자는 확신을 하게 된다. 만일 이런 조건이 맞지 않으면 오히려 역효과만 생긴다.

둘째, 구매자-판매자의 관계에 초점을 맞춘다.

이 방법은 구매자와 판매자의 관계에 초점을 맞춘 것으로 고객으로 하여금 무형적인 서비스 대신에 서비스 조직의 개인이나 집단을 통해 서비스를 확인하도록 만든다. 실제 서비스를 수행하는 사람들을 동원해서 서비스를 확인하게 하는 것이다.

이런 두 가지 접근방법에는 소비자는 무형적인 서비스에서는 이런 식으로 제시된 유형적 단서에서 추구하는 편익을 추론한다는 가정이 깔려 있다. 서비스 기업에선 전통적으로 서비스 판매 시 이와 같은 상징성을 많이 이용해 왔다. 개성을 나타내게 건물양식을 설계하고, 서비스를 강조하기 위해 주변적, 유형적 요소들을 배열한다.

서비스 기업이 무형적인 요소를 구체적인 단서로 전환할 때 표적시장을 정확하게 알고 있어야 한다. 또 그런 방법을 이용해서 얻고자 하는 효과가 무엇인지를 알고 있어야 한다. 표적시장의 요구를 충족시키고 서비스와 잘 조화를 이룰 독특한 판매포인트를 파악하고 있어야 한다. 문제는 고객이 추구하는 편익이 무엇인지를 알아내고 그것을 적정한 단서와 연결시키는 일이 쉽지는 않다는 점이다.

③ 전면부와 후면부를 세심하게 관리한다.

서비스 환경에서 주요 이슈 중에 하나가 바로 전-후면부에 대한 결정이다. 전면부는 고객에게 항상 공개되어 볼 수 있는 공간이나 후면부는 보이지 않는 곳이다. 전면부에선 서비스가 배달되는 전 과정으로 종업원, 가구, 인테리어 등 서비스조직은 이들 요소의 선정과 관리에 특별히 신경을 써서 전면부의 특성과 일치하는 인상을 주도록 노력해야한다.

서비스생산 운영에서 후면부는 물리적으로 혹은 일시적으로 전면부와 분리된 지역이기에 고객이 직접 볼 수는 없다. 서비스배달이 기획, 조직, 실행이 대부분 여기서 일어난다. 고객이 직접 이곳을 보는 게 아니어서 자칫 소홀히 할 수가 있다. 만일 고객이 후면부에 들어와 지저분한 주방, 난장판인 창고, 거친 관리자들의 말투, 오래된 컴퓨터 등을 보게 되면 인상이 흐려질 수가 있기 때문이다.

반면에 후면부를 공개하여 고객이 볼 수 있게 할 수도 있다. 식당에서 조리과정이나 자동차 수리센터에서 수리과정을 고객이 볼 수 있게 함으로써 고객이 신뢰하거나 대기시간의 무료함을 줄일 수가 있다. 서비스배달시스템의 전면부나 후면부를 늘리거나 줄여서 경쟁자와 차별화하기도 한다. 늘리는 경우, 종업원, 장비, 활동 등이 어떤 이미지를 줄 것인지, 만일 문제가 되는 것이 있으면 후면부로 옮겨 노출을 줄이는 것이 좋을 것이다.

이와 같이 전-후면부를 잘 관리하여 고객인상을 잘 관리할 수가 있다.

④ 서비스 환경을 테스트한다.

서비스 환경을 변경하는 경우 고객, 종업원, 서비스과정에 변화를 가져올 수가 있어 새로 설치하기 전에 새로운 것을 한번 시험적으로 해보는 것이 바람직하다. 우선적으로 단기적으로 변화를 도입해보는 것이다. 말하자면 물적 환경의 큰 변경 없이 약간만 변경하는 것이다. 고객이나 종업원에게 옵션을 물어 변경이 좋을지를 파악한다. 만일 비슷한 여러 서비스라인을 갖고 있는 경우 다른 환경에 영향을 줄 수 있다.

시험적으로 사전에 서비스 환경을 테스트해보는 것은 가능한 여러 변화를 평가하는데 유용하다. 바람직하게 보이는 것이 실제 그만한 가치가 없을 수도 있어 예상고객으로 하여금 사전테스트를 해보게 하는 것이 서비스 환경 변화를 평가하는데 좋다. 그래야 불필요하거나 부적절한 변경을 사전에 막을 수가 있다.

서비스 환경 설계 시 고려할 점

① 서비스 환경의 지속

서비스 환경은 고객이 서비스를 받는 시간이 긴 경우 중요해진다. 병원입원, 호텔투숙, 항공비행시처럼 서비스 환경과 오랫동안 접촉하는 경우엔 서비스 환경의 특성이 더 중요해진다. 고객은 이러한 환경의 매력이나 분위기에 좋은 인상을 받기도 하고 나쁘면 짜증이 나거나 당혹스럽게 된다. 호텔의 기능과 느낌, 병원입원실, 비행기좌석, 의사의 대기실 등에선 서비스경험이 길어질수록 환경을 더 많이 사용하고 평가하게 된다. 자칫 간과하기 쉬운 것 중에서 참기 힘든 냄새, 소음, 실내공기 등 이런 환경이 더 중시된다. 환경의 커뮤니케이션과 생산적 측면, 고객행동반응을 고려해서 주의를 기울여야한다.

② 생산수단으로써 서비스 환경

서비스효율성을 결정하는데서 중요한 역할을 한다. 환경이 적정하게 설계되면 서비스생산 운영비를 낮출 수가 있고 서비스배달과정을 원활히 할 수가 있어 생산성이 크게 향상될 수가 있다. 환경과 장비의 배치에 따라서 서비스배달이 잘되거나 방해를 받게 된다. 이런 환경이나 장비의 배치가 잘못되거나 낡은 경우 이동이 힘들어 종업원의 업무수행이 방해된다.

③ 서비스차별화로써 서비스 환경

서비스의 차별화시 환경이 큰 역할을 한다. 호텔의 기본적인 기능은 비슷하지만 서비스 환경을 달리 함으로써 독특한 차별적 특성을 갖게 한다. 서비스 환경의 디자인을 통해서 아주 다른 서비스를 할 수가 있어 그 자체가 중요한 차별적 수단이 되기도 한다. 예를 들어 하드록 카페는 특정고객층을 표적으로 한 디자인으로 차별화를 기한 것으로 효과적인 포지셔닝의 수단인 것이다.

④ 사전교육(오리엔테이션)수단으로써 서비스 환경

서비스 환경의 디자인은 고객의 서비스과정에 대한 이해를 돕는 일종의 사전교육의 수단이 된다. 서비스배달시스템이 참신한 것이라면 고객이 서비스배달과정을 볼 수 있게 하여 줄서서 기다리는 동안에 서비스과정을 보고 배울 수 있게 공개적인 디자인이 필요하다.

10.5. 서비스 환경의 관리

이미지 형성

서비스 기업이 형성하는 이미지에 영향을 미치는 요소는 많다. 물적증거뿐만 아니라 가격, 서비스자체, 광고, 촉진, PR 등이 모두 고객인식에 영향을 주는 요소들이다. 소매점의 경우 점포이미지는 여러 요소로 구성되는데 이들 요소들이 서로 영향을 미치면서 고객의 점포이미지를 형성하는 것이다. 그중 건물, 외부디자인, 내부디자인, 종업원, 상품품목, 간판, 로고, 광고, 판매촉진, 위치, 구매 후 의사소통, 진열, 평판, 고객과 이름 등이 점포이미지에 영향을 많이 미친다. 이런 것들은 아마 다른 서비스에서도 참고 될 것들이다.

서비스 기업의 건물과 디자인은 이미지 형성에 영향을 미친다. 소매상점의 경우를 예로 들어보자. 외부속성에는 건물의 크기, 건축자재, 건물모양, 건물전면, 외부조명, 입구, 간판, 로고, 주차장, 운반트럭 등이 있다. 내부속성에는 배치, 색채, 장비, 물품 및 지원용품, 조명, 표지판, 로고, 복도, 공기상태, 냉온방 등이 해당된다. 이들 모든 요소가 이미지에 영향을 미치며 이들이 있고 없음에 따라 다른 속성에 대한 인식에 영향을 주게 된다. 이런 모든 요소들이 이미지 형성과 유지에 도움이 되도록 해야지 잘못돼서 오히려 이미지를 해치는 일이 없도록 주의해야 한다.

건물의 외부속성은 견고성, 영구성, 보수성, 진보성 등을 나타내는 인상을 심어주게 된다. 건물내부에서 발견될 수 있는 모든 것들도 이미지와 인상을 고객에게 심어주게 된다. 이런 요소들을 서비스 기업의 뚜렷하게 구별될 수 있는 전체적인 개성으로 묶어내는 일은 어려운 일이다. 서비스 조직의 개성을 창조하는데 있어 통제할 수 없는 요소(좋지 않은 위치, 비용제약, 건물제한 등) 때문에 환경설계를 제대로 못하는 경우가 많기 때문이다.

서비스 시설의 분위기(atmosphere) 역시 이미지에 영향을 준다. 분위기는 구매자에게 영향을 미치기 위해 의도적으로 공간을 디자인한 것이다. 분위기는 종업원과 서비스 기업으로 들어온 모든 사람들에게 영향을 미친다. 작업여건이 고객에게 서비스하는 종업원의 태도에도 영향을 준다. 모든 점포는 지저분하다든가, 매력적이다든가, 호화롭다든가, 침침하다든가하는 나름대로의 느낌이 있다. 분위기를 표적시장에 맞게 설계해서 고객이 구매하고 싶은 마음이 생기게 만들어야 한다. 요즘 우리나라에서도 분위기가 서비스 기업에서 매우 중요하다는 것을 인식하고 분위기 창출을 위해 많은 노력들을 하고 있다. 병원을 카페처럼 아늑하게 만든다든지, 은행의 대기 장소를 잘 꾸며 고객이 편한 마음을 갖게 분위기를 바꾸고 있다. 고급식당의 경우 음식보다는 분위기 때문에 단골이 많은 경우도 있다. 그런 분위기에 영향을 미치는 것들 중에 시각, 냄새, 음향, 촉감이 중요하다.

서비스 환경의 어필성

서비스 환경은 기능적, 심미적, 심리적으로 매력적인 환경이 되어 고객에게 어필될 수 있게 디자인 되어야한다. 어떤 계층의 고객에게는 매력적인 환경이 다른 계층에선 손님을 쫓아버릴 수가 있음을 알아야한다. 접근환경은 고객이 편안함을 느끼며 시간을 보내고 싶은 환경인 반면, 회피환경은 바람직하지 않고 불쾌한 감정을 느끼는 환경이다. 휴양지에서 들뜬 기분과 자극을 바라는 고객층에겐 조용하고 가라앉은 분위기의 서비스 환경은 어필될 수가 없을 것이다. 같은 서비스 환경이라도 고객에 따라서 접근환경으로 혹은 회피환경으로 인식될 수가 있다. 록카페의 강한 비트의 음악이 젊은 층에게는 어필되지만 나이든 계층에는 어필되기가 힘들다.

따라서 서비스기업은 서비스 환경을 설계할 때 모든 사람들한테 만족을 주는 식으로 디자인을 해선 안 된다. 바람직한 세분시장의 고객이 무엇을 원하는지를 분석해서 적정한 방법을 강구해야한다. 패스트푸드식당은 손님이 너무 많아 혼잡을 가져오기에 딱딱한 의자, 밝은 조명, 강한 비트의 음악 등으로 손님이 객장에서 너무 오래 머물지 않게 한다.

서비스 환경의 어필성은 고객만을 위한 것이 아니라 대부분의 시간을 객장 안에서 보내는 종업원들의 입장도 고려해야하는 방향에서 설계되어야 한다.

물적 환경과 기술적 수단

서비스가 무형적인 행위이지만 장비, 건물, 기타 유형적 재화나 기술 등도 서비스 생산에서 중요한 역할을 한다. 특히 수송, 컴퓨터서비스, 의료 등과 같이 장비를 많이 이용하고 자본집약적인 서비스의 경우 물적, 기술적 자원을 효율적으로 사용하면 서비스의 질을 크게 향상시킬 수가 있다. 이러한 서비스의 물적 환경이 서비스의 창출과정에서 기여하는 기능을 살펴보면 다음과 같다.

첫째, 서비스에서도 인력대신에 기술이나 장비와 같은 것을 이용하면 비용을 절감할 수 있고 효율을 높일 수가 있다. 자동차의 자동세척이나 자동현금출납기와 같은 경우처럼 기술을 이용해서 서비스 배달과정을 재설계하면 원가를 크게 절감할 수가 있다. 경비시스템의 경우는 전자감지장치, 자동정보 전달시스템, 중앙통제 경보시스템을 이용하면 과거 사람이 직접 순찰을 하고 경비를 보던 시스템을 완전 자동화한 것으로 경비원을 필요 없게 만들었다.

둘째, 서비스에서 사람이 하던 일을 기계를 도입해서 대체하면 서비스의 질을 통제하기가 용이하고 표준화도 매우 쉬워진다. 자동현금출납기를 이용하면 은행원이 해주던 만큼의 인간적인 정감은 못 느끼더라도 적어도 고객이 원하는 일은 정확히 해 준다. 물적도구들을 잘 이용하고 그것을 잘 배치하면 그만큼 서비스 질이 일관성 있게 창출될 수가 있다.

셋째, 서비스에서 장비나 도구 기술 등을 잘 활용하면 좀 더 우수한 서비스 질이 창출된다. 만일 은행에서 24시간 사람이 현금을 인출해주는 일을 한다고 가정하면 실제 엄청난 인력과 비용이 들 것이다. 자동화나 기술이용이 없으면 실제 서비스 이용이 불가능하거나 이용이 가능해도 값이 너무 비싸 쉽게 이용 못할 서비스가 많다.

넷째, 서비스에 컴퓨터와 같은 기술을 이용하려면 고객과의 관계를 좀 더 밀접하게 할 수가 있다. 홈뱅킹, 주문처리시스템, 재고관리시스템 등과 같은 것을 이용하면 고객은 항시 필요한 정보를 접할 수가 있다. 여러 가지 데이터베이스를 고객이 이용할 수가 있게 되므로 고객관계가 훨씬 밀접해진다.

다섯째, 서비스에서 흔히 이런 점이 무시되는 경우가 많으나 물적 환경 요소나 기술이 바람직한 인간행동을 창출하는데 큰 도움을 준다. 식당의 테이블의 크기를 4인용으로 만들므로 소규모의 그룹이 자연스럽게 형성되고 그 결과 새로운 사회적 관계가 형성되게 만든다. 또 기계나 기술을 이용하면 종업원의 생산성이나 능률이 향상되는 것은 물론 직위감이나 동기도 변하게 만든다. 기계나 장비를 이용해서 청소나 경비 일을 하는 경우 단순한 청소원이 경비인이 아니라 기계를 조작하는 기술자로서 자신을 인식하게 된다.

여섯째, 서비스에서 자동화된 신기술 특히 정보기술을 이용하면 서비스 질을 향상시키고 비용을 절감하는데 큰 기여를 한다. 하지만 신기술을 서비스 관리시스템에 도입할 때 문제가 없는 것은 아니다. 서비스의 사회적 측면, 즉 고객과 종업원의 상호작용이 사라지게 된다. 그러나 기술을 잘 이용하면 그 효과는 매우 클 것이다.

서비스 환경과 종업원 배려

서비스 환경은 종업원의 관점에서 보면 "집밖의 집"이라 할 수 있다. 델타항공사는 승무원들을 비행기는 손님을 맞는 홈으로 생각하라고 교육시킨다. 고객이 서비스 환경에서 머무는 시간은 일정하게 정해져 있지만 종업원은 사실 같은 환경에서 장시간 일을 한다. 그래서 배경음악, 조명, 장식, 다른 환경요소가 고객에겐 매력적일 수 있으나 때론 종업원의 업무를 방해하는 화나는 요소로 여겨질 수가 있다. 레스토랑에서 희미한 조명은 고객에게 낭만적으로 느껴지나 종업원에겐 업무를 수행을 어렵게 한다. 배경음악도 한 번 간 고객에겐 좋을 수 있으나 같은 곡을 계속 듣는 종업원에겐 짜증나는 일이다. 그리하여 서비스기업은 종업원의 욕구와 고객욕구 간의 적정한 균형을 갖추려는 자세가 중요하다. 서비스 환경은 고객에 어필할 뿐 아니라 종업원에게도 일하기 좋고 편한 서비스 환경이어야 한다.

서비스 환경으로서의 e-service

고객이 인터넷을 통한 온라인서비스를 이용하는 경우 웹사이트는 많은 고객들과 상호작용을 할 수 있게 만들어야 한다. 여기서 e-서비스 환경은 인터넷상의 웹사이트이다. 따라서 웹사이트의 창이 고객이 방문하여 인식하는 유형적 증거이기에 웹사이트는 기능적으로나 심미적으로 매력적이어야 한다. 웹사이트에서 고객이 보는 것은 서비스전면부이기에 윈도우창은 방문객의 호기심을 끌고 즐겁게 원하는 서비스를 받을 수 있게 해야 한다. 웹사이트가 분위기, 오락가치, 공간배치, 기능성, 사인, 심벌, 콘텐츠, 텍스트, 그래픽 등이 잘 조화되어야 방문객의 태도와 구매의도에 좋은 영향을 줄 수 있다.

제 **11** 장

서비스과정관리

11.1. 서비스 인카운터의 성격과 구조

진실의 순간

결정적 순간 혹은 진실의 순간(moment of truth)은 고객이 기업의 종업원이나 특정의 자원과 접촉하여 서비스 질에 대한 인식에 영향을 미치는 상황을 가리킨다. 이 말은 투우사(서비스제공자)와 투우(고객)가 일대일로 대결하는 순간을 말한다. 비록 짧은 순간이지만 결정적 순간에서 고객은 서비스 질을 강하게 인식하는 것이다. 결정적 순간은 반드시 고객과 종업원이 직접적인 접촉에서만 생기는 것은 아니다. 고객이 광고를 보는 것, 건물을 보는 것, 주차장에 차를 세우는 것, 전화를 받을 때, 건물에 들어설 때도 결정적 순간이다. 따라서 서비스 기업은 이런 결정적 순간이 무엇인지를 조사해서 결정적 순간들을 잘 관리해야 한다.

서비스 인카운터의 성격과 구조

서비스는 특히 사람을 대상으로 한 서비스에서는 고객과 접객원이 직접 접촉을 하면서 서비스가 생산되는 과정이다. 그런 접촉과정에서 상이한 수준의 고객접촉이 일어나는데 고객이 직접 서비스와 상호작용을 하는 것, 혹은 시간을 서비스 인카운터(service encounter)라 한다. 서비스접촉은 하나의 인카운터로 처리되는 경우(예 식당)와 여러 개의 인카운터에서 처리되는 경우(예 항공사)가 있다. 고객은 종업원과 접촉, 장비와의 접촉을 하게 되는데 미장원, 병원, 고급호텔이나 식당처럼 접객원과의 인카운터를 강조하는 고접촉의 서비스가 있고, 반면에 홈쇼핑, 인터넷뱅킹처럼 장비와의 인카운터를 강조하는 저접촉서비스가 있다. 그 중간에 고객과의 접촉은 있으나 극장, 세탁소처럼 인카운터가 짧은 중간접촉서비스가 있다.

최근에는 서비스에서 IT기술 등을 이용하게 되어 서비스창출과 배달에 새로운 방식들이 등장하였다. 특히 정보를 기초로 한 서비스의 경우 예를 들어 은행의 인터넷뱅킹은 언제 어디서고 거래할 수 있어 장소와 시간의 편의성을 크게 높였다. 이러한 서비스 인카운터의 성격은

첫째, 서비스 인카운터는 이분적이다.

서비스의 교환 및 거래는 참여자(고객과 종업원)의 이분적 상호작용의 결과이다. 판매란 두 사람이 포함된 사회적 환경으로 양자 간의 상호작용은 양자의 경제적, 사회적, 개인적인 특성에 의존하므로 그걸 이해하려면 판매를 이분적 관점에서 봐야 한다. 교환행동의 이해를 위해서는 심리적 상황, 의사결정과정, 사회적 교환을 이해해야 한다.

둘째, 서비스 인카운터는 인간상호작용이다.

이분적 상호작용에서는 오직 일방의 행동에 대한 지식만으로는 산출의 질을 예측할 수가 없다. 많은 사회적 행동이 공동의 활동이므로 상호작용을 하는 사람들의 과업은 적합한 행동을 위한 상호협동 관계이거나 역으로 상호제어 작용 관계이다. 서비스 경험은 서비스 상호작용의 결과이므로 서비스 경험은 쌍방에 의해서 만들어져야 하고 접근되어야 한다.

셋째, 서비스 인카운터는 역할수행이다.

인간행위인 서비스 인카운터는 바로 상호작용이 과업을 성취하기 위한 목적 때문에 일어난다는 점이다. 서비스 인카운터에 참여하는 고객과 종업원은 모두

서비스 인카운터에서 자신이 무엇을 어떻게 해야 하는지 그 역할을 학습하고 실천하는 것이다.

서비스 인카운터에서 핵심사건(Critical Incidents)

CI는 고객과 종업원간의 특수한 인카운터이다. 어떤 특별한 상황이 이런 사건을 일어나게 했는지, 그때 종업원은 무엇을 말하고 혹은 행동했는지, 상호작용 시 한쪽 혹은 양쪽 모두가 만족 혹은 불만족했는지 등을 수집하고 분류하는 것이다. 이런 방법을 CIT(technique)라 한다. 그런 분석을 통해서 서비스배달동안 어떤 유형의 사건이 특히 고객만족여부를 정하는데 있어 중요할 것인지를 파악하는 기회를 가질 수 있다.

서비스 인카운터 관리

서비스는 많은 인카운터가 서비스창출과정에서 생기는데 고객과 직접 대면, 전화 접촉 등을 통해서 이뤄지며 고객 외에도 시설과 장비 간에도 생긴다. 소위 말하는 '진실의 순간'에 서비스제공자와 고객, 기술, 참여자의 기대와 행동이 어우러져 서비스 인카운터가 이뤄진다. 그런 과정에서 기회와 위험이 동시에 발생하게 된다. 인카운터가 잘 관리되어 고객만족, 재구매, 긍정적 구전, 충성도 측면에서 긍정적 영향을 미치나, 만일 실패하면 고객 불만족, 충성도, 재구매, 구전 등에 악영향을 미치게 되기 때문이다. 따라서 마케팅관리자는 만족한 결과를 위해 서비스 인카운터를 잘 관리해야한다.

서비스 인카운터에서는 고객과 종업원이 직접 접촉을 하기에 여러 가지 행동과 반응이 생기게 된다. 특히 핵심적인 사건을 잘 처리해서 고객을 만족시키는 경우와 반대로 잘못처리해서 생기는 불쾌, 불만, 심지어 다툼까지 생기는 경우가 있다.

성공적인 서비스를 수행하여 고객이 만족하였다면 그렇게 한 요인이 무엇인지를 잘 파악해두었다가 나중에 고객이 좋은 경험을 하도록 종업원을 훈련시키는데 활용해야한다. 다음 서비스배달이 실패한 경우를 보자. 이 경우 고객이 요구한 서비스 자체가 안 될 때(예: 호텔을 예약했는데 방이 없다고 할 때), 고객이 요구한 핵심서비스를 잘못 제공할 때(예: 주문한 음식이 아닌 다른 메뉴를 갖고 왔을 때), 서비스를 너무 느리게 하여 많이 기다리게 할 때(예: 주문한 음식이 한 시간이 돼서 나올 때) 종업원의 반응이 어떻게 나와야겠는가? 이때 종업원은 사과와 설명, 다른 대안의 제시, 나아가 보상을 해줘서 고객의 불만족을 줄여야한다.

종업원들은 항시 고객에 대한 높은 관심을 보여야하고 그것을 행동으로 보여주어야 한다. 어떤 경우는 고객이 요구한 서비스를 수행하기에 상황이나 여건이 좋지 않아 힘이 드는 경우도 있다. 또 고객으로선 생각하지도 않은 행동을 하여 나쁜 인상을 줄 수도 있고, 큰 감동을 줄 수도 있다. 어느 경우건 상식과 예의에 어긋나서는 안 된다.

그러나 서비스실패가 고객의 잘못으로 생기는 경우도 있다. 고객이 잘 몰라서, 경험이 없어서 혼란, 불만족, 고장, 심지어 위험까지 초래할 수가 있다. 특히 셀프서비스의 경우 그런 일이 많이 생길 수가 있어 사전에 충분한 고지와 설명이 필요하다. 고객 중에는 나쁜 행동을 하여 종업원과 다른 고객과 다툼을 일으키는 사람도 많다. 비협조적이고 시비를 걸며 규정을 위반하고 폭언이나 폭행도 서슴지 않아 종업원이나 다른 고객에게 피해를 주는 경우다. 이럴 경우에 서비스기업은 이들을 적절하게 통제하고 예방하는 일이 중요하다.

서비스 인카운터를 잘 관리하여 아무런 사건이 생기지 않도록 하는 것이 최선이지만 설사 문제가 생긴다 해도 이를 어떻게 처리하느냐는 매우 중요하다. 서비스가 제대로 안된 점을 파악해서 시정하고 재발방지조처를 취해야한다. 비록 부정적인 일이 생겨도 고객을 진심으로 위한 조처라면 이것이 도리어 나중에 고객충성도를 높일 기회도 된다. 반대로 서비스실패를 처리하는 과정에서 고객을 더 화나게 하면 그 고객뿐 아니라 구전을 통해 다른 잠재고객도 잃게 된다.

서비스기업의 성공의 핵심은 바로 종업원들이다. 이들이 어떠한 생각과 태도를 갖고 행동하느냐에 따라 기업의 성공여부가 판가름 난다고 해도 과언이 아니다. 따라서 이들의 선발, 교육훈련, 동기부여, 권한부여 등이 성공의 관건이 된다.

11.2. 운영부문과 마케팅의 협동

서비스 마케팅에서는 고객의 욕구를 충족시켜주기 위해서 운영(생산)관리와 마케팅이 서로 협동을 해야 된다. 생산시설을 어느 수준으로 할 것인지, 제품품목을 어느 정도로 확대해야 하는지, 지원용품은 어느 정도로 해야 하는지를 결정하는데서 양자 간에 갈등이 있을 수 있기 때문이다. 운영관리의 예측과 계획단계에서 마케팅은 조사를 통해 정보를 제공해 준다. 제품 명세화와 제품설계에서 마케팅은 중요한 역할을 한다. 그리고 물적유통 즉, 수송, 배달, 재고, 고객서비스는 마케팅과 운영관리를 함께 묶어주는 역할을 한다. 서비스 조직에서 운영(operation)과 마케팅은 핵심적인 기능들이며 양자 간의 관계는 상당히 중요하다.

소비자관점에서 보면 서비스 제품의 주요성분은 바로 서비스 배달과정상에 나타나는 기능들이다. 서비스 조직의 고객은 서비스 자체와 그 서비스가 어떻게 배달되느냐에 따라서 만족과 편익을 얻는다. 그래서 서비스 시스템이 운영되는 방법은 중요하다. 서비스 시스템을 효과적으로 운영하면 마케팅 관리자는 마케팅과 촉진활동을 보다 쉽게 할 수가 있다. 서비스 운영을 원활하게 하면 경쟁적 우위를 갖게 되는데 특히 서비스 제품 간에 차별화가 아주 적을 때 그렇다.

자동차 수리를 맡기면 정시에 찾아갈 수 있고, 공항에서 택시를 쉽게 잡을 수 있고, 식당에서 친절하면서도 신속한 서비스를 받을 수 있고, 예약만 하면 힘 안들이고 휴일 날 머리손질을 예약할 수 있는 서비스 시스템이 그렇지 못한 서비스 시스템에 비해 경쟁우위를 갖는 것은 당연하다. 서비스 시스템이 효과적으로 운영되게 하는 것은 전통적으로 운영관리의 책임이다. 서비스 시스템에서 운영과 마케팅이 같이 움직여야 되므로 운영관리의 마케팅적 의미가 그래서 중요한 것이다. 서비스에서는 마케팅이 서비스 수행의 운영 측면(서비스 배달과정)에 개입되지 않을 수 없다.

전반적인 시스템이 얼마나 잘 운영되고 있는가와 서비스 절차와 정책, 서비스 과정의 고객참여, 표준화정도, 과업변동에 대처하는 시스템의 능력과 같은 문제는 모두 운영부문의 관심일 뿐만 아니라 마케팅의 관심사이기도 하다. 이제 양자 간의 협동이 얼마나 중요한 것인가를 서비스 기업은 알아야 한다.

운영관리

서비스에서는 투입, 변형과정, 산출이 불분명하여 변환과정의 모델화가 어렵다. 많은 서비스에서는 서비스 과정에서 어떤 단계는 빠지거나 반복되고 생각지도 않은 단계가 새로 생기기도 한다. 그래서 서비스 운영관리가 힘든 것이다. 운영관리(operation management)는 비록 그것이 생산관리와 관계가 높더라도 제조과정에만 관련된 것은 아니다. 은행, 항공사, 호텔, 수송, 소매점, 레저센타, 보험 등과 같은 서비스에서는 운영관리의 사고와 실천이 비용통제, 시스템개선, 고객서비스 수준에 핵심적인 영향요인이 된다.

여기서 운영(operation)은 투입자원을 결합하고 변형하고 개선하거나 혹은 분리해서 유용한 산출(제품이나 서비스)을 창조하는 것으로 정의된다. 운영관리는 [그림 11-1]처럼 서비스 창출에 필요한 자원변환과정을 계획하고 통제하는 것을 말한다.

그림 11-1 _ 운영시스템

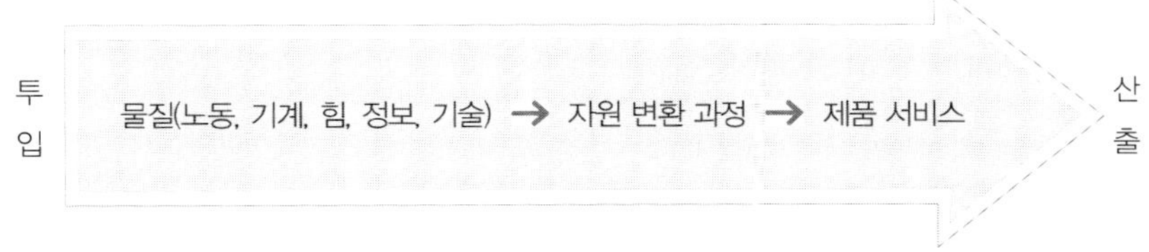

여기서 과정의 목적은 시스템의 투입요소를 획득하고 그것을 변형시키는 과정에서 발생하는 비용 이상의 가치와 효용을 창출하는 것이다. 이런 과정을 관리하는데서 전통적으로 수행해왔던 것들은 다음과 같다.

① 과정계획과 통제

고객의 요구에 맞는 서비스 질, 양, 배달, 비용으로 서비스 산출을 하기 위해 운영방법을 선택하고 명세화함.

② 운영계획

고객이 요구한대로 질, 비율, 비용에 맞게 서비스 산출을 하기 위해 각 운영과정을 상세하게 명세화함.

③ 시설설계, 배치, 물자처리, 유지

운영시스템을 통해 물자와 사람이 원활하게 흐르도록 관련 장비를 유지하고 관련물자를 설계, 배치, 취급함.

④ 스케쥴화

정해진 배달 약속시간까지 서비스를 효과적으로 완결할 수 있도록 시간표를 작성함.

⑤ 재고계획과 통제

바람직한 서비스 수준에 맞도록 재고(사람과 시설포함)를 계획하고 통제함.

⑥ 품질관리

사전에 정해진 품질수준을 확보하기 위해 서비스 시스템 내에서 적절한 검색, 통제 기법과 절차를 사용함.

⑦ 운영통제

특정시간에 운영이 수행될 수 있도록 정해진 스케줄에 따라 서비스 시스템으로 정보를 투입하고 산출시킴. 서비스 시스템에서 작업을 청취하고 필요한 곳에선 절차를 바꿔줌.

⑧ 예측과 장기계획

서비스 시스템에 대한 수요를 예측하고 시설능력을 예측함. 모든 서비스 시스템에서 위에서 언급한 내용이 다 포함될 필요는 없다. 다만 운영관리자가 행할 중요 책임사항을 열거한 것으로 보면 된다. 운영관리는 인사나 마케팅과 상호 관련되어 있어 여러 상황에서 운영관리자의 책임을 정확하게 기술하기란 힘들다.

11.3. 고객과의 접촉

접촉의 의미

고객은 다양한 욕구와 기대를 갖고 서비스 조직에 오게 되는데 그런 고객을 상대하는 종업원은 조직의 대표자로서 고객의 요구에 응해야 한다. 서비스 접촉에서 고객과 종업원이 직접 만나게 되므로 하나의 사회적 상호작용이 발생한다. 고객과의 접촉은 서비스 조직과 환경간의 자원이 교환되는 기본구조를 형성시키는 것이다.

서비스 조직에서 고객과의 접촉은 종업원을 통해 조직이 노력, 숙련, 정보 등의 형태로 희생을 치루고 반대급부를 취하는 경제적 거래라 할 수 있다. 반대로 고객은 화폐, 협조, 기타 자원의 형태로 교환에 대한 대가를 치르게 된다. 이들 양자 간의 관계는 어느 한 쪽의 산출이 다른 한 쪽의 산출로 나타나기에 실질적으로 서비스 접촉은 하나의 생산과정이 되는 것이다. 서비스 조직이 고객과 접촉하는 성격에 따라 교환해야할 자원의 내용이나 고객과 갖게 될 상호작용의 성격도 변한다.

서비스 조직과 고객 간의 접촉은 계약이라 할 수 있다. 이런 계약을 통해 고객은 서비스 조직으로 하여금 서비스를 수행할 권한과 의사결정권을 위임하는 것이다. 예를 들어 고객이 호텔에 투숙하기로 했다면 그는 편한 숙박을 위해 필요한 모든 의사결정권을 호텔에 위임한 것으로 볼 수 있다. 서비스 조직과 고객 간의 계약은 명시적일 수도 있고 묵시적일 수도 있다. 계약은 양자의 권한과 기대하는 이익의 내용을 결정하는 기준이 된다. 계약을 통해 양자는 행해야할 행동과 그것을 통해 일어날 일에 대한 올바른 예측을 할 수가 있다. 그래서 서비스 기업에 있어 고객과의 계약은 조직의 자원을 최적으로 배분할 수 있게 하여 환경변화에 적응할 수 있게 만든다.

서비스 조직과 고객 간의 접촉에는 비용이 수반된다. 쌍방이 자원교환을 위해 상대를 모색하는데 비용과 에너지가 필요하다. 계약의 성립은 양자가 필요한 자원의 종류와 기회의 내용을 서로 알리는 과정을 통해서 이뤄지는데 이런 정보 전달과정에는 비용이 든다. 즉 쌍방이 계약의 내용을 성실히 수행할 것인지를 파악하는데 비용이 든다는 말이다.

일반적으로 서비스 조직과 고객과의 접촉은 일정한 의무와 이해를 전제로 하고 있다. 즉 모든 고객은 어떠한 접촉에서도 동일한 서비스를 받으며 편중되거나 불공정한 대우를 받지 않는다는 기대를 갖고 있다. 고객의 요구에 즉시 관심을 보이고 정중히 대우할 것이라는 기대이다. 고객과의 접촉에서 교환되는 자원이 양측에 공정하다는 상호합의와 이해가 있어야 한다. 여기서 공정함이란 고객이 자신이 받는 서비스와 타인이 받는 서비스를 비교해 볼 때 균형을 이룬다는 것을 의미한다. 이는 서비스 기업의 입장에서도 마찬가지이다. 자신들이 제공하는 서비스와 다른 경쟁자의 서비스를 비교해서 같다고 보는 것이다. 서비스 교환에서 서비스 기업이나 고객이 모두 얻는 것이 서로 비슷하다고 인식될 때 서비스 교환은 원활히 이뤄진다.

접촉의 정도가 높은 서비스의 경우 교환되는 자원의 질도 높아지게 되는데 고객의 문제가 복잡하고 그 요구가 어려울수록 고객의 서비스 제공자에 대한 의존도는 그만큼 높아지게 된다. 고객이 제기하는 문제의 내용도 복잡하고 모호하기에 필요한 정보도 많고 복잡하다. 이런 경우 문제해결에 필요한 정보가 많고 복잡해서 비용도 많이 든다. 예를 들어 의료나 교육서비스의 경우 많은 자원과 숙련이 필요하므로 서비스 비용이 높아진다.

반대로 접촉이 낮은 서비스에서는 거래되는 자원의 가치도 낮다. 거래에서 제기되는 문제도 비교적 쉽고 단순하여 고객행동이 체계화될 수 있어 자원의 교환도 한정적이다. 그 결과 서비스 산출에서 고객이 서비스 제공자에게 의존하는 정도도 비교적 낮은데 소매점이나 세탁소 같은데서 서비스를 구매하는 경우이다.

접촉과 서비스 조직유형

서비스 조직과 고객 간의 접촉에서 나타나는 조직과 고객 간의 상호작용에 관한 중요요인을 살펴보면 다음과 같다.

① 고객과 교환하는 정보량과 그 특성
② 서비스 종업원이 중요한 자원(정보)을 제공하기 위해서 고객에게 의존하는 정도. 이것은 계약의 지속기간과 계약 재발생의 확률과 밀접하다.
③ 고객으로부터 얻는 고객의 욕구에 대한 정보의 확실성과 정확성
④ 고객의 문제를 해결하는데 있어 서비스 제공자의 숙련도

이런 측면들은 서비스 조직분류에서 하나의 분석적 수단이 되는데 이를 통해 서비스 조직이 어떻게 행동해야 하고 그들 자원을 어떻게 최적으로 이용해야 하는지를 설명하고 예측하는데 큰 도움이 되기 때문이다.

이를 기준으로 할 때 서비스 조직의 유형은 유지적 서비스, 과정적 서비스, 개인적 서비스로 분류될 수 있다.

- **유지적 서비스**

유지적 서비스는 분배적 서비스와 유사한 것으로 비교적 안정적인 환경에서 이뤄지는 서비스를 지칭한다. 예를 들어 금융기관, 패스트푸드식당, 소매점

등에서 일어나는 서비스가 여기에 해당된다. 서비스 조직과 고객 간의 접촉에서 불확실성이 적은데 이는 교환되는 정보가 단순하기 때문이다. 고객이 자신의 욕구에 대해 확실히 알고 서비스 조직도 고객이 원하는 서비스를 제공할 수 있다고 보기 때문이다. 서비스 제공자의 활동도 서비스 생산과 관련된 것이라기보다 오히려 서비스 배달과 관련된 것들이다. 고객의 욕구충족에서 불확실성이 낮기 때문에 계약이 쉽게 성립된다.

서비스 조직은 고객의 욕구를 미리 알아 활동을 표준화해두는 것이 훨씬 경제적이다. 효율적인 업무수행을 위해서는 접촉이 외부의 방해나 예측 못한 활동으로 영향을 받지 않게 해야 한다. 고객행동을 예측하기가 쉬워 활동을 사전에 계획할 수가 있다. 따라서 서비스 제공자의 활동을 단순화할 수 있고 그 행동을 쉽게 볼 수 있어 다수의 고객을 상대로 서비스를 제공할 수가 있다.

고객과의 접촉에서 종업원과 고객 간의 상호작용은 말하자면 사교적 친분이나 몸짓으로 한정되나 이것이 정보의 교환을 늘리거나 서비스에 대한 고객만족을 높이는데 크게 영향을 미친다. 유지적 서비스에서는 고객과의 접촉시간이 짧으나 빈번하다. 고객에 대한 충성도를 높여야 고객과의 관계가 안정된다. 고객과의 친밀함을 통해 생긴 끈끈한 인간관계가 바로 고객이 쉽게 다른 경쟁자로 발길을 돌릴 수 없게 만든다.

이런 유형의 서비스에서는 그 환경이 매우 완만하게 변하고 조직이 그 변화에 쉽게 대응할 수가 있기 때문에 계획의 수립에 있어 상당히 여유가 있게 된다. 비교적 안정되고 단순한 시장환경 때문에 이런 조직은 특히 관리면에서 규모의 경제를 실현할 수가 있다.

• 과업적 서비스

과업적 서비스는 높은 불확실성이 존재하는 복잡한 환경에서 운영되는 서비스로 법률자문, 회계, 중개업, 기술 혹은 건축, 광고, 시장조사 등과 같은 서비스가 이에 해당된다. 이런 서비스에서는 복잡한 고객의 문제를 해결해주는 지식이나 숙련성이 중요한데 그런 것들은 고객이 쉽게 얻을 수 없는 것이기 때문이. 여기서 서비스 제공자는 단순히 서비스의 배달자가 아니라 서비스를 창조하는 사람이다.

고객의 욕구가 복잡하므로 그런 욕구가 구체적으로 표명되고 나서야 대량정보가 필요하게 된다. 고객자신은 자신의 문제를 잘 알고 있으나 그것을 해결할 전문적인 능력은 갖고 있지 않다. 따라서 고객은 자신의 요구를 명백히 밝히고 서비스 제공자는 이를 충족시킬 수 있는 지식과 숙련성을 어느 정도로 갖고 있는지를 분명히 해야 한다. 그러나 고객의 문제도 각기 다르고 그 해결책도 불확실하기에 서비스 제공자가 제시하는 서비스가 고객을 반드시 충족시킬 것이라는 예측도 불확실하다.

이런 유형의 서비스 접촉에서 계약은 통제할 수 없는 환경요인이 많다. 우연성이 많아 그것에 양측이 어떻게 반응할지 사전에 평가하기도 힘들고 비용도 많이 든다. 그런 상황에서 명확한 목표나 기준을 쉽게 세우기도 힘들어 합의도 명료하지 못한 경우가 많다. 수행해야 할 계약합의과 서비스 산출의 본질이 양자 간의 협상이 끝난 후나 가능하므로 서비스 조직이 과업수행을 위해선 고객에게 크게 의존하지 않으면 안 된다. 이런 조직에서 고객과의 접촉은 집중적이며 장기적이나 양자의 관계는 과업완료와 함께 소결된다. 이런 조직의 환경이 복잡하고 역동적인 것은 경쟁자간의 상호의존성이 크며 혁신이 쉽게 모방되어 경쟁자의 진입이 용이하기 때문이다.

• 개인적 서비스

이런 서비스는 역사적으로 전문직이라 불러온 서비스로 복지기관, 의료, 종교기관, 정신치료 등이 그 예가 된다. 이런 서비스 조직도 복잡하고 역동적이다. 그런 불확실성의 원인은 고객이 자신의 문제를 잘 모르고 있거나 알아도 부정확하고, 알고 있어도 무엇을 어떻게 할지 모르기 때문이다. 서비스 제공자는 이런 문제를 진단할 수 있는 지식과 기술을 갖고 있어야 한다. 따라서 고객에 대한 정확한 지식체계가 중요하다. 고객의 문제를 밝히는데 필요한 행동이 불확실하기에 서비스 제공자는 고객의 도움을 받지 않고서도 그들의 임무를 수행할 수가 없다. 서비스 제공자와 고객이 함께 문제가 무엇이고 욕구가 무엇인지를 결정해야 하므로 문제의 진단이 잘 되도록 많은 정보를 고객은 제공해야 한다. 이런 정보가 대부분 개인적인 정보인 관계로 고객의 직접 참여 없이는 불가능하다. 이런 서비스의 복잡성은 각각의 접촉이 서로 상이하여 발생하는 문제도 다르다는 점이다. 따라서 탐색과 진단이 지속적인 과정이 된다.

개인적 서비스에서 고객의 문제를 진단하고 해결하는데 필요한 지식과 기술은 보통 훈련으로 습득하게 되나 그런 지식과 기술의 예측력은 정확하다고 볼 수는 없다. 서비스 제공자의 행동과 결과간의 관계가 고객에 따라 다르고 같은 고객이라도 상황에 따라 달라지기 때문이다. 따라서 서비스 제공자는 문제 진단에서 상황에 유연히 적응해가며 문제의 단서를 찾아야 한다. 일반적으로 환경의 불확실성 때문에 양자 간의 계약 내용을 명확히 하기가 힘들고 비용도 많이 든다. 고객은 합의된 내용에 위반이 없다는 것을 확실히 해두기 위해 서비스 제공자의 활동을 감시하고 감독하게 된다. 그러나 고객은 서비스 제공자가 평판이 높으면 그런 감시 감독을 줄이게 된다. 고객은 자신이 서비스 결과를 평가할 만큼 자격을 갖추고 있다고 생각하지 않아 평판에 의존하게 된다. 같은 서비스 제공자가 내린 평판은 특히 고객에게 깊은 신뢰감을 주게 된다.

개인적 서비스에서 고객은 한명 혹은 팀을 이룬 서비스 제공자에게서 서비스가 끝날 때까지 서비스를 받고 상호작용을 하게 된다. 이 경우 서비스 제공자를 대체할 가능성은 매우 낮은데 각각의 접촉이 상호영향을 주고받기 때문에 고객이 서비스 제공자와 신뢰성이 구축되지 못하면 서비스 산출에 필요한 정보를 제공하지 않는다. 양자 간의 그런 친밀한 우호관계를 형성하고 유지하는 일이 중요하나 그런 신뢰성의 구축은 시간이 요구되는 일이다.

11.4. 서비스 조직과 기술

서비스 조직에서 기술은 핵심적인 위치에 있다. 물론 여러 가지 관점의 차이가 있겠으나 기술이 서비스 산출에서 결정적으로 중요하고 복잡한 요소라는데는 이견이 없다. 서비스 조직의 기술을 이해하는 단순한 방법은 투입-산출구조를 파악해 보는 것이다. 환경으로부터 획득한 여러 가지 자원을 통합해서 이를 다시 환경에 환원시키는 과정에서 기술은 투입된 자원을 산출되게 변형시키는 역할을 한다. 즉, 기술은 투입을 산출로 전환시키는데 관련된 모든 활동과 기법을 말한다.

기술은 생산성 향상의 주요원천이다. 비록 종업원으로 하여금 더 많은 것을 생산하도록 동기부여를 해서 생산성을 높힐 수도 있지만 그 결과는 기술에 의한 생산성 향상에 비하면 훨씬 못 미친다. 기술은 또한 조직에서 인간이 수행해야 할 직무를 결정짓기에 중요한데 이런 현상은 기술과 기계가 작업의 본질을 변화시킨 여러 서비스 조직의 예에서 뚜렷이 볼 수 있다. 예를 들어 자동현금출납기의 도입으로 저수준의 은행원 대신에 고도의 숙련자인 프로그래머의 중요성이 강조되었다. 더구나 기술은 조직구조에 개입하여 사회적 상호작용의 유형, 조직에 대한 인간의 태도, 종업원의 행동에 큰 영향을 미친다.

조직활동은 여러 세분화된 과업으로 이뤄지며 이러한 과업은 유기적으로 통합되어야 한다. 서비스에서는 복잡한 구성원간의 활동이 상호의존적이 되는데 기술은 이들을 하나로 묶어주는 역할을 한다. 고객이 서비스 산출과정에서 중요한 역할을 하기에 고객은 서비스 활동의 변형시스템과 작업흐름에 영향을 미친다. 원료와 정보를 투입해서 그 결과로 서비스가 산출되는 변형시스템의 각 과정마다 독특한 기술이 요구된다.

서비스 활동에서 기술유형

고객이 완전한 서비스를 창출하기 위해서는 서비스 조직의 여러 구성원과 많은 접촉을 갖게 된다. 그런 접촉은 대체로 두 가지 방향으로 구분된다. 낮은 접촉과 높은 접촉 혹은 핵심적 접촉과 주변적 접촉이 그것이다. 접촉의 정도에 따라 낮은 접촉과 높은 접촉으로 구분된다. 또 핵심적 접촉은 이것이 없이는 고객에게 최소한의 서비스도 제공할 수 없는 접촉이고 주변적 접촉은 서비스 산출에서 필수적이지는 않지만 보조적인 역할을 하는 접촉으로 주변적 접촉이 많을수록 서비스 산출은 원활해진다. 의사와 환자, 교수와 학생간의 접촉은 핵심적 접촉이고 병원에서 수납과나 대학의 학생처는 주변적 접촉에 해당된다.

서비스 조직에서 기술은 두 가지 유형이 있다. 즉, 기계적 기술과 지식적 기술이 있다. 기계적 기술은 기계, 도구, 기술적 공식을 이용하여 서비스가 사전에 정해진 대로 확실히 생산되고 있는지를 확인하는 절차나 시스템이다. 이것은 고객의 요구가 비교적 단순하고 반복적인 서비스에 주로 적용된다. 따라서 양자간의 성립된 계약의 내용도 분명하다. 이에 비해 지식적 기술은 서비스 제공자가 이용하는 기법의 중요성, 합리성 혹은 작업목표를 나타내는 아이디어라 할 수 있다. 양자간의 계약이 불확실하고 예측할 수 없는 환경에 주로 적용되는 기술이다.

• 낮은 서비스 접촉에서의 기술

서비스 제공자와 고개간의 접촉의 정도가 낮은 서비스의 환경은 안정적이고 단순하며 양자 간의 계약도 분명하다. 고객은 자신의 요구와 그 요구가 어떻게 해결되는지를 잘 알고 있다. 이런 서비스에서는 핵심적 기술을 격리시켜 보호할 수가 있다. 식당에서 요리의 핵심적 기술은 주방에서 고객에게 노출시키지 않고 요리를 만들 수가 있다. 이런 예측 가능한 환경 하에서 서비스 조직은 고객의 참여를 제한하거나 특정부문에만 참여하게 하여 불확실성을 줄인다. 이런 서비스에서는 고객이 도착과 이탈을 장기적으로 예측할 수 있는 정도가 높고 서비스를 산출하는 방법에 대한 지식이 잘 알려져 있다. 따라서 서비스 조직은 고객의 문제를 잘 예측하고 있으며 문제해결에 필요한 기술을 잘 알고 있다.

이런 서비스에서는 기술적 기술의 대량이용이 가능하다. 은행이나 패스트푸드 식당에서처럼 작업흐름을 표준화할 수가 있으며 여기에 따라 활동의 순서, 작업평가 등을 명세화할 수가 있어 연속작업이 가능해진다. 생산과정의 반복성 때문에 과잉부분과 역기능부분을 쉽게 발견할 수가 있어 기술이 작업활동을 통제하는 데 큰 도움을 준다. 이런 서비스에서는 서비스 종업원은 서비스의 창출자이기 보다는 서비스의 배달자로 보는 게 더 정확한 표현이다.

• 높은 서비스 접촉에서의 기술

고객과의 접촉정도가 높은 서비스, 즉 과업적 서비스나 개인서비스에서는 생산과정이 복잡하고 불확실하여 고객에 대한 지식과 정보가 필요하다. 이렇게 필요한 정보의 대부분은 서비스 산출과정에서 고객이 깊이 관여하기에 고객으로부터 직접 획득할 수가 있다. 고객이 서비스 생산에 직접 참여하기에 핵심적 기술을 감출 수가 없다. 말하자면 외부환경이 서비스 변형과정에 쉽게 들어올 수 있는 개방시스템이다. 높은 접촉의 서비스에서는 변형시스템 내에 큰 용량의 정보처리 능력을 가진 기술이 필요하다. 이 경우 대부분의 변형시스템에서 중요요인은 정보의 수집과 처리과정이 된다.

이는 실제 서비스가 고객에게 제공되기 전에 일어나며 고객으로부터 정확하고 믿을 수 있는 정보를 획득할수록 그런 정보를 진단하고 변형하기가 수월해진다. 고객이 직접 참여하므로 기술적으로 복잡하게 되지만 불확실한 환경요인을 공동으로 결정할 수가 있어 환경요인의 불확실성은 그만큼 줄일 수가 있다.

고객은 서비스 조직의 변형시스템(운영생산시스템)으로 들어갈 때 정해진 지침이나 절차를 따르게 된다. 이때 고객의 개인적 속성이 변형되므로 고객의 반응은 다양하게 나타난다. 서비스 제공자는 항상 새로운 기술이 필요한 독특한 상황에 직면하기 때문에 과거에 해온 절차나 방법에만 의존할 수가 없다. 다양한 상황에 대처하기 위해서 많은 지식과 다양한 기술을 습득하고 있어야 한다. 그래서 높은 서비스 접촉은 상황적이라 보는 게 정확한 표현이다.

이런 높은 서비스 접촉에서 문제가 되는 것은 청취나 감시가 힘들다는 점이다. 산출결과를 획일적으로 평가하기가 힘들어 표준설정이 곤란하다. 서비스 제공자는 나름대로 지식과 기술을 가진 독립된 단위로써 활동하며 이들의 역할은 서비스의 산출과 판매에 관여할 뿐만 아니라 서비스 배달에 필요한 정보를 제공하도록 고객들에게 동기를 부여하기도 한다. 서비스 창출과정에서 고객과의 접촉정도가 높은 서비스 운영을 관리하는 것은 접촉도가 낮은 것을 관리하는 것과 비교해서 상당한 어려움이 따른다.

11.5. 서비스과정의 설계

서비스기업은 고객의 필요와 욕구를 충족시킬 수 있는 서비스를 창출하기 위한 일련의 서비스창출과정을 올바르게 설계해야 한다. 이를 위해서 서비스대상, 장소, 시간, 서비스제공자와 방법 등을 검토하여 최적의 서비스를 창출해야하나 서비스가 무형적이라 설계하기가 쉽지 않다. 서비스과정을 기획하는 설계자는 무엇보다도 특정고객의 욕구를 정확하게 이해하기 위해 고객조사를 철저히 해서 표적시장을 파악해야한다. 그리고 그들이 서비스로부터 무엇을 기대하며 얻고자 하는 편익이 무엇인지를 찾아내야한다.

서비스는 생산과 소비가 동시에 발생하기에 서비스창출과정에 참여하는 서비스제공자와 고객 간의 접촉 즉 서비스 인카운터가 일어난다. 따라서 서비스 인카운터의 설계가 서비스과정에서 핵심이 된다. 서비스제공자와 고객 간의 인카운터는 직접대면을 하는 경우와 전화, 메일, 인터넷 등을 통한 간접대면이 있다. 고객과 직접대면을 통하는 서비스의 경우는 양자 간의 상호작용에 의해서 보다 친숙하고 개별적인 반응이 가능하기에 비록 시간은 많이 걸리나 추가적인 판매와 고객관계를 강화할 수가 있다. 직접접촉을 하는 경우도 인카운터가 완전히 매뉴얼에 의해 정해진 대로 움직이는 경우, 예를 들어 패스트푸드식당과 같은 경우가 있고, 상황에 따라 약간의 재량이 모두에게 주어져 옵션의 여지가 있는 중간단계가 있고, 법률상담, 의료서비스처럼 고객과 서비스제공자간의 많은 접촉을 통한 상호작용에 의해서 제공되는 경우가 있다. 이 경우 양자 간의 접촉시간이 길수록 생산효율성은 낮아진다.

반면에 직접대면이 아닌 메일, 전화, 인터넷을 이용해서 접촉하는 간접대면의 경우는 고객이 서비스시스템에 영향을 주거나 방해를 할 수 없어 시스템이 더 효율적으로 운영될 수는 있으나 접촉시간이 짧아 추가적인 판매기회는 낮다.

서비스과정 설계 시 고려사항

서비스기업은 서비스과정을 설계할 때 크게 두 가지 측면에서 검토해야할 점이 있는데 우선은 구조적인 결정과 그에 따른 하부요소들의 결정이다. 구조적 결정은 주로 물리적인 요소들과 관련된 것으로 서비스기업의 위치, 접근편리성, 가시성, 청결성, 매력성, 비용 등과 시설과 장비의 적절성, 고객과의 소통수단(전화, 메일, 인터넷 등), 기술변화, 레이아웃, 관련 공급망 등이 이에 해당된다. 이와 같은 구조적 결정을 토대로 하여 서비스기업은 하부요소들을 결정해야하는데 서비스과정에서 핵심이 되는 종업원들의 채용, 교육, 훈련, 자격, 코칭과 멘토링 등에 관한 결정, 고객에게 제공할 서비스의 질(기능적 질과 기술적인 질)에 대한 기본적인 정책과 절차의 결정, 영업시간과 보고체계 등 세부관리사항에 대한 결정 등이 이에 해당된다.

연극공연의 시사점

서비스수행을 연극과 비유하여 생각해보면 많은 시사점을 얻을 수가 있다. 연극 연출법에서 많은 개념과 기법을 도입해서 서비스설계를 하면 크게 도움이 된다. 공연은 비즈니스기능, 기술적 기능, 예술적 기능을 갖고 있는데 서비스설계과정에서 이를 통합해서 고객에게 만족과 감동을 주어야한다. 고객만족 및 감동에 초점을 두고 모든 요소와 절차를 통합해 기획하고 조정하는 우수한 서비스팀(기획팀)을 구성한다. 서비스마케터(연출가)는 서비스창출에 참여하는 종업원(배우)들을 선발하고 훈련(캐스팅과 리허설)한 후 이들이 최선을 다해(동기부여) 처음부터 바르게 각본(서비스시나리오)대로 움직여 서비스를 창출하도록 지휘하고 감독한다. 아울러 고객과 직접 대면하는 종업원들과 고객들이 상호작용(의사소통과 감정이입)을 잘 할 수 있도록 물적 환경과 분위기(무대와 조명, 의상, 소품, 음향, 냄새, 온도 등)를 조성해주는 후면부 지원과 종업원(지원스텝)들이 필요하다.

11.6. 스케줄링과 감시

스케줄 결정

서비스의 배달과정에서 일단 주문을 받은 후부터 서비스를 창출하여 실제 고객에게 서비스를 제공하는 일련의 과정을 스케줄링(scheduling) 혹은 공정관리라 한다. 스케줄링은 크게 두 가지 즉, 주문을 받은 후 준비하는 후면부의 작업과 고객과 직접 접촉을 하는 전면부의 작업스케줄링으로 구분된다. 주문을 받은 후 즉시 서비스를 제공하면 문제가 되지 않으나 전면부에서 일하는 종업원의 수가 적으면 대기현상이 생기게 된다.

반대로 종업원의 수가 많으면 고객의 서비스요구는 쉽게 충족되나 노무비가 상승하게 되어 경영수지에 문제가 생기게 된다. 따라서 고객의 서비스수요를 적절하게 충족시키면서 노무비를 최소화하는 접점의 파악이 중요한 과제가 된다, 다시 말해, 서비스스케줄링에서 가장 우선적으로 결정해야할 과제는 주어진 시간 안에 현재 혹은 앞으로 예상되는 작업량을 완결할 수 있는 총종업원의 수를 결정하는 일이다.

서비스기업은 서비스수준을 어느 정도로 해서 제공할 것인지, 또 다양한 고객의 요구를 충족시킬 종업원의 하루 작업스케줄링을 어떻게 결정할 것인지, 그리고 고객 불만족을 최소화하기 위해 대기시간을 어떻게 관리할 것인지를 세밀하게 검토한 후 결정해야한다.

- 후면부의 작업스케줄링

후면부에서는 전면부에서 고객에게 서비스를 제공할 때 필요한 사전준비를 철저하게 지원해주는 것이 그 임무이다. 작업의 처리시간, 만기일, 도착의 순서 등에 대한 자료를 근거로 작업의 우선순위를 정해 어떠한 일을 먼저 할 것인지를 결정하여 일을 연속적으로 처리해야한다. 그러려면 작업의 우선원칙을 정해둬야 한다. 예를 들어 선착순으로 처리한다, 시간이 가장 적게 걸리는 일부터 처리한다, 만기일이 가장 빠른 일부터 처리한다, 개시일이 가장 빠른 것부터 처리한다는 내부원칙을 정해 놓아야한다.

- 전면부의 스케줄링

고객과 직접 접촉하는 전면부의 경우 작업스케줄링은 먼저 수요를 예측하는 것으로부터 시작한다. 1일 혹은 시간대별, 주별, 월별, 계절별 수요변동을 고려해야 하는데 고객도착이 변동이 많으면 수요예측이 부정확할 가능성이 높다. 과거의 자료를 활용하는 경우도 있지만 정교한 수요예측수단을 이용하면 보다 정확하게 예측할 수가 있다. 둘째, 수요예측과 함께 고객이 원하는 서비스수준을 정확히 파악해야한다. 두 가지를 함께 고려해야 필요한 종업원 수, 능력, 기술 등이 결정된다. 시간당 고객이 몇 명이 오는데 가용할 수 있는 종업원은 몇 명인 관계로 고객에게 서비스시간은 얼마가 되고 평균 고객의 대기시간이 얼마가 될 것인지를 함께 검토한다.

- 작업스케줄의 작성

일간작업 혹은 교대스케줄로 목표로 하는 서비스수준에서 주어진 시간 내에 고객의 기대를 충족시키기 위해 충분한 종업원의 작업스케줄을 결정한다. 종업원간의 교대시간을 최대로 최소화시킨다. 일간작업스케줄이 결정되면 일간작업스케줄을 주간작업스케줄로 전환해야하는데 이는 비번, 휴가, 초과수당 지급 등을 고려해야하므로 일간작업스케줄보다 더 복잡하다.

- 기타 스케줄링의 결정

서비스에서는 종업원의 작업스케줄링뿐 아니라 장비의 스케줄링(항공기, 버스 등)과 고객에게 연속적으로 제공하는 배달스케줄링(택배 등), 그리고 과업수행에 필요한 인력과 장비 등 자원의 할당문제가 합리적으로 결정되어야한다. 특히 IT기술을 이용해서 개발한 자동화된 스케줄링프로그램을 활용하면 작업스케줄링이 보다 정교하고 시간을 절약할 수가 있다.

서비스과정과 시설레이아웃

서비스가 생산·배달·소비되는 공간인 서비스시설은 고객에게 서비스가 배달되는 방식에 따라 그 위치와 배열이 달라질 수가 있다. 고객과의 인카운터가 중요한 만큼 그 접촉의 정도에 따라 시설유형도 구분될 수가 있다. 고객과 직접적인 접촉이 필수적인 경우(호텔, 병원, 은행, 소매상, 백화점 등)는 참여자의 규모에 따라 필요한 공간을 적정한 위치에다 확보해야하지만 고객과 서비스기업 중간에서 브로커 역할을 하는 간접접촉의 경우와 고객접촉이 없는 경우는 확보공간의 위치와 규모에서 융통성이 있다.

최근에는 다양한 정보기술을 이용해서 시설의 위치선정을 합리적으로 할 수가 있다. 예를 들어 지리정보시스템(GIS)을 이용해서 필요한 장소를 물색하고 대안을 평가할 수가 있다. 인터넷이나 예약시스템의 활용은 고객의 직접참여를 줄여주고 수요를 분산시켜 시설관리를 쉽게 할 수 있게 도와준다.

서비스시설의 위치와 규모가 정해지면 다음은 시설의 레이아웃(layout) 즉, 배치를 결정해야하는데 수익극대화와 고객과 종업원의 이동거리를 최소화를 고려해야한다. 시설의 레이아웃에는 병원응급실과 같은 공동구역에다 장비와 서비스과정을 한데 묶는 잡샵배치(job-shop layout), 카페테리어와 같이 서비스가 제공되는 단계별로 장비와 과정을 배열하는 플로우샵배치(flow-shop layout), 병원수술실처럼 위치를 고정해놓고 필요한 장비와 과정을 가져와 사용하는 고정배치(fixed position layout)이 있다. 어느 방식을 선택하느냐는 서비스과정의 성격과 효율성에 따라 달라질 수 있다.

서비스시설의 레이아웃이 정해지면 실제 서비스가 창출되는 서비스 환경(servicescape),즉 조명, 소음, 온도, 냄새 등 주변환경, 레이아웃의 기능적 측면(고객과 종업원, 장비와 물품의 이동거리 최소화)을 고려하고, 내부인테리어, 상징물, 표지판 등의 디자인측면도 감안해서 최적의 분위기를 창조해야한다.

서비스에서의 감시활동

서비스에서 고객이 종업원과 접촉하는 과정에서 양측은 그들 자원을 극대화하려고 애쓸 것이다. 고객은 서비스 종업원으로부터 최대로 서비스를 얻어내려고 할 것이고 종업원은 많은 보상을 확보하려고 노력할 것이다. 자원의 극대화라는 차원에서 종업원은 가능하면 그들의 책임을 줄이려고 기회주의적 행동을 하기 쉽다. 따라서 고객은 자신의 이익이 계약대로 수행되어 보장되고 있는지를 확인할 필요가 있다.

이러한 고객의 행동은 계약의 내용과 밀접한데 계약의 내용이 상세할 때 고객은 서비스 제공자의 활동을 감시하는데 별로 큰 노력을 기울이지 않으나 그렇지 않은 경우는 감시를 소홀히 해서는 안 된다. 접촉의 정도가 낮은 서비스에서는 고객이 서비스 제공자에게 기대하는 것이 명백하므로 서비스 산출과정을 감시하고 검토하는 게 비교적 간단하여 쉽게 관찰할 수가 있다. 나아가 고객은 후면부에서 일어나는 서비스 산출과정에 관여할 필요가 없는데 이는 사전에 결정된 기준에 의해 산출결과를 평가할 수 있기 때문이다.

그러나 고객과의 접촉정도가 높은 서비스의 경우는 상황이 다르다. 이런 경우 양자 간에 수립된 계약의 내용은 서비스 산출을 둘러 싼 불확실성 때문에 사전에 명세화 할 수가 없다. 따라서 표준이 되는 기준을 쉽게 정할 수가 없다. 의료서비스나 법률서비스의 경우 평가기준이 모호해서 서비스 제공자가 유리한 입장으로 계약위반을 해석할 가능성이 높다. 그리하여 고객이 서비스 제공자의 활동을 감시하기도 힘들게 된다.

낮은 서비스 접촉에서는 산출결과에 초점을 맞추나 높은 접촉의 경우는 서비스 산출과정에 더 관심을 두게 된다. 성격상 서비스 산출과정을 되돌릴 수도 없고 그럴 경우 다시 계약을 해야 하므로 고객이 적극 참여하지 않을 수가 없다. 이 경우 고객참여는 질문을 한다든지 대안을 제시하는 형태로 나타난다. 서비스 제공자는 고객이 자신의 서비스 활동과정을 감시하면서 고객의 이익을 보호하려 하기에 어떤 활동에서 어떤 기술을 왜 사용하는지를 상세히 설명해주어야 한다. 따라서 서비스 제공자의 지식적 기술의 사용이 핵심이 된다. 고객이 모든 과정에 다 적극적으로 참여하는 것은 아니지만 적어도 한 단계에서는 과업활동을 수행하게 되는 것이다.

제 **12** 장

서비스종업원과 행동

12.1. 종업원의 중요성

서비스 사업은 근본적인 출발이 노동집약적이고 인간중심적이다. 서비스를 창출하기 위해 서비스 제공자와 고객인 인간들이 상호작용을 하고 있다. 서비스가 생산과 소비가 동시에 발생하며 그 과정에 고객이 참여하기 때문이다. 고객은 서비스 생산과정에 생산자로서 또 소비자로서 참가한다. 그 과정에서 종업원과 고객의 강한 상호작용이 발생하게 된다. 따라서 고객의 행동패턴이 서비스 산출과정에 영향을 미치고 서비스 제공자인 종업원의 행동특성이 또 고객만족에 큰 영향을 미친다.

실제 서비스 종업원과 고객 간의 관계는 서비스(service)라는 말과 servant, server, servitor 등으로 표현되는 과거의 서비스 제공자의 사회적 신분 용어를 연관시켜보면 양자 간의 관계의 일면을 엿볼 수 있다. 물론 민주화된 시대에서 과거와 같은 주종 관계는 사라졌다 해도 의식상 상하복종관계의 인식이 잠재해 있기도 하다. 또 그것이 실제 서비스 창출과정에서 은연중 표출되기도 한다. 고객은 서비스 종업원을 낮게 깔보는 경우가 있고 그로인해 종업원은 고객에 대해 무시당했다는 생각이나 모멸감을 느끼는 경우가 많다. 또 고객은 서비스가 마음에 안 들면 종업원에 대해 건방지다 혹은 불손하다 등 좋지 않은 감정을 갖게 된다. 이렇게 서비스에서는 서비스 제공자와 고객이라는 관계를 떠나 인간적 측면에서 발생되는 여러 가지 문제가 사례별로 무수히 많이 발생할 수가 있다. 또 그런 문제가 가시적으로 나타날 수도 있고 나타나지 않고 잠재해 있을 수도 있다.

서비스 마케팅에서 인간적 요소의 중요성을 인식하고 이에 대한 연구도 활발하다. 소위 말하는 관계마케팅(relationship marketing)이나 상호작용 마케팅(interactive marketing)도 서비스에서 인간적 상호관계의 중요성을 부각시킨 새로운 마케팅기법이라 할 수 있다.

먼저, 서비스 종업원부터 살펴보기로 하자. 종업원은 고객을 위해서 서비스 기업이 창출한 서비스를 제공하는 사람이다. 모든 서비스 기업에서 종업원이 다 중요하지만 특히 유형적 제품의 단서가 없거나 종업원의 행동이나 태도를 보고 서비스 기업의 인상을 갖게 되는 경우 더 그렇다. 이들은 서비스 생산의 일을 할 뿐만 아니라 운영, 마케팅의 일도 수행한다. 공식적인 판매원으로 서비스 질 인식에 결정적인 영향을 주므로 이들이 얼마나 효과적으로 또 효율적으로 서비스를 잘 수행하느냐에 따라 서비스 기업의 성패가 좌우된다고 해도 과언이 아니다.

왜냐하면 고객은 종업원을 통해서 기업을 평가한다. 종업원은 일선에서 고객과 접촉하는 사람들이다. 그들은 고객이 원하는 서비스가 무엇인지를 알고 제공해 준다. 따라서 서비스 기업에선 각 종업원이 바로 기업서비스의 판매원이라는 인식을 해야 한다. 따라서 종업원에 대한 관심과 관리는 매우 중요한 관리대상이 된다.

종업원 중에서 직접 고객과 상호작용을 하는 종업원이 가장 중요하다. 서비스에 대한 인식에 큰 영향을 미치기 때문이다. 그러나 고객의 시야에서 보이지 않는 종업원들도 중요하다. 화물취급자, 요리사, 약사 등은 각각의 서비스 환경의 후면부에서 맡은 역할을 다한다. 잘못 배달된 화물이나 덜 익은 고기, 잘못된 처방은 전면부에서 일하는 동료를 당혹하게 만들고 고객의 서비스경험도 망친다. 서비스를 잘못 수행하면 서비스우수성에 대한 고객인식에 나쁜 영향을 주게 된다. 그러나 후면부에서 일하는 종업원의 외양과 행동은 고객에겐 큰 관심사는 아니다.

서비스 조직과 종업원의 역할

병원서비스나 이·미용서비스에서는 서비스 제공자와 서비스를 분리하지 못한다. 서비스 판매와 창출을 그래서 분리할 수 없다. 물론 기계화나 자동화된 서비스(자동판매기)에서는 종업원이 서비스 거래에 참여하는 경우가 없지만 대부분의 서비스에서는 직간접으로 참여하지 않으면 안 된다. 그래서 종업원은 서비스의 생산과 마케팅에서 독특한 역할을 수행하게 된다. 종업원들이 서비스 마케팅 전략이 서비스 마케팅믹스의 한 요소가 되는 이유는 바로 그들이 마케팅 기능에서 차지하는 역할이 중요하기 때문이다. 고객은 서비스 기업에 오면 서비스를 판매하기 보다는 오히려 서비스를 수행하는 것이 주 임무인 종업원과 접촉하게 된다.

종업원에는 고객과 직접 접촉하는 사람과 고객과 직접 접촉하지 않는 사람이 있다. 어떤 종업원은 서비스의 구매와 소비단계에서 고객이 볼 수 있는 종업원이 있고 아예 볼 수 없는 종업원이 있다. 식당에서 일하는 웨이터는 고객과 직접 접촉하고 고객이 볼 수 있는 종업원이나 전화교환양은 고객과 접촉은 하지만 직접 만나지는 않는다. 은행에서 컴퓨터 오퍼레이터는 고객이 볼 수는 있지만 직접 접촉하지는 않는다. 사무실 뒤에서 일하는 경리담당자는 직접 볼 수도 없는 종업원이다.

고객과 직접 접촉하는 서비스 종업원은 서비스 조직에서 중요한 사람들이다. 성공하는 서비스 기업은 이들을 조직도 상에서 가장 위에 놓는 것도 바로 그런 이유 때문이다. 서비스 종업원의 고객과의 접촉도 고객과의 접촉량에 따라 다양하게 나타난다.

서비스에서 고객접촉은 서비스 시스템이나 서비스 창출과정에 나타나서 서비스 제공과정에 직접 관여하는 것을 말한다. 고접촉과 저접촉의 차이는 서비스 시스템에 있는 총시간 중 실제 고객을 서비스해 준 시간의 비율로 구별할 수가 있다. 이런 의미로 볼 때, 호텔, 식당, 학교는 고접촉 서비스 시스템이고 전화나 우체국 서비스는 저접촉 서비스 시스템이다. 고접촉 서비스 시스템에서는 인적인 요소가 서비스 산출에 큰 영향을 미쳐 서비스 제품의 질과 서비스 종업원을 분리할 수가 없다.

서비스의 유형과 질을 서비스 종업원과 관련시켜볼 때 유용한 개념이 바로 기술적 질과 기능적 질 개념이다. 무엇을 고객에게 배달하느냐가 기술적인 질이고, 이를 어떻게 배달하느냐에 해당되는 것이 기능적인 질인데 두 가지 모두가 종업원에 의해서 결정되기 때문에 중요한 것이다. 기능적인 질은 종업원의 태도, 행동, 그들 간의 관계, 고객과 접촉하는 종업원의 중요성, 외모, 고객에 대한 친밀성과 서비스 마인드 등이 포함된다.

종업원이 서비스를 잘하여 고객을 만족시키면 고객은 반복구매를 할 것이고 긍정적인 구전을 적극적으로 할 것이다. 만족한 고객은 서비스조직에 대해 높은 충성도를 가질 것이고 이는 장기적인 고객유지로 기업의 수익증가로 이어진다. 바로 고객만족과 연계된 종업원의 만족이 생산성향상과 수익증대로 이어지는 서비스-수익사슬의 통합이 이뤄지는 것이다.

서비스 종업원은 생산전문가이자 마케터이고 서비스제품의 일부이다. 이처럼 서비스 종업원은 일인 다역을 수행하기에 종업원들 간에서 역할갈등을 야기하기도 한다. 특히 고객과의 접촉이 많은 서비스의 경우 그만큼 관리도 힘들다. 이런 유형의 종업원들을 모집하고 훈련시키는 것이 매우 중요하다.

기술적인 기량과 사회적 기량

고객의 눈에는 어떻게 서비스를 수행하는가도 무엇을 수행하느냐 만큼 중요하다. 서비스의 우수성에 대한 인식은 무척 확고한 것이 아니어서 여러 요소에 의해서 영향을 받는다. 서비스배달의 어떤 측면에선 종업원의 사회적 기술은 처음엔 덜 중요할 수가 있지만 서비스제공자를 다시 애호할 결정을 할 때는 주요한 역할을 한다.

고객은 서비스의 기술적인 복잡성을 확실히 이해하질 못해서 종업원의 기술적 기량을 항시 잘 평가할 수 없다. 서비스조직 간에드 이런 서비스수행에 요구되는 기술적 기량이 크게 달라지지 않는 경우 종업원의 사회적 기량이 더 중요해진다. 똑 같은 내용을 다루는 두 명의 종업원 중 한 사람은 유쾌하고 깔끔한데 다른 사람은 시무룩하고 꾀죄죄하면 고객의 서비스경험과 그 후의 평가는 사회적 가량에 따라 크게 달라질 것이다. 그렇다고 해서 형편없는 기술적 기량이 사회적 기량이 높다고 해서 보상될 수는 없다. 유쾌한 여행사직원이 완전히 여행일정을 잘못 짰다고 가정할 때 분노를 유발할 것은 당연하다. 그래서 서비스조직은 종업원에게 기술적 기량과 사회적 기량에 관한 업무수행지침을 내려두 가지를 갖추도록 한다.

전면부의 종업원은 고객과 기업을 연계해주는 사람이다. 인간으로 고객의 눈에 바로 서비스로 인식되는 사람이다. 승무원, 교사, 간호사, 은행원, 웨이터 등은 고객 눈에는 바로 서비스인 것이다. 이들은 기술적 기량과 사회적 기량을 통해서 서비스 질의 인간적 증거가 되는 것이다. 기술적 기량은 자기 위치에 맞는 일을 수행하는데 있어서 보인 숙련성이다. 이발사의 경우 머리를 잘 깎는 기술이다. 사회적 기량은 고객과의 인간적인 상호작용으로 친절성, 돌봄, 커뮤니케이션 능력 등과 같은 것이다.

12.2. 종업원의 질과 수행능력 유지·향상방안

서비스 조직이 종업원의 질과 서비스 수행능력을 유지 향상시키려면 다음과 같은 내용을 검토해야 한다.

올바른 사람의 채용

서비스조직은 사람이 곧 전부일 정도로 중요하기에 기업이 정의된 역할을 올바르게 열성을 갖고 일할 능력을 갖춘 사람을 뽑는 게 무엇보다 중요하다. 이제 기업은 우수한 고객을 확보하기 위한 경쟁뿐 만아니라 올바른 능력과 품성을 갖춘 우수한 인재를 확보하기 위한 경쟁을 해야 한다. 그러기 위해선 서비스조직은 직원확보를 위한 마케팅을 해야 한다.

특히 고객과 직접 접촉하는 접객원(customer contact personnel)의 선발과 훈련은 신중하게 실시해야 한다. 성공한 서비스기업은 사람에 대한 높은 채용기준을 세워놓고 채용 전에 여러 번 걸러낸다. 인터뷰, 관찰 등을 통해서 일을 잘하는데 있어 요구되는 조건을 갖추었는지를 꼼꼼히 살핀다. 특히 응시자가 조직의 서비스문화와 부합되는지를 본다. 어느 조직에서도 공통적인 원칙이긴 하지만 서비스 조직에선 특히 그러하다. 종업원의 모집, 선발, 훈련, 개발프로그램은 제공될 서비스의 성격과 들어맞게 실시되어야 한다. 따라서 서비스 종업원의 직무분석이 실시되고 직무기술서가 명확히 작성되어야 한다. 종업원의 외양과 행동도 서비스조직에 대한 고객평가에 영향을 미치므로 기술적 기량만큼 숙고해야한다.

전통적으로 서비스 기업에선 학력, 과거경력, 사회적 기술 등 정도로 서비스 직무를 분류해 왔으나 최근에는 고객에 원하는 커뮤니케이션 요구에 맞춰서 분류하기도 한다. 그것은 서비스 종업원에게 있어 커뮤니케이션 능력이 중요하기 때문이다. 여하튼 종업원은 선천적으로 서비스지향성을 갖은 사람을 채용하는 것이 가장 바람직하다. 서비스 조직이 고객서비스 지향성을 갖고 운영을 하면 고객이나 종업원 모두 좋은 결과를 얻게 된다. 고객서비스지향성이 결과적으로 우수한 서비스 실천을 낳고 그것을 고객이 발견할 수 있으면 결국 서비스 기업에 대한 만족도는 높아지게 된다.

끝으로 그들의 직무가 얼마나 잘 통제되고 조직화되느냐 하는 문제이다. 서비스 종업원은 서비스 조직과 고객사이의 접점에 있어 다른 종업원보다 융통성이 있어야 하고 적응성이 높아야 한다. 그래서 엄격하게 통제된 시스템은 실제 실행하기가 힘들다. 보다 탄력적인 조직구조와 운영방법이 필요하다. 고객과의 접촉 시 쉽게 결정 내릴 수 없는 여러 가지 불확실한 사안들이 발생할 때 잘 처리할 수 있는 특별한 능력이 요구된다.

강도 높은 교육훈련

제대로 된 역할을 할 수 있게 종업원들을 강도 높게 훈련시켜야한다. 서비스를 효율적으로 생산하여 배달할 수 있는 기술적 기량을 길러야 하고 고객을 다루는 개인상호적인 사회적 기량을 교육, 훈련시키려면 시간이 걸린다. 서비스 교육을 시킬 때 우선 특수한 서비스에 필요한 전문적인 기술을 훈련시킨다. 특히 커뮤니케이션 능력과 판매능력의 개발에 힘써야 한다. 은행에서는 각 직급마다 필요한 훈련교육과정을 정해 놓고 주기적으로 실시하고 있다. 훈련에서는 창구직원의 접객매너와 제공 서비스의 범위, 고객의 요구를 파악해서 필요한 새로운 서비스를 권고하는 방법 등을 포함하고 있다. 어느 부문에서 효율적으로 판명된 것은 수집해서 초보자들에게 교육시킨다. 그러나 서비스에서는 예기치 못한 상황에 대처하는 능력을 교육시키는 게 중요하다 그래서 어떤 서비스 기업에선 어떤 상황에서도 능숙하게 대처할 수 있게 교육훈련을 시키고 있다는 것을 광고하기도 한다.

또 개인상호관계에 대한 사고와 교육훈련이 중요한데 이는 주로 열의나 태도변화에 초점을 맞춘다. 고객과의 상호작용이 필요한 분야에 아직 준비 안 된 종업원을 배치하는 것은 치명적이다. 무뚝뚝하고 험악스런 종업원에 대해서 기분 좋을 고객은 없을 것이다. 그래서 밝고 명랑하고 긍정적인 품성과 태도를 가진 종업원을 배치해야한다. 간접적인 방법이긴 하지만 종업원에게 자사의 서비스를 할인해서 사게 해보는 방법도 있다. 이런 식으르 하면 종업원은 고객의 입장에서 자신의 서비스를 볼 수 있고, 또 강점과 약점은 무엇인지를 스스로 체험하게 된다. 호텔에서 종업원에게 리조트를 이용케 하거나, 항공사에서 무료항공권을 제공해서 이용해보게 하는 것도 다 그런 이유 때문이다. 마지막으로 종업원에게 가치를 주입시키는 교육훈련을 하는 것으로 이는 서비스 문화와 관련된 것이다.

교육훈련만 시키고 그 결과를 체크하지 않으면 아무 소용이 없다. 그래서 교육훈련 후 종업원에게 어떤 변화가 일어나고 있는지를 파악해 두어야 한다. 주기적으로 성과나 행동변화를 측정하여 부족하거나 필요한 부분을 강화시켜나가야 한다.

내부마케팅의 실천

서비스 조직의 표준기준에 맞춰서 서비스 질을 유지하고 수행능력을 향상시키려면 외부마케팅 뿐만 아니라 내부마케팅에도 신경을 써야 한다. 내부마케팅의 개념은 고객지향적인 마케팅의 개념을 고객에게 서비스를 제공하는 내부종업원에게 적용한 것이다. 내부마케팅을 최고의 사람을 뽑고 유지해서 최선의 일을 할 수 있게 하도록 외부고객에게 봉사하는 사람들(종업원)에게 마케팅의 철학과 실천을 적용하는 것이다. 말하자면 종업원을 내부고객으로 보고 직무를 고객의 욕구를 충족시키기 위해 설계된 내부제품으로 보는 것이다. 서비스 조직이 종업원에게 더 좋고 더 만족스런 직무를 주면 결국 좀 더 효과적인 서비스 마케팅 조직이 될 수 있을 것이라는 가정에서 출발한 것이다. 소위말해 「고객에게 서비스를 팔기 전에 먼저 종업원에게 직무를 팔아라」는 것과 「고객을 만족시키기 전에 먼저 종업원을 만족시켜라」는 사고의 실현이 내부마케팅이다.

행동의 일관성 유지

고객의 행동은 서비스 기업의 여러 사람들의 행동에 영향을 미친다. 제공되는 서비스의 질은 서비스를 제공하는 개인에 크게 의존하기 때문에 가지각색으로 다양하다. 예를 들어 은행에선 같은 서비스를 여러 고객들에게 제공하는데 실제 은행원이 제공하는 서비스 질은 상당히 다를 수가 있다. 서비스 조직에선 종업원의 활동을 일관성 있게 하는 게 매우 중요하다. 서비스 기업에선 서비스가 통일된 방법으로 고객에게 제공되는지를 분명히 하기 위해서 절차를 수립해 두는 게 필요하다. 그렇다고 해서 너무 기계적으로 행동을 엄격하게 규제하는 것도 좋지 않다. 고객의 다양성에 적합하게 절차를 융통성 있게 운영하도록 해야 한다.

한편, 종업원이 항상 좋은 고객만을 만나는 것은 아닐 것이다. 그중에는 좋지 않은 고객이 있어서 이들을 다루는데 애를 먹어 스트레스가 쌓이게 된다. 가장 나쁜 고객의 유형은 자기중심적인 고객, 거칠고 천박한 고객, 히스테릭한 고객, 권위적이고 군림하는 고객, 공짜만 바라는 고객이다. 이들의 행동은 종업원과 다른 고객에게도 악영향을 미친다. 이들을 현명하게 잘 다뤄서 일관성 있게 고객에게 서비스를 제공하려고 노력하는 것을 보여줘야 한다.

합리적인 보상시스템

어디서고 열심히 서비스를 수행하는 종업원에겐 긍정적 피드백이 중요하다. 보상을 잘해주면 동기가 부여되고 그런 행동을 다시 할 가능성이 높아진다. 보상이 잘 되면 종업원의 이탈을 방지할 강력한 수단이다. 금전적 혹은 비금전적 보상, 양자의 결합이 필요하다. 진정으로 동기를 부여하는 것은 종업원의 시각에서 의미가 있어야한다. 의미가 없으면 동기를 부여할 가치가 없다. 긍정적 행동을 고취시킬 보상을 해주는 기업들이 성공할 수가 있다.

종업원에게 주는 보상시스템은 실질적으로 도움이 되어야한다. 차별을 두지 말고 성과를 거둔 종업원에게는 누구든 혜택을 받을 수가 있어야한다. 잘못된 이유로 잘못된 사람이 받아선 안 되고 바람직한 성과와 연계해서 제공되어야하고 적시에 주어져야 한다. 그리고 일시적이 아니라 지속성을 가져야 효과가 나타날 것이다.

지속적인 모니터와 감사

서비스 기업은 서비스 종업원의 행동기준과 규범을 세워서 이들이 그런 기준을 준수하고 있는지를 계속 확인하는 평가시스템을 갖추고 있어야 한다. 그런 기준을 세우고 유지하는 방법 중에 하나가 바로 서비스 종업원감사(service personnel audit)이다. 이는 서비스 종업원의 활동이나 행동을 체계적으로, 객관적으로, 종합적으로 평가하여 잘못된 점이 있으면 시정하고, 개선하여 효과적인 마케팅이 이뤄지도록 하는 것이다.

종업원의 서비스 수행성과를 청취하여 평가하는 방법은 여러 가지가 있으나 서비스 조직의 유형이나 종업원의 수에 따라서 결정될 문제이다. 보통 판매관련시스템, 불평시스템, 제안제도, 감사방문, 고객만족도 조사와 같은 방법이 있다. 최근에는 e-mail, website 등 정보기술을 이용하여 간편하고 간단하게 종업원들의 서비스수행을 체크할 수가 있다.

① 판매관련시스템

대부분의 서비스 기업들은 고객과 종업원의 만족을 측정하는 수단으로 매출성장률, 시장점유율, 수익률, 반복구매율 등과 같은 판매관련시스템을 이용한다.

② 불평시스템

고객이 불평할 수 있는 기회를 갖지 못하면 결국 기업과 거래를 중단하게 되고 구전을 통해 현재 및 잠재고객에게 나쁜 이미지를 퍼트려 결국 기업에 손해를 끼친다. 그래서 서비스 기업에선 고객 불평을 듣고 이를 처리해 주는 전담부서가 필요하다.

③ 제안제도

이는 서비스 기업이 어떻게 서비스를 수행해야 더 좋아질 것인지에 대해 고객과 종업원들의 의견을 모으는 방법이다. 서비스 개선이나 시스템 개선에 좋은 아이디어를 수집하려면 제안에 대한 인센티브가 뒤따라야 효과적이다.

④ 방문감사(audit visits)

예고 없이 방문해서 여러 가지 체크사항을 질문하여 감사하는 경우도 있고 소위 말하는 암행감사를 파견하여 비밀리에 종업원들의 수행상황을 체크하는 경우도 있다. 사전에 체크할 내용이나 대상을 정해 놓고 관찰자를 훈련시켜 서비스 수행상태를 감사하게 하는 것이다.

⑤ 고객만족도조사

서비스 기업은 자신들이 제공한 서비스에 대하서 고객들이 만족하고 있는지 여부를 주기적으로 조사해야 한다. 호텔객실에는 호텔서비스 전반에 걸친 고객의 만족도를 조사하기 위한 설문지를 항시 비치혀 두고 있는 경우가 많다. 또 주기적으로 고객을 초청해서 각 부문에 대한 의견을 청취하기도 한다. 이러한 고객만족도 조사를 통해 기업은 개선해야 할 점과 시정할 영역을 알 수가 있다.

서비스종업원의 의상과 차림새

서비스 종업원의 외양도 이미지 형성과 서비스 질을 나타내는 한 요소가 된다. 종업원의 외양은 우선 유니폼이나 옷의 스타일로 나타난다. 항공사, 호텔, 은행 등은 각각 특성 있는 유니폼을 개발하여 독특한 이미지를 창출하고 있다. 일정한 신장이나 연령에 해당되는 사람만 뽑기도 하고 머리스타일이나 화장까지도 일정한 기준을 따르게 한다. 엄격한 획일성을 강조하지 않더라도 누가 봐도 수용할만한 수준으로 외양을 갖춰야한다는 서비스 기업도 있다.

서비스종업원의 차림새를 어떻게 할 것인지도 중요한 결정사항 중에 하나이다.

- 증거제시: 서비스조직의 고객은 제품과 달리 서비스제품의 우수성을 평가할 유형적 증거가 적다. 유니폼은 서비스의 유형성을 측정할 기회를 준다. 유니폼의 스타일, 컬러, 액세서리 등은 물리적 증거의 중요한 형태이다.
- 메시지를 보냄: 유니폼의 디자인을 통해서 고객에게 바람직한 이미지를 나타내는 메시지를 보낸다. 유니폼은 조직과 그 서비스가 공식적인지 비공식적인, 전통적인지 현대적인지, 기발한지, 예측가능한지를 나타내준다. 유니

폼은 서비스조직에서 중요한 포지션닝 도구이다.

- 위험을 축소함: 유니폼은 고객에게 쉽게 눈에 띄게 하여 서비스배달과정을 지원한다. 유니폼을 입고 있으면 어디 있는지 확인을 잘된다. 종업원간의 결속도 의미하고 조직목적에 대한 인식을 높여 위험인지도 낮춰준다.
- 일관성을 확실히 함: 유니폼을 입으면 종업원은 더 일관적인 외양을 만든다. 스타일, 색채, 패턴이 일정하면 안정성과 신뢰성이 생기게 된다. 종업원이 제공한 서비스가 좀 더 일관성이 있게 인식되도록 한다.

그러나 유니폼을 착용하게 하는 것이 단점도 있다. 종업원의 자기표현욕을 제한하여 개성이나 자아의식을 해칠 수 있다. 유니폼을 입히는 것의 심리적, 재무적 비용과 그 편익을 비교해서 평가를 종합한다. 유니폼은 회사의 물적 환경과 마케팅 커뮤니케이션과 같은 물적증거를 통해 보이려는 전반적인 조직의 이미지와 일치해야한다.

잘못한 종업원의 처리

모니터링을 통해서 파악된 기준 미달의 종업원의 피드백도 중요하다. 반복해서 성적이 불량한 경우, 기업은 어려운 상황에 처하게 된다. 전면부건 후면부건 불량한 서비스는 허용돼서는 안 된다. 전면부에서의 불량은 고객으로선 더욱 불가하다. 잘못한 서비스를 한 종업원은 재교육을 통해서 스스로 재생되어야한다. 다른 동기부여방법이 강구되어야하고 전면부 직원이라면 고객 상대 업무에서 빼야한다. 잘못한 문제는 바로 서비스기업에게 부정적인 인상을 주게 되므로 고객에게 나쁜 영향을 주는 종업원은 후면부로 교체시켜야한다.

12.3. 권한부여

종업원의 권한부여(empowerment)는 고객의 욕구에 즉시 창조적으로 대응하기 위한 재량권을 주는 것이다. 유명서비스기업은 그런 방법을 통해서 그들을 즐겁고 힘차게 일할 동기를 부여하였다. 고객을 만족시킬 책임과 권한을 갖게 함으로써 조직이 성공할 수 있게 만들었다. 권한부여는 종업원에게 정보, 보상, 지식, 권한을 공유하게 함으로써 고객에게 더 잘 반응할 수 있게 하는 관리적 실천행동이다. 그들에게 이런 중요한 요소에 쉽게 접근케 함으로서 고객과의 상호작용을 더 잘하도록 하여 고객욕구에 맞추도록 하는 것이다. 그렇다고 해서 모든 서비스조직이 덕을 보는 것은 아니다. 권한부여의 이득과 비용을 같이 검토해야 한다.

권한부여의 이득

권한부여는 기업과 고객에게 득이 되는데 우선은 고객욕구에 즉시 반응을 할 수 있게 하고, 불만족한 고객에게도 즉시반응, 더 큰 종업원만족, 종업원의 열성고취, 창의적인 종업원의 노력투입, 종업원과 고객의 충성도 향상 등이 편익이다.

- 서비스배달동안 고객욕구에 더 신속한 반응: 권한을 부여받은 종업원은 고객을 돕는데 있어 일일이 경영자의 허가를 받지 않아도 된다. 고객욕구를 파악하면 즉시 고객을 만족시킬 수 있는 행동을 취할 수가 있다. 그런 행동들이 서비스우수성에 대한 고객인식을 크게 향상시킨다.
- 서비스회복 중에 불만족한 고객에 대해서 신속한 반응: 실수를 해도 권한을 부여받은 종업원은 문제를 해결할 조처를 신속히 취할 수가 있다. 서비스실패에 대한 고객의 불안감과 분노를 빨리 해소할 수가 있다. 빨리 조처를 취하면 오히려 고객의 분노가 쉽게 풀어질 수도 있다. 그것이 고객이 서비스

조직에 얼마나 중요한 존재인지를 각인시켜줄 기회가 되기도 한다.

- 종업원들도 그들의 직무와 자신에게 더 만족하게 됨: 종업원들은 자신의 직무수행에서 권한을 부여받으면 더 직무만족과 자존심을 강화시킬 수 있다. 자신이 조직의 번영에 크게 기여하는 존재라는 것을 느끼게 된다. 미미한 존재가 아니라 전반적인 서비스수행에서 중요한 역할을 하고 있음을 의식하게 된다.
- 종업원들이 고객에게 더 따듯하고 열성적으로 대하게 됨: 만족하고 권한을 부여받은 종업원은 고객을 더 세심하게 배려하고 관심을 갖게 된다. 고객과의 상호작용에서도 질을 개선하게 된다. 고객의 특별한 욕구에 더 열의를 갖고 대처할 것이다. 고객을 필요한 골칫거리로 생각지 않고 진심으로 손님으로 환영하게 된다.
- 권한을 부여받은 종업원은 더 큰 아이디어의 원천임: 경영자에게 서비스개선에 대한 아이디어를 제안하게 되는데 이는 조직에서 주인의식을 갖고 임하기 때문이다. 경계확장자의 역할로 인해 고객대우와 서비스배달방법을 좀 더 효과적 효율적으로 처리할 아이디어를 짜내게 된다.
- 더 큰 구전효과: 종업원에게 권한을 부여함으로써 그들이 구전커뮤니케이션을 잘하여 고객을 충성적으로 만들 가능성을 높여준다. 종업원으로부터 좋은 서비스를 받은 고객은 타인과 서비스경험을 나누게 된다. 자신이 받은 좋은 서비스에 대한 답으로 서비스조직에 더 강한 유대감을 갖게 된다. 권한부여를 받은 종업원은 고객을 특별한 손님으로 대접하게 된다.

권한부여의 비용

권한부여가 좋은 점도 있지만 그에 따르는 문제도 많다.

- 종업원 선발과 훈련에 큰 비용투자: 엄격하게 규정을 준수하는 종업원보다 요구사항이 더 많고 종업원 선발과 훈련에 노력이 많이 필요하다. 여러 가

지 행동을 하도록 요구하기에 배치하고 개발하는데 돈이 든다. 새로운 문제 해결 권한을 행사할 방법에 대한 지식 없이 고객을 대하는 위치에다 배치하는 것은 치명적이다.

- 높은 인건비: 권한부여를 하게 되면 훈련비용이 높아져 단기적으로 활용할 임시직원을 채용할 수가 없다. 풀타임직원을 더 써야하므로 급여도 더 줘야 하고 수당 등도 더 지급해야한다. 이들은 자신이 권한부여를 못 받은 직원들보다 더 자격을 갖추고 더 훈련을 받았다고 생각해서 더 높은 급여를 요구할 것이다.
- 서비스배달이 늦어지거나 일관성을 잃게 됨: 고객에게 세세한 신경을 쓰다 보면 더 시간을 쓰게 된다. 단골에다 하는 식으로 하다 보니 일관성이 잃게 된다. 특별한 요구를 하지 않는 고객은 다른 단골의 요구를 들어주는 동안 기다려야한다. 그들의 권한을 다른 식으로 표명하여 문제를 낳게 된다.
- 페어플레이의 위반가능성: 권한부여를 받은 종업원이 다른 고객에게 특별 대우를 해주는 것을 보면 자신이 불공정하게 대우를 받고 있다고 느낀다. 그 결과 고객은 화나게 되고 불공정하게 대우한다고 느낀다. 아이러니하게도 한사람을 즐겁게 하는 것이 다른 고객을 화나게 하는 꼴이 되기 싶다.
- 무료증정과 나쁜 결정: 권한부여를 받은 종업원은 잘못된 결정을 하고 합리적인 기준을 넘어서 고객을 만족시키려한다. 권한도 없이 공짜나 할인 가격으로 제품이나 서비스를 주는 사고를 치기도 한다. 그래서 세심한 훈련 모니터 경험이 있어야 무료증정이나 나쁜 결정을 막는데 이를 완벽히 막을 순 없다. 그러한 경우를 기록하여 잘못된 결정을 못하게 만들 수 있다. 그럼에도 불구하고 권한부여의 불필요하고 과잉행동에 따른 비용은 감수할 수밖에 없다.

권한부여의 수준과 요건

종업원에게 부여하는 권한부여의 수준은 첫째, 서비스를 개선시킬 제안을 할 수 있게 허용하는 것으로 낮은 수준의 권한부여이다. 제안만 할 수 있지 스스로 실행할 권한은 없다. 둘째는 종업원에게 그들 자신의 직무내용을 검토하여 조직 내에서 그들의 역할을 정의할 수 있게 허용하는 것이다. 셋째는 종업원이 팀워크, 문제해결, 보상할당 등에서 스스로 결정하여 관리할 수 있게 허용하는 것으로 높은 수준의 권한부여이다.

앞에서 설명하였듯이 권한부여가 비용이 들고 서비스 질의 일관성 유지가 힘든 경우가 생기기 쉽다. 권한부여는 타부서의 지원을 받지 못하거나 기술의 효과적인 운영이 안 되면 오히려 부정적인 결과를 낳기가 쉽다. 은행에서 직원에게 여신에 대한 재량권을 주는 것은 정교한 신용평가시스템의 지원이 있어야 가능한 것이다. 따라서 권한부여와 재량권부여는 서비스전략, 편익개념, 기술, 서비스 환경, 과정을 고려해서 결정해야한다.

서비스 즉흥대처의 필요성

즉흥대처는 권한부여와 밀접하게 관련이 있다. 권한이 부여된 종업원은 서비스 과업에서 임기응변적 대처를 잘 할 수 있다. 고객에게 우수한 서비스를 제공하는데 있어 자신이 창의적으로 다양한 상황에 대처할 수 있는 재량권을 갖는다. 종업원이 재량을 갖고 즉흥적으로 대처해야하는 중요한 상황이 있다. 금융서비스, 교육, 예술 공연, 수리서비스 등은 서비스배달과정에서 생기는 상이한 상황에 적응하도록 한다. 식당에선 보디랭귀지, 눈 맞춤, 즉석발언 등을 통해서 상황에 맞는 우수한 소비자경험을 제공하도록 하고 있다. 즉흥대처는 연극, 재즈연주 등에서 잘 볼 수 있다. 고객의 반응을 읽고 신속히 대응하는 능력을 보여야한다. 팀 서비스를 하는 경우 조화를 이뤄서 즉흥적으로 대응할 수 있는 노력이 요구된다.

12.4. 감정노동과 스트레스

감정노동

인간이 감정을 표현하는데 있어 표면행동은 외부감정에 초점을 맞추어 의식적으로 감정표현을 수정하고 통제하는 것이며, 내면행동은 바람직한 감정을 표현하기 위해 내부감정에 초점을 맞추어 자신의 감정을 표현하는 것이다. 속으론 슬프고 우울함에도 불구하고 겉으로 밝은 표정과 웃음을 지어야한다면 이는 표면행동이고, 슬프고 우울한 기분이라면 그대로 겉으로 슬픈 표정을 지었다면 내면행동에 충실한 것이다. 바로 감정노동은 표면행동 때문에 나타나는 정신적 심리적 피로감이다.

감정노동(emotional labor)은 양질의 서비스를 배달하는데 필요한 육체적, 정신적 기량을 초과해 넘는 노동을 말한다. 서비스종업원은 감정노동을 통해서 조직이 원하는 감정으로 표현해야하기에 그만큼 육체적, 정신적으로 힘든 것이다. 처음 보거나 다시 만나지도 않을 수 있는 사람과 인사하고 미소를 짓고 눈을 맞추고 관심을 보이고 친절하게 대화를 나누는 것이 일선 종업원으로선 엄청난 양의 감정노동을 요하는 것이기 때문이다. 인간인 이상 속마음을 억누르고 밝게 웃고 친절히 응답하는 것이 진실 된 감정표현이 아닌 거짓표현일수 있으나 직무수행 상 그래야하는 것이 스트레스와 감정소진을 가져온다. 승무원, 판매원, 호텔직원, 콜센터직원, 텔레마케터, 간호사 등은 감정노동이 심한 직업군이다.

좋은 서비스 질에 대한 고객인식은 종업원에 달려있다. 서비스에 대한 긍정적 반응이 나오게 하는 것은 종업원책임이다. 고객의 필요와 욕구에 맞출 수 있게 즉흥대처와 맞춤서비스가 필요한 서비스의 경우 그러하다. 이 경우 고객은 종업원의 친절함과 관심, 매너, 감정적 성격에 크게 인상을 받는다. 종업원은 실제 자신의 속마음과는 정반대라 할지라도 고객에게 즐거운 마음, 순수한 관심, 깊은 배려를 서비스배달과정에서 보이는 것이 중요하다.

서비스종업원의 감정은 긍정적이건 부정적이건 고객의 감정반응에 영향을 주는 전염효과를 갖는다. 긍정적인 감정노동을 표하라는 요구는 종업원으로선 스트레스가 쌓이고 정신적으로 힘든 일이다. 화를 내거나 폭언, 욕설을 하는 고객에게, 또 부당한 서비스를 요구를 하는 손님에게 거짓 미소를 지으며 서비스를 하기는 정말 힘들다. '손님은 왕'이니 무조건 참으라는 회사의 방침과 종업원에게 전적인 책임을 돌리는 상황에서 난처해진 종업원은 심한 감정노동을 경험하게 되어 심하면 우울증이나 자살충동 등 심각한 후유증을 겪게 된다.

종업원들의 감정노동을 줄이려면 원칙적으로 고객과의 상호작용에서 우호적인 감정반응을 일으킬 종업원을 채용하고, 청취력과 문제해결능력을 훈련시키고, 관리함으로써 감정노동에 대처할 능력을 높이는 것이 필요하다. 그리고 서비스조직은 직무로테이션, 주기적인 휴식, 휴가, 감정노동 수당지급, 팀워크 강화, 감정노동자 힐링 프로그램 개설 등을 통해서 종업원이 감정노동을 대처해갈 수 있게 교육시켜 대응력을 갖게 해야 한다. 중요한 것은 그러한 감정노동 상황의 발생을 원천적으로 최소화할 여건을 조성하는 것이 중요하다.

스트레스와 긴장

서비스종업원이 되는 게 쉽지 않은 것은 기업외부의 환경과 내부조직과 모두 상호작용 하기 때문이다. 서비스를 생산하는 과정에 참여하면서 또 조직을 대표하는 역할을 하면서 정보를 수집하는 등 다양한 역할을 수행한다. 서비스성격에 따라 웨이터나 포터와 같은 하위의 서비스를 제공하는 역할에서부터 컨설팅, 자문 등 전문서비스를 제공하는 역할을 수행하고 있다. 서비스종업원은 항상 조직으로부터 고객은 왕이니 무조건 옳다는 식의 얘기를 들으면서 일하기 때문에 자기 생각이나 느낌과 자주 부딪히는 경험을 한다. 그래도 참아야하기에 감정을 억압하고 억지로 미소를 짓게 된다. 감정노동자로서 갖게 되는 스트레스가 쌓일 수밖에 없다. 서비스조직과 종업원 간의 갈등, 서비스조직과 고객 간의 갈등, 고객과 고객 간의 갈등 속에서 종업원은 갈등해결의 중심에 서야할 경우가 많다. 하지만 위상으로 봐서 쉽게 해결할 위치가 아닌 경우가 더 많다. 이런 것들이 바로 종업원들의 스트레스와 간장, 감정소진을 가져오게 만든다.

역할의 갈등과 스트레스가 쌓이면 불만족, 불안감, 나아가 이직의도가 생긴다. 심하면 고객을 피하거나 관심을 쏟지 않고 무생물처럼 대하는 경우가 생긴다. 아예 서비스를 망치려고 악의적인 행동을 하는 사보타이지가 일어날 수도 있다. 결국 이러한 종업원의 생각이나 태도와 행동이 고객에게 서비스 질에 대한 나쁜 인식을 심어주게 된다. 결국 갈등을 줄일 수 있는 방안에 대한 검토가 필요해진다. 역할을 분명히 해주고 광고로 너무 고객이 기대를 하지 않게 하고 비교적 동질적인 기대를 갖도록 하여 갈등을 줄게 해야 한다.

전통적으로 서비스종업원들은 낮은 급여와 감정노동으로 인한 육체적, 정신적인 스트레스, 낮은 사회적 인식 등으로 이직률이 높은 업종이 많다. 따라서 이들의 이직을 낮추고 계속 확보하여 유지하는 것이 중요하다. 종업원의 이직은 신규 채용의 노력과 채용관련 비용, 새로운 교육훈련 비용, 신임 종업원의 기술적, 개인상호적 기량의 미흡 등으로 생기는 손실이 크므로 서비스조직이 안게 되는 비용이 크다. 대책으로는 보상의 조정, 편익제공의 서비스, 역할 갈등이나 모호성의 최소화, 올바른 선발과 모집 등이 조화롭게 연계되도록 노력해야한다.

12.5. 서비스종업원의 생산성 극대화

서비스종업원에 대한 결정에서 가장 중요한 것은 그들이 우수하게 서비스과업을 수행하게 하는 것이다. 복잡한 문제가 생기는 것은 매력이 없고 보상도 잘 안되고 평가를 제대로 못 받는 일을 하는데서 생긴다. 이러면 경영자가 원하는 주의력의 집중이 제대로 될 수가 없다. 재량권은 종업원이 과업을 수행하는데 최대의 노력과 과업을 그럭저럭 수행하는데 필요한 최소의 노력 간의 차이를 말한다. 재량권을 가진 종업원이 최대로 수행하도록 동기를 부여하는 일이 과제이다.

종업원이 재량권을 최대로 발휘하려면 책임을 다할 수 있는 의지와 능력이 중요하다. 두 가지가 다 부족하면 서비스조직에 문제가 생긴다. 능력은 있는데 의지가 없으면 고객이 떨어져나가고 의지는 있으나 능력이 뒷받침이 안 되면 무능한 것으로 보여 진다. 능력도 의지도 없으면 조직은 심각한 곤경에 빠지게 된다. 재량권을 최대로 발휘하게 되면 종업원은 '나는 모른다', '내 일이 아니다', '나는 여기서만 일 한다'라는 말을 하지 않고 즐겁게 고객에게 서비스를 할 수가 있다.

종업원의 잠재력을 활용하려면 서비스조직은 종업원이 우수성을 확실히 발휘할 수 있게 해야 한다. 좋은 종업원을 발굴, 개발하는 것만으로 충분치 않다. 그들의 우수성이 계속 발휘되도록 고취해야한다. 처음에는 잘 하다가도 점점 그런 재량권 발휘가 사라질 수 있다. 올바른 채용하고, 훈련시키고, 모니터하고, 보상을 주어 기업이 원하는 최대노력을 경주하게 만들어야 한다.

종업원의 생산성은 다른 식으로도 향상될 수 있다. 서비스조직은 내부마케팅 프로그램을 시행을 하면 큰 편익을 볼 수가 있다. 내부마케팅은 종업원을 서비스조직의 내부고객으로 보고 대우하는 정책이다. 종업원의 필요와 욕구를 반영하고 조직과 그 정책을 종업원에게 촉진하는 정책이다. 내부마케팅을 잘하면 내부고객이 종업원이 만족하게 되고 만족한 종업원은 결국 고객만족을 가져오게 열심히 일할 것이라는 전제가 깔려 있다.

내부고객에 마케팅 하는 첫 단계는 직무를 종업원에게 매력적으로 만드는 일이다. 높은 보수 외에도 다른 직무특성, 예를 들어 쾌적한 직무환경, 이익분배, 유연한 근무시간, 수당, 좋은 동료, 경영자로부터 좋은 대우, 권한부여 등 이런 요인들이 다 중요하다. 우수한 서비스를 제공하는 종업원을 유치하고 유지하려면 이런 요소들이 감안되어야한다. 내부마케팅을 잘 수행하면 종업원은 최대로 재량을 발휘해서 과업을 수행할 것이고 그들과 조직 간의 유대도 돈독해진다. 그리하여 내부마케팅은 서비스종업원을 동기부여 하는 효과적인 방법이다.

서비스조직은 종업원이 부여된 과업을 잘 수행하여 생산성을 극대화하려면 기술을 활용할 수 있게 해야 한다. 평범한 반복적인 일을 더 잘하기 위한 방법을 개발하거나 혹은 신장비나 절차를 통해서 복잡한 일을 단순하게 함으로써 종업원은 일을 더 쉽게 할 수가 있다. 동시에 적당한 기술로 종업원을 지원해주면 고객에게 만족스런 서비스경험을 확실히 하게 해준다. 기술사용으로 서비스의 주문이나 비용청구 등에서 효과적으로 대처할 수가 있다.

서비스의 자동화

대부분의 서비스 산업은 인간중심적이고 노동집약적이다. 하지만 서비스 생산에 있어 대체적 방안(기계화)을 도입하면 이런 인간적인 접촉을 크게 줄일 수가 있다. 신용카드, 자동세차기, 자동현금출납기 등은 인간중심 서비스를 기계로 대체한 것이다. 이런 서비스의 기계화는 고객이 이제까지 서비스 제공자와 접촉했던 방식을 전혀 새롭게 바뀌게 만든다. 따라서 서비스 기업은 이런 새로운 기계화가 고객에게 어떤 편익이 있는지, 또 그것을 어떻게 받아드리고 있는지, 그런 혁신을 제대로 이해하고 사용할 줄 아는지를 파악해서 고객의 협조를 얻도록 해야 한다.

전통적으로 서비스 사업이 노동집약적이지만 어떤 서비스에서는 생산과 마케팅에서 보다 혁신적인 방법을 사용하고 사람보다는 장비를 이용하면 훨씬 서비스의 수준을 향상시킬 수가 있다. 그런 단계에선 서비스 경영자의 태도뿐만 아니라 소비자의 태도도 변해야 한다. 새로운 유통방법을 개발하는데 있어 소비자의 수용과 제품의 특성이 고려되어야 한다. 새로운 생산 및 배달방법이 소비자와 서비스 종업원간의 접촉을 줄이는 것이라면 그것에 대한 소비자의 이해와 수용이 매우 중요하다. 서비스의 자동화가 개인적인 접촉 보다는 효과적인 서비스를 받을 수 있다는 인식을 갖게 하는 게 중요하다.

최근 서비스를 자동화된 수단을 이용해서 제공하는 경우가 점점 많아지고 있지만 한편으로 법률이나 회계서비스같이 직접 접촉만이 가능한 서비스도 많이 있고 그런 분야에서는 서비스를 자동화하기가 힘들다.

12.6. 인적자원관리와 리더십

작업장의 추세

서비스종업원이 일하는 작업장에도 큰 변화가 일고 있다. 가장 큰 변화의 추세 중에는 정보기술의 활용이라 할 수 있다. 정보기술을 활용함으로써 고객에게 더 큰 서비스를 해줄 수가 있다. 기술의 발달이 서비스의 생산과 배달방식에 큰 영향을 미쳤다. 새로운 유형의 의과수술, 고속철도서비스, 위성통신 등이 서비스의 산업화를 가능하게 만들었다. 그리고 정보기술을 이용한 고객관계관리(CRM)와 협상을 통한 새로운 조직문화의 풍토가 중요함을 인식시키는 계기도 되었다. 그리고 서비스조직의 글로벌화와 고객이나 종업원의 다문화 배경이 새로운 조직문화의 탄생을 이끄는 요인이 되고 있다. 노동력의 다양화로 인한 파트타임, 비정규직 인력의 등장도 작업장의 변화를 가져왔다.

인적자원관리

서비스 조직의 성패는 인적자원을 얼마나 잘 관리하느냐에 달려 있다고 해도 과언이 아니다. 그래서 서비스 종업원을 모집, 선발, 훈련, 배치하고 동기를 부여하는데 크게 신경을 쓰는 이유도 거기에 있다. 서비스 기업에서 일하는 사람들은 각기 다른 사회적 환경에서 독특한 욕구와 동기를 가진 사람들이다. 이들은 개인으로서 자신이 갖고 있는 욕구와 기업의 사업욕구가 같이 맞아떨어질 때 기업을 위해 자신의 모든 에너지를 쏟으려할 것이다. 이를 뒤집어 설명하면 서비스 조직이 종업원 개인을 위해 적정한 환경을 만들어주면 그들은 기업을 위해 모든 노력을 한다는 의미이다. 바로 이런 사고는 서비스 기업이 고객뿐만 아니라 종업원에게도 스스로를 마케팅 해야 된다는 주장을 합리화시키는 배경이 된다. 서비스 기업은 자신의 성장욕구와 서비스 과업에 잘 맞는 사람 중에서 필요한 인원을 뽑아야 한다.

실제 경험이나 전문기술은 없어도 일을 하고 싶어 하고 서비스에 흥미를 강하게 느끼는 사람들을 뽑아 훈련시켜 일을 시키면 매우 성과가 높은 예가 많다. 따라서 서비스 기업은 그러한 종업원들의 삶에 대한 욕구와 내적 에너지를 이해하고 그들이 성취감을 얻을 수 있게 기회를 제공하고 일을 설계하는 게 무엇보다 중요하다.

만일 일과 개인의 취미나 흥미를 분리해서 일을 시킬 경우 결국 서비스 질은 하락하고 비용만 들게 되는 결과가 된다. 비록 단순한 일이라도 그 일에서 개인적인 해방감과 성장기회를 발견할 수 있다면 그런 사람은 헌신적으로 자신의 능력을 발휘하게 될 것이다.

서비스 기업에서 종업원의 인간적인 요소가 고객의 서비스 평가와 재구매에 영향을 미치므로 서비스 기업에서 인적자원관리가 중요한 것이다. 서비스에서는 고객과의 양호한 관계유지가 중요하고 그것이 서비스 평가의 전제가 된다. 그럼에도 불구하고 고객과 직접 접촉하는 일이 단순하다하여 경험 없고 숙련되지 않은 초보자를 배치하는 경우가 많은데 이는 크게 잘못된 일이다. 특히 고객과의 접촉이 많은 대인 서비스에서는 이 점을 항시 구념해야 한다.

서비스종업원의 직무는 몇 가지의 과업으로 이뤄진다. 예를 들어 호텔 식당에서 일하는 종업원의 직무는 식탁정리, 주문받기, 음식배달, 보조서비스제공, 식탁치우기, 청소, 인사 등의 과업으로 구성되며 또 이들은 구체적인 행동으로 구성된다. 따라서 직무설계(job design)는 누가(종업원의 신체적, 정신적 특성), 무엇을(실행할 과업), 어디서(조직의 위치와 근로위치), 언제(작업시기), 왜(조직존재 이유, 종업원의 목표와 동기), 어떻게(작업수행방법)에 관한 구체적인 내용을 결정하는 것이다.

서비스조직은 직무설계 시 종업원에게 흥미를 줄 수 있게 다양한 일을 할 기회를 제공하여 직무확대와 직무충실화를 기할 수 있도록 해야 한다. 종업원이 자기직무를 설계하고 조직하고 통제할 수 있게 해야 직무충실화가 가능해진다. 그리고 직무설계 시 종업원이 일할 물리적인 환경을 고려해서 편안하고 즐겁게 일을 할 수 있도록 한다. 여러 가지 기술집약적인 장비를 다룰 수 있도록 하여 다양한 일을 할 수 있게 교육훈련을 강화시키는 노력을 해야 한다.

경영자의 리더십

다양한 고객층을 상대하는 종업원이 열성적으로 고객에게 서비스를 하도록 동기를 부여하는 것은 경영자의 몫이다. 여러 가지 역할이 있지만 무엇보다 경영자는 종업원이 열과 성을 다해 최고의 성과를 내도록 동기를 부여하는 일이 중요하다. 그러려면 어떻게 하는 것이 동기화에 도움을 주는지를 알아야한다. 개인은 자신의 노력이 기업 전체에 어떻게 기여를 하는지를 이해할 때 훨씬 일을 잘한다. 자신의 조직성공에 대한 기여와 자신이 받는 보상간의 직접적인 관계를 알면 더 동기화가 된다. 또 자신이 일을 수행하는데 필요한 기술과 지식을 갖고 있다는 것을 알면 더 동기화된다. 팀워크를 발휘해서 혼자가 아니라 같이 협동하여 일을 할 때 더 동기화된다. 마지막으로 개인은 일을 하는데 있어 방법에 대해 자율과 재량을 가질 때 가장 동기화된다는 사실이다. 물론 이런 요소들을 통합해서 관리한다는 것이 쉬운 일은 아니다. 따라서 경영자는 기술적, 조직적, 인간적인 통합기술과 조정능력이 필요하다.

과거 경영자모델은 종업원들에게 지시하고, 그들의 일을 감사하고, 성과를 평가하는데 초점을 두었다. 하지만 현대 경영자모델은 종업원이 할 일을 이해하도록 돕고, 그들의 사고와 행동을 코치하고, 성장의 기회를 제공하는데 초점을 두고 있다.

① 역할모델링: 경영자는 종업원 훈련에서 자신이 솔선수범하여 모범을 보여 고객에게 해주고 싶은 것을 종업원이 할 수 있게 지원해야한다.

② 코칭(coaching): 경영자는 종업원의 관점과 조직의 관점에서 종업원이 앞으

로 발전할 수 있는 능력을 개발하고 일을 효과적으로, 효율적으로 할 수 있도록 개인 계발계획을 짜고 실행할 수 있게 가르치고 도와준다. 그리고 종업원이 도전적인 일을 시도하게 하고 이를 촉진한다.

③ 멘토링(mentoring): 경영자는 종업원의 성과를 일정기간이 지나면 모니터 해야한다. 경영자는 교사로서, 카운슬러로서, 조언자로서 즉, 멘토로서 종업원의 활동을 지도하고 격려해주는 것이 중요하다.

④ 성과모니터링: 종업원의 기술적 측면과 고객과의 상호작용적 측면을 통해서 고객에게 얼마나 만족을 주었는지를 평가한다. 이런 평가 자료는 종업원에게 피드백 하는 것이 중요하다.

⑤ 인센티브와 처벌의 병행: 경영자는 종업원에게 인센티브를 제공해서 고객만족을 유도해야한다. 예를 들어 현금판매를 얼마나 했고, 청결한 복장을 갖췄는지, 고객에게 얼마나 관심과 주의를 기울였는지 그 성과를 측정해서 잘 했으면 인센티브를 주고 달성하지 못했을 경우 상응하는 벌을 주어 잘못이 재발하지 않도록 해야 한다.

제 13 장

고객참여와 관리

13.1. 고객참여의 기능과 역할

서비스 기업에서 고객은 제품마케팅에서 보는 것과는 다른 여러 가지 의미를 갖고 있다. 우선 고객은 서비스의 생산자로서 의미를 갖고 있다. 둘째, 고객은 서비스의 사용자로서의 의미를 갖고 있다. 셋째, 고객은 생산자 및 사용자로서 다른 고객에게 영향을 미치는 영향자로서의 의미이다. 즉, 서비스에서 고객은 서비스의 생산자, 사용자, 영향자로서의 역할을 수행하고 있는 것이다.

서비스에서 고객은 여러 가지로 참여한다. 우선 고객 자신이 서비스를 받기 전에 자료를 제공하거나 문제를 설명하는 것도 하나의 서비스 참여이다. 병원에서 환자가 자신의 건강상태나 병에 대해 설명을 상세히 하는 것이나 미장원에서 자신이 원하는 헤어스타일을 설명하는 것이 그 예이다. 두 번째는 순수하게 공동생산을 하는 것으로 서비스 생산에 직접 참여하는 것이다. 셀프서비스처럼 육체적, 정신적으로 종업원이 할 일을 대신하는 것이다. 셋째는 고객이 서비스 배달시스템에 참여하여 느끼는 가치, 동기부여, 흥미, 즐거움 등이 종업원에게 긍정적인 영향을 미치는 것만으로도 고객은 서비스에 참여한 것이 된다. 훌륭한 고객을 만나 일을 같이 하거나 서비스를 해주었을 때 좋은 감정이나 인상을 서로 갖게 됐다면 그것은 좋은 참여자가 된다. 마지막으로 고객은 다른 고객에게 서비스를 마케팅하는데 참여할 수 있다. 즉 다른 고객에게 서비스를 전하는 구전이나 조회 대상으로 서비스에 참여하는 것이다.

서비스의 공동생산자로서의 고객

고객은 서비스 산출과정에서 투입의 한 요소이다. 이것의 서비스 마케팅적 의미는 여러 가지이다. 고객이 서비스 생산과 배달과정에 좀 더 적극적인 역할을 하게 되면 서비스 기업은 노동과업을 효과적으로 어느 정도 해소할 수가 있다. 서비스 생산과정에서는 과정에서 서비스 제품이 만들어지고 동시에 고객에게 전달되는 것이다. 이런 생산과 소비의 동시성은 독특한 마케팅적 의미를 갖고 있다.

첫 번째 의미는 서비스 배달시스템에서 알 수가 있는데 그것은 고객이 참여하는 과정이기 때문이다. 서비스에서는 특히 의료나 개인적 서비스에서는 생산과정에서 고객을 분리해낼 수가 없기에 서비스 제공자가 고객에게로 가거나 아니면 고객을 서비스 시설로 오게 해야 한다. 따라서 서비스 시설은 고객을 유치하는데 있어 지역적인 한계가 있게 마련이다. 이런 생산과 고객의 상호 작용성 때문에 서비스 배달시스템은 시장 내에 위치해야 하고 그 시장의 규모에 적합한 규모를 가질 수밖에 없다.

두 번째 의미는 서비스 생산과정에서의 고객의 중요성 때문에 생기는 의미로 고객과의 접촉이 높은 서비스 시스템은 접촉도가 낮은 서비스 시스템보다 통제하거나 합리화가 힘들다. 접촉이 높은 서비스, 예를 들어 학교, 병원, 식당과 같은 서비스에서는 고객의 수요 시기나 원하는 서비스의 질이 바로 고객에 의해 영향을 받는다. 고객과 상호작용이 높으면 고객의 생산참여가 많게 되고 고객이 생산능력의 한 부분이 되는 것이므로 결국, 수요의 시기나 서비스 질은 불확실하게 된다. 왜냐하면 고객참여가 서비스 생산과정에서 유용한 방향으로 영향을 미칠 때도 있고 좋지 못한 방향으로 영향을 미칠 수도 있기 때문이다.

고객이 많이 와서 줄을 서게 하면 좋지 않은 것이고 스포츠행사 같은 곳에선 관객이 많아서 분위기가 살면 그것은 좋은 방향의 영향이 된다.

세 번째는 서비스 생산에서 요구되는 고객역할의 범위에 관한 의미이다. 고객은 돈을 지불하고 그가 원하는 서비스를 구매하는 구매자이다. 하지만 그가 서비스 생산에 참여함으로써 그는 종업원과 같이 공동생산자가 된다. 따라서 구매자와 판매자간의 상호의존성이 생긴다. 여기서 양자 간의 관계가 협동적이기도 하지만 양자 간에는 갈등도 많다. 그런 갈등은 우선 서비스 계약이 불명확할 때 계약범위에 대해서 양자 간에 갈등이 생길 소지가 있다. 또 서비스 생산과정에서 일을 하는 역할에 대한 갈등 소지가 있다. 자기가 맡은 역할이 상대의 역할에 비해 훨씬 종속적이고 의존적일 경우 갈등의 소지가 생길 수 있다. 또 서비스 종업원은 전문지식을 많이 갖고 있는데 고객은 거기에 대해 전혀 무지한 경우도 양자 간의 관계가 불균형을 이뤄 갈등의 소지가 있다. 전문서비스의 경우 고객은 서비스 제공자의 전문지식을 배우고 싶어 하나 서비스 제공자는 자기위치를 지키기 위해 거만스럽고 무시하는 듯한 태도를 보이는 경우가 있다. 그때 고객은 무력한 자신을 발견하게 된다. 병원에서 환자는 간호사나 의사에게서 그런 심리적 갈등을 자주 경험한다. 그리고 고객과 서비스 제공자간의 상황에 대한 판단 차이에서 오는 갈등도 많다. 고객은 긴박한 상황이라고 생각하는데 서비스 제공자는 일상적인 일로 보는 경우 갈등이 생긴다. 특히 병원 같은데서 많이 일어난다.

서비스에서 고객은 구매자로서만이 아니고 고객이 없이는 서비스가 생길 수 없는 공동생산자이고 또한 자원이다. 따라서 서비스 마케터는 고객의 역할에 대해서 정확히 알고 제공되는 서비스 성격에 따라 그 역할을 변경해야 한다. 고객은 계약하지도 않은 역할을 어쩔 수 없이 할 경우가 있어 분노를 느낄 때도 생긴다.

서비스의 이용자로서의 고객

서비스를 구매하여 이용하는 이용자입장에서 고객을 보는 것으로 소비자 행동과정을 거치게 된다. 소비자 행동분석에서 이 부분에 대한 것은 이미 설명했지만 소비자들은 여러 가지 욕구들을 갖고 있다. 그런 욕구는 바람직한 속성으로 바뀌어 나타나는데 어떤 속성은 명백하고 어떤 것은 모호하다. 이런 바람직한 속성은 안전성, 일관성, 완전성, 조건(분위기), 가용성, 적시성 등이다. 경쟁자들도 이러한 속성을 여러 가지 수단을 통해서 고객에게 제공한다. 고객은 서비스를 통해서 그런 속성을 평가하게 된다. 한 가지 서비스를 선택하는데 큰 영향을 미치는 우세한 속성이 있는 반면 최소한의 영향만 미치는 속성도 있다. 고객은 여러 대안을 평가한 후 그것을 서열화 한다. 소비자들은 서비스를 가격과 연관하여 서비스의 구매여부를 결정하게 된다.

다른 고객에 대한 영향자로서 고객

서비스 마케팅에서 관심의 초점은 서비스 종업원과 고객 간의 관계와 상호작용이다. 그러나 고객 간의 관계와 상호작용도 중요한 것이다. 고객은 다른 고객의 행동에 영향을 미치는데 우선 정보원천으로 영향자의 역할을 한다. 이런 영향은 구매 전 혹은 구매 후 단계에서 일어난다. 서비스 수행 중 혹은 소비과정에서 고객 간에 일어나는 상호작용의 중요성은 술집이나 식당에 갔을 때 다른 고객들의 행동에 따라서 그날 기분이 달라지는 것을 생각하면 쉽게 이해가 갈 것이다. 음악회나 운동장에서 다른 사람의 환호에 같이 휩쓸려 박수를 치는 것도 한 예가된다. 이같이 서비스 고객은 다른 고객에 의해서도 영향을 받기에 어떤 식당에선 정장을 안 한 손님을 받지 않는 경우도 있다. 여하튼 서비스 기업은 한 고객이 다른 고객에게 큰 영향을 미친다는 것을 알고 필요한 대책을 세워두는 것이 중요하다.

13.2. 고객의 참여

서비스를 구매하는 상황은 빙산을 바라보는 것과 유사하다. 제품을 구매할 때 사람들은 제품 자체에다 평가의 초점을 맞춘다. 제품을 만든 공장이 어디에 있는지 감독은 철저히 했는지 종업원의 유형은 어떤지에 대해 관심을 안 가져도 모든 게 제품 속에 담겨져 있기 때문이다. 그러나 서비스의 경우는 다르다. 서비스를 구매하기 전에는 경험할 수가 없어 소비자는 불완전한 단서로 그것을 판단할 수밖에 없다. 오직 서비스라는 빙산의 일각만 볼 뿐이다. 따라서 서비스에선 고객이 되는 과정이 매우 능동적이다. 자신이 얻게 될 잠재적인 편익을 평가하고 불확실성에 따른 위험감소에 신경을 쓰지 않을 수가 없기 때문이다.

서비스 자체를 제시할 수는 없으나 서비스 개념을 말로 기술할 수는 있다. 또 만족한 고객을 보여주거나 그런 사실을 기록으로 남길 수는 있다. 잠재고객은 어떤 유형의 고객이 서비스 기업과 관계를 맺고 있는지 그들이 자신과 같은 문제와 가치를 공유하고 있는지에 대해 관심을 갖고 있다.

또, 서비스 배달시스템과 관련된 여러 요소들에서 자신이 받을 서비스를 유추하고 평가한다. 그래서 건물이나 실내장식과 같은 것을 통해 미루어 서비스를 추정한다. 그러나 더 중요한 것은 바로 종업원이다. 접객원의 경우 종업원의 행동에서 두 가지 측면 즉, 고객에게 보여주는 관심과 공감의 정도 그리고 고객에게 봉사하려는 의지가 중요하다. 아무리 고객에게 잘하겠다는 슬로건을 내걸어도 실제 실천하지 않으면 소용이 없다. 고객은 실제로 서비스를 잘하는지 알아보고 심지어 시험도 해보려 한다. 숙련된 종업원이라면 전체 서비스 중 일부를 보여줌으로써 그가 서비스를 잘할 수 있다는 것을 보여주려 한다. 종업원은 자신과 기업이 고객에게 가치를 줄 수 있고 어떤 편익을 제공할 수 있다는 것을 자신 있게 확신시켜야 한다.

서비스 기업은 이런 고객과의 양호한 관계를 장기적으로 유지하여야 한다. 그러려면 많은 인내와 여러 가지 숙련된 기술이 필요하다. 장기적인 상호관계의 유지에 관련된 것은 관계마케팅 부분에서 다시 상술하고자 한다.

서비스고객과 그들의 행동

서비스조직의 일선에서 일하는 사람은 항상 "고객은 항상 옳다"라는 말을 듣는다. 그런데 이 말이 항상 옳은 것은 아니다. 어떤 고객은 서비스를 올바르게 사용할 능력이 부족하고 다른 고객과도 잘 지내지 못한다. 실제 서비스조직이 제공하는 것과는 사뭇 다른 서비스를 기대하면서 와서 실망하기도 한다. 저가항공사에서 일괄서비스를 기대하는 승객은 서비스의 공동생산에 참여할 수가 없다. 왜냐하면 그들은 서비스과정에서 그들의 역할을 잘 모르기 때문이다. 어떤 고객은 종업원이나 다른 고객과 잘 지내지 못하고 싸우거나 화를 내서 분위기를 망치기도 한다.

모든 고객들을 위해서 서비스경험을 만족시키려면 서비스조직은 고객과 관련된 여러 문제들을 밝혀야한다. 서비스조직이 처음에 유치하고자 의도한 고객을 유치하려면 세심한 주의를 기울여야한다. 촉진과 가격결정, 다른 마케팅수단을 통해서 서비스경험이 없는 세분시장을 유치하려면 고객을 실망시킬 수 있는 가능성을 줄여야한다. 어떻게 서비스를 즐기면서 받을 수 있는지를 고객에게 교육을 시켜야한다. 서비스에 올바르게 참여할 수 있도록 광고, 소책자, 표지를 이용한 마케팅커뮤니케이션을 통해서 필요한 정보를 제공해야한다. 그리고 서비스조직은 서비스 환경에서 고객믹스를 관리할 계획을 수립해야한다. 고객믹스(customer mix)란 서비스조직을 애호하는 상이한 여러 계층의 고객을 연령, 성, 사회경제적 배경, 지식, 경험, 인종 등의 요소가 고려되게 배합하는 것이다. 즉, 다양한 여러 계층의 사람들을 서비스할 때 생기는 경우의 어려움을 다룰 정책과 대책을 개발해 둬야한다.

서비스경험에는 여러 사람들이 관여하게 되어 협동도 이뤄지지만 때로는 갈등과 불화도 생기게 된다. 이 경우 고객관리의 핵심은 조화와 타협을 통해서 부정적인 영향을 줄이는데 초점을 두어야한다. 다른 고객에게 좋은 영향을 주는 고객이 있는가 하면 다른 고객에게 피해를 주는 고객도 있기 때문이다.

고객 대 고객의 상호작용

다른 고객의 행동영향은 감정적, 행동적 반응에 영향을 준다. 서비스 접점에서 같이 있는 다른 고객이 서비스에 대한 고객평가에 긍정적 혹은 부정적 영향을 미친다. 종업원과의 접촉보다 다른 고객의 출현과 행동이 서비스 질에 영향을 주고 고객의 서비스경험에 심대한 영향을 미치기도 한다. 서비스 환경을 같이 사용하는 서비스의 경우, 예를 들어 기차승객 중 한사람은 창문을 열려고 하고 다른 사람은 닫기를 원하면 갈등이 생기는 것이다. 흡연이나 새치기를 하는 경우도 마찬가지이다. 사람들이 붐비는 것이 짜증과 불편함을 주는 경우도 있지만 스포츠나 연예오락의 경우, 오히려 사람이 많아야 흥분이 되고 청중참여를 고취시키기도 한다. 거칠어 제어가 안 되는 아주 파괴적인 사람의 행동이 생겼을 때 그런 상황을 대처하는 종업원의 방식이 어떠하냐에 따라 서비스조직에 대한 고객의 평가가 달라질 수가 있어 고객만족을 높이기도 떨어뜨리기도 한다.

고객과 종업원간의 상호작용

고객과 종업원간의 상호작용에서 상호작용이 친밀한 경우가 있고 그렇지 못한 경우가 있을 수 있다. 서로 친밀한 관계를 유지하는 것은 서로 소통과 협동을 가져와 최적의 서비스 여건을 만든다. 의사와 환자가 서로 친밀하게 상호작용을 하면 서로 만족하게 된다. 고객이 공동생산자인 경우 친밀성이 쌍방에게 더 좋은 서비스를 경험하게 해준다.

그렇다고 해서 고객이 종업원에게 지나치게 친밀함을 보이는 것도 서비스배달이나 서비스경험을 망칠 수가 있다. 종업원의 일을 방해하고 다른 고객을 기다리게 만들고 아는 사람이나 친척, 친구 등으로 오해를 하여 서비스의 공정성을 해칠 수도 있기 때문이다. 이런 고객을 다루는 방법을 사전에 교육시켜야 한다.

고객과 종업원 간에 상호작용이 부적절한 언어나 요구, 비판 등 모욕적인 행동 등으로 나빠지는 경우 서비스경험에 치명적인 해를 끼친다. 양자 간의 불쾌한 상호작용은 어떤 경우든 종업원이나 고객 모두에게 나쁜 영향을 주게 되므로 이에 대한 사전에 대비가 있어야한다. 이는 종업원들의 감정노동과 스트레스에 주요 원인이기도 하다.

13.3. 고객의 교육훈련

고객의 선택과 교육훈련

올바른 고객을 선택해서 훈련하는 것은 서비스인카운터에서 매우 중요하다. 극장에서처럼 관객은 무대에서 배우가 최선을 다해 공연을 할 수 있게 도와주며 다른 관객의 경험을 방해하지 말아야 한다. 관객은 그런 극장에서의 행동규범과 절차를 지켜야하고 기꺼이 협조해야한다. 혹시 관객이 잘 이해를 못하거나 알고 있지 못하면 알리고 교육을 시켜야한다. 다소 실수가 있어도 전체적으로 이해하고 참고 넘어가는 자세도 필요하다. 비행기 안에서 긴급구조나 여러 금지된 행동을 사전에 알리고 교육시키는 것도 그것이 모두에게 매우 중요하기 때문에 서비스조직의 의무이자 고객의 의무이기도 하다.

서비스에서 고객은 전략적으로 중요한 요소이다. 서비스조직과 종업원과 직접 광범하게 접촉하기도 하지만 셀프서비스 경우엔 더 중요한 역할을 한다. 현금출납기나 패스트푸드식당처럼 고객은 서비스 산출을 결정짓는 수단이다. 보험이나 법률, 의료서비스처럼 높은 수준의 개인화가 요구되는 서비스의 경우 더욱 그러하다. 이 경우 고객은 자신의 요구를 상세히 설명해 줘야 종업원이 만족한 결과를 가져오게 된다. 콘서트처럼 동시에 다수의 고객에게 서비스를 하는 경우 서비스조직으로 오는 고객의 숫자나 그들의 행동이 다른 고객에게 영향을 준다.

서비스장소에서 고객들에게 좋은 서비스경험을 하게 만들기 위해서는 고객을 훈련시켜야한다. 이때 여러 요인을 감안해야한다. 같은 서비스라 해도 모든 고객을 사실상 똑같이 만족시킬 수 없다. 어떤 상황에서 적절하다고 보는 시각이 사람마다 다르게 때문이다. 즐겁게 떠들면서 식사를 하는 것이 다른 사람에겐 소음으로 들릴 수 있다. 서비스장소를 갈 때 고객이 취할 행동을 표지, 메시지, 지시 등을 통해서 쉽게 알 수 있게 한다.

노인과 청년처럼 아주 다른 집단은 분리하여 서비스를 하는 것이 바람직하다. 또 낯선 곳이나 일상에서 해방된 경우 사람들은 좀 더 자유롭고 심지어 거칠거나 무례한 행동하기 쉬운데 이것도 방지할 방안을 강구해야한다. 서비스배달과정 중에 다른 고객을 돕는 일의 중요성과 편익을 알려주고 잘 한 고객은 인정을 해주고 보상을 해준다. 고객들을 바람직한 방향으로 인식하고 행동하게 하려면 일종의 워밍업이 필요하다. 항공여행 시 승무원이 직접 혹은 화면을 통해 비상시 행동을 보여주는 것도 그 예이다.

고객을 사전에 교육시키면 생길 수 있는 사고나 문제를 예방하거나 최소화할 수가 있다. 테마파크에서 놀이기구 이용 시 주의사항을 교육시키는 것, 교수가 학생들에게 강의계획서를 배부하고 그 내용을 지켜줄 것을 요구하는 것, 환자에게 수술 전 준비사항, 절차, 수술 후 할 일 등을 교육하는 것 등이 다 그런 이유이다.

서비스조직으로선 고객과의 관계를 좋게 유지하는 것이 중요하다. 그래야만 구전을 통해서 새로운 고객을 유치할 수 있고 기존 고객을 계속 유지할 수가 있다. 물론 다른 배경과 다른 목적으로 서비스를 이용하는 이질적인 고객을 상대로 서비스를 제공하는 경우 고객믹스별로 고객 관리를 세심하게 해야 한다.

소비자 성과와 생산운영 효율성

고객이 서비스조직으로부터 특정의 과업을 수행하는 과정에 참여할 때 무엇을 어떻게 할지를 모르는 사람과 주어진 역할을 잘 이해하고 적극 참여하여 수행하는 사람이 있다. 고객이 서비스과정에 참여하는 것은 연극에서 각본에 따라 배우가 연기를 하는 것과 비슷하다. 초보자인 경우 고객에게 알려주고 수행하라는 내용이 간단하겠지만 전문적인 수준의 고객이라면 보다 상세하고 복잡할 것이다. 예를 들어, 집에서 홈뱅킹을 하는 경우 고객이 그 방법을 잘 모르는 경우 잘못하면 실패로 과정을 망칠 수가 있다. 항공티켓을 인터넷에서 예약하고 발권을 하는 것도 고객이 잘하면 고객도 편리하고 항공사도 과거 직원이 하던 일을 고객이 하여 그만큼 비용절감과 생산성을 높일 수가 있다.

물론 소비자의 다양성과 예측 불가성으로 인해 불확실성이 높아질 수 있어 저접촉의 서비스에서는 고객을 생산과 분리하는 것이 좋을 것이다. 하지만 고객의 참여가 노동이나 정보의 보완적 혹은 대체적 역할을 하면 효율성이 높다. 고객과 종업원간에서 협동적으로 학습을 하는 경우 미리 예약이나 스케쥴을 조정할 수가 있어 생산효율이 높아진다. 그러면 고객은 좋은 서비스를 알아보고 칭찬을 하여 기분 좋게 종업원을 동기부여 시킨다. 서비스의 복잡성을 이해해 종업원이 잘못을 해도 너그럽게 넘어갈 수가 있다. 높은 수준의 고객참여가 필요한 서비스의 경우, 서비스시나리오에서 고객의 역할을 고객에게 교육시킨다면 성과를 높일 수가 있다.

고객의 서비스 수행 시나리오 관리

소비자는 과거의 경험이나 타인의 얘기, 그리고 서비스조직의 촉진활동 등으로 자신이 받게 될 서비스가 어떻게 수행될 것인지를 머릿속에 그려놓게 되는데 이를 서비스각본 혹은 시나리오라 한다. 이는 고객이 받게 될 서비스경험에 대한 기대이기도 하다. 만일 서비스조직이 자신의 서비스를 이용하는 고객이 이 시나리오를 어느 정도로 이해하고 있는지를 조사를 통해서 알게 되면 고객믹스 관리에 큰 도움이 된다.

고객 중에는 서비스를 수행하는 시나리오를 잘 이해하고 그에 대한 지식을 갖고 있어 고객참여가 아주 활발하고 매끄럽게 진행되는 고객이 있다. 이들이 시나리오를 잘 지켜주면 서비스수행이 매우 효율적으로 진행될 수 있어 서비스 조직으로선 매우 바람직하다. 고객도 자신이 기대한대로 진행되어 만족하거나 기쁨을 경험하게 된다. 고객에게 부여된 과업을 성공적으로 수행함으로써 상황에 대한 통제감을 느끼게 되어 만족감이 더 높아진다. 호텔의 경우, 고객은 비즈니스맨, 휴가가족, 신혼부부 등으로 나눠지는데 이들은 각기 다른 목적으로 갖고 있어 분리하여 다른 시나리오를 통해서 서비스를 제공해야한다. 모르는 사람일지라도 여러 명이 둘러앉아서 식사를 하게 하는 식당의 경우 고객들이 친교를 맺을 수 있는 기회라고 이해하고 따른다면 이것이 이 식당의 시나리오인 셈이다.

서비스수행의 지식이나 기술이 부족하면 결국 불만족이 쌓이게 된다. 잘 수행하면 자신이 잘해서 잘된 것으로 여기고, 잘못되면 환경에 탓으로 돌린다. 서비스를 차별화하거나 새롭게 변경하는 경우 시나리오를 너무 급작스럽게 변경하면 고객은 당혹하거나 그에 대한 조정으로 자칫 실패나 실망을 하기가 쉽다. 홈뱅킹에서 사용방법이 너무 어려우면 아예 시도할 엄두를 안내고 포기하고 이탈해버린다. 고객은 다양한 욕구와 기대를 가진 집단이므로 고객의 믹스가 다르면 그에 맞춰서 시나리오도 달라져야하므로 이를 사전에 교육시키고 그에 따라 행동도 변경하도록 설득해야한다.

제 **14** 장

서비스마케팅조사

14.1. 조사의 필요성

서비스 성공과 실패의 조사 필요성

성공한 서비스조직은 서비스제공자의 성과를 측정하고 잘했으면 상을 내린다. 여기에는 두 가지 의미가 포함된다. 즉 조직은 종업원들이 일을 잘 했는지를 알기위해 서비스배달과정을 측정해야한다는 점이다. 둘째는 반드시 우수한 조직은 우수한 성과에 대해서 보상을 잘 해주는 조직이라는 점이다. 종업원들의 성과측정은 곧 서비스 질 개선의 중심인 것이다.

서비스성과 측정은 서비스조직이 제대로 서비스를 했는지를 고객과 종업원의 관점에서 이해하려고 하는 것이다. 고객은 그들의 기대가 충족되었는지에 따라서 서비스조직에서의 서비스경험을 평가한다. 만일 고객이 만족하면 그 경험은 성공한 것이고 고객이 불만족이면 실패한 것이다. 서비스의 성공은 고객의 기대를 충족 하거나 기대이상으로 서비스를 해준 서비스의 성과이다.

따라서 서비스조직은 성공한 성과는 다음번에도 계속 반복될 수 있게 노력해야하고, 실패한 경우는 서비스성과를 수정하거나 개선해야한다.

서비스조직이 왜 성공했는지 혹은 실패했는지를 알면 우수한 성과에 대해 무엇을 보상할지에 대한 정보를 알 수 있고, 서비스과정을 개선하는데 있어 무엇을 먼저해야할 지를 정할 수가 있고, 고객이 다른 서비스조직으로 전환하는 것을 사전에 막을 수가 있다. 고객조사를 통해서 얻은 정보를 이용해서 서비스 관리결정을 개선할 수가 있다. 서비스성과 측정이 고객과 종업원에 직접적으로 영향을 미친다. 성과를 측정하면 종업원에게 조직이 무엇을 기대하고 있으며 어느 수준의 성과가 있어야하는지를 알리는 효과가 있다. 서비스 성과 측정의 기준이 없으면 전면부나 후면부에서 일하는 종업원 모두가 성취해야하는 특정 목표가 없는 것과 같아 자신의 역할을 별 볼일 없다고 생각하기 쉽다. 서비스조직은 정기적으로 서비스성과와 서비스 질을 측정하고 그에 대한 고객의 반응을 측정해야한다. 이런 조사결과를 통해서 고객충성도를 예측하고 대처할 귀중한 정보를 얻게 된다.

서비스조직은 반드시 적절한 시기에 서비스성과에 대한 피드백을 해야 한다. 예를 들어 식당에선 종업원이 고객에게 모든 게 만족스러웠는지 묻고, 백화점은 고객들에게 서비스경험에 대한 질문을 하고, 학생은 교수의 수업에 대한 강의평가를 하는 것이 피드백이다. 이때 고객으로부터 들은 얘기는 서비스조직에게는 매우 가치 있는 정보가 된다. 대다수의 서비스는 고객과 상호작용적 성격을 지녀서 고객의 의견을 물을 수 있는 기회가 많다. 고객은 자신의 느낌이나 생각을 서비스조직이나 종업원에게 전할 수가 있다. 칭찬을 하거나 불평, 불만을 하는 것이지만 그런 것들이 실제 다 모아져서 피드백 되지 못하고 사라지는 경우가 대다수이다.

성격상 서비스는 다이내믹하고 경험적이고 생산과 동시에 소비되어 모든 변수를 예상하기가 어려워 예측이 힘들다. 이런 속성이 서비스 질과 성과에 영향을 미친다. 항공사는 날씨나 장비고장, 보안체크, 긴급 환자 발생, 다른 지역 항공기와의 연계 등등으로 어쩔 수 없이 지연이 생긴다. 여하튼 각 경우는 미리 예측하기가 힘들다. 이처럼 예측할 수 없는 요인들로 인하여 서비스 질과 성과를 조사하기도 복잡하고 어려운 것이다.

14.2. 마케팅 조사의 성격과 역할

마케팅 조사(marketing research)는 마케팅 관리자가 더 나은 의사결정을 내려 마케팅 기회를 자본화할 수 있도록 관련 마케팅 사실들을 체계적으로 수집, 처리, 분석하는 활동이다. 마케팅 조사가 성공적인 의사결정을 할 수 있도록 설계된 스텝기능이기에 적시성이 있어야 하고 비용 면에서 능률적이어야 한다. 직접 조사한 자료를 수집·처리·분석·해석하는 것이 바로 마케팅 조사의 영역이 된다. 마케팅 전략수립에서 대안을 모색하고 각 대안의 결과를 파악해서 적합한 전략을 수립하게 해주는 역할을 한다.

서비스 기업의 마케팅 정보시스템의 일부로써 마케팅 조사는 시장구조와 추세, 지리적, 계절적, 고객별 판매액, 신제품기회, 광고효과 등과 같은 문제중심적이고 기회지향적인 성격의 정보를 획득하는데 있다. 마케팅 조사는 현재 및 미래 문제를 빨리 감지하여 적절한 대응책을 수립하게 해주는 것이다. 마케팅 조사의 가장 중요한 기능의 하나가 변화하는 마케팅 환경의 기회와 도전을 파악하는 일이다.

마케팅 조사의 과업

서비스에서는 무형성 때문에 실제로 세분시장의 독특한 욕구파악을 하기가 쉽지 않다. 하지만 그래도 마케팅 조사를 실시하면 전략적인 마케팅 의사결정을 할 수가 있으며 그를 통해 마케팅 믹스의 효용을 극대화할 수가 있다. 마케팅 조사의 구체적인 과업을 살펴보면 다음과 같다.

① 세분시장의 확인과 평가

서비스 마케터에게 있어 누가 고객이고 그들이 전체이익에 어느 정도 공헌을 하는지를 파악하는 것은 매우 중요한 일이다. 따라서 마케팅 조사를 통해 서비스 기업의 핵심목표 시장이 누구이며 그들의 충족되지 않은 욕구가 무엇인지를 파악하면 잠재적 시장규모도 평가할 수가 있다. 요즘 은행이나 항공사는 주요 고객의 독특한 욕구를 충족시키기 위해 개인적인 특별 서비스 프로그램을 개발하고 있는데 이것도 핵심 고객에게 좋은 서비스를 제공하면 고객의 충성도를 높일 수가 있고 경쟁에서 우위를 차지할 수가 있기 때문이다.

② 세분시장의 파악

현재 및 미래의 목표시장을 확인하면 목표시장의 특성, 경쟁상황, 미래의 시장추세 등을 철저하게 조사해야 한다. 고객에 대한 필요와 욕구를 잘 파악하기 위해서 그들의 애고동기와 유형, 서비스 소비의 특성, 인구통계적 특성 및 라이프 스타일을 조사해야 한다. 촉진 메시지를 어떻게 목표시장에 도달시킬 것인가를 파악하기 위해 매체습관 등을 조사해야 한다. 많은 서비스가 소득이 높은 상류층에서 많이 소비되므로 이들에게 전달되는 매체도 일반 대중들과 다른 매체를 이용해야 한다는 사실도 조사에 의해 결정될 일이다.

③ 시장잠재력 파악과 판매예측

세분시장의 욕구와 규모를 파악하게 되면 서비스의 잠재수요와 실제 해당기업이 판매할 수 있는 서비스 판매량을 사전에 예측할 수가 있다.

④ 기업의 이미지와 포지션의 분석

무형성 때문에 서비스 기업은 이미지를 하나의 차별화 수단으로 이용하게 된다. 따라서 기업에 대한 소비자의 태도를 알아내고 측정하는 이미지 조사는 매우 중요한 조사이다. 경쟁기업과 비교해서 자기기업의 이미지가 어떻게 형성되어 있는지 또 자기기업의 이미지가 어디에 위치하고 있는가를 정확하게 파악할 수 있으면 서비스 기업은 촉진활동을 합리적으로 전개할 수가 있다.

⑤ 유망한 위치의 선정

서비스에서는 생산과 소비의 동시성 때문에 서비스 기관의 위치 선정이 성공의 핵심요소가 된다. 서비스 기업이 넓은 시장을 커버하려면 우선적으로 목표고객의 교통패턴, 지역의 인구 통계적 특성, 장소접근성, 경쟁자 유무와 충성도, 인근의 상권상황 등을 조사해야 한다. 은행, 식당 등에서는 이런 요인들이 관심에 대상이 되며 조사의 정확성이 나중에 사업성패에 큰 영향을 미친다. 만일 서비스 장소를 잘못 선정하게 되면 실패할 가능성이 그만큼 높아진다.

⑥ 가격전략의 평가

서비스 기업의 가격구조를 조사하는 것이 마케팅 조사의 또 다른 중요한 과업이 된다. 서비스와 관련된 가격탄력성, 경쟁가격, 가격에 대한 구매자태도 등을 지속적으로 조사해야 한다.

⑦ 촉진프로그램의 지침

서비스 기업의 촉진은 그 효과를 측정하기 위해 면밀한 조사가 요구된다. 광고를 했을 경우 원했던 인지 수준을 창출했는지, 메시지를 제대로 전달해 구매자를 잘 설득했는지, 매체를 효과적으로 활용했는지, 또 촉진믹스를 잘 구사하여 이미지를 좋게 했는지, 촉진결과가 판매와 수익에 어떤 영향을 미쳤는지를 조사해야 추후에 올바른 촉진프로그램을 작성할 수가 있다.

서비스 기업에서는 이외에도 고객의 소비자행동분석과 해외마케팅 활동 등과 같은 분야에서 마케팅 조사를 할 수가 있다.

14.3. 서비스 조사방법

서비스경험을 조사하는데 적정한 방법들은 다음과 같다.

① 관찰법

직접 현장에서 서비스현상을 파악하는 것으로 사람이 하느냐 기계가 하느냐, 서비스 중이냐 후이냐, 위장한 채로 관찰하느냐, 노출된 상태로 하느냐에 따라 달라진다. 관찰하는 경우는 종업원, 고객, 전문 관찰자 등이 관찰한다. 판단이나 수집한 자료에 가중치 부여한다. 사람이 관찰하는 경우 주관적 편견이 개입될 수 있어 관찰의 정확성을 떨어뜨릴 수가 있다. 몰래카메라처럼 자동화된 형식으로 특정서비스를 추적할 수 있는 기계에 의한 관찰도 의사결정에 좋은 자료가 된다. 어느 경우든 개인의 사생활은 보호되어야한다.

② 암행조사

고객으로 위장하여 직접 서비스 현장을 방문하여 실제 서비스인카운터를 평가하는 방법이다. 암행조사를 하는 사람은 눈에 띠지 않게 하여 체계적으로 서비스경험을 하고 관찰한 후 보고서를 기업에 제출한다. 일선접객원들의 서비스, 환경, 전체 서비스과정을 체크하여 수정이나 보완이 필요한 문제를 찾아내는 것이 궁극적인 목적이다. 이러한 암행조사는 주기적으로 실행하면 효과가 있다.

③ 종업원보고서

종업원의 사기, 태도, 양질의 서비스제공에서 장애 등에 관해서 종업원의 애기를 들어보는 것으로 서비스 조직의 서비스수행을 체크하는 좋은 방법이다. 일선에서 일하는 접객원이나 후면부에서 일하는 종업원으로부터 전반적인 피드백이 필요할 때 사용하면 좋다. 이들로부터 서비스배달시스템이나 고객에 대한 정보를 즉시 얻을 수가 있다. 이들은 서비스과정을 잘 알고 있고, 후면지원이나 일반고객이 볼 수 없는 사업측면을 잘 알고 있어서 고객조사로선 얻을 수 없는 정보를 얻을 수가 있다. 물론 편견이 있을 순 있지만 다른 서비스성과 청취방법의 보완적인 수단으로 이용할 가치가 있다.

④ 설문조사방법

설문조사는 전통적인 조사방법으로 서비스경험을 평가하는데 이용된다. 다수의 응답자에게 설문지를 배포하여 작성하게 한 후 이를 수집하여 통계처리를 한다. 여기에는 고객 불평조사, 판매 후 조사 등이 고객의 불평을 분석함으로써 서비스배달시스템의 문제점을 파악할 수가 있다. 판매 후 생생한 고객의 느낌이나 반응을 조사하여 고객만족을 평가할 수 있다. 식당이나 호텔에서 조사하는 고객코멘트카드 등도 좋은 예가 된다.

⑤ 표적집단조사

표적집단 면접조사(focus group interview)는 중요한 정성적인 조사방법으로 대략 8~12명 정도의 고객을 면담 토론하는데 조정자가 심층적으로 특정문제를 조사한다. 각자 자기생각을 개진하고 타인의 생각에 덧붙여서 주제에 대한 광범한 조사를 할 수가 있다. 신서비스에 대한 아이디어 창출, 서비스개선, 서비스 강약점 파악 등에서 유용하다.

⑥ 현장실험법

현장실험법을 통해서 신서비스개념이나 특성을 검토할 수가 있다. 전반적인 시장도입 전에 소규모로 신서비스개념을 평가해볼 수가 있다. 현장실험 후에 서비스개념의 효율을 체크한 후 적정한 디자인이 나올 때까지 수정도 가능해진다. 은행, 호텔, 식당 등에서 활용되고 있다.

⑦ 핵심사건기법

핵심사건조사(critical incident technique)는 기억될만하고 중요한 서비스경험을 확인하고 설명하기 위해서 사용된다. 고객과 접객원들의 서비스경험을 연구하는데 유용한 방법이다. 만족한 혹은 불만족한 서비스경험에 크게 영향을 미칠 핵심사건으로 서비스인카운터 중에 생기며 관찰이 가능한 일들이다. 은행, 식당, 관광지, 항공사 등에서 활용되며 고객이나 종업원들에게 우수하거나 열악한 서비스배달의 패턴이나 세부사항을 파악해서 보고토록 한다. 이를 통해서 서비스현상에 대해서 풍부하고 감정이 들어난 생각을 얻을 수가 있다.

⑧ 총 시장서비스조사

기업의 서비스 질을 총체적으로 평가함과 동시에 경쟁자의 서비스 질도 평가한다. 과거와 현재의 서비스 질을 비교하고, 경쟁자의 서비스 질도 함께 비교한다.

진실의 순간의 영향분석

서비스배달을 성공적으로 한 것과 잘못한 것이 무엇 때문인지를 알려면 고객과 종업원이 접촉하는 '진실의 순간'을 분석해 볼 필요가 있다. 먼저 서비스접점에서 서비스조직에 대한 고객의 기대를 측정해본다. 과거에 서비스에 대한 고객인식에서 벗어났던 잘못된 서비스경험을 조사하고, 또 좋은 이미지와 인식으로 남아있는 좋은 서비스경험을 평가한다. 이러한 조사결과로 얻은 정보를 이용해서 고객관점의 핵심서비스 경험측면을 알 수가 있다. 서비스경험에서 경험을 강화하는 요인과 경험을 악화하는 요인을 구분해서 평가할 수가 있다. 예를 들어 목소리가 좋다, 발음이 또렷하다, 무슨 말인지 잘 알아들을 수가 없다. 억양이 안 좋다 등.

고객의 관점에서 서비스가 우수하여야한다. 서비스조직으로선 잘한다고 해도 고객의 시각에선 다르게 인식할 수가 있기 때문에 이와 같은 방법을 통해서 주의를 요하는 특정문제를 파악해야한다.

14.4. 서비스 질 정보시스템의 구축과 활용

서비스 수익성의 첫 번째 단계는 서비스성공과 실패에 대한 조사이다. 전반적인 서비스 질 정보시스템(service quality information system)은 서비스조직으로 하여금 고객의 소리를 의사결정과정에 반영하는 것이다. 서비스 질 정보시스템은 서비스 질 중심의 의사결정과 투자가 제대로 되었는지를 평가하고, 우수한 서비스에 대한 보상을 하는데 있어 필요한 성과중심의 자료를 제공해주고, 표준기대에 어긋난 불량서비스를 찾아 교정할 수 있게 해준다.

[그림 14-1]은 서비스조직에서 서비스성과조사가 수익성을 어떻게 높여주

는지를 보여준다. 서비스의 성공과 실패를 조사하여 얻은 자료를 통해 경영자가 서비스개선과 새로운 서비스를 개발하는데 있어 우선순위를 결정할 수 있게 도와준다. 집중적인 노력을 통해서 서비스 질을 개선하면 고객이나 종업원의 만족을 크게 높일 수가 있다.

▌그림 14-1 _ 서비스성과측정

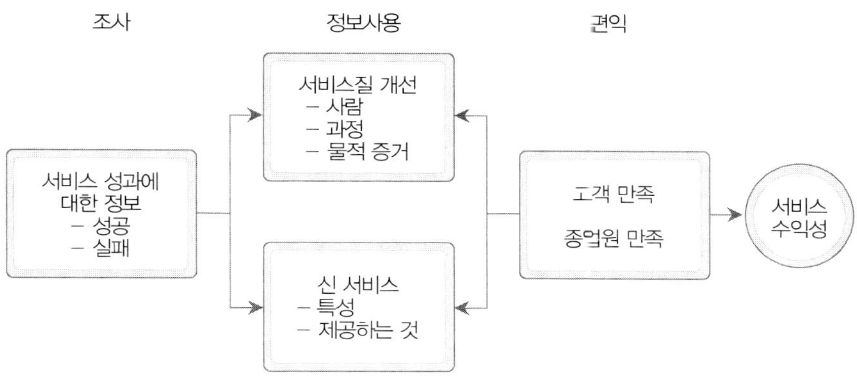

고객만족과 종업원만족을 통해서 서비스조직이 고객유지를 높이고 고객이 딴 서비스조직으로 전환하지 못하게 하면 결국에는 수익성이 증가하게 된다.

서비스 질 정보시스템에는 고객과의 거래조사, 그객 불평이나 코멘트에 대한 조사, 종업원조사, 전반적인 마케팅조사 등이 있다. 어느 것이든 고객, 종업원, 경쟁이 포함된다. 서비스 질 정보시스템은 서비스기대를 측정하고, 그와 관련된 정보를 수집하고 고객의 반응을 청취해서 반영한 후 얻은 서비스성과를 기업의 수익과 연계시키고 이를 종업원에게 다시 알려 좋은 성과를 내도록 하는 것이다.

측정과 정보의 활용

서비스성과를 체계적으로 측정하려면 먼저 조사할 필요가 있는 서비스배달시스템의 어떤 측면을 조사할 것인지를 결정해야한다. 그런 후 질문할 것과 관찰할 것을 정해야한다. 측정은 주기적으로 실시하되 파악된 정보를 축적해 이용가능하게 만들어야한다. 먼저 서비스조직은 서비스청사진을 이용하여 조사할 설문의 구성과 내용이 다 포함되었는지를 확인한다.

또 다른 방법은 SERVQUAL을 이용하는 것이다. 주관식 질문으로 서비스조직이 중요하다고 생각하는 주요주제에 대해서 응답하도록 한다. 서비스경험에 대해서 고객이 어떻게 생각하고 있는지, 고객의 인구통계와 서비스이용정도에 따라 어떻게 다른 인식을 하고 있는지를 조사한다. 예를 들어 나이 든 고객은 대개 서비스 환경의 물리적 배치를 중시하고 주차와 공간사용, 표지판 등에서 애로를 느낀다.

서비스성과를 체계적으로 측정하는 기업이라 할지라도 정보를 잘 활용하지 못하면 헛수고이다. 측정은 목적을 위한 수단일 뿐이다. 궁극적인 목적은 서비스성과를 개선하는 일이다. 측정에서 얻은 정보를 통해서 조직의 최종목적을 달성할 수 있어야한다. 정보를 통해서 서비스배달과정, 물리적 환경, 종업원행동 등에서 문제가 되는 영역을 파악할 수 있고, 서비스성과를 달성하려면 어떤 측면을 충족시켜야 할지를 알 수가 있다. 누가 보상을 받아야할지 변화가 필요한 것은 어떤 측면인지 등을 알게 해준다. 그리고 어떤 서비스활동을 우선적으로 행해야할지를 알게 해준다. 만일 조사가 종업원의 성과에 초점을 두고 있다면 공정성, 측정과정의 단순화, 집단 혹은 개인별 전·후면부의 전체 종업원을 서열에 관계없이 측정해야한다.

서비스측정으로 얻은 정보는 포지셔닝, 세분화, 서비스마케팅믹스 결정 등에서 다양하게 활용되어야한다. 금융업의 경우 고객에서 얻은 자료를 종업원의 채용, 훈련, 평가에 활용한다. 물리적 환경의 개선, 온라인의 경우 웹사이트의 배치와 디자인 등에서도 활용되어야한다. 일선 종업원에서 얻은 정보는 고객과

의 상호작용을 위한 과정이나 절차수립에서 활용된다

서비스 마케팅조사의 문제점

서비스의 마케팅 조사에는 다음과 같은 문제점도 있다. 첫째, 서비스 조직이 마케팅 조사를 보는 태도이다. 아직도 많은 서비스 조직은 마케팅 활동을 하는 것을 비윤리적으로 생각하는 경우가 있어 마케팅 조사를 기업활동의 일부로 여기지 않고 있다. 특히 전문서비스업에서 서비스와 고객에 대한 인식이 제대로 안된 경우가 많다. 서비스 조직의 규모가 대부분 영세하고 한 지역을 중심으로 사업을 하는 관계로 비용을 들여서 마케팅 조사를 할 여유가 없고 또 그럴 필요성을 못 느끼고 있다. 서비스 조직이 독점을 하고 있는 경우 마케팅 조사가 불필요하다고 생각하고 있다. 서비스 조직의 경영자는 다부분 마케팅에 대한 지식이나 훈련이 부족하여 마케팅 조사의 중요성을 잘 인식 못하고 있다. 특히 서비스 조직은 그들이 항상 고객과 직접 접촉하고 있기 때문에 고객을 잘 알고 있다고 믿고 있어 따로 조사를 할 필요가 없다고 생각한다.

둘째, 서비스에 대한 2차 자료의 양이 부족하고 질적인 면에서도 떨어진다는 점이다. 이와 같은 이유 때문에 서비스에서 마케팅 조사 시 필요한 2차 자료가 축적이 안 되어 있고 또 여러 분야로 분산되어 실제 사용하기도 어렵다.

셋째, 서비스 특성에서 연유된 문제인데 서비스의 무형성 때문에 서비스와 관련된 테스트가 힘들고 새로운 서비스를 개발해도 특허로 보호받기가 힘들어 서비스조직은 서비스 혁신보다는 서비스 개선에 초점을 두게 된다. 따라서 앞선 서비스 기업의 신서비스를 모방하려는 게 많다. 또 서비스 개념을 정확하게 기술할 수가 없어 표준화도 힘들다. 서비스 제품, 서비스 배달장소와 과정, 관련된 사람들 간의 명확한 구분이 안 되어 서비스 개념테스트가 힘들다. 서비스 자체가 모호하여 신서비스에서 얻게 되는 편익이 무엇인지 명확하게 기술하기가 힘들다는 점이 마케팅 조사를 어렵게 한다.

제 **15** 장

서비스의 수요와 공급관리

15.1. 수요관리

수요예측과 수용시설

예측(forecasting)은 모든 의사결정에서 기초가 되는 것이다. 예측이 필요한 이유는 경영자로 하여금 미래를 예상하여 의사결정의 불확실성을 줄이고 또 의사결정에 내재하는 위험을 분명히 인식하게 해주기 때문이다. 서비스 사업에서 주요한 문제의 하나가 바로 수요예측과 수용능력을 관리하는 것이다. 서비스 기업의 수용능력은 무엇이며, 자원을 최대로 사용하면 어느 정도의 고객을 수용할 수 있는가? 수용능력을 확장하려면 무엇을 해야 하는가 등은 서비스 사업의 성패를 좌우하는 문제이다.

서비스조직에서 수요문제는 두 가지 상황에 공통적으로 직면해 있는데 수요의 변동성과 서비스의 소멸성이다. 첫째, 서비스 수요는 특히 변동이 심하다. 식당, 휴가지, 극장, 호텔, 학교 등은 고객의 행동패턴이 성수기와 비수기로 확연히 구분될 정도로 수요변동이 크다. 서비스의 수요변동은 기후, 법, 제도, 풍습 등 쉽게 변경이 힘든 여건에서 주로 생긴다. 항공사, 호텔에서처럼 계절별, 월별, 주일별, 일별, 시간별 수요변동이 심해 작업교대, 차량운행, 시설계획, 기타 활동에서 시간별 예측이 중요하다.

둘째 상황인 서비스 소멸성은 서비스는 생산과 동시에 소멸되기에 수요가 낮으면 자연 유휴시설, 장비와 인력이 생긴다. 그때의 수용시설능력은 영원히 사라지는 것이다. 빈 좌석을 가진 채로 출발한 항공기의 빈 좌석은 저장할 수가 없어 후에 다시 사용할 수 없다. 제품처럼 재고로 남겨둘 수 없다는 사실이 서비스에서 심각한 과제인 것이다. 생산과 수요가 동시에 발생하므로 수요가 생기면 즉시 서비스를 제공할 체제를 갖추고 있어야 하는데 수용능력이 부족하면 고객이 기다리거나 그냥 가버려서 손실을 보고, 예상보다 수요가 적으면 시설이나 종업원이 쉬고 있는 결과가 돼서 손실을 보게 된다. 따라서 정확한 수요예측이 중요하다.

수요예측은 계량적으로 파악되어야 하는데 서비스 수요는 여러 무형적 요소와 많이 관련되어 있다. 서비스 패키지에 대한 수요는 여러 가지 요소를 갖고 있어 측정이 힘들다.

서비스를 산출하려면 수용시설이 필요하다. 이런 가용시설은 건설비와 가동비가 높고 일단 설치되면 시장변화에 따라 수시로 바꾸기가 어렵다. 호텔이 수요예측을 잘못하여 일정 숫자의 객실만 만들었는데 주변 교통시설의 변경으로 갑자기 수요가 증가한 경우나 무조건 대형 점보기만을 구입한 항공사의 경우 많은 자본적 지출로 애로를 겪는 경우를 보면 수요예측이 얼마나 중요한지 알 수가 있다.

수요유형과 결정요인

제조업에서도 수요예측과 시설용량을 정확히 파악하기란 힘들지만 서비스에서는 그 독특한 속성인 생산과 소비의 동시성, 산출의 무형성과 이질성, 고객의 참여 필요성 등 때문에 더욱 힘들다. 서비스 수요와 시설능력을 정확히 파악하려면 아래와 같은 점들을 고려해야 한다.

- 서비스 기업이 제공하려는 서비스 분야에서 얼마나 많은 기업들이 같은 운영을 하고 있는가?
- 초기 시설비와 관련된 지출은 어느 정도인가?
- 서비스 기업이 봉사하려는 잠재고객의 수는 어느 정도인가?
- 수익이 생기려면 어느 수준의 가격이 적정한가?
- 시설능력을 증가 혹은 감소시키는 기업능력은 무엇인가?

서비스 수요를 잘 관리하려면 어떤 요소가 서비스 수요를 지배하고 있는지를 정확히 이해하고 있어야 한다. 그러려면 아래와 같은 질문에 대한 답을 통해 수요유형을 파악할 수가 있다.

① 서비스 수요가 정규적이고 예측가능하게 변하는가?
  - 수요주기가 시간별, 일자별, 주별, 월별, 계절별, 혹은 기타 유형으로 변하는가?

② 주기적으로 수요변동을 일으키는 요인은 무엇인가?
  - 월급날짜, 방학과 개학, 공휴일, 기후, 자연적 순환 등인가?

③ 수요변동이 불규칙한 경우 그 원인은 무엇인가?
  - 날씨변화나 긴급사건발생 등이 발생해서인가?

④ 수요를 세분화할 수 있는가?
  - 이용패턴, 이용목적에 따라서 세분화할 수 있는가?

마케팅 활동을 통해 수요를 무작위적으로 평준화하기란 힘들다. 왜냐 하면 수요변동의 원인이 서비스 기업의 통제밖에 있기 때문이다. 그러나 세분시장을 잘 분석해보면 예측가능한 수요주기를 발견할 수가 있다. 서비스 이용자의 기록을 세밀히 분석해보면 고객이 왜 그때 그 서비스를 이용했는지를 파악할 수가 있어 소비유형을 날짜별 시간대별로 분류하여 세분화할 수가 있다.

서비스수요를 이해하기 위해선 주요한 문제를 잘 검토해야한다. 우선 서비스의 수요가 성수기 혹은 비수기처럼 예측이 가능한 주기에 의한 것인지, 아니면 무작위적인 변동에 의한 것인지를 파악할 필요가 있다. 만일 무작위적 변동이라면 사전 경고 없이 발생하여 적응하기가 힘들다. 정상적이면 관중이 몰려 매진사태까지 생길 스포츠경기가 갑작스런 폭우로 취소되었다면 이는 예측이 어려운 수요상황인 것이다.

그러나 다행히 대다수의 서비스조직은 예측이 가능한 수요패턴을 보이고 있다. 일정기간의 수요변동이 예측 가능한 패턴을 보이고 있기 때문이다. 시간별, 일별, 주별, 월별, 연도별 수요를 분석해보면 수요패턴이 변하는 것을 인식하고 이해해서 그에 맞게 적응을 하면 된다. 극장, 휴가지 등은 시간대별, 요일별로 손님이 오는 패턴이 다름을 이해해 대책을 세워나간다. 수요의 사이클주기가 분명한 경우도 있지만 그렇지 않은 경우도 많다. 여하튼 수요사이클 패턴에 대한 정보는 서비스조직의 다른 영역의 계획수립에도 유용한 정보를 제공한다. 고객으로서도 이런 수요패턴을 알면 개인의 계획과 행동을 맞출 수가 있다.

일단 서비스조직은 수요패턴을 발견하면 그에 대한 설명을 해야 한다. 특히 고객의 수요를 옮기려할 때 중요하다. 그러나 소비자의 수요를 옮기는 것이 서비스조직이나 고객으로서도 통제밖에 있는 경우도 많다. 주 5일 근무제가 정착됨에 따라 호텔과 항공수요는 영향을 받는다. 비즈니스 여행자는 월요일부터 금요일까지, 시간대도 오전 8시부터 오후 5시까지 근무한다. 이 경우 생기는 수요패턴은 바꿀 수가 없다. 빈 객실이나 좌석을 채우려면 완전히 다른 유형의 세분고객들을 유치하는 수밖에 없을 것이다.

반면에 서비스 수요사이클이 좀 더 유연하여 융통성 있게 대처할 수 있는 경우도 있다. 식당의 경우 각 메뉴마다, 문화권에 따라 식사시간이 다를 수가 있고 또 개인별로도 차이가 난다. 한가한 시간대로 손님이 늦게 오거나 일찍 오게 하려면 특별요금이나 특별서비스를 제공하는 인센티브가 있어야한다.

특별한 이유로 독특한 수요패턴을 보이는 서비스도 있다. 서비스조직이 다양한 세분시장을 표적으로 하고 있고 각 세분시장은 나름대로의 선호하는 패턴과 이유가 있기 때문에 수요패턴이 복잡하다. 예를 들어 자동차 대여업체는 두 가지 유형의 손님이 있는데 비즈니스여행객과 레저형 고객이 있다. 각기 다른 이유와 시간대를 원하고 있다. 비즈니스여행객은 대개 호텔이나 항공서비스와 대체로 비슷하다. 레저형 여행자는 대개 학사일정, 근무일정, 사회관습과 같은 요인에 의해서 영향을 받는다. 두 개의 세분시장에 대한 수요패턴을 같이 분석하면 한가지만을 대상으로 분석한 것보다 더 정확하게 수요변동을 파악할 수가 있다.

서비스 수요상황

서비스 기업은 시설의 가용능력이 고정되어 있기 때문에 수요수준과 가용시설 능력간의 관계는 다음 네 가지 중 한 가지에 해당되게 된다. 즉,

① 수요가 최대가용능력을 초과해서 그 결과 잠재적인 사업기회를 상실하는 경우
② 수요가 최적가용능력을 초과해서 돌아가는 사람은 없어도 고객이 서비스 수준이 나빠졌다고 인식하는 경우
③ 수요와 공급이 최적가용능력에서 균형을 이루는 경우
④ 수요가 최적가용능력 수준이하여서 생산시설이 유휴상태에 있는 경우

수요가 최대가용능력 이상이면 서비스를 못 받고 돌아가게 되는 고객이 생겨 사업기회를 상실하게 된다. 또 수요가 최대와 최적가용수준 사이에 있으면 고객은 나빠진 서비스를 받지 될지도 모른다는 생각을 할 가능성이 있다. 최적가용능력과 최대가용능력이 일치하는 경우에 고객은 그와 같은 상황에서 만족을 경험하기도 한다. 라이브쇼나 경기장에서 관중이 꽉 차 있으면 관객은 더 흥분감을 느끼게 되어 만족하게 된다. 수요가 가용능력에 못 미쳐 유휴시설이 있는 경우 손실이 생기는 것은 물론이고 고객도 실망하거나 서비스 질에 대해서 의문을 품게 된다. 반면 항공기의 경우처럼 빈 좌석이 있으면 보다 편안하다고 느낀다.

따라서 서비스 기업에서 수요를 적절히 조절하여 최적수요수준으로 만드는 일이 중요하다. 서비스 기업은 전반적인 수요구성을 검토해본 후에 선택기준에 따라 수요를 촉진하기도 하고 반대로 억제하기도 해야 한다.

서비스 수용능력과 수요의 적합화

수요변동의 문제는 결국은 너무 고객이 많이 몰리거나 아니면 적게 오기 때문이다. 그러나 다른 측면에서 보면 이는 시설능력의 문제이기도 하다. 과잉 수요는 수용처리시설이 불충분하다는 것을 의미한다. 과소수요는 결국 과잉시설에서 생기는 것이다. 과잉으로 승객을 받은 항공사는 좌석이 부족한 것이고, 대기실에서 손님이 많이 기다리는 미용실은 따지고 보면 미용사가 부족한 것이다. 과잉시설이냐 과소수요이냐가 문제이다.

대부분의 서비스조직은 시설이 한정되어 있어 무한정으로 고객을 받아 서비스를 제공할 수가 없다. 고객이 너무 많이 오면 결국 서비스 질에도 영향을 미친다. 여기서 서비스수요처리 능력은 세 가지 측면 즉, 시설, 장비, 인력을 말한다. 서비스조직은 이런 세 가지의 능력 범위 내에서 목표로 하는 수준의 서비스를 창출하는 것이다.

수요가 높을 때 고객을 수용할 충분한 시설능력을 갖추는 것이 중요하다. 그런데 수요가 낮으면 결국 유휴시설이 생긴다. 수용시설능력과 수요 간의 균형이 핵심과제이다. 균형을 잡을 수 있는 방법의 하나가 수요변동에 맞추기 위해 일시적으로 조직의 생산능력을 늘렸다 줄였다하는 것이다. 식당에서 성수기 때 주문을 신속히 처리하기 위해 주방과 종업원을 늘리고, 지하철은 러시아워 때 차량을 늘린다. 비수기 때 호텔은 객실을 폐쇄하고 종업원을 휴가를 보내거나 교차훈련 시킨다. 또 시설이나 장비를 수리보수하거나 임대하기도 한다.

특히 시설이나 장비를 중심으로 하는 서비스인 경우 적정한 수요사이클을 사전에 파악해 대처해야한다. 자동차 대여회사의 경우 성수기를 기준으로 차량을 확대하면 비수기 때는 과잉유휴차량이 생긴다. 이 경우 시설능력의 확장은 일시적이지 장기적인 수용능력자원의 증가는 아님을 알아야한다.

수요의 평준화

서비스수용능력과 수요의 균형을 취하려면 우선 고객의 수요 자체를 변하게 만들어 시설 수용능력을 넘지 않게 조정해간다. 수용능력 이상의 수요가 있는 경우 고객의 대기가 불가피하여 잘못하면 고객이 경쟁자에게로 이탈해버릴 수가 있다. 반면 과잉시설능력은 자원낭비를 가져오게 된다.

• 수요조절 전략

성수기 때는 수요를 줄이고(수요축소전략) 비수기 때는 수요를 높이는(수요증대전략) 적극적인 조치를 취하는 수요조절 전략이다. 수요평준화(smoothing demand)는 서비스의 시설이 남아돌아갈 때는 고객을 더 많이 오게 하여 시설활용도를 높이고, 고객이 너무 많이 와서 미처 제대로 수용할 수 없을 때는 오지 못하게 하는 것을 말한다. 대부분은 수요증대에다 초점을 두고 있지만 때로는 수요를 줄이려는 노력인 디마케팅(demarketing)도 필요하다. 말하자면, 성수기의 수요를 다 처리하지 못하니 비수기로 수요를 변경하도록 만드는 것이다.

① 성수기 때와 비성수기 때 다른 서비스를 개발·제공하여 상이한 욕구를 가진 고객을 유치해서 수요를 최적화시킨다. (예: 스키장을 여름에는 다른 이벤트장소로 이용, 관광호텔이 비수기 때 고객선호에 따라 식사, 오락, 스포츠를 변경해서 제공함.)
② 서비스 제공시간을 고객이 편리한 시간대로 변경한다. (예: 상인을 위한 야간은행, 야간버스운행 등)
③ 고객이 있는 곳으로 서비스 제공 장소를 옮긴다. (예: 이동수리, 이동도서관, 출장요리 등)
④ 비성수기 때 서비스 구매를 유도하기 위해 차별가격정책을 사용한다. (야간 통화 시 전화요금을 싸게 함, 극장 조조할인, 비성수기 때 관광호텔 숙박료인하, 야간전기료인하 등)
⑤ 비성수기에는 특별인센티브를 사용해서 판매를 증대시킨다. 이 방법은

가격과 자주 연계하여 사용된다. (예: 주중에 대규모 숙박의 경우 객실료 할인과 무료 식사제공 등)

⑥ 광고나 인적판매 등과 같은 커뮤니케이션을 이용해서 수요를 조절한다. (예: 교통방송, 우편물 폭증을 줄이기 위해 연하장 조기우송이나 절제를 호소하는 광고 등)

⑦ 보조서비스로 수요를 전환한다. 핵심서비스와 직접 연관 있는 보조서비스를 개발하여 소멸성의 완충작용을 한다.(예: 식당의 라운지에서 대기의 지겨움을 해소시키면서 칵테일을 팔아 수익을 올리는 경우) 골프장, 병원 등에서 잡지나 TV 시청을 하면서 기다리게 한다.

• 수요재고화 전략

예약제도나 대기시스템을 이용하여(혹은 양자를 결합)수요를 재고화 시키는 재고화 전략이다.

① 예약제를 도입한다.

상점 안으로 온 손님은 길거리에 있는 손님 두 명보다 더 가치가 있다는 말처럼 예약을 받아 놓은 고객의 수요를 재고화 시킨 것이다. 과잉수요 시 이를 나중에 처리할 수 있게 한 것이다. 한꺼번에 너무 많은 손님을 받아서 생기는 문제를 다루기 위해서 예약시스템을 항공사, 차수리, 호텔, 병원, 식당 등에서 사전에 고객수요를 파악해서 활용한다. 컴퓨터시스템은 다수의 고객으로부터 수요를 모니터한 후 일정을 잡을 수가 있다.

이는 고객에게도 원하는 시간에 서비스를 받을 수 있는 장점이 있다. 예약을 함으로써 서비스를 못 받는 위험과 대기시간을 줄일 수 있다. 미리 수요량을 파악해 준비가 가능하고 서비스 질을 향상시킬 수 있다. 단점은 예약시스템을 운영하려면 별도의 비용이 발생하고 손님이 항상 제때에 반드시 오는 게 아니어서 그 기회비용은 손실이 된다. 예약은 고객에게 은연중 특정시간에 서비스를 이용할 수 있을 거라는 보증처럼 인식해서 고객의 기대를 높인다. 만일 예약시간보다 늦게 나타나는 경우 연쇄적으로 서비스조직이나 다른 고객에게 피해를 준다.

② 기다리게 한다

서비스를 받을 때까지 고객을 대기시키되 빨리 즐겁게 지나도록 하거나 문제가 되는 영역에서 관심을 줄이기 위해 보완적인 서비스를 제공한다. (예: 편안한 환경제공, 서비스에 대한 사전정보제공, 다른 서비스촉진, 잡지, 식음료제공 등) 전통적으로 선착순으로 서비스를 제공하는 것이 일반적이나 중요한 고객(VIP)이나 긴급한 임무, 거래시간이 짧은 서비스, 프리미엄가격을 지불하는 경우에는 다른 고객보다 우선권을 준다. 여하튼 기다리는 고객에게 특별서비스, 음료제공 등 그들이 기다리는데 무료하지 않고 즐겁게 보내도록 대기에 대한 보상을 해준다.

한편 고객이 예약을 해놓고 지키지 않거나 과잉예약을 받는 경우가 있는데 이를 방지하기 위해 예약금을 받아두거나 범칙금을 물리고 과잉예약으로 피해를 본 희생자는 보상해주는 방법이 있다.

- 무반응전략(내버려둔다)

수요변화에 대해 아무런 반응도 취하지 않고 내버려 두어서 수요가 저절로 조절되게 하는 무반응전략이다. 고객이 경험이나 구전을 통해서 서비스를 받으려면 얼마나 기다려야 할지 또 언제 가면 즉각 서비스를 받을 수 있는지를 스스로 알게 하는 방법이다. 수요를 평준화시키려는 의도적인 노력을 하지 않고 수요변동 패턴이 변하게 내버려두는 것이다. 고객이 만족스런 서비스를 받지 못하면 스스로 경험에서 배워 조정해나가는 것이다. 식당에 언제가면 손님이 적어 좋은 자리를 차지할 수 있다는 것을 알고 붐비는 시간보다 조금 일찍 혹은 늦게 간다. 이것이 절대적으로 좋은 방법은 아니나 때로는 이 방법이 괜찮은 방법이기도 하다.

수요정보관리

효과적인 수요관리를 위해서는 다음과 같은 정보를 수집, 분석, 정리해둘 필요가 있다.

① 시간별 수요수준과 그 구성에 대한 역사적 자료
② 특정 상황 하에서 각 주요세분시장의 예측된 수요수준
③ 각종 비용과 관련된 자료
④ 다지점 서비스 조직의 경우 지역별 수요수준과 구성에 대한 자료
⑤ 상이한 시설 이용수준에 따른 서비스 질에 대한 고객의 반응
⑥ 다양한 조건하에서 대기에 대한 고객의 태도 등

이런 자료는 대개 기업내부에서 구할 수 있거나 고객반응을 통해 수집할 수 있는 자료임에도 불구하고 수집, 분석, 정리해두는 일을 소홀히 하고 있다.

극대화와 최적화 수용능력

고객수요와 서비스조직의 고객수용처리 능력을 볼 대 서비스의 최대수용처리 능력은 서비스조직의 규모, 인력의 숫자와 기술수준, 장비의 성격 등에 따라서 달라진다. 최대수용시설능력 이상으로 고객을 받게 되면 자연히 서비스 질은 나빠지기 쉽다. 여기서 최적능력이란 조직이 이상적인 조건하에서 효과적으로 서비스해줄 수 있는 고객숫자를 말한다. 최적능력을 넘어서면 시설과 장비는 과부하가 되며 종업원들도 정신이 없어 짜증을 내고 부주의하게 된다.

호텔객실이 완전 매진된 경우 엘리베이터도 느려지고, 고객 요구사항에 대한 종업원의 반응이나 룸서비스도 나빠지고 종업원들은 짜증을 낼 것이다. 이런 경우 고객은 분노가 치밀게 된다. 서비스조직이 최적능력이상으로 고객을 받으면 고객의 서비스경험도 떨어지고 우수성을 제공하려는 조직능력도 감소된다. 서비스 조직이 그들의 최적능력이상으로 무리하게 고객을 창출하는 것은 치명적인 결과를 초래할 수가 있어 주의해야한다.

하지만 어느 경우에는 최대능력과 최적수용능력이 같은 경우도 있다. 스포츠이벤트에서 전 좌석이 꽉 차게 될 정도가 되면 최대수용처리 능력은 줄을 선다든지, 혼잡 등으로 고객에게 부정적인 영향을 준다. 그러나 관중이 꽉 차서

얻는 흥분감은 이를 만회하게 만든다.

고객을 받을 수 있는 최대수용능력을 넘어선 경우, 손님은 불가피하게 기다려야한다. 이 대기시간이 고객으로선 불쾌하고 짜증나고 시간낭비라는 생각을 하게 되어 가능하면 피하려고 한다. 따라서 서비스조직으로선 고객이 대기할 수도 있다는 생각을 갖게 만들어야한다. 대기시간이 완전 낭비된 아니라 뭔가 도움이 되거나 유익한 시간이 되도록 해야 한다. 대기시간은 실제보다 더 길게 인식됨으로 보다 즐겁게 보낼 수 있는 방안을 세워둔다.

시설을 최대로 채워서 수익을 극대화하려는 생각에서 과잉으로 예약을 받으면 예약취소나 아예 안 나타날 수 있다. 이것이 비용을 수반할 뿐만 아니라 서비스조직에 대해 나쁜 인상을 심어주기 쉽다.

과잉수요와 과소수요 모두 서비스조직으로선 수입상실과 자원낭비를 가져오기에 수요관리에 유념해야한다. 수요를 늘리기 위한 노력이 재무적으로 좋지 않은 결과를 가져오기 쉽다. 고객을 늘리기 위해 저가격으로 한다든지, 특별판촉을 하는 경우 생기는 비용이 커서 그것으로 늘어난 고객으로 생긴 수입을 상쇄하면 아무런 의미가 없게 된다. 판매는 증가하였지만 비용이 늘어 실속 없는 경우가 생기지 않도록 주의한다. 따라서 최대화시설능력이 항상 수익극대화는 아님을 알아야한다. 수요증대를 위해서 내린 결정이 가져올 비용의 증대도 동시에 잘 평가해야한다.

15.2. 서비스 공급관리

서비스 생산능력의 관리

서비스 조직의 생산능력은 물적시설과 장비, 인력의 제약을 받게 된다. 잘못된 수용시설관리는 여러 가지 면에서 손실을 가져온다. 따라서 수요예측과 시설에 대한 정확한 조사가 필요한데 이것은 단순한 추정만으로는 안 된다. 물론 정확한 예측은 힘든 일이다. 300개의 객실을 갖춘 호텔의 경우 수용능력은 300명이지만 만일 관리운영실이 하나라면 제대로 된 서비스로 손님 300명을 받을 수가 없다. 병원의 경우 수술실이나 입원실만으로 수용능력을 정할 수가 없는 것이다.

특히 장비나 시설제약과 밀접한 관계를 맺고 있는 것이 인력의 제약문제이다. 비록 물적시설이나 장비가 많은 수요를 처리할 수 있어도 노동인력은 일정시간에 걸쳐 일정수준의 서비스 산출을 유지하는 면에서 물적요소 보다 훨씬 변동이 많다. 따라서 여러 시설을 갖춘 서비스 기업은 여러 가지 측면, 즉 시설능력, 지원 장비, 서비스 종사원에서의 균형이 무엇보다 중요하다. 만일 아주 중요한 부분에 애로가 있다면 그것이 전체시설이 갖고 있는 수용능력 수준을 가리키는 지표가 될 것이다.

생산능력의 적합화

어떤 서비스는 수요가 공급능력을 초과해도 어느 수준까지 수요를 흡수할 수 있을 정도로 탄력적이면 단기간에 효율성을 높여 처리가 가능하다. 항공기의 경우 수요가 많을 경우 좌석수를 늘려 고객을 수송할 수가 있다. 이때 최대한계는 항공기의 안전기준이나 다른 지원서비스 능력이 된다. 이런 경우는 일시적일 수밖에 없다. 종업원이 피곤해져 양질의 서비스를 제공할 수가 없게 되기 때문이다. 일정시간 내에 수용능력을 확대시킬 수 있는 또 다른 전략은 시설사용시간을 확대하는 것이다. 항공기의 경우 운항회수를 늘리거나 고객이나 소유물에 쏟는 서비스 시간을 단축시킨다. 식당에 손님이 몰려오면 단일메뉴를 권하는 것도 그 예이다.

이처럼 수요변동에 맞게 시설능력을 적합 시키려면 다음과 같은 방법을 사용한다.

① 성수기에 대비해서 비성수기에는 작업을 중지하고, 정비를 해두며, 종업원도 휴가를 준다.

② 수요가 넘칠 때는 시간제(part-time)종업원을 채용한다. 성수기 때 일시적으로 시간제 종업원을 채용하는 경우, 적은 노무비와 유연한 인력관리를 이용할 수는 있지만 낮은 기량과 낮은 동기부여로 조직몰입도가 낮아 자칫 고객 불만과 서비스 질의 저하를 가져올 수가 있다.

③ 시설에 과대하게 자금이 투자되는 것을 막기 위해 시설이나 장비는 임대하거나 중요하지만 사용빈도가 낮은 것은 다른 서비스제공자와 공동으로 시설이나 장비를 공유한다. 병원에서 고가의 의료진단 장비를 공동소유하면 자금을 절약할 수가 있다.

④ 종업원이 여러 가지 일을 할 수 있게 교차교육을 시켜두었다가 인력이 부족한 부문에 투입한다.

⑤ 고객을 서비스 생산에 참여시켜 셀프서비스화 시킨다. 고객이 직접 주무하고 배달 처리하는 식당에서 볼 수 있다. 서비스 질을 통제하기가 힘든 단점이 있다. 패스트푸드 식당에서 고객이 직접 컵과 물을 가져오고 쓰레기를 처리한다. 현금출납기에서 돈을 찾는 경우 직간접으로 고객이 서비스생산과정에 참여하는 것이다. 셀프서비스는 편의성, 가격맞춤화 등이 이유인데 문제는 서비스 질에 대한 통제가 힘들다는 점이다. 운영시스템의 효율성을 떨어뜨리는 고객 때문에 품질관리가 안 되고 다른 고객에게도 피해를 줄 수 있다.

⑥ 제3자를 활용한다. 고객에게 서비스를 제공하기 위해 제3자를 활용함으로써 비용과 인력을 절감한다. 항공사는 여행사가 고객의 예약을 받게 하고 수수료를 지불한다. 제3자가 여러 업체와 계약을 하는 경우 경쟁상품에 노출되기 쉽다.

⑦ 시설능력을 수요에 맞게 변환할 수 있게 만든다. 식당에서 손님이 많으면 테이블을 조절하여 식사장소를 늘린다. 손님이 없을 때 여러 가지 준비를 해두었다 손님이 많을 때 종업원을 집중 투입할 수 있게 한다.

⑧ 작업 교대를 잘 짜서 수요에 맞게 필요인원을 투입한다.

이와 같은 전략이 서비스 기업의 불확실한 수요에서 생기는 문제를 해결해 주기도 하지만 그 자체에도 문제는 있다. 비성수기 때 고객을 끌기 위해 과도한 특별인센티브(가격인하, 선물제공 등)를 사용하면 서비스 기업의 이미지가 흐려질 수가 있고, 또 많이 몰린 고객 때문에 비성수기에 시설수리나 종업원훈련 등과 같은 다른 일을 못하게 된다. 예약제도 스케줄이 제대로 지켜지지 않으면 좋지 않은 인상과 불만을 낳기가 쉽다. 시간제 종업원의 채용도 이들이 서비스 기업이나 그 사명에 대해 잘 알지 못해 기업이미지를 흐리게 할 수도 있다. 고객에게 스스로 하라는 셀프서비스와 같은 것도 자칫 고객을 불쾌하게 만들 수가 있는 것이다.

15.3. 대기관리와 예약

사람들의 하루 일상에서 무엇인가를 기다리는 시간을 생각해보면 기다리는 현상은 삶의 일부이다. 지겹고 불편하고 따분한 대기는 서비스에서도 마찬가지이다. 동시에 너무 많은 사람들이 동일한 서비스를 같은 시간에 받기를 원하면 기다리는 대기는 불가피하다. 서비스는 생산과 소비가 동시에 일어나고, 고객이 서비스생산과정에 참여를 해야 하고, 미리 생산하여 재고화할 수 없기에 수요와 공급의 일치가 매우 힘들다. 따라서 수요가 공급능력보다 많을 때 기다리는 대기현상이 발생한다.

고객은 언제나 자신이 편하고 원할 때 서비스를 받기를 원한다. 그러나 서비스는 생산과 소비가 동시에 일어나 수요변동에 쉽게 대처할 수가 없어 자연히 수요와 공급 간에 시차가 발생하게 된다. 현재 시설능력이 완전히 가동되고 있을 때 수용시설능력이 부족하여 다른 고객이 기다리고 있으면 자신도 서비스를 받을 순서를 기다려야 한다. 이런 대기(queueing)현상은 한사람의 고객을 위하는 경우가 아닌 경우(버스, 비행기, 엘리베이터 등)에는 특히 일상적인 현상이다. 현재 수요가 기존의 시설능력을 초과할 때나 도착이 다양하고 서비스 시간이 다양한 상황에선 기다리는 것은 불가피한 현상이다.

그렇다고 해서 시설과 장비를 추가한다고 해서 항상 최적의 해결책이 되는 것은 아니다. 고객만족과 비용이 균형을 이룰 수 있는 범위 안에서 줄서기 시스템의 설계를 다시 하는 것, 아니면 각각의 거래시간을 줄이기 위해 서비스과정을 재설계해보는 것, 고객행동을 관리하는 것으로 대기하는 것에 대한 고객인식을 바꿔보는 것, 미리 예약시스템을 마련하는 것 등이 있다.

대기의 심리적 현상

서비스를 받으려고 기다리는 현상이 비록 불가피한 것이지만 기다리는 사람에겐 무료하고 괴롭고 아까운 시간이다. 아무런 가치 있는 행동도 하지 않고 기다리고 있으면 실제보다 시간이 더 늦게 가는 것같이 느껴진다. 지겨움에서 벗어나기 위해 남을 물끄러미 바라본다든지 하게 되는데 이것은 서로 불쾌한 것이다.

서비스를 받기 위해 기다리는 동안의 고객의 대기심리는 아래와 같다.

- 아무것도 하지 않고 기다리는 것이 더 길게 느껴진다(잡지 읽게 함, 대기실에 TV설치, 음료제공, 테마파크의 밴드공연 등)
- 사전, 사후과정이 처리과정에서의 대기보다 더 길게 느껴진다(고객정보 수집을 위해 기록하게 한다)
- 불안하고 초조할 때 더 길게 느껴진다.
- 불확실한 대기시간이 알려지고 명확한 대기보다 길게 느껴진다(기다릴 시간을 알면 다른 일을 하면서 조정한다).
- 설명을 못 듣고 기다리는 것이 설명을 들은 후의 대기보다 길게 느껴진다.
- 불공정한 대기가 평등한 대기보다 길게 느껴진다.
- 서비스가 가치 있을수록 더 길게 기다린다(좋은 자리를 맡기 위해 밤새 기다리는 것).
- 혼자 기다리는 게 여럿이 함께 기다리는 것보다 길게 느껴진다.
- 신체적으로 불편하게 기다리는 것이 편안하게 기다리는 것보다 더 길게 느

껴진다.

• 친숙치 않은 기다림이 친숙한 기다림보다 길게 느껴진다(서비스를 자주 사용하는 고객은 대기 중에 즐겁고 심심하지 않게 시간을 보낼 수 있는 방안을 강구한다. 잡지비치, 따듯한 좌석, 칵테일 제공, 카지노의 슬롯머신 등)

그러나 대기현상이 반드시 나쁜 것만은 아니다. 오히려 좋은 환경을 제공해주면 예상하지 못한 즐거움을 얻을 수도 있다. 즉, 타인과의 대화기회를 갖게 되어 사회적 친교를 할 수가 있다. 따라서 고객에게 대기가 시간낭비가 아님을 인식시킬 필요가 있고 그런 환경을 제공해주어야 한다.

대기의 경제적 가치

대기하는 것은 일종의 비용지출이다. 만일 종업원이 할 일이 없어 기다리고 있는 것도 비생산적인 임금이 지출이 되는 것이다. 고객에겐 다른 일을 못하는 것이고 이외에도 지겨움, 불안, 불쾌감을 경험하게 되어 심리적 비용이 된다. 결국 지나친 대기는 판매상실을 초래한다. 서비스 기업은 고객을 생산과정에 참여시켜 대기에서 생기는 문제를 줄이고 고객을 생산에 참여케 함으로써 생산성도 높일 수가 있다. 병원에서 진료카드를 작성하게 하고 건강교육을 시키는 것, 식당에서 기다리게 하지 않고 바에서 기다리게 하는 것이 그 예이다. 여하튼 서비스 기업에선 고객의 대기경험의 육체적, 심리적, 경제적 측면을 충분히 고려해서 수요공급에서 발생하는 문제를 최소화해야 한다.

대기시스템의 기본적 특성

서비스 기업에 오는 고객은 모두가 같은 것은 아니다. 병원의 경우, 외래환자 중에는 예약을 하고 온 사람, 그냥 온 사람, 긴급환자가 있어 각자 대기에 대한 기대가 다르다.

실제 고객이 도착한 시간을 정확하게 기록해서 이를 분석 자료로 이용한다.

▌그림 15-1 _ 대기상태의 흐름

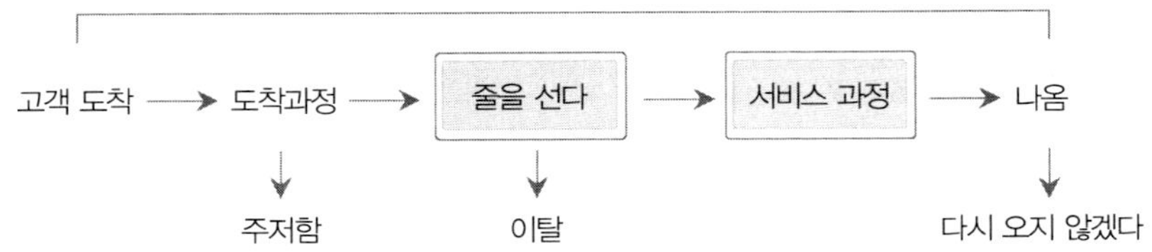

줄서기 시스템의 요소

- 고객의 인구통계

누가 고객이고 고객의 욕구와 기대를 사전에 파악한다. 줄서기에서 우선 검토할 사항은 특정서비스를 이용할 잠재적인 고객의 수가 한정적인가 아니면 무한적인가이다. 대학에서 교수의 서비스마케팅과목 수강생은 한정적이지만 서울에서 백화점 고객수는 무한적이라 볼 수 있다.

- 도착특성

- 도착의 패턴(도착이 통제가능한가 아니면 불능인가): 미장원의 도착률은 가격, 영업시간 등을 변경하면 되나 병원응급실은 통제 불능이다.
- 도착단위의 규모(고객이 한 번에 하나씩 오는지 아니면 집단으로 오는지)
- 도착분포패턴(도착간의 시간이 일정한지 혹은 통계적 분포인지)
- 인내의 정도(줄을 서서 기다린다, 그냥 가버린다, 기다려보고 가버린다)

- 줄의 특성

줄을 서게 하는 데는 일정한 규칙이 필요하다. 대기규칙을 알려주고 예상대기시간을 주기적으로 알려주어야 한다.

① 줄 길이: 줄은 스포츠경기 관전이나 록 콘서트처럼 관중의 줄이 무한정 긴 것도 있고, 공간이나 법적 제한으로 제한된 경우도 있다. 줄 설 공간이 없는 경우 나중에 온다든지 다른 곳으로 가버리게 된다.

▌그림 15-2 _줄서기 형태

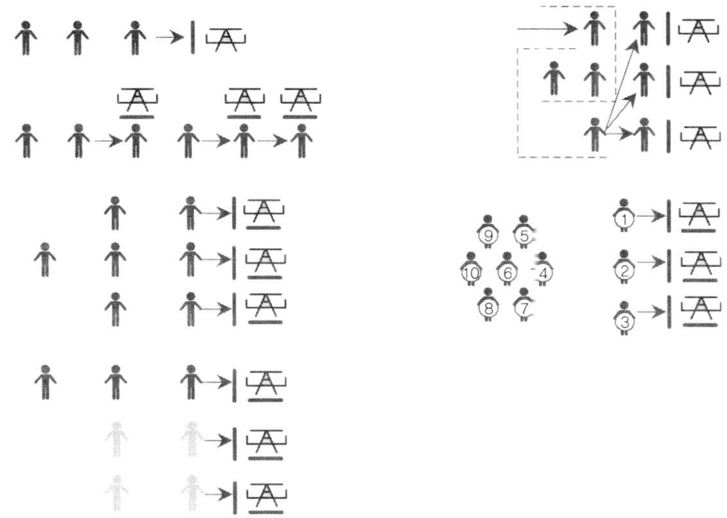

② 줄의 수: 단일 줄, 복수 줄

③ 줄서기 원칙: 줄서기 원칙은 우선원칙으로 이는 시스템 전반적인 성과에 큰 영향을 미친다. 대기하는 고객 수, 평균 대기시간, 시설효율성 등이 우선원칙의 선택에 따라 영향을 받게 된다. 가장 일반적인 우선원칙은 도착순서대로 서비스해주는 선착순(first come first served)이다. 그 외에 예약우선, 긴급우선, 처리시간이 짧은 것 우선, 고수익우선, 큰 주문 우선, VIP고객우선, 대기시간이 긴 것 우선, 가장 빠른 약속일자 우선 등이 있다.

④ 줄의 배열: 줄의 배열은 단선으로 단일단계의 줄, 단선으로 연속단계의 서비스를 받는 줄, 여러 서비스제공자로 이어진 여러 개의 줄, 고객의 특별한 범주에 맞게 각각 다른 줄을 서게 함, 단선으로 여러 서비스제공자에 가게 함, 번호표를 주고 순서대로 기다리게 하는 것처럼 다양하다.

- 단일 경로, 단일단계: 예) 한사람이 하는 이발소
- 단일경로, 다단계: 예) 자동차세차(진공청소, 물뿌리기, 세척, 건조, 왁싱 등), 여러 코너를 가진 카페테리어(샐러드, 전채, 후식)
- 복수경로, 단일단계: 예) 슈퍼마켓의 카운터, 백화점
- 복수경로, 복수단계: 예) 병원에서 환자입원절차

대기와 시설수용계획

서비스 기업이 시설수용능력을 높이면 고객의 대기의 불편은 줄어든다. 이론적으론 시설능력을 높여 서비스를 잘해주는 비용과 고객의 대기비용이 같아지는 점이 최적시설능력이 된다. 현실적으로는 상이한 시설능력에 따라 고객의 대기시간이 어떻게 달라지는지를 예측하여 평균 대기시간을 산출한다.

■ 그림 15-3 _ 최적시설능력의 결정

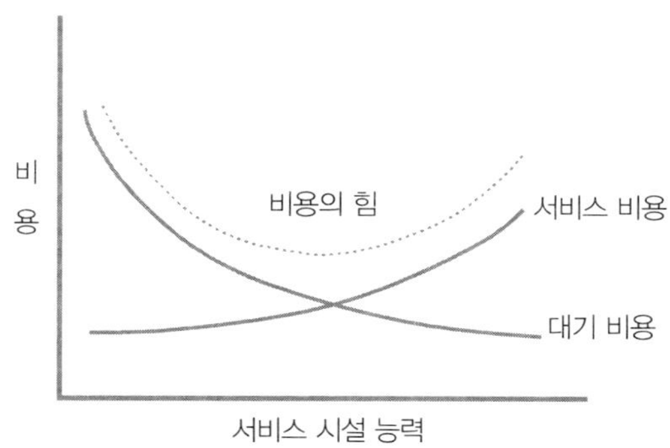

고객이 오래 기다리게 되면 줄에서 이탈하여 수요 감소를 가져온다. 고객이 지나치게 오래 기다려야 한다는 것을 알면 구매를 재고하게 되어 수요가 감소한다. 기다리는 고객이 많으면 서비스 종업원은 서비스 시간을 단축하려고 시간이 걸리는 서비스는 대충할 가능성이 있다. 이럴 경우 수용능력은 높이나 서

비스 질은 나빠질 가능성이 있다.

대기시간과 비용의 계산

대기시간의 계산은 단위시간당 고객의 도착, 받은 서비스시간 등 광범한 자료를 수집해서 산정한다. 종업원과 장비의 최적사용을 통한 평균시간을 근거로 한다. 줄에 서 있다가 이탈을 얼마나 쉽게 하는지, 포기하여 이탈까지 시간, 포기 전에 기다린 시간 등을 산정한다.

시간가치가 점차 중요해지는 현대에서 서비스를 받기 위해 고객이 기다리는 시간의 대기비용은 중요하다. 서비스조직의 경영과제는 고객을 더 이상 기다리게 하지 않으면서 서비스제공비용을 줄이는 방법이나 대기비용은 동일해도 대기시간을 단축시키는 방법을 강구해야한다.

이러한 대기시간의 비용을 계산을 하는 경우, 고객을 내부고객(종업원)과 외부고객으로 구분하여 대기와 관련된 비용을 측정한다. 내부고객은 종업원으로 복사기 앞에서 기다리는 종업원의 경우(평균대기시간×시간당 급여)가 대기비용이다. 하지만 외부고객의 대기비용 계산은 고객마다 시간가치가 다르고 그것을 알기도 힘들다. 대기시간의 가치를 그래서 대기시간에 대한 만족 혹은 불만족의 정도로 해석하여 사용한다. 대기시간에 대한 고객의 가치는 기업마다 다르고 방문 때마다 다르고 상황에 따라 다르다. 신속한 서비스를 모토로 한 기업에서 기다리는 것, 근무 중에 식사를 해야 하는 사람의 기다리는 것은 그렇지 않은 때와는 다를 것이다. 시설능력, 종업원스케줄, 대기시간관리 등을 비용과 같이 검토해야한다.

대기시간의 관리

- 기업관련 요소
  ① 공정성: 줄을 설 때 고객들은 줄을 서는 것이 공정한가에 관심을 갖고 있다. 오는 순서대로 줄을 서는 것이 공정하게 느껴진다. 서비스조직의

물리적 시설이나 공간 확보에 따라 줄을 서는 것이 달라질 수가 있다. 서비스시간을 준수하지 않고, 고객처리에서 누구를 우선적으로 처리해 주면 공정성이 의심받게 된다.

② 대기의 편안함: 기다리는 것은 불편하다. 대기하는 장소의 온도, 조명, 소음수준 등이 편안함에 영향을 준다. 고급식당에서 기다리기 전에 라운지에서 음료를 판매하여 기다리는 시간에 편안함과 즐거움을 느끼게 한다.

③ 대기이유의 설명: 고객이 기다려야할 상황이라면 왜, 언제까지 기다려야하는지를 설명해 주어야한다. 모르고 기다리는 것이 더 불안하다. 기다리는 고객으로서는 유휴시설, 장비, 인력을 보면 더 짜증나고 화가 나니 안보이게 할 필요가 있다.

④ 최초의 대기: 고객은 서비스배달시스템에 들어가기 전(실제 서비스를 받기 전)에 기다리는 것을 길게 느껴 힘들다고 생각한다. 최초의 대기이후에는 자신이 시스템 안에 들어와 서비스를 받고 있다고 생각하기에 덜 길게 느껴진다. 병원에서 진료를 받기 전 기다릴 때 자가진단, 설문작성 등을 하게 하면 서비스가 시작되었다고 생각한다. 서비스배달시스템 설계 때 고객의 최초대기를 최소화해야한다.

- <u>고객관련요소</u>

기업이 통제할 수 없는 요소는 고객의 도착방법 그들의 기분이나 그러나 이런 것을 알고 있으면 관리를 잘할 수가 있다. 혼자 기다리는 것이 여럿이 기다리는 것보다 더 지겹고 초조하다. 스키장에서 혼자 타는 솔로스키어는 줄을 따로 서게 하고 줄을 짧게 해준다. 고객은 서비스가 더 높은 가치가 있으면 대기비용을 희생하면서 기다리려고 한다. 고객의 가치시스템에 따라서 대기전략의 효율성을 달리해야한다. 서비스를 받기 전에 고객의 태도나 기분이 대기에 영향을 미친다. 기분이 안 좋으면 기다리는 것이 무척 불만스럽고 불쾌하게 느껴진다.

• 기업과 고객이 관련된 요인

엘리베이터에 거울을 설치하여 어색하고 긴 시간을 참게 한다. 줄을 선 고객들이 진열, 거울, 음악, 읽을거리 등을 통해 기다리는 시간을 보내게 한다. 또 대기시간에 의미 있는 활동을 하도록 도와준다. 예를 들어 대기실에서 인터넷을 하거나 잡지 등을 읽게 한다. 기다리는 것이 고객을 불안하게 하거나 걱정스럽게 할 때, 예를 들어 병원에서 대기 시 자료작성이나 앞으로의 절차 등을 설명해주면 진정효과가 있다.

신속한 서비스제공

대기시간을 단축하는 것은 고객서비스의 질을 높이며 또한 수익성을 높이는 방안이다. 양질의 서비스를 신속하게 제공하는 것은 경영자의 책임이다. 이것은 좋은 서비스시스템의 디자인을 새롭게 하는데서 시작하여 종업원의 교차훈련을 통해서 가능해진다.

신속한 서비스제공과 관련된 종업원의 유휴시간을 줄이기 위해서 서비스경영자는 상호관련 된 여러 요소들을 서비스배달시스템디자인 과정으로 통합할 필요가 있다. 이들 요소들은 다음과 같다. 정확한 수요예측, 작업장설계, 준비시간 단축, 교차훈련 등이다.

• 정확한 수요예측

정확한 수요를 예측하기란 쉽지 않다. 특히 종업원의 스케줄에 맞는 수요를 예측하기란 어렵다. 고객수요가 변동이 많고 통제할 수 없는 것들이 개입되기에 더욱 그러하다. 하지만 여러 가지 방법으로 가능하면 예측을 정확하게 하도록 노력해야한다.

• 작업장설계

서비스과정을 전면부와 후면부로 분리하는 것이 더 효율적일수도 있고, 아니면 통합해서 운영하는 것이 효율적일수가 있다. 성수기나 불확실성이 높을 때는 유능한 종업원이 핵심서비스에 위치해야한다. 체크아웃을 담당하는 직원을 고객이 없을 때는 선반정리를 하게한다. 서비스배달시스템을 상황에 맞게 재설계한다.

- 준비시간의 단축

새로운 일을 시작하는 준비시간을 단축하면 종업원들은 추가적인 준비비용 없이 쉽게 한 가지 직무기능으로부터 다른 데로 전환할 수 있다. 종업원을 시급한 다른 일에 재배치시킬 수가 있다. 준비시간이 짧을수록 과업 간의 전환이 신속히 일어날 수가 있다.

- 종업원 교차훈련

신속하고 효율적으로 서비스를 제공하려면 종업원 운용이 보다 융통성이 있어야 한다. 여러 가지 일을 할 수 있도록 평소에 교육훈련을 시켜두면 필요시 여유 있게 활용할 수가 있다. 종업원의 기술을 축적해두면 장기적으로 기업에 높은 수익을 가져온다.

예약시스템의 설계와 활용

식당, 호텔, 항공사, 병원, 미용실 등처럼 다수의 고객을 대상으로 서비스를 하는 경우 예약시스템을 이용하는 것은 사전판매의 기능을 한다. 그리고 예약과정을 통해서 정보를 제공할 수 있고, 또 고객정보를 수집할 수가 있으며, 고객을 교육시킬 기회도 얻는다. 무엇보다 중요한 것은 수요변동이 큰 서비스에서 시설, 장비, 인력 등이 제약되어 있어 수요공급의 불균형을 예약을 통해서 평준화시킬 수 있다는 점이다. 고객으로서도 본인이 편리한 시간에 기다리지 않고 서비스를 받을 수가 있어 편리하다. 그리고 예약을 하는 경우 서비스조직이 수익관리상 제공하는 여러 편익을 얻을 수가 있다.

예약을 하여 예탁금을 거는 경우, 예약을 취소하면 일정시점 후에 돌려주지 않거나, 과잉으로 예약을 받아 피해를 보는 고객에게 보상을 해주기도 한다. 최근에는 인터넷을 이용한 친사용자중심의 예약시스템이 발달하여 고객이나 종업원에게 큰 편리성을 주고 필요한 정보를 제공해준다.

시설중심의 서비스조직으로선 예약된 고객은 수익성을 높일 좋은 기회이다. 손 안의 새가 숲속의 두 마리 새보다 더 가치가 있다는 말처럼 예약은 수익성을 극대화할 전략으로서도 중요한 의미를 갖고 있다. 서비스조직은 예약고객의 정보를 분석하여 가용시설의 판매할당을 할 수 있는 계획을 수립해 둬야한다. 주어진 가격대에서 다른 유형의 고객을 특정날짜에 얼마나 가용자원을 할당해야 할지를 계획한다. 이는 과거성과자료와 현재의 고객자료를 근거로 분석하여 수립한다.

서비스율(service rate)은 시간당 서비스할 수 있는 고객의 수로 나타낸 서비스 제공자의 서비스처리능력(예: 시간당 12명 고객)이다. 만일 고객이 시간당 8명의 비율로 도착하는데 서비스율이 시간당 12명이라면 이때 서비스시간활용률은 8/12 =66.7%이다. 그 나머지 33.3%는 유휴서비스시간이다. 이러한 유휴서비스시간을 예약으로 채워서 서비스시간 활용률을 높이는 노력이 필요하다. 호텔이나 항공사는 가격에 민감한 고객층에게 저가격으로 미리 예약고객을 확보해 객실이나 좌석을 판매한다. 예약을 통해서 확보한 고객과 좋은 고객관계를 유지함으로써 서비스조직은 비수기에도 지속적인 단골을 만들 수가 있다. 이를 위해 성수기에 저렴한 가격으로 서비스를 해주는 것도 수익관리상의 좋은 방법이다.

제 **16** 장

서비스와 정보기술(IT)

16.1. 서비스와 정보기술의 통합

기술의 진화과정

21세기에서 가장 큰 변화의 핵심은 정보기술로 컴퓨터와 커뮤니케이션 기술의 결합으로 이뤄져 나타난 현상일 것이다. 놀라운 정보기술의 발현으로 다른 혁명이 동시에 일어나게 되었으니 시장의 글로벌화, 사업계층의 재조직화이다. Amazone, e-Bay, Google, Facebook 등이 인터넷시대에 등장한 것이다. 기술 특히 정보기술은 현대인의 일상생활에 큰 영향을 미친다. 최근에 현대인들이 이용하고 있는 정보기술을 보면 그런 정보기술을 이용하여 판매하는 기업이나 소비자 모두 엄청난 변화를 겪고 있다. 온라인 쇼핑을 통해서 필요한 물건이나 서비스를 판매하고 구매하는 것을 보면 그런 정보기술의 영향을 실감하게 된다.

정보기술의 진화과정을 살펴보면 초기에는 대형 메인컴퓨터를 회사중심부에 설치하여 대규모로 자료를 처리하다가, 개인용 PC가 등장하면서 실시간으로 자료 분석이 가능해졌으나 분산되어 있어 연계와 전달이 수월하지 않자, 그 다음에 나온 것이 PC를 LAN(Local Area Network)과 연결하는 과정이 등장했다. 이 과정에서 서버가 자료파일의 전달을 쉽게 해주려면 운영시스템이 표준화되어야 한다. 최근에는 인터넷을 통해 광속으로 자료를 처리하고 전달할 수 있어 저렴하고 신속하게 대량으로 정보를 저장할 수가 있다. 문제는 필요한 정보를 효율적으로 분석해서 적절히 제공하는데 있다.

이와 같이 진화해온 정보기술에 의해서 서비스산업은 정보를 만들고 배달하고 관리하게 되었다. 정보관련 서비스가 핵심제품이 된 것이다. 바로 서비스경제가 정보기술의 시대로 접어든 것이다. 재택근무로 일을 처리하고 24시간 사업을 오픈할 수 있고 주일 내내, 일 년 365일을 가동할 수 있는 것이 정보기술인 것이다. 정보기술이 서비스에서 큰 영향을 미치는데 우선 서비스의 설계와 배달에 영향을 미친다. 예를 들어 호텔의 자동체크아웃 시스템이나 은행의 자동현금출납기, 항공사의 항공예약시스템. 인터넷에서의 온라인 쇼핑 등은 기존에 사람이 해주던 서비스를 기술정보시스템이 대신해주게 됨으로써 서비스설계와 배달이 본질적으로 변화하게 된다.

신기술의 필요성과 중요성

서비스업에서 정보기술(information technology)의 발달은 서비스 산업의 발달을 크게 촉진하고 있다. 대부분의 성공한 서비스 기업들은 이러한 정보기술을 적극적으로 활용한 기업들이다. 은행, 항공사들의 새로운 컴퓨터, 텔레커뮤니케이션을 이용한 정보시스템, 텔레텔렉스, 뉴스, 주식, 경상회의, 의료진단시스템 등이 그 예가 된다. 컴퓨터를 이용해서 공항에서 보험을 판매하고 출판도 전자출판이 등장하고 있다. 의료행위도 일상적인 것은 기계화되고 있으며 인간의 기술능력도 전 세계로 판매되는 실정이다.

정보기술의 발달은 이제 개별고객의 욕구와 특성에 적합한 서비스를 제공할 수 있게 만들었다. 말하자면 이제까지 대량생산으로는 불가능하다고 여겨지던 개별화를 대량화 속에서 개별화를 실현할 수 있게 된 것이다. 개별화된 서비스를 대량생산의 방식처럼 고객에게 싼 값으로 제공할 수 있게 된 것이다. 정보기술은 서비스의 품질을 더욱 향상시킬 수가 있으며 기존의 서비스의 제공방식이나 성격을 완전히 혁신적으로 변화시키고 있다. 정보기술의 변화는 이제 서비스 배달시스템 자체에 혁명적인 변화를 가져 오게 만들었다. 인터넷을 이용해서 핵심제품이 서비스가 아닌 기업도 새로운 서비스를 도입하여 서비스산업으로 전환되거나, 기존서비스업에서도 온라인 버전, 인터넷을 사용하여 그 경영상에 있어 혁명적 변화를 가져왔다. 소매업에서 정보서비스에 이르기까지 인터넷을 이용해서 정보처리를 온라인으로 처리하고 예약, 주문, 청구, 지불 등 보완적 서비스를 용이하게 함으로서 서비스실행에서 계획과 생산 배달을 보다 체계적으로 수행할 수가 있게 되었다.

최근 호텔이나 관공서에서 전화교환양을 대신해서 전화자동응답기(ARS)를 많이 설치하는데 이것이 기업으로선 인건비를 절감하는 수단이 되나 고객으로선 상당히 불편하고 당황스럽기까지 하여 가능하면 전화교환양을 두고 있는 경우도 많다. 그리하여 서비스기업에선 새로운 기술에 너무 투자를 많이 하여 실제 기대만큼 성과는 못보고 비용만 늘어나는 경우도 있다.

따라서 서비스기업이 기술투자를 하는 이유는 새로운 기술로 인해 시장점유를 유지할 수 있다든지, 기술투자로 치명적인 손실을 피할 수 있다든지, 신기술로 인해 융통성과 적응성이 높아지거나 신제품에 대해 반응이 좋아지거나, 서비스의 질이 향상되거나 종업원의 사기가 진작되거나 고객서비스시간이 단축되든지, 아니면 신기술로 인해 생활의 질이 개선되든지 할 때 서비스기업은 신기술에 투자를 하게 된다.

서비스기업은 기술투자가 기업의 장기목표에 부응하며 또 장기전략 실행에 도움이 되는가를 충분히 검토해야한다. 물론 이런 기술투자의 효과를 정확하게 파악하기란 힘들지만 이들 기술요소가 기업의 장기적인 사업성공에 큰 영향을 미치는 것은 사실이다.

서비스에서의 기술지향 추세

최근의 신기술의 발달 즉 자동설비나 음성인식시스템이나 고속자료전송 등으로 대량으로 신속하게 자료가 처리되고 전달된다. 이들 기술의 발달로 서비스의 배달은 상호연계성이 크게 높아졌다. 이로써 셀프서비스가 크게 늘어나고, 거래에서 위치, 거리와 시간의 가치가 크게 줄어들게 되었고, 거래가치사슬에서 중간단계의 축소내지 생략이 일반화되어가는 추세이다.

• 셀프서비스의 증가

셀프서비스는 여러 서비스배달방법 중에 하나이다. 주유소, 현금자동출납기, 자동요금수납, 온라인 항공티켓 구매 등에서 고객이 직접 주문하고 지불하는 셀프서비스의 확대로 서비스기업은 비용을 절감할 수 있고 고객에게 신속하게 서비스를 제공할 수가 있다. 셀프서비스를 이용하는 고객에겐 그만큼 가격을 할인을 해주고, 종업원이 직접서비스를 해주면 비용을 추가적으로 더 받으면 된다.

• 위치중요성의 감소

저렴하게 필요한 자료를 저장, 전달, 검색을 할 수 있어 이제 서비스에서 서비스장소의 위치의 중요성은 크게 줄어들었다. 은행이나 식품점, 도서 구매, 항공티켓, 공연 등을 위한 표 예약 등은 이제 직접 구매 장소까지 갈 필요가 없다.

• 시간 의존거래에서 비시간 의존거래로 전환

고객에게 서비스를 제공할 때 항시 종업원이 대기해야하는 시간의존서비스에서는 대기시간의 단축이나 고객수요의 불확실성을 인해 예비 종업원이 대기해야하므로 비용이 추가 된다. 고객이 서비스를 요구할 때 종업원이 필요치 않고 대신 e-mail이나 팩스, 음성메시지 등을 이용하면 시간이나 장소에 구애를 받지 않아 좀 더 효율적으로 종업원의 스케줄을 짤 수 있고, 거래의 우선순위에 따라 정규영업시간이 아니더라도 언제 어디서든지 계약이 가능해진다. 이 경우 고객은 종업원에게 말하지 않고 기기로 대화하거나 메시지를 전하므로 더 편하고 효율적일 수 있다.

- **직접거래의 증가**

정보기술의 이용으로 거래가치사슬에서 중간단계 혹은 조직이 불필요해져 구매자와 소비자 간의 간격이 크게 좁혀졌다. 중간업자, 소매업자 등의 이용을 없애고 직접 필요한 티켓이나 증권을 인터넷으로 구매함으로써 소매업자의 필요성이 줄거나 없어진 것이다.

16.2. 정보기술의 위상

상호작용의 경험 실천

현 세기에선 텔레컴기술은 마케터와 고객 간의 커뮤니케이션 상호작용성의 3단계를 가능하게 만든다. 1단계는 21세기 초기에 정보는 라디오나 텔레비전을 통해서 대중에게 일방적으로 전달되었다. 2단계는 부분적으로 상호작용성인데 이는 광고를 보거나 들은 후 기업에다 고객이 전화를 할 때 무료요금으로 할 수 있게 하는 것이다. 3단계는 고객이 직접 마케터와 상호작용을 하는 단계이다. 인터넷이 가장 좋은 예이다. 신문은 뉴스브리핑, 토론그룹, 무료 취업란 등을 개설하고 있다. 고객들은 마케터와의 커뮤니케이션 뿐만 아니라 다른 고객과 광범한 커뮤니케이션 연계를 할 수가 있다. 이런 현상은 구전커뮤니케이션의 성격을 변하게 만들었고 현대의 커뮤니케이션에 강한 영향을 미치게 되었다. 이에는 고객사용자그룹 채팅방, 블로그, facebook같은 소셜네트워크가 포함된다.

최근 정보기술은 대량으로 양질의 정보를 전달하게 되었다. WWW은 인터넷에서 전 세계적으로 커뮤니케이션의 놀라운 성장을 가능하게 해주었다. Web은 정보를 얻고자 하는 사람은 언제 어디서고 교재, 사진, 소리, 비디오 등을 얻을 수가 있다. 고급의 오디오, 비디오 교재, e-mail, 텔레컴 등으로 원거리, 저비용 서비스가 가능하게 되었다. 정보제공의 비용이 크게 감소하게 됨으로써 정보의 경제적 가치가 크게 증가하였다. 개시비용 후에는 정보전달 비용은 개인당 비용으로 보면 거의 제로에 가깝다. 이런 아주 저비용의 정보전달 비용덕분에 서비스조직에겐 아주 매력적인 것이다.

정보기술과 권한분산

초기 컴퓨터시대에선 기업의 데이터관리자의 강력한 관료주의적 리더십으로 정보흐름을 통제할 수가 있었으나 이제는 이런 것들은 종업원이나 기타 고객에게 분산되어가는 실정이다. 이러한 변화에는 컴퓨터라는 기술장비, 네트워킹, 셀프서비스기술의 영향을 들지 않을 수 없다.

- 기술장비

오늘날은 컴퓨터나 전화는 물론이고 정보기술을 이용한 다양한 정보기술을 이용한 기술과 장비들이 등장하여 몇 년 전만 해도 상상할 수 없는 방식으로 고객의 욕구를 충족시켜주고 있다. 서비스콜, 바코드로 재고파악, CD로 압축된 서비스매뉴얼 등에서 서비스로봇을 이용한 의료수술까지 실로 일상생활과 산업 전반에 걸쳐 정보기술과 장비가 활용되고 있다.

컴퓨터는 서비스산업에서 필수적인 요소가 되어 이제 컴퓨터를 통해서 은행원은 고객 상황을 체크할 수 있으며, 보험사직원은 데이터베이스에다 새로운 보험정책내용을 입력해 이용하고, 소매점원은 고객거래내역을 입력해 판매에 활용하고, 의사는 환자의 처방 치료내용을 확인하고 처방을 내려준다. 특히 서비스업에서는 바코드판독기, 창고재고 판독기, 아이폰 아이패드 등 휴대용 소형 컴퓨터기기가 등장해 서류작업이나 수작업 때보다 엄청 빠르고 편리하게 작업을 효율적으로 할 수 있다.

- 네트워킹

네트워킹(networking)은 동일한 지역에 있지 않은 2개 이상의 개인, 조직, 실체 간의 커뮤니케이션 연계를 구축하는 것으로 전화, e-mail, 컴퓨터, 오디오나 비디오장치 등을 통해서 고객-중간상-공급업자간의 커뮤니케이션의 양, 질,

속도를 크게 개선시켜준다. 컴퓨터네트워킹은 고객요구에 신속히 반응하여 예약, 주문처리, 서비스배달관련 정보의 접근 등을 처리해주기에 서비스조직에선 네트워킹이 필수적이다. 종업원간 혹은 다른 사람과의 빠른 정보흐름을 위해서 정보기술의 네트워킹이 가속화되는 것도 그 때문이다.

- 셀프서비스기술

기존에 서비스종업원이 수행하던 일을 자판기나 ATM(automated teller machine), 항공예약시스템처럼 기계가 하거나 정보기술로 대체함으로써 셀프서비스기술이 일상화 되어가고 있다. 항공사의 인터넷예약, 은행의 홈뱅킹 등의 셀프서비스의 기술개발은 일종의 고객에게 권한을 부여하고 책임을 지게 하는 것이다.

서비스향상과 정보기술

서비스마케팅삼각형에 기술을 추가하면 서비스배달을 강화하기 위한 3가지 기술연계, 즉 기술-기업, 기술-종업원, 기술-고객관계를 효과적으로 관리할 수가 있다. 그러나 기술은 삼각형의 꼭대기에 있어선 안 되고 기술은 기업의 모든 활동을 지원하는 기저에 있어야한다. 기술은 여러 경로에 걸쳐서 서비스를 통합하는데 이용되어야한다.

모든 서비스기업은 그들의 핵심서비스를 제공하는데 있어 주요한 기술을 이용한다. 의료, 수송, 커뮤니케이션, 금융, 교육, 오락, 연예에 기술을 활용한다. 모든 서비스조직은 그들이 제공하는 서비스에서 우수성을 갖으려면 기술을 얼마나 적정하게 활용하여 큰 편익을 제공하느냐에 달려있다.

서비스조직은 그들의 서비스 질을 개선하는 수단으로 핵심기술을 향상시키는 전략을 이용할 수가 있다. 의료서비스에서는 기술개선이 의료진단과 치료에 신뢰성을 높여준다. 레이저 수술은 서비스 질의 향상에 크게 기여한다. 우수한 기술은 경쟁기업이 쉽게 대응할 수가 없다. 고객에게 서비스를 제공하는데 있어 기술적인 우수성이 결국은 기업에게 수익을 가져다준다.

기업들은 그들의 핵심서비스를 보완해주는 수단으로써 기술을 이용한다. 서비스기업은 텔레커뮤니케이션과 컴퓨터기술을 많이 이용하는 조직이다. 홈서비스조직은 컴퓨터, 스마트폰, e-mail, Web을 결합한 기술을 활용해서 고객의 욕구를 해결해주고 있다.

16.3. E-Service

전자서비스인 e-service는 여러 분야에서 정보기술과 커뮤니케이션 기술을 적용하는 것이다. 정보기술을 활용해서 서비스분야에서 서비스배달을 쉽게 해주는 것이 그 주요목적이다. 이는 정보기술에 의해서 매개되는 서비스배달의 행위, 노력 혹은 수행으로 볼 수 있다. e-service는 기업이나 NGO가 실행하는 e-business(전자상거래)와 정부가 실행하는 e-government가 있다.

e-service에는 e-tailing(인터넷을 통해서 제품과 서비스를 공급하는 것), 고객지원, 서비스배달이 포함된다. 이런 정의에는 3가지 주요요소인 서비스제공자, 서비스수혜자, 서비스배달 경로(기술)가 반영된 것이다. 예를 들어 공공 e-service인 경우, 정부기관이 서비스제공자이고 국민과 기업 등이 서비스수혜자이고, 서비스배달경로에는 인터넷이 중심역할을 하지만 기타 전화, 콜센터, 모바일 폰, TV, 메일 등도 해당된다.

온라인서비스를 통해서 구매와 판매를 할 수가 있는 e-service를 하면 다수의 고객에 접근할 수가 있고, 시장을 확대할 수 있고 새로운 시장에 진압하는데 있어 진입장벽을 낮출 수가 있다. 또 신규고객을 창조하는데 있어 비용을 절감할 수 있는 장점이 있다. 고객과 통할 수 있는 다양한 커뮤니케이션 경로를 확보할 수가 있으며 고객에게 서비스를 더 잘 할 수가 있다. 아울러 장기적으로 기업이미지의 강화와 경쟁력확보, 고객에 대한 지식확대 등의 편익을 얻을 수가 있다.

예를 들어 해운회사는 고객 편의성을 더욱 강화한 e-Service를 제공하는데 회사의 웹사이트를 통해 제공되며, 다양한 기능과 편리한 메뉴 구성을 통해 고객이 보다 쉽고 효율적인 업무진행을 할 수 있게 도와준다. 서비스를 통해 운송중인 모든 화물의 종합 리포트, 다양한 조건에 따른 세부 리포트 및 도착지에서 인도되지 않은 화물 리스트 등을 제공함으로써 화물 위치 추적의 사각지대를 최소화하고 고객의 재고관리와 물류업무를 지원한다. 특히, 고객과의 원활한 쌍방향 소통이 가능하도록 하며, 고객이 원하는 다양한 서비스 조건을 직접 지정하고, 이에 따라 주기적으로 메일로 보내주는 고객별 맞춤형 서비스를 제공할 수가 있다.

e-business 환경과 유형

e-business의 커뮤니케이션 네트워크환경으로는 다음의 세 가지가 있다.

▌그림 16-1 _ e-business 네트워크

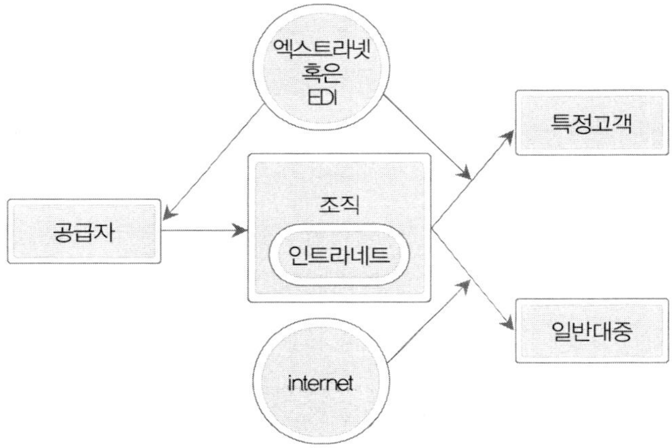

① 인터넷: 일반대중이 접근하는데 있어 제약을 최소로 하여 직접 고객에게 판매를 할 수 있는 것으로 기업의 웹사이트를 이용하는 커뮤니케이션 네트워크로 뉴스배포 등 다양한 정보를 제공할 수 있다.
② 인트라네트(intranet): 오직 조직내부에서만 사용되는 network로 예를 들어 종업원와 관리자 간의 소통이 여기에 해당된다.
③ 엑스트라네트(extranet): 이는 승인을 받은 특정고객에게만 접근을 허용하는 것으로 민감한 자료의 접근을 허용한다. 외부의 다른 조직과 정보를 공유할 수가 있어 비용을 절감하고 서비스를 개선할 수가 있다.
④ EDI(Electronic data Interchange): 무척 전문화된 형태로 조직간 자료전자교환을 허용하는 엑스트라넷의 유형이다. 구매주문 인정 및 확인, 송장청구, 지불 등을 신속하고 효율적으로 할 수 있다. 이는 제3자를 통해서 전달함으로 VAN 비용이 발생한다.

e-Service의 유형은 기업-소비자간(B2C), 소비자-소비자간(C2C), 기업-기업간(B2B), 정부-기업간(G2B), 정부-소비자간(G2C) 등 다양하다. 이러한 유형의 e-service는 인터넷을 통해서 제품과 서비스를 공급하는 기업인 e-tailer가 있어야하고 이들은 화물추적 채팅방, 질의응답 등 고객지원부서가 있어야하고, 네트워크제공자, 정보제공자, 어플리케이션서비스 제공자 등이 유기적으로 네트워크를 구축해야 고객에게 양질의 서비스를 제공할 수가 있다.

e-service의 주요 비용요인으로는 어플리케이션 구축과 유지비용, 인터넷연계비용, 하드웨어와 소프트웨어비용, 보안비용, 법적문제, 훈련과 기술전환비용 등이 포함된다.

e-CRM

e-CRM (electronic Customer Relationship Management)은 고객에 대한 지식을 바탕으로 인터넷 중심의 고객관계를 관리하는 것이다. 다시 말해 e-비즈

니스 환경에서 고객에 대한 이해를 기반으로 기업의 마케팅, 영업, 서비스, 비즈니스 프로세스의 자동화와 최적화를 통한 고객관리 프로세스이며, e-비즈니스 프로세스를 기반으로 수익성 있는 고객을 선별하고, 고객만족과 가치 극대화를 통한 고객과의 관계 개선을 위한 프로세스이다. 이러한 e-CRM의 등장 배경은 고객 서비스 채널의 다양화에 따른 고객 접점관리를 위한 요원의 인건비 증가하고, 시간, 장소의 제약과 고객 수요에 대한 즉시대응(Just in Time)이 부족하였기 때문이다.

e-CRM의 목표는 다음과 같다.

① 자사의 웹 사이트를 방문한 고객들이 기업에 주는 가치 극대화,
② 인터넷을 통해 고객의 요구사항에 신속히 대응(쌍방향 커뮤니케이션),
③ 고객 행동에 대한 예측성을 제고(쇼핑 패턴, 구매 패턴 등),
④ 고객 만족도와 고객 점유율 증대를 통한 기업의 수익성 증가이다.

e-CRM은 고객의 메일에 자동 응답을 하고 확인관리를 하며 고객과 일대일 혹은 다자간 대화를 지원해준다. 또 고객이 관심 있는 정보를 자동으로 전송해 주며 각종 데이터를 통합하여 저장하고 이를 분석한다. 웹 정보(log, Click Stream)를 활용하여 고객의 행동 패턴을 파악하여 온라인에서 고객의 접점관리를 하며, 판매와 촉진을 실시하고, 고객에게 개인별 서비스를 효과적으로 지원하여 1:1 마케팅이 가능하게 하는 특징을 갖고 있다.

e-CRM을 원활히 수행하려면 먼저 수집 가능한 모든 분석용 정보를 한 곳으로 통합하여 구조화하는 데이터웨어하우스(Data Warehouse)기술이 있어야한다. 그리고 인터넷상의 실시간 정보를 다양한 분석기법을 사용해 일정한 패턴을 찾아내는 웹 마이닝(Web Mining)과정과 이를 토대로 서비스내용을 고객의 프로필과 비교해서 개별적인 서비스를 제공할 수 있는 개인화과정이 필요하다.

구체적인 e-service 마케팅의 내용을 판매전, 구매시점, 판매후로 구분해 보면 다음과 같다.

① e-Marketing (Pre-Sales)

- Web을 활용한 광고, 판매촉진, PR 및 직접마케팅
- 시장 세분화를 위한 고객 정보 확보 목적으로 인터넷 상에서 시장조사
- 서비스 개발과정 및 Life Cycle 결정에 인터넷을 통한 고객참여
- 서비스 가격결정에서 인터넷을 통한 유사서비스 가격정보 획득
- 판매 채널 믹스를 결정하고 통합에 포탈과 같은 전자적 채널 활용

② e-Sales (Point-of-Sales)

- Web을 통한 전 구매 과정을 고객에 의한 Self Service 화
- 인터넷 상에서 고객의 구매의사와 지불 능력을 파악
- 고객의 구매의도에 맞는 적정 상품을 추천
- 고객의 구매정보 및 지원정보 이력화
- 인터넷 상에서 서비스주문 생성

③ e-Service (Post-Sales)

- 인터넷을 통하여 고객이 고객 정보를 입력/갱신
- 인터넷으로 고객이 접속한 정보를 DB화
- 고객이 서비스 주문 및 불만접수 처리 현황을 인터넷 상에서 검색
- 고객의 질의 및 질의 사항 처리
- 서비스 문제를 고객이 처리할 수 있도록 문제 해결 매뉴얼 제공
- 인터넷을 통한 청구서 제시와 지불

16.4. 고객인터페이스(interface)관리

정보기술 관리

기술을 잘 활용함으로써 서비스조직은 고객에게 더 큰 부가가치를 제공할 수가 있다. 따라서 서비스조직은 조직의 효과성과 효율성을 달성하여 결국 경쟁우위

를 갖도록 적정하게 관리되고 통합되어야한다. 특히 다음 세 가지 분야에서 기술의 통합적 조정이 필요하다.

- **전략적 계획**

서비스조직은 장기적으로 사업을 어떻게 운영할 것인가에 대한 전략적 계획 수립 시, 설비운영시설의 위치, 규모, 건설시기, 과정 등을 결정할 때 고객과의 접촉에서 기술과 사업의 연계가 사업의 방식을 바꿀 수 있다는 점을 인식해야한다. 아마존 Web사이트는 좋은 예가 된다.

- **성과개선**

서비스조직은 신기술을 이용하여 성과와 생산성을 개선할 수가 있다. 예를 들어 고객이 기다리는 시간을 줄이거나 없애서 서비스를 신속하게 배달해주어 비용을 줄일 수 있다. 종업원과 고객이 직접 접촉하는 인카운터를 없애는 것도 직원을 소수로 할 수 있는 방법이다. 또 서비스관리자에게 고객에 대한 상세한 정보를 제공하여 특정고객의 요구에 맞게 맞춤식 서비스를 제공할 수 있고, 불평사항이 생기지 않게 사전에 조정할 수가 있어 고객관계관리(CRM)를 제대로 실행할 수가 있어 고객확보에서 경쟁우위를 차지할 수가 있다.

- **효율성 개선**

서비스에 신기술을 이용하면 우선 규모의 경제를 기할 수 있다. 통신정보기술의 발달로 은행의 지점을 축소하거나 시설관련 비용을 크게 절감할 수가 있다. 그리고 인원을 최소화하거나 대체하여도 서비스제공에 문제가 없어 직원들의 생산성을 향상시킬 수가 있다. 또 이런 신기술을 이용하면 오류를 줄일 수 있어 직원의 서비스제공에 있어 양질의 일관성 있는 서비스배달이 가능해진다.

고객정보의 확보지원

정보기술의 발전 덕분에 서비스조직은 고객에 대한 방대한 정보를 수집할 수가 있고 이를 토대로 다양한 서비스를 창조하고 배달할 수가 있다. 그 결과 대량마케팅에서 벗어나 맞춤식 개별마케팅이 가능해졌다. 그러려면 고객이 원하는 특별한 수준의 서비스가 배달될 수가 있게 고객데이터베이스가 설계되어야한다.

유용한 고객데이터베이스를 구축하려면 여러 단계가 필요하다. 우선 고객을 현재고객, 예상고객, 과거고객으로 나누어 분류한다. 둘째, 데이터베이스에는 각 고객의 최신 구매 자료와 빈도가 포함되어야한다. 셋째, 지난 1년간 각 고객의 상세한 구매정보가 포함되어야한다. 넷째, 고객욕구에 맞는 서비스를 제공하려면 생일, 선호사이즈, 카드번호 등 다른 관련 정보가 있어야하다. 이와 같은 고객의 구매패턴을 추적할 수 있는 정보가 있어야 유통을 통제할 수가 있고 고객수요의 작은 변화도 알 수가 있다.

고객데이터베이스를 가장 효과적으로 활용하려면 일선 종업원들도 쉽게 데이터베이스에 접근할 수가 있어야한다. 거래 시 필요한 정보를 수집해 저장하고 조언을 하려면 먼저 일선 종업원이 데이터파일을 볼 수 있어야한다. 이런 과정을 고객데이터베이스 구축할 기회로 삼아야한다. 물론 고객의 사생활이나 개인정보의 보호를 위한 필요한 조치를 반드시 마련해야 한다.

서비스기술의 부정적 영향

서비스 질을 개선하기 위해선 정보기술을 잘 활용해야 경쟁력이 높아진다. 첨단기술이라 해서 무작정 신뢰하고 의존할 수가 없다. 예를 들어 금융기관의 해킹으로 인한 개인정보의 유출과 악용, 전산망의 고장 등으로 이용고객이 당하게 되는 금전적, 정신적 피해는 엄청나다. 고객 중에는 신기술에 대해서 탐탁치 않게 여기는 사람도 있다. 문제가 발생하여 서비스가 제대로 작동되지 못하면 서비스조직과 고객 간의 관계에도 변화를 초래하고 비용손실도 매우 크다. 고객은 항상 신뢰할 수 있는 결과와 쉽게 접근이 가능하고 신속하게 반응할 수 있는 시스템을 원한다.

또 신기술은 고용문제에도 부정적인 영향을 미친다. 기술이 노동을 대체함으로써 기존의 일자리가 많이 없어지거나 줄게 된다. 대체로 전문적인 서비스나 고급기술의 종업원을 제외하면 서비스종업원은 저급한 기술자이기에 쉽게 기술로 대체되어 실업상태가 되기 쉽다. 은행이 단순 업무를 ATM으로 대체한 것이 그 예이다.

고객인터페이스 관리

고객과 정보기술 간의 접점에서 상호연계와 상호작용을 약화시키는 여러 가지 문제가 발생할 수가 있다. 고객이 서비스를 구매하거나 실제 이용할 때 서비스 경험을 잘못하게 만드는 여러 기술상의 취약점은 아래와 같다.

우선 서비스기능을 너무 급작스럽게 자동화하는 경우 다른 기능이나 절차가 혼란스럽게 돼서 무료로 한다고 하고 고지서가 발부되거나 이미 조치가 종결된 것을 다시 고지하는 등 잘못을 저질을 수가 있다. 새로운 정보기술이 기존 기술보다 느리게 작동되거나 사용자가 새로운 기술을 습득하는데 시간이 많이 걸리는 경우 고객의 귀중한 시간을 빼앗는 꼴이 되기 쉽다. 정보기술 개발자가 기술상의 정교함에 초점을 두고 여러 가지 옵션을 많이 만드는 경우 고객은 당혹스럽고 불안하고 짜증이 나기 쉽다.

또 기술적으로 그 기능적 가치가 소멸되었는데도 정보기술이 지속적으로 사용되는 경우도 그렇고 하이테크와 하이터치가 이용자에게 오히려 많은 불편을 주고 심지어 짜증과 화를 불러오는 경우도 그렇다. 예를 들어 자동응답시스템에서 많은 메뉴를 눌러야 하는 것, 대기하는 것이 이탈을 하고 싶은 충동을 느끼게 한다. 이용자의 입장에선 그냥 담당자에게 물어보는 게 훨씬 편하다고 생각한다.

서비스조직은 기술적인 고객인터페이스에서 연계를 약화시키는 문제에 잘 대처해야한다. 이런 취약한 연계를 극복할 조처는 다음과 같다.

서비스조직은 고객과의 상호작용, 즉 인터페이스를 설계하고 기술을 개발할 때 우선 마케터의 의견을 충분히 듣고 이를 반영하여야 한다. 이는 고객과의 인터페이스가 단순히 기술상의 문제가 아니라 바로 얼마 고객과 원활하고 신속한 소통을 할 수 있느냐가 핵심이기 때문이다. 그리하여 기계가 아니라 고객에게 초점을 맞추지 않으면 안 된다. 고객의 시각에서는 기술 자체보다는 그것으로 인해 얻게 되는 편익에 더 관심이 높기에 서비스기술을 노출시킬 필요는 없다. 따라서 고객이나 종업원이 즐겁게 사용할 수 있도록 서비스기술을 유연하게 설계할 필요가 있다.

신기술의 교육훈련

신기술을 이용해서 처음으로 서비스를 구매할 때 소비자들은 신기술에 대한 불안감으로 구매 이용 시 잘못되어 손해나 보지 않을까 걱정을 하게 된다. 그리고 셀프서비스 이용 시 방법을 잘 몰라서 주저하는 등 고객의 입장에서 지식이나 기술부족을 경험하게 된다. 이런 문제는 종업원에게도 마찬가지이다. 신기술을 도입할 때 교육훈련은 종업원과 고객 모두에게 필요하다. 종업원이 새로운 장비를 익숙하게 다룰 수 있게 하고 고객에게도 이를 잘 교육훈련 시키는 일이 필요하다.

제 17 장

서비스질의 관리

17.1. 서비스 질의 구조와 특성

서비스 질의 개념

최근 서비스 질에 대한 관심이 높아지고 있는 것은 서비스 질이 서비스에서 가장 핵심적인 영역이기 때문이다. 서비스 질은 마케팅상 강력한 경쟁수단이 되며 서비스 생산성향상의 관건이 되며 또 기업의 비용효율을 향상시키고, 간접적으로는 고객의 손실비용도 절감시켜주는 역할을 하는 것이다.

고객만족을 지향하는 서비스 마케팅에서 양질의 서비스 질을 실현하는 것은 곧, 기업의 성공을 의미한다. 치열한 경쟁 환경 하에서 질이 떨어지는 서비스는 고객을 상실하게 되고 질이 높은 서비스는 고객의 지지를 확보할 수가 있기 때문이다. 즉, 양질의 서비스를 제공하는 기업은 고객을 유치할 수 있고 또 그들을 단골로 확보할 수가 있다. 따라서 고객의 서비스의 대한 요구가 점점 고도화되는 현실에 있어서 안정적으로 고객을 확보하기 위한 차별적 수단으로써, 효율화의 수단으로써, 또 신뢰획득의 수단으로써 서비스 질의 강화는 절대 중요한 필수적 요소이다.

그러나 질(quality)이란 무엇인가에 대한 답은 매우 어렵다. 사람마다 보는 관점에 따라 다양한 견해를 가질 수 있기 때문이다. 서비스 질에 대한 정의는 서비스제공자의 입장에서 보느냐 아니면 고객의 입장에서 보느냐에 따라서 달라진다. 서비스제공자의 입장에서 서비스 질은 서비스특성이 조직의 세부상황과 요구조건에 얼마나 잘 부합하는지에 대한 정도로 최소비용으로 최대산출을 나타내는 생산성과 내부효율성에 초점을 둔다. 반면 고객의 관점에서는 서비스 질은 얼마나 서비스가 고객의 기대에 부응하느냐를 의미한다. 서비스제공자입장과 고객의 입장간의 주요차이는 서비스의 성과가 같아도 고객들은 다르게 인식할 수 있다는 점이다.

두 관점의 차이를 이해하기 위해서는 다음의 예를 보자. 호텔에서는 세탁을 15분 안에 완료하여 고객에게 제공하는 것이 우수한 서비스의 징표이다. 그러나 객실에다 다리미를 구비하여 서비스를 하면 고객은 서비스가 나쁘다고 생각할 것이다. 서비스 질의 기준을 결정하는데 있어서 호텔은 저렴한 다리미를 구비하는 것이 비용을 줄인다고 생각한다. 서비스 질은 인식된 서비스 질이 더 적정한 의미일 것이다. 고객의 기대에 맞거나 기대이상의 서비스배달의 수준으로써 정의할 수가 있다.

서비스의 특성을 고려할 때 고객 중심적 접근방법이 그래서 서비스 질을 가장 잘 설명할 수 있는 관점이라 할 수 있다. 실제 서비스의 질은 서비스의 특성, 서비스에 대한 고객의 애매한 기대, 그리고 평가기준의 복잡성, 제공되는 편익과 반드시 일치하지 않는 만족 등과 같은 서비스 질을 둘러싼 다면성 때문에 질이 중요하다는 것은 알지만 명확하게 개념정의를 내릴 수가 없다.

여러 학자들에 의해 정의된 서비스 질은 대체로 「기대된 서비스와 인식된 서비스간의 비교」로 보고 있다. 패러슈라만(Parasuraman) 등은 서비스 질을 인식된 질로 보고 인식된 질이란 전반적인 우수성 혹은 특이성에 대한 소비자 판단으로 보고 있다. 그들은 인식된 질을 객관적인 질과 다르며 소비자 만족과도 같지 않은 일종의 태도로 서비스 수행에 대한 인식과 기대를 비교함으로써 생긴다 했다. 고객들이 서비스를 똑 같이 이해하고 인식할 수가 없는 것은 고객자신이 생산과정에 참여하고 서비스제품을 직접 경험해보기 전에는 실체나 결함을 알거나 제거할 수가 없기 때문이다. 서비스 질은 달성하거나 완결될 수 있는 특별한 목표나 프로그램이 아니라 모든 경영과 서비스생산에서 일상적으로 지속적으로 추진해야하는 과학이고 예술인 것이다.

따라서 서비스 질에 대한 이해를 좀 더 확실히 하려면 서비스 질이 고객에 의해 어떻게 인식되고 또한 어떤 식으로 서비스 질이 영향 받는가를 파악해야만 한다.

서비스 질의 구조와 특성

서비스의 질의 구조를 여러 학자들이 제시한 질의 특성을 살펴보기로 한다.

① Swan & Combs는 제품의 인식된 성과를 두 개의 하위과정 즉, 수단적(도구적) 성과와 표현적 성과로 구분하였다. 도구적 성과는 제품의 기술적 차원과 관련이 있고, 표현적 성과는 심리적 차원과 관계가 있다. 서비스에서는 도구적 성과는 서비스 생산과정의 기술적 결과로 서비스가 끝났을 때 고객에게 남겨지는 것이다.
표현적 성과는 서비스의 생산과정동안 서비스 기업의 여러 자원 및 활동과의 상호작용을 말한다. 서비스에서는 도구적 성과에서 생긴 만족정도와 관계없이 표현적 성과가 만족스럽지 못하면 고객은 불만족을 느끼게 된다.

② Lehtinen은 서비스 질은 서비스 조직의 여러 요소와 고객 간의 상호작용에서 일어나며 이들을 시설과 장비와 같이 물리적인 질, 기업의 이미지나 인상을 포함하는 기업의 질, 종업원과 고객, 고객 간에 일어나는 상호작용의 질로 구성된다고 했다. 그들은 서비스의 질은 과정의 질(process quality)과 산출의 질(outcome quality)로 구분했다. 과정의 질은 서비스가 제공되는 동안에 고객이 평가하는 질이고 산출의 질(결과)은 서비스가 수행된 후 고객에 의해 평가 판단되는 질을 말한다.

③ 그뢴루스(Grönroos)는 기술적인 질(technical quality)와 기능적인 질(functional quality)로 구분하고 있다. 기술적인 질은 서비스 생산과정의 기술적 산출(고객과 서비스 기업 간의 상호작용 결과로써 인식된 것)로 서비스 조직이 무엇을(what)을 만들었냐하는 질문에 답이 되는 것으로 앞서 설명한 도구적 성과나 산출의 질과 유사한 것이다.
기술적인 질은 객관적인 방법으로 소비자에 의해 측정될 수가 있다. 그러나 서비스가 소비자와 상호작용을 해서 만들어지는 것임을 고려할 때 이런 기술적인 질만으로는 소비자가 경험하는 인식된 총서비스 질을 설명하는 데는 부족하다. 분명히 소비자는 그런 기술적인 질이 그에게 기능적으로 전달되는 방법에 따라 영향을 받게 된다. 소비자는 생산과정의 결과로써 그가 받은 결과에 관심을 가질 뿐만 아니라 그 과정 자체에도 관심을 갖게 된다. 즉, 고객과 종업원간의 상호작용에서 어떻게(how) 서비스를 받았는가에 관심을 갖게 되고 그것이 소비자의 질 인식에 영향을 미친다. 이런 질을 기능적인 질이라 하는데 매우 주관적이다.

위에서 설명된 서비스 질의 구조를 보면 대체로 수단적 측면으로 '무엇을'에 해당되는 기술적인 질과 표현적 측면으로 '어떻게'에 해당되는 기능적인 질로 요약할 수가 있다.

서비스 질에서의 갭

서비스 질의 실천과 평가는 어렵다. 서비스 질에 대한 인식은 특정서비스에 대한 고객의 기대와의 결과를 반복적으로 비교하는데서 생긴다. 계속해서 고객기대에 못 미친다고 여기면 고객은 서비스 질이 불량하다고 생각할 것이다. 제품의 경우 소비자는 완성품을 보지만 서비스는 그 결과뿐 아니라 과정도 평가한다. 긍정적인 서비스성과를 경험하고 서비스제공자의 친절성, 능력, 돌봄 등을 근거로 하여 서비스를 전체적으로 평가한다.

서비스갭(service gap)이란 서비스에 대한 고객의 기대와 실제 배달된 서비스에 대한 인식 간의 차이이다. 서비스갭은 다음과 같은 갭들을 줄여야 가능해진다.

▌그림 17-1 _ 갭 모델

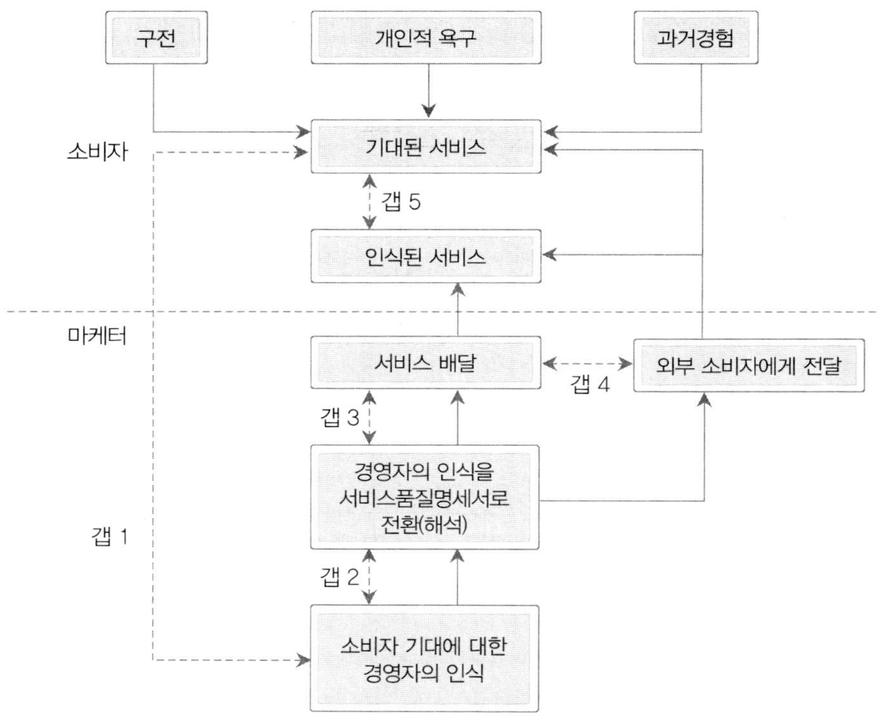

• 시장정보의 갭(1)

소비자가 서비스에 대해서 기대하는 것과 소비자들은 '이런 것을 기대할 것이다'라고 생각한 경영자의 인식과 차이가 나는 것을 말한다. 이는 고객에 대한 정보를 수집하는 방식에서 실수로 생긴다. 왕왕 경영자는 자신들이 실제 고객에게 물어보지도 않고 고객이 원하는 것을 안다고 생각하기가 쉽다. 식당주인은 좋은 음식만 제공하면 고객을 만족시킬 것이라 생각했는데 실제 고객은 다른 식당으로 가버리는 것을 보고 놀랐다. 경쟁식당은 맛은 별로지만 서비스가 좋고 더 효율적이었다. 이 경우 식당주인은 고객이 식사경험에서 진짜로 원하는 것이 뭔지를 확실히 몰랐던 것이다.

이러한 정보 갭을 줄이려면 먼저 소비자의 욕구를 조사해 반영하는 조사지향성이 있어야한다. 그리고 일선 종업원에서 얻은 정보를 상급계층으로 보고하는 상향적 커뮤니케이션이 이뤄져야한다. 최고경영자와 고객 사이에 계층이 많고 복잡하면 고객과 거리가 멀어져 결국 시장정보의 갭이 커진다. 결국 소통의 문제인데 건축가와 주택구매자의 경우, 구매자가 원하는 것을 건축가가 잘 이해하고 있으면 정보 갭은 생기지 않을 것이다.

- 서비스기준 갭(2)

이것을 소비자가 기대한다고 생각하는 경영자의 인식과 서비스배달을 위한 수립된 서비스 질에 대한 구체적인 명세서 간의 차이이다. 문제는 자원이 부족하거나, 아니면 고객이 원하는 것을 서비스제품 개발로 맞추지 못해서 생긴다. 예를 들어 경영자는 '안녕하세요, 또 오세요'라는 인사만 잘하는 것이 종업원의 예의라고 생각했는데 고객은 순수한 미소, 도우려는 매너, 인간미가 느껴지는 인사로 생각하고 있는 경우이다. 건축가가 집구매자가 바라는 것을 설계도에 구체적으로 담아내지 못하면 기준 갭이 커진다.

경영자들이 고객욕구를 충족시킬 수 없다고 믿거나, 이해를 올바르게 못하거나, 서비스 질을 측정하는 방법이 불충분하거나, 서비스 질에 대한 조직문화가 없는 경우 이러한 기준을 제대로 만들어 내지 못한다. 따라서 시스템이 운영되는 방법과 시스템의 각 지점에서의 접객원의 행동이 나타나는 플로우차트를 그려보는 것이 필요하다.

- 서비스배달의 갭(3)

서비스배달을 위해서 수립된 질명세서와 실제 배달된 서비스 질 간의 차이를 말한다. 식당 웨이터가 훈련매뉴얼에서 개발된 기준을 올바르게 실천하지 않으면 배달 갭이 생긴다. 이와 같은 서비스 배달 갭이 생기는 이유는 최선을 다해서 서비스를 하려는 종업원이 의지가 낮거나, 직무적합성이 떨어지거나, 직무이해가 부족하거나, 손을 쓸 수 있는 재량이 없다고 무력해지거나, 서비스를 제공하는데 필요한 교육훈련이 부족하거나, 필요한 기술이나 지원을 제대로 못 받았을 경우이다. 예를 들어, 항공사는 성수기 때 시간당 평균적으로 고객 100명을 처리를 하도록 설계되어 있는데 발권직원이 미숙해서 항공연착이나 승객이 늦게 도착한 것을 감안 못하여 시간당 100명을 처리 못하면 고객들은 불쾌한 경험을 하게 된다.

- 커뮤니케이션의 갭(4)

배달된 서비스의 실제의 질과 기업의 외부커뮤니케이션(광고, 구매시점, 인적판매 등)에서 나타난 서비스의 질 간의 차이를 말한다. 이는 주로 광고나 판매원의 설명 등에서 과대하게 약속을 하거나 내부소통이 잘 되지 않아 광고하곤 다르다는 인식을 낳는데서 생긴다. 자주 있는 것은 아니지만 서비스조직은 서비스 시스템이 배달할 수 없는 것을 약속하는 경우가 있다.

- 서비스 질의 갭(5)

마지막으로 이 갭은 기대된 서비스와 실제 받은 서비스간의 차이로 그 결과 기쁨, 만족, 불만족, 혹은 불신으로 될 수가 있는 것이다. 앞서 언급된 4개의 갭이 모두 이 갭에 영향을 주게 된다. 고객기대와 고객의 서비스배달에 대한 인식의 역할을 과대하게 강조해서는 안 된다. 고객기대를 확인하는 일은 쉽지가 않다. 고객은 여러 개의 기준 혹은 기대수준을 갖고 있는데 즉, 그들이 원하는 것, 그들이 적정하다고 생각하는 것, 이상적인 서비스성과라고 생각하는 것 등이다. 은행에서 2분 동안 기다리는 것은 적절할지 모른다. 그러나 아예 기다리지 않게 하는 것이 이상적이다. 고객은 허용의 영역(zone of tolerance) 즉, 바람직한 서비스와 적정한 서비스 간의 범위의 서비스를 원할 것이다. 이것은 예상한 서비스, 서비스약속, 구전, 과거경험, 서비스대안들, 개인적인 욕구, 상황요인 등에 의해서 영향을 받는다. 고객의 허용영역을 이해하는 일이 서비스조직의 최고의 관심사이다. 서비스가 항상 생각보다 괜찮았다는 인식을 갖게 하는 것이 바람직하다.

17.2. 서비스 질 측정: SERVQUAL과 SERVPERF

서비스 질의 차원

서비스 질을 측정하는 기본이 되는 서비스 질의 차원은 다양하지만 일반적으로 이 개발한 SERVQUAL(Service+Quality의 축약어: Parasuraman, Berry, Zeithaml(1988)이 개발)이라는 5개의 차원을 들 수 있다.

① 유형성차원
기업의 물리적 시설, 장비, 종업원, 커뮤니케이션 도구 등이 유형적으로 잘 나타나 있음

② 신뢰성차원
서비스제공자가 서비스를 일관성 있게 수행하는 것을 믿음

③ 반응성차원
고객의 요구에 신속하게 응대할 수 있게 사전에 충분히 준비하고 그것을 약속함

④ 확실성 차원
서비스제공자의 서비스수행에 대한 지식과 기술이 높고, 고객과 그들의 소유물에 대한 상호작용에서 예의성이 있고, 서비스수행에서 위험이 없음을 확실히 보여주는 능력

⑤ 공감성 차원
고객에게 개인적인 배려를 제공하는 능력, 관심, 친절 등

서비스 질은 무형성, 이질성, 비분리성 등으로 제품과 다르기 때문에 서비스 질은 제품의 품질보다 평가하기가 힘들다. 서비스 질(SERVQUAL)은 서비스에 대한 고객의 기대와 실제 서비스성과 간의 차이로 정의된다. 서비스측면에 대한 고객의 기대를 측정하고, 그다음에 그런 측면에 대한 고객의 실제 경험이 어떠했는지를 평가하여 그 차이를 서비스 질로 보는 것이다.

서비스 질의 차원의 중요성을 보면, 절대적인 것은 아니지만 일반적인 경우에 비춰볼 때 대략 100점 기준으로 볼 때 신뢰성 30, 반응성 20, 유형성 10, 확실성 20, 공감성 20 정도의 비중을 갖고 있다. 신뢰성이 가장 높은 비중의 서비스 질 차원인 것은 무형적인 서비스이용자의 시각에서 보면 타당한 결과라 생각된다.

서비스에 대한 고객인식은 접객원의 태도와 수행에 주로 달려있다. 즉 종업원의 반응성, 공감성, 확실성은 고객과의 상호작용을 반영하는 것이고, 유형성은 종업원의 외모, 의상, 위생상태 등이다. 이를 보면 서비스에서 과정도 결과만큼이나 중요하다는 점, 소비자의 인식은 예측할 수가 없다는 점, 경영자가 쉽게 파악할 수 없는 통제 밖의 요인에 의해서 서비스 질의 평가가 이뤄짐을 알 수 있다.

서비스 질의 측정에서 SERVQUAL이 주로 소매점, 식당, 병원, 지원서비스 등에서 많이 이용되나 기대와 성과를 질문하는 정보가 많아 고객에게 부담을 주어 간단히 성과만을 측정하는 SERVPERF(Service+Performance의 축약어)가 등장하였다.

서비스 질의 측정은 주관적 과정과 객관적 과정을 둘 다 포함하고 있다. 두 가지 경우에서 고객만족이 다 포함되는 것은 고객만족이 서비스 질의 간접척도이기 때문이다. 주관적 과정측정은 SERVQUAL처럼 서비스 질의 속성을 주로 평가하는 방법과 서비스과정 중 가장 핵심 되는 사안을 중심으로 평가하는 방법, 그리고 서비스에서 발생한 문제의 빈도와 중요도를 평가하는 방법이 있다. 객관적 과정측정은 검증, 관찰, 불평불만의 숫자 등처럼 객관적인 요소를 분석해서 서비스 질을 유추하는 방법이다.

e-Service Quality(e-SQ)

고객이 직접 서비스조직과 상호작용을 하지 않고 온라인으로 비즈니스를 하는 e-business의 경우는 그 서비스 질이 다를 수밖에 없다. Web site가 제공하는 서비스 질을 e-service 질이라 하는데 이는 웹사이트가 제품과 서비스의 효과적이고 효율적인 쇼핑, 구매와 배달, 쇼핑을 촉진하는 정도라 정의된다. 온라인 서비스의 경우 서비스 질인 e-SQ은 SERVQUAL이나 SERVPEF과는 다르다. e-SQ에서는 직접 측정을 채택하는데 핵심이 되는 서비스 질의 차원과 문제발생시 이를 회복하는 회복차원으로 구분된다. 이는 웹사이트 자체의 속성이 고객이 요구하는 기능에 맞게 원활하게 작동되고, 문제 발생 시 이를 원상복구하고 피해를 보상하는 것이 중요한 e-서비스 질임을 나타낸다.

① 핵심 e-서비스 질 차원:
- 효율성: 찾고자 하는 관련정보를 Web-site에서 쉽게 검색
- 실행성: 약속한 시간에 정보제품의 정확한 배달
- 신뢰성: site가 이용가능하고 기술적으로 제대로 작동함
- 프라이버시: 개인의 쇼핑행동 자료나 카드번호 등 보호 장치

② 회복서비스 질 차원:
- 반응성: 문제발생시 이용자에게 적정한 정보제공여부
- 보상: 이용자 피해에 대한 보상여부
- 접촉성: 문제발생시 고객서비스요원에게 쉽게 접촉여부

한편 e-서비스고객은 e-서비스의 차원에서 사이트의 접근성, 검색의 편의성, 효율성, 맞춤화/개인화, 안전/사생활보호, 반응성, 확실성/신뢰, 가격지식, 사이트의 심미성, 신뢰성, 융통성을 중시한다고 보는 견해도 있다.

서비스 질의 영향요인

서비스 질의 인식은 고객이 받을 것으로 기대한 서비스(expected service)와 실제 서비스를 경험한 후에 인식한 서비스(perceived service)의 차이로 표시할 수가 있다. 소비자들은 기대된 서비스와 인식된 서비스를 비교하여 서비스의 질을 인식하는 것이다. 먼저, 인식된 서비스의 질에 영향을 미치는 요인을 살펴보기로 하자. 서비스 질을 결정하는데 있어 매우 중요한 영향을 미치는 요인으로서는 물리적/기술적 자원(시설, 장비, 도구, 운용지식과 기술 등)과 접객종업원(행동, 태도, 지식, 고객과의 상호작용), 그리고 생산과정에 참여하는 다른 고객이다. 이외에도 제한적이긴 하지만 광고, 가격, 판매원, 홍보와 PR 등과 같은 마케팅활동과 사회의 전통, 관습, 구전 등의 외적요인이 영향을 미친다.

▌그림 17-2 _ 서비스 질의 영향요인

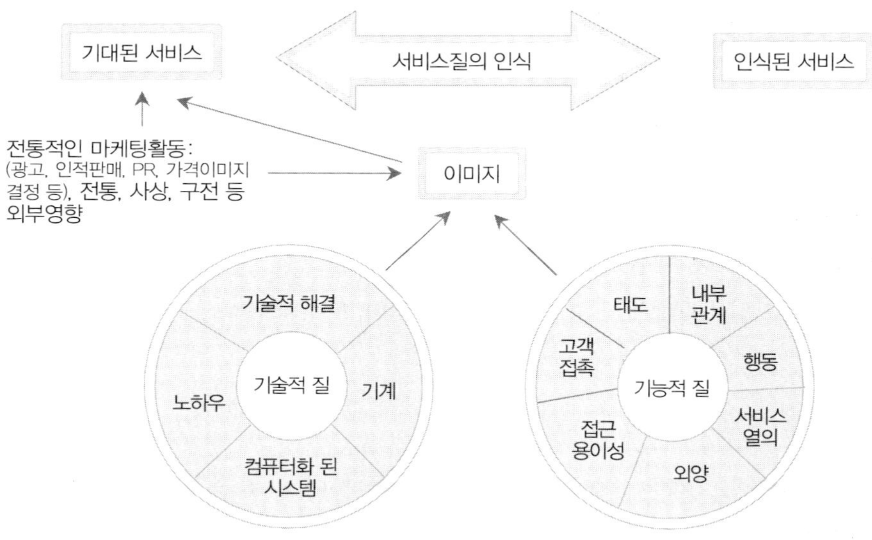

소비자가 기대한 서비스는 소비자가 원하고 필요로 하는 것으로 서비스 제공자가 제공해야 하는 것이다. 서비스 기대에 영향을 미치는 요인에는 전통적인 마케팅 활동으로 인해 생긴 기대감, 고객의 욕구, 전통 및 사상, 구전, 과거의 경험, 서비스 구매상황 등이다. 이런 것들을 통해 소비자는 서비스 기업이 어떠한 서비스를 어떤 수준으로 제공할 것으로 기대하게 된다.

▌그림 17-3 _ 서비스 기대에 영향을 미치는 요인

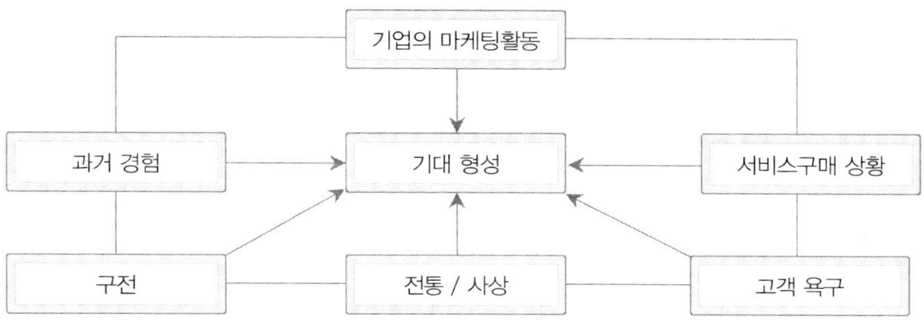

서비스의 인식에 영향을 미치는 요인은 물리적/기술적 자원과 고객과 접촉하는 종업원 그리고 생산과정에 참여하는 다른 고객이다.

▌그림 17-4 _ 서비스 인식에 영향을 미치는 요인

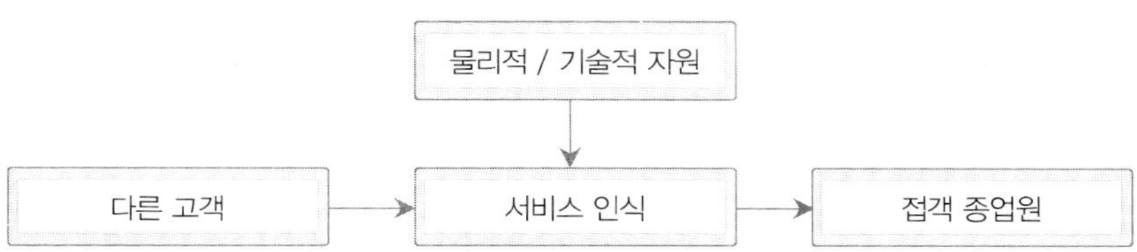

서비스 질의 평가

고객은 서비스를 제품과는 다르게 평가한다. 그 이유는 서비스는 내재적으로 탐색의 속성이 낮고 경험과 신뢰의 속성이 높기 때문이다. 탐색속성(search)은 자동차의 색채와 사이즈처럼 구매 전에 평가할 수 있는 속성을 말한다. 경험(experience)속성은 오직 소비중이나 후에만 평가할 수 있는 속성을 말한다. 신뢰(credence)속성은 의료서비스처럼 소비 후 조차도 평가하기 힘든 속성을 말하다. 비록 서비스의 무형성 때문에 객관적으로 서비스 질을 평가하기가 힘들지만 그래도 고객은 일상적으로 서비스경험의 질을 평가한다.

서비스 질의 판단은 기대된 상황에서 실제 서비스 수행을 어떻게 인식했느냐에 달려 있다. 소비자에게 인식된 질은 갭5의 크기와 방향에 달렸다. 식으로 표시하면 갭5= f(갭1, 2, 3, 4)이 되는데 갭의 방향이 +혹은 −가 되느냐에 따라 우호적, 비우호적, 만족, 불만족이 될 것이다. 기대된 서비스(expected service)가 인식된 서비스(perceived service)보다 큰 경우는 비우호적이거나 불만족이 생기며, 인식된 서비스가 기대된 서비스와 같거나 클 때는 우호적이거나 만족을 느끼게 된다.

17.3. 서비스 질의 관리

서비스 질이 고객의 기대를 충족시키는 것이라면 서비스조직은 고객의 기대와 인식간의 차이를 최소화시켜야 한다. 즉, 고객이 기대하는 것과 고객이 실제 인식하는 것과 갭이 생기면 그것을 메꾸어 주려는 노력을 해야 한다. 고객이 기대한 것과 실제 서비스를 받은 것과의 차이는 다음과 같은 4가지 차이에서 발생한다.

① 고객이 기대하는 것을 제대로 알지 못할 때
② 고객의 기대를 반영하지 못한 구체적인 서비스 질 기준을 못 만들었을 때

③ 서비스 질의 명세서(기준)대로 서비스를 제대로 수행하지 못할 때
④ 서비스성과가 광고 등 마케팅 커뮤니케이션에 의해 약속한 수준에 못 미칠 때

서비스 질을 향상시키려면 각각의 차이에 대한 상세한 원인을 파악하고 그 차이를 줄일 전략을 개발해야 한다.

① 갭1의 해소: 고객이 기대하는 것을 알고 배워라.

갭1은 경영자가 고객의 서비스 질에 대한 기대를 정확하게 몰라서 생기는 갭이다. 경영자는 고객이 어떤 특성의 서비스를 높은 질로 인식하는지, 또 고객만족을 위해선 서비스가 어떤 특성을 가져야 하는지, 어느 수준까지가 바람직한 서비스 수준인지를 정확하게 파악하기가 힘들다. 이러한 차이의 크기와 방향은 마케팅조사, 상향적 커뮤니케이션, 관리계층의 수에 따라 달라진다. 이의 해소를 위해서 다음과 같은 지침을 따라야 한다.

- 불평분석, 고객패널 등 조사를 통해서 고객의 기대를 잘 이해한다.
- 고객과 경영자가 직접 접촉하는 것을 늘린다.
- 일선 종업원이 경영자에로의 상향적 의사소통을 할 수 있게 한다.
- 조사된 정보와 파악된 고객정보는 즉시 행동으로 옮긴다.

② 갭2의 해소: 올바른 서비스 질 수준을 수립한다.

갭2는 경영자의 인식과 서비스 질의 명세서가 일치하지 않을 때 발생한다. 고객의 기대를 알고 있어도 이것을 현실적으로 충족시킬 수 있는 수단을 찾아내는 것은 힘든 일이다. 그러나 이런 차이를 극복해야 고객의 서비스 질에 대한 평가가 달라지는 것이다. 이에 대한 갭의 해소는 서비스 질의 향상을 위해 모든 것을 걸겠다는 최고경영자의 강한 의지와 헌신적인 노력이 있어야 한다. 그리고 서비스 질의 개선을 위한 명확한 목표가 수립되어야 하고, 또 종업원이 수행할 업무가 표준화되어야 하며 고객의 기대가 충족될 수 있다는 가능성을

모두 인식하고 있어야 한다.

- 최고경영자가 고객의 관점에서 질을 정의했다는 사실을 널리 알린다.
- 중간관리자들은 그들의 부서에서 고객지향 서비스 기준을 세우고 전달하고 재강화하도록 한다.
- 종업원이 양질의 서비스를 배달하는데 필요한 기술을 관리자에게 훈련시킨다.
- 양질의 서비스 배달을 위해서 새로운 방법은 과감히 수용한다.
- 반복적인 일은 표준화하고, 인적접촉은 하드기술로 대체한다. 또 작업방법을 개선하여 일관성과 신뢰성을 높인다.
- 고객기대에 부응하려는 도전적이고 현실적이고 분명한 서비스 질 목표를 수립해야 한다.
- 종업원에게 어느 작업과업이 가장 질에 영향을 미치는지 또 가장 우선순위가 높은지를 분명히 알려준다.
- 종업원이 그 목표와 우선순위를 이해하고 수용하는지를 확실히 해둔다.
- 성과를 측정하고 정기적으로 피드백 시킨다.
- 목표를 훌륭히 달성한 관리자와 종업원은 포상한다.

③ 갭3의 해소: 서비스 수행성과가 기준에 합치됐는지를 확인한다.

갭3은 서비스 질의 명세서와 실제 제공된 서비스와의 차이 때문에 생기는 것이다. 이것은 현장의 종업원들이 서비스를 제대로 수행하지 못해서 생기는 것으로 관리가 사실상 쉽지 않은 부문이다. 이런 갭을 해소하려면 종업원간의 협력이 잘 이루어져야 하고, 종업원과 직무가 적합해야 하며, 종업원이 사용하는 기술이나 장비가 직무에 적합해야 한다. 또 종업원들에게 스트레스를 주는 상황을 적절하게 통제할 수가 있어야 하며 종업원들의 성과나 행동을 적절히 측정 기록할 수 있는 통제시스템이 개발돼 있어야 한다. 그리고 종업원이 직무를 수행하는데 있어 역할이 모호하거나 직무에서 역할갈등을 느끼지 않도록 해야 한다.

- 종업원의 역할을 분명히 한다.
- 모든 종업원에게 그들의 일이 고객만족에 어떻게 기여하고 있는지를 이해하고 있는가를 확인한다.
- 각각의 임무를 수행하는데 필요한 능력과 기술을 잘 선택해줌으로써 종업원과 일이 맞도록 한다.
- 종업원에게 그들에게 할당된 일을 효과적으로 수행할 수 있게 필요한 기술훈련을 시킨다.
- 최적의 종업원을 모집할 수 있는 혁신적인 모집방법과 그들이 충실하게 일을 할 수 있게 하는 관리유지 방법을 개발한다.
- 가장 적절한 방법과 장비를 선택하여 종업원의 서비스수행을 강화시킨다.
- 긴장상황이 많은 경우 고객을 다루는 기술을 교육훈련 시킨다.
- 기준설정과정에 종업원을 참여시킴으로써 종업원간의 역할갈등을 없앤다.
- 우선순위결정과 시간관리를 종업원에게 훈련시킨다.
- 종업원의 수행성과를 측정해서 보상과 인정을 양질의 서비스배달과 연계시킨다.
- 단순·정확하고 공정한 보상시스템을 개발한다.
- 의사결정권을 조직의 하위부분으로 위양함으로써 관리자와 종업원에게 권한을 준다. 목표달성에 있어 사용할 방법에 대한 선택권을 부여한다.
- 내부지원업무를 맡은 종업원(지원부서)들이 접객원들에게 양질의 내부서비스를 제공하고 있는지 확인한다.
- 종업원들이 함께 일할 수 있도록 팀워크를 짠다. 그것에 대한 인센티브로써 팀보상제를 이용한다.
- 고객을 파트타임 종업원으로 활용한다. 서비스 배달에서 고객의 역할을 명확히 하고 공동생산자로서 그들이 맡은 역할을 잘 할 수 있도록 훈련하고 동기를 부여한다.

④ 갭4의 해소: 서비스 배달이 약속과 맞는지를 확인한다.

갭4는 실제 서비스 제공과 외부커뮤니케이션의 차이로 생긴다. 서비스 기업이 실제 제공할 수 있는 서비스보다 더 많은 것을 고객에게 약속하면 고객의 기대를 높이게 된다. 만일 약속을 이행하지 못하면 서비스 질에 대한 고객의 평가에 악영향을 미치게 된다. 따라서 이런 갭을 해소 하려면 조직내부에서 수평적인 커뮤니케이션이 원활히 이루어져야 하며 고객을 경쟁적으로 유치하기 위해 과대파잉 약속을 해서는 안 된다.

- 새로운 광고프로그램을 수립할 때 종업원들한테서 필요한 아이디어를 얻는다.
- 그들이 일하는 참모습을 보여줄 수 있는 광고를 개발한다.
- 광고하기 전에 종업원이 사전에 광고물을 검토해 보게 한다.
- 마케팅, 생산, 인사부문간의 연계를 강화하기 위해 내부교육, 동기부여, 광고캠페인을 개발한다.
- 서비스를 여러 지점에서 제공하는 경우 서비스가 일관성 있는 기준을 갖고 제공되는지를 확인한다.
- 서비스 조직과 접촉하는 고객에게 가장 중요한 서비스 특성을 광고내용이 정확하게 반영하고 있는지 확인한다.
- 고객에게 무엇이 가능하고 불가능한지를 그 이유와 함께 알려주어 고객의 기대를 관리한다.
- 서비스 수행에서 부족한 점, 결여된 점에 대한 통제불능의 이유를 확인해서 설명해준다.
- 상이한 여러 가격으로 여러 수준의 서비스를 고객에게 제공할 때 그런 수준차이에 대한 이유를 설명해준다.

제 **18** 장

고객만족과 고객충성도 및 고객유지

18.1. 고객만족

고객만족의 중요성

서비스기업은 고객만족을 적극적으로 정의하고 측정할 필요가 있다. 서비스조직은 고객의 만족여부에 대해서 항상 신경을 써야하며 그 결과를 피드백 하여 서비스배달시스템을 더 개선할 수 있는 기회로 삼아야한다. 다시 말해 만족여부가 서비스조직이 항상 초점을 맞춰야할 정보원천의 핵심임을 알아야한다. 만족한 고객은 재구매와 긍정적인 구전을 할 것이고, 경쟁압박에서 특히 가격경쟁에서 기업을 보호해준다. 결국 조직은 계속해서 성장 발전할 수 있게 된다. 종업원들도 높은 동기부여와 사기, 보상의 좋은 환경에서 일하게 되며, 조직문화도 보상과 도전적인 일을 수행하는 풍토로 변하게 될 것이다. 반면 불만족한 고객은 재구매를 하지 않을 것이며, 타인에게 나쁜 구전을 할 것이다. 그 결과 조직은 매출이 급속히 줄고 종업원의 동기부여와 사기는 낮아지고 종국에는 퇴락하게 될 것이다.

고객만족의 개념

만족이 마케팅에서 중요한 측면으로 인식되어 왔으나 그 개념이 어떻게 정의되어야 하는가에 대해선 아직 의견의 일치를 못보고 있다. 명확한 개념정의가 없어 만족은 모든 사람들에게 같은 것을 의미하지 않는다는 가설까지 나올 정도이다.

일반적으로 학자들은 만족(satisfaction)을 욕구충족, 기쁨/불쾌, 인지적 상태, 속성 혹은 편익평가, 경험의 주관적 평가로써 정의한다. 만족의 정의 자체에는 의견을 달리하지만 만족이 단일변수가 아니라 상호 관련된 여러 변수를 포함하고 있다는 점에는 의견이 같다.

소비자 만족을 설명하는 모델 중 가장 널리 인정받고 있는 기대불일치 모델에 의하면 소비자 기대는 제품의 성능에 대해 비교할 기준이나 준거의 틀이 된다. 사회문화적으로 또 규범적으로 보았을 때 소비자가 이 정도면 당연히 내가 받아야하는 편익이 아니냐하는 생각이 들고, 서비스를 받는 그 절차가 공정하다고 믿는다면 소비자는 만족하게 될 것이다.

소비자가 가졌던 기대와 제품과 서비스에 대한 사용 후 인식간의 비교에서 만족을 일치의 결과이거나 긍정적(+) 일치의 결과이다. 불만족은 부정적(−) 불일치의 결과이다. 따라서 고객만족은 제품이나 서비스의 사전 구매기대와 사후에 인식된 성과의 함수로 표시된다.

고객만족＝f(기대와 인식된 성과)

실제 고객이 서비스 인카운터에서 경험한 고객기대와 인식을 비교하여 서비스를 경험한 인식이 기대와 같으면 일치되어 만족을 하고 인식이 기대와 다르면 불일치가 된다는 것이 기대불일치 모델(expectancy disconfirmation model)이다. 불일치에는 긍정적 불일치와 부정적 불일치 두 가지 유형이 있는데 실제인식이 기대보다 크면(실제인식 〉 기대) 긍정적 불일치로 고객만족이 되고, 긍정적인 구전으로 이어지고, 고객을 계속 유지할 수가 있다. 반면에 실제인식이 기대보다 작으면(실제인식 < 기대) 부정적 불일치로 고객은 불만족하게 되고 부정적인 구전을 낳고, 결국은 고객은 이탈하게 된다.

만족결정에 있어 기대보다는 인식된 성과가 더 큰 영향을 미친다. 이것은 시간의 경과에 따라 소비자가 느끼는 만족은 결국 소비자가 인식하는 서비스 질에 의해 결정됨을 의미한다.

고객만족조사의 편익과 측정

고객의 만족여부를 조사한 결과는 기업활동 결과에 대한 일종의 공식적인 시장의 피드백인 셈이다. 조사결과를 통해 현재와 잠재적인 문제점을 파악할 수 있고 기업이 고객들을 위해서 무엇을 해야 할지를 전하는 메시지인 것이다. 그리고 조사결과는 종업원에 대한 성과를 평가하는 지표가 될 수 있고, 판매관리와 경쟁자에 대한 대책, 광고 등에서도 유용한 정보가 된다.

고객만족은 고객만족도조사를 통해서 직접 측정할 수가 있다. 그리고 간접적으로 판매기록, 수익, 고객 불평의 청취 등을 통해서도 측정을 할 수가 있다. 예를 들어, 오늘 귀하가 받은 서비스를 100점을 기준으로 평가해 주십시오. 아니면 매우 만족/다소 만족/ 보통/ 다소 불만/ 매우 불만 등으로 만족의 정도를 표시하게 한 후, 만족하지 못한 경우 그 이유가 무엇인지를 조사한다.

그러나 고객만족도 조사 결과를 해석하고 이를 수용하는데 있어서 주의할 점이 많다. 말하자면, 진실된 현실보다 부풀려져서 조사결과가 나올 수 있는 가능성이 있기 때문이다. 예를 들어, 우리 회사의 제품이나 서비스를 최우선으로 구매했다고 해서 고객이 진실로 만족한 것인지, 응답자는 대체로 만족한 사람들이 응하지 불만족한 사람은 조사에 응하지 않는 경우가 대부분이다. 직접 대면한 경우 부정적인 말을 하지 못하는 경우, 만족은 구매 후 즉시 질문하는 것이 최고로 높다가 차츰 낮아지는 경향, 조사자의 입장이나 사회적으로 적절하다고 믿는 대답을 해주려는 성향 등이 있다는 점을 감안해야할 것이다.

고객만족의 원천

서비스 인카운터에서 고객이 경험하는 만족은 여러 가지 측면에서 나온다. 아래와 같은 것들을 성의껏 하면 만족이 생기나 그렇지 못하거나 하지 않았을 때는 불만족이 생기게 된다.

첫째, 회복을 위한 노력을 얼마나 잘 하느냐이다. 서비스배달에서 실수나 결함이 있으면 고객은 불만, 분노, 짜증, 실망을 느끼게 되는데 이를 해소시켜 원상으로 회복시켜야한다. 예를 들어 항공사의 출발지연이 생기면 즉시 무료쿠폰이나 무료숙박권을 제공해야한다.

둘째, 신속한 융통성으로 고객이 특별한 요구를 해올 때 즉시처리해줄 수 있는 서비스시스템의 능력이다. 이것이 잘 안되면 종업원도 불만이 생긴다. 예를 들어 식당에서 문제가 생긴 메뉴를 다른 것으로 대체해줄 수 있어야한다.

셋째, 종업원의 자발적인 행동이다. 여기에는 긍정적인 측면과 부정적인 측면이 있다. 고객에게 주의를 하고 미리 욕구를 예상하고 청취하고 정보를 제공하고 공감을 하는 측면은 긍정적이나, 조급함을 보이고 무시하고 조롱하고 차별을 하는 행동은 부정적이다.

넷째, 문제를 해결하려고 고객과 상호작용을 하는 종업원의 대처노력이다. 예를 들어 잘 듣고, 설명하고, 조정하려고 애쓰는 모습을 보여주는 것이다.

기대, 고객만족, 서비스 질과의 연계

고객만족을 이해하려면 아래와 같은 관련된 개념들을 이해할 필요가 있다.

- 고객기대의 유형

기대는 현재와 미래 서비스 인카운터가 비교되는 지표라 할 수 있는데 여기에는 3개의 다른 기대유형이 있다.

① 예측된 서비스: 고객이 발생할 것으로 믿는 서비스 질 수준이다. 자신이 받을 것이라고 생각하는 예측된 서비스는 광고나 판매원 등이 행한 명시

적인 서비스약속이나 구전, 가격이나 유형적 증거, 과거 경험 등에 의해서 영향을 받는다.

② 바람직한 서비스: 고객이 서비스 인카운터에서 원하고 해주었으면 하는 서비스 질의 수준이다. 일반적으로 예측된 서비스보다 높은 수준의 기대이다(인식된 서비스의 우수성).

③ 적절한 서비스: 고객이 받아드릴 생각이 있는 서비스 질의 수준이다(인식된 서비스의 적절성).

• **허용의 영역**(zone of tolerance)

고객은 서비스의 이질성 때문에 서비스배달에서 항상 일정한 서비스를 제공할 것이라고 생각하지 않는다. 서비스조직마다 다르고, 종업원마다 다르고, 시간대별로 다르다고 기대한다. 그러하기에 고객은 나름대로 이런 변동을 받아드리는 허용의 영역을 설정한다. 이 정도 수준의 서비스라면 인정하고 받아드리겠다는 인식의 폭이다. 이는 바람직한 서비스와 적절한 서비스사이에 존재한다. 물론 이 영역은 고객에 따라서, 서비스와 여건에 따라서 달라진다. 또 가격과 같은 요인에 의해서도 영향을 받는다. 가격이 비싸면 허용영역은 그만큼 줄어든다. 비싼 만큼 떨어지는 서비스는 용서 못한다는 생각이 강하게 작용하게 된다. 바람직한 서비스가 적절한 서비스보다 변하기가 어려운 것은 바람직한 서비스가 이상적이라 믿기 때문이다.

• **기대, 고객만족, 서비스 질의 관계**

소비자는 자신이 경험한 서비스를 평가할 때 3가지 유형(예측된 서비스, 적절한 서비스, 바람직한 서비스)의 기대와 실제 배달되어 소비자가 인식한 서비스와 비교한다. 고객만족은 예측된 서비스와 인식된 서비스를 비교하여 산출된 것이다. 인식된 서비스의 적절성은 적절한 서비스와 인식된 서비스를 비교한 것이고, 인식된 서비스의 우수성은 바람직한 서비스와 인식된 서비스를 비교한 서비스 질의 측정이다.

서비스에서 서비스 질과 고객만족간의 관계에 대한 논의는 지금까지 계속되지만 크게 두 가지의 시각이 있다. 하나는 고객만족을 특정거래에서의 평가이고 서비스 질은 전반적인 평가라는 주장이다. 특정거래에서의 평가인 고객만족이 누적되어 결국 전반적인 서비스 질로 이어진다는 것이다. 다른 주장은 서비스 질이 곧 바로 서비스 구매로 이어지지 않으며 서비스 질을 고객만족의 선행요소로 보이는 견해이다. 이 중에서 서비스 질을 고객만족의 선행요인으로 보는 입장이 더 일반적인 관점으로 이해되고 있다.

18.2. 고객충성도

고객충성도의 개념과 중요성

충성도(loyalty)와 고객유지를 같이 의미로 사용하는 경우도 있지만, 충성도는 비즈니스에 대한 집착뿐 아니라 감정적 애착이라 할 수 있다. 고객만족으로는 불충분하고 진심으로 고객의 마음을 얻을 필요가 있다. 경쟁이 치열한 경우 고객충성도를 구축해서 유지하는 것은 경쟁자로 이탈을 막는 핵심관건이다. 고객충성도는 서비스조직에 대한 강한 신념이다. 고객만족은 고객충성으로 이어지고, 고객충성은 고객유지로 되는 것이다. 충성도 없이는 고객만족이 고객유지로 되진 않는다. 고객과의 강한 고객관계를 만들려는 기업은 고객유지에 대한 고객충성의 가치를 이해할 필요가 있다. 고객충성도 혹은 애호도는 고객이 서비스조직의 제품과 서비스를 선호하여 장기간에 걸쳐서 구매를 지속하겠다는 강한 의도를 갖고, 타인에게 좋은 구전을 하면서 해당서비스를 추천하겠다는 의도로 볼 수 있다.

고객충성도가 왜 기업의 수익창조에서 중요한가?

충성적인 고객은 계속적으로 재구매를 하여 기업의 장기적이고 안정적인 수익을 가져온다. 경험이 많은 고객은 소모품을 덜 요구하고 작동을 잘못하는 경우도 적어 여러 가지 경상적 비용을 절감할 수가 있어 수익을 가져온다. 다른 고객에게 좋은 구전, 조회나 추천을 하여 광고비와 판매비를 줄게 하여 새로운 수익을 창조한다. 충성적인 고객은 정규가격으로 구매하고 성수기에는 프리미엄 가격으로도 사려는 강한 의도를 갖고 있어 수익을 가져온다.

충성적인 고객이 서비스제공자로부터 기대하는 편익은 신뢰, 사회적 편익, 특별대우이다. 사람은 관계가 일단 형성되면 그것이 편하고 안정적이어서 바꾸기를 싫어한다. 충성적인 고객이 되면 위험이 덜 할 것이라는 믿음, 더 큰 신뢰를 서비스조직에 대해서 갖게 된다. 또 고객과 종업원이 서로 잘 알게 되고 친교를 나누는 사회적 편익을 얻게 되고, 할인이나 부가적인 서비스, 신속한 서비스, 우선순의 등에서 특별한 대우를 받을 수 있기 때문이다.

고객충성도개발 전략

고객이 서비스기업의 제품이나 서비스에 대해 객관적으로 가치가 있다고 생각하는 것이 장기적인 성공에 있어 매우 중요하다. 그만큼 고객들이 공통적으로 가치 있다고 평가하는 서비스경험 가치, 즉 우수한 서비스 질을 제공하면 고객관계는 그만큼 돈독해진다.

기업의 수익성과 서비스 질, 고객관계 간의 관계를 연구한 결과를 보면 충성적인 고객은 반복구매를 하는 다사용자(heavy user)이며, 이들에게 서비스를 제공하는데 있어 그렇지 못한 고객들보다 비용이 덜 들고, 다른 고객에게 좋은 구전을 해주므로 기업의 수익성을 크게 높여준다. 우수한 서비스 질을 고객에게 제공하고 있는 기업들은 업계 평균이상의 시장점유율을 보인다.

서비스수익사슬에서 보면 고객만족은 고객충성도를 낳고 기업의 수익을 높여 성장을 하게 만든다. 투자자들의 관심을 끌어 투자를 유도해 큰 자본이 구축되면 기업의 인프라 개선과 유능한 인력확보가 그만큼 용이해진다. 최고의 인재를 뽑아 최대한 지원을 잘해주고 내부마케팅을 강화하면 기업은 양질의 서비스를 생산할 수가 있고 이것이 다시 충성적인 고객들이 재구매를 하게 만드는 것이다.

고객충성도의 핵심은 우수한 서비스 질과 만족스런 고객경험의 창조와 배달에 있다. 서비스조직은 먼저 고객의 소비패턴에 대한 지식이 많아야 한다. 이는 고객과 기업 간의 상호작용이 개별 고객수준에서 이뤄지지 때문이다. 그리고 고객의 욕구에 맞는 서비스경험을 창조함으로써 얻게 된 서비스 질에 대해서 우수한 평판을 받도록 해야 충성도가 높아진다.

충성적인 고객과 수익성을 연관 지어서 생각할 때 중요한 것은 항상 수익을 가져온다고 생각하지 말고 고객의 평생가치를 계산하는 것이다.

충성도 바퀴(wheel of loyalty)

충성도를 구축해 강화하는 것은 서비스조직이 시간, 돈, 노력을 투자해도 말처럼 쉬운 일이 아니다. 충성도의 기반을 구축하려면 연속적인 3개의 전략이 단계별로 순환하면서 작동해야 가능한 것이다. 즉, 충성도 기반구축-충성적 유대창출-이탈고객의 방지를 경영자, 종업원, 회계담당자, 멤버십프로그램, CRM 시스템 등이 유기적인 협력을 통해서 노력할 때 가능한 것이다.

▌그림 18-1 _ 충성도바퀴

- 충성도의 기반구축
  - 시장을 세분화한 후 적정한 고객층을 표적으로 선정한다.
  - 표적고객층과 서비스를 효과적으로 연계한다.
  - 고객층의 욕구를 충족시킬 양질의 서비스를 배달한다.
- 충성적 유대의 창조
  - 목표고객층과의 높은 수준의 유대를 구축한다.
  - 충성적 고객에게 금전적, 비금전적 보상을 한다.
  - 고객과의 관계를 심화한다.
- 이탈고객의 방지
  - 고객이탈의 원인을 분석하고 필요한 대책을 세운다.
  - 고객의 불평불만을 효과적으로 처리하고 서비스회복을 실천한다.
  - 고객의 경쟁자로 전환을 막기 위해 전환비용을 높인다.

충성도 기반구축

충성도관리는 고객욕구에 적합하게 기업능력을 맞추는 것으로 시작된다. 어느 고객층이 적정한 고객인지를 파악하여 표적시장으로 하는 것이다. 누가 우리가 서비스해야할 대상인가를 분석해서 동일한 고객을 대상으로 경쟁하는 경쟁자와 차별되는 종업원의 개인적 기술, 능력, 스타일 등을 개발해야한다. 고객이 추구하는 가치와 그들의 시장규모도 함께 고려해서 충성도 프로그램을 개발한다. 그리고 서비스와의 효과적인 연계를 통한 기업의 수익성에 기여할 고객층을 추출하여 관리해야한다.

고객층을 이들의 기업의 수익성에 대한 기여도를 기준으로 분류하여 백금고객층, 금 고객층, 철 고객층, 납 고객층으로 나눈다. 고객층에 따라 고객을 유지할 것인지, 업그레이드시킬 것인지, 아니면 관계를 종결하여 탈락시킬 것인지를 결정한다. 고객과 장기적인 관계를 유지하려면 상호이익이 되면서 비용과 효과를 연계하여 상호이익이 되게 해야 한다. 서로 다른 서비스에 대한 기대와 욕구를 가진 고객층을 그룹화 하여 그에 따라서 상응하는 대처를 할 필요가 있다.

- 백금 고객층은 소수의 규모이지만 다이용자이며 가격에 덜 민감하며 새로운 서비스에는 구매의도를 갖고 있는 고객으로 기업의 수익에 크게 기여한다.
- 금 고객층은 백금 고객층보다는 규모는 크지만 가격에 약간 민감하고 기업에 대한 몰입도가 백금 고객보다는 낮아 수익성기여는 백금 고객층보다 낮다.
- 철 고객층은 대다수의 고객으로 규모의 경제를 기할 수 있는 고객으로 기업이 일정수준의 능력을 갖고 있으면 매우 중요한 고객층이다. 수익에 기여가 크지 않아 특별한 대우는 불필요하다.
- 납 고객층은 수입창출이 낮아 손실을 가져오는 고객층이다.

▌그림 18-2 _ 고객층 피라미드

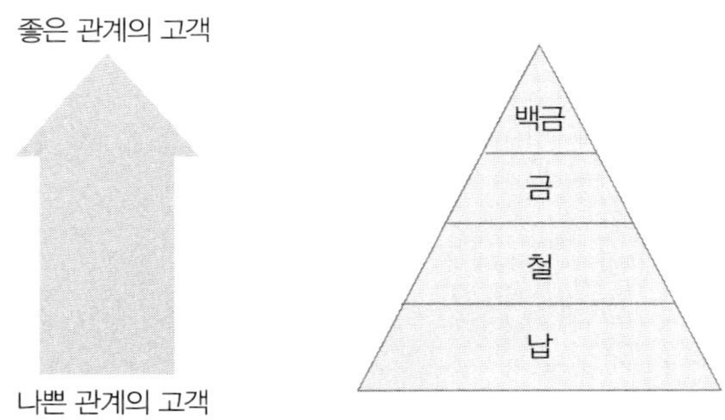

백금과 금 고객층은 충성적인 고객이어서 고객유지를 해야 할 고객들이다. 하지만 이들은 경쟁자가 유치하려는 주요대상이기도 하다. 충성도 개발프로그램을 통해서 이들을 계속 유지, 개발해야한다.

납 고객층은 충성도개발을 통해 철 고객층으로 이동시키든지 아니면 탈락시켜야할지를 선택해야한다. 납 고객층은 강화해서 철 고객층으로 승격하든지 아니면 탈락시키는 방법이 있다. 서비스기업은 주기적으로 고객의 포트폴리오를 점검하여 수익성에 도움이 되지 않는 고객층과는 관계를 종결한다.

고객충성도는 고객만족에서 출발하기에 서비스조직은 양질의 서비스를 창출하고 서비스배달시스템을 통해서 이를 고객에게 배달해야한다. 만일 고객이 만족하거나 기쁨을 느끼면 서비스조직에 대해 충성적인 고객이 될 것이나 불만족하게 되면 경쟁자로 전환하거나 이탈을 할 것이다. 만족수준이 낮거나 무관심한 고객은 전환비용이 높지 않고 더 나은 경쟁자가 제공하는 경우 전환을 하고 이탈을 할 것이다. 심하면 아주 부정적인 구전을 퍼트려 악영향을 끼칠 우려가 있다.

충성적 유대의 창조

고객충성도를 강화하기 위해서는 고객과의 유대를 강화해야한다. 고객관계를 심화하기 위한 조처로 다발판매와 교차판매를 한다. 서비스상품을 다발로 묶어서 한 패키지로 판매하거나 교차판매를 하여 기업은 고객과 관계를 심화시킨다. 은행은 여러 금융상품을 한 계정으로 묶어 팔면 불만족하여도 쉽게 이탈하지 못한다. 적금을 든 고객에게 펀드투자를 알선하여 판매한다. 한 서비스조직에서 일괄하여 모든 서비스를 구매하게 하여 이득이 되게 하여 고객관계를 심화시키는 것이다.

다음으로 유대강화를 위해 고객에게 의미 있는 보상을 해준다. 고객이 한 서비스조직에서만 구매를 하는 경우, 또 구매서비스의 양이 상당한 크기인 경우에 그에 맞는 금전적 및 비금전적 보상을 해줘서 충성적 유대를 강화하는 것이다. 항공사의 경우를 보면 무료상품 제공, 마일리지, 예약확인, 대기석 우선 배정, 사전고지, 라운지이용, 우선탑승, 특별서비스, 마일리지 보너스, 업그레이드, 감사인사 등 금전적 보상과 비금전적 보상을 한다. 이러한 보상의 제공은 고객으로 하여금 더 충성적인 고객이 되는 중요한 계기를 만든다.

그러나 이와 같은 금전적 보상은 다른 경쟁자가 모방하기가 쉽다. 그래서 더 높은 수준의 유대형성 방안이 필요하다.

첫째, 사회적 유대로 고객과 서비스조직과 종업원이 인사교환, 미소, 친밀감 등 개인적인 신뢰관계를 형성해가는 것으로 시간이 걸리고 어렵고 모방이 힘들다. 상호 경험을 공유하고 관계를 맺어가는 것이다.

둘째, 개별적 유대로 서비스제공자가 충성적인 고객에게 개별적인 서비스를 제공하는데 생긴 유대감이다. 찾아오는 고객의 취향이나 선호를 파악해서 그에 맞게 서비스를 해주는 것으로 예를 들어 호텔에서 고객데이터베이스를 활용해 객실이나 식음료 등에서 고객의 요구에 맞게 개별적인 서비스를 해주는 것이다. 이런 특별한 서비스를 받은 고객은 다른 호텔에선 유사한 수준의 서비스를 받기가 힘들다는 인식을 하게 된다.

셋째, 구조적 유대는 주로 기업대 기업(B2B)의 거래에서 생기는 유대로 공급자의 자산의 운용과정에 맞춰서 구조적으로 유대관계를 갖게 만든 것이다. 이에는 합작투자, 장비와 시설 등의 공유, 과정과 정보의 공유 등이 쌍방의 계약에 의해서 이뤄지기에 가장 강한 유대관계가 형성된다.

18.3. 고객이탈관리

고객이탈의 방지

고객충성도 바퀴의 마지막 단계는 고객이탈의 방지이다. 서비스조직은 확보한 고객을 계속 유지하기 위해선 그동안 공을 들인 고객들이 이탈하여 경쟁자에게로 가는 것을 막아야한다. 이를 위해선 이탈자를 인터뷰하여 그 원인을 진단하는 고객의 이탈 및 전환원인분석이 선행되어야한다. 고객이 경쟁자로 전환하는 이유는 서비스실수, 요금청구의 실수, 고객피해 등 핵심서비스에서 생긴 문제,

서비스과정에서 고객을 돌보는 것이 문제가 있고 무례하거나 무반응을 보이는 서비스 인카운터상의 문제, 가격이 너무 비싸든지 부당한 경우, 서비스조직의 위치나 시간이 불편한 경우, 경쟁자가 더 나은 서비스를 제공하는 경우 등 다양하다.

이런 이탈이유를 찾아서 해결해 주는 것이 이탈방지의 최선책이 될 것이다. 더 업그레이드된 양질의 서비스를 친절하고 효율적으로 제공하고, 불편함을 최소화하고 가격은 공정하고 투명하게 결정하고, 고객 불평불만에 신속히 대응해 처리해주고, 서비스회복을 절차를 통해 합리적으로 처리하고 전환비용을 높여 이탈을 방지하도록 한다.

이탈관리의 중요성

이탈관리는 고객이 이탈하기 전에 적극적으로 고객을 잡아 유지하려는 체계적인 과정으로 그 뿌리는 총체적 품질관리라 할 수 있다. 고객이 이탈하는 원인을 추적해 파악하고, 서비스배달시스템의 지속적인 개선을 위해 이러한 정보를 이용하는 것이다. 이탈관리의 필요성은 분명하다. 이탈을 줄이면 바로 수익의 증가를 가져오기 때문이다.

미국의 경우이지만 매년 기업 고객의 5~20%는 이탈하는데 업계마다 다르다. cable TV는 50%이상이 이탈하고, 핸드폰은 30~45%가 이탈한다고 한다. 산업에 따라 다르지만 5% 정도의 고객 이탈률 감소가 대략 25%에서 85%의 수익증가를 가져올 수가 있으며 이탈자 2%의 감소가 원가의 10%의 감소를 가져온다고 한다.

고객 이탈률은 반드시 직접적으로 고객만족율과 연관이 있지 않다. 이탈자의 65~85%는 이전 제공자에게 만족하거나 매우 만족하였다는 점이다. 그런데 왜 이탈하는가?

고객이탈의 원인

고객이탈을 방지하려면 먼저, 고객이탈의 원인을 분석한다. 고객이 다른 경쟁자로 전환하려는 이유는 다음과 같다.

- 경쟁자가 더 나은 제품과 서비스를 제공함(가장 돌이키기가 힘들어 개선과 혁신이 해결책임.)
- 핵심서비스를 잘못한 경우(서비스실패, 비용청구를 잘못하거나 재해를 입은 경우)
- 서비스 인카운터에서 문제(잘 돌보지 않고, 무례하거나 무반응, 지식이 적음.)
- 서비스실패에 대한 반응에서 문제(종업원이 오히려 큰 소리 치거나, 아무것도 안하고, 해도 억지로 함.)
- 가격에서 문제(너무 고가격, 가격인상, 불공정하거나 속임.)
- 서비스받기가 불편함(위치, 시간이 불편하여 대기함.)
- 기타 서비스제공자의 비윤리적 행동 등

이탈관리 과정

이탈원인분석을 통해서 파악된 정보는 지속적인 개선을 위한 목표달성에 도움이 된다.

- 양질의 서비스를 배달해주고 고객 불편을 줄이고, 공정한 가격결정과 비금전적 비용을 줄인다.
- 종업원에게 고객유지의 중요성을 인식시키고 이탈감소로 얻게 되는 편익을 알린다. 또 고객정보를 수집하고, 수집한 정보를 갖고 무엇을 할지를 종업원들에게 구체적으로 지시하고, 대응하게 교육, 훈련시킨다.
- 효과적으로 불평을 처리할 수 있게 하고, 서비스회복 요구를 쉽게 할 수 있게 신속히 응해준다.
- 종업원이 이탈을 줄이면 그에 대한 보상을 해준다.
- 전환 장애를 강화시켜서(전환을 힘들게 하고 시간과 비용이 들게 함) 경쟁자로의 이탈

을 줄인다.

고객이탈방지 관리(Customer Churn Management)

Churn Management란 CRM의 중요한 기법 중의 하나로 데이터마이닝 기법 등을 이용해 고객이탈을 미리 방지하여 고객이 빠져나감으로써 생길 수 있는 손실을 미연에 줄이고자 하는 노력이다. Churn은 가입자가 통신 사업자를 교체하는 현상과 과정 또는 요금 등의 이유로 사업자를 자주 바꾸는 고객을 일컫는다. 그리고 통신 사업의 경쟁이 갈수록 치열해지면서 이러한 churn 현상은 통신 사업 경영에 있어서 매우 중요한 과제로 등장하고 있다. 통신 사업의 완전경쟁은 통신 사업자들을 독점 체제에서 효과적이었던 네트워크와 운영 중심의 관리 모델로부터 고객 중심 모델로 변화시켜 주고 있다.

정보기술의 핵심인 데이터 마이닝(data mining)과 OLAP(Online Analytical Processing)을 통해 데이터를 분석하고 데이터웨어하우스에서 고객에 대한 데이터를 통합하여 고객관리를 할 수 있다. 정보기술이 기반이 된 후 구축된 CRM은 기존고객유지, 신규고객유치, 기업이 원하는 목표별로 CRM을 진행하고, 다양한 고객접점을 통하여 고객들의 반응을 파악할 수 있다. 고객의 연령별, 학력별, 고객관심사별 등 다양한 변수들을 활용하여 고객접점을 운영하며, 고객 세분화 작업을 통해 고객들의 정보를 미리 접점관리자들이 활용할 수 있게 한다(참고: Data Warehouse가 데이터를 저장하고 관리한다면 OLAP은 데이터웨어하우스의 데이터를 전략적인 정보로 변환시키는 역할을 한다.).

18.4 고객유지

고객유지의 개념과 중요성

고객유지(customer retention)는 기업의 마케팅활동의 초점을 기존고객 기반에다 두고 한번 고객이 된 손님을 계속 충성적인 고객으로 남아있게 하려는 노력활동이다. 서비스조직이 계속 번창하려면 고객과의 장기적인 관계가 안정적으로 이뤄져야한다. 장기적이고 안정적인 고객관계를 개발하려면 기존고객을 만족시키고 이들을 유지 관리하는 노력이 있어야한다. 우선 진정으로 서비스조직이 고객을 위해서 무엇을 제공할 것인지를 끊임없이 생각하고 검토해야한다. 이런 것을 통해서 서비스조직은 경쟁자와 차별화된 아이디어를 얻게 된다. 고객에게 더 많은 부가가치를 제공하면 서비스조직과 고객 간의 관계를 보다 좋은 동반자관계로 만들 수가 있다. 영국항공사가 고객유지를 위해서 육상에서부터 최상의 서비스를 제공하려고 노력한 것이 좋은 예이다.

최근 시장에서의 치열한 경쟁상황은 가격인하와 할인, 촉진강화로 이어지는 정복마케팅을 불러왔다. 시장에서 이기기 위해선 출혈경쟁도 마다하지 않는 상황은 비용증가와 수익감소를 가져왔다. 시장에서의 경쟁격화, 차별화 안 된 제품과 서비스의 확대, 온라인 쇼핑의 확대, 시장정보의 접근성 확대, 마케팅비용 증대, 유투브, 페이스북 등 직접메일마케팅 등 새로운 광고형태의 출현, 유통경로의 변화, 인터넷 등 무상점 소매의 증가, 물리적 거리 확대, 구매결정에서의 다양한 정보 활용 등등이 현재의 고객유지가 전보다 더 중요해지는 결과를 초래했다.

기업은 수익성을 높여주는 고객을 확보, 유지하는 것이 성장, 발전을 위한 근본임을 알게 되었다. 신규고객을 유치하는 것이 기존의 고객을 유지하는 것보다 훨씬 비용이 많이 들기 때문이다. 고객을 유지하려면 서비스 질이 지속적으로 무결점이어야 한다. 서비스 질이 무결점인 것은 바람직하지만 이는 비현실적이다. 왜냐하면 서비스는 변동성이 너무 크기 때문이다. 그래서 기대이상으로 고객욕구를 충족시킬 수 있는 우수한 서비스 질을 창출하고 이를 관리함으로써 고객유지와 충성도 제고가 가능해진다.

그러면 고객유지가 항상 가치가 있는가?

모든 고객을 항상 유지하는 것이 가치 있는 것은 아니다. 고객으로서 더 이상의 가치가 없는 고객은 고객리스트에서 빼야할 사람들이다. 즉, 더 이상 수익이 생기지 않는 고객, 판매계약에 명시된 조건을 충족시키지 못하는 고객, 종업원에게 욕을 하는 고객, 합리적인 요구가 아닌 것을 요구하는 고객, 평판이 나쁜 고객 등이다. 이러한 가치 없는 고객을 계속 유지하는 것은 기업으로선 큰 손실을 가져오고 이미지를 나쁘게 한다.

고객유지의 편익

만족한 고객을 확보하여 계속 유지하는 고객유지는 시장점유나 규모의 경제 등을 통한 것보다 더 수익성에 큰 영향을 미친다. 이는 기업수익의 대부분은 기존 고객에 대한 판매, 그들의 추천과 조회, 마케팅비용 등의 절감 등에서 나오며 고객과의 장기적인 관계 유지에서 가능하다. 고객유지율을 5% 증가시키면 수익성이 25~85%까지 증가할 수 있다는 연구도 있다.

① 판매로부터 생긴 수익

이들은 기업이나 종업원, 서비스배달시스템에 익숙하여 재구매로 구매빈도가 높으며 더 지불하려는 의도를 갖고 있어 고객유지율을 높이는 것이 수익성에 큰 영향을 가져온다.

② 서비스생산비용을 줄여서 생긴 수익

신규고객 유치비용이 기존 고객유지보다 3~5배 정도의 비용이 더 든다. 기존 고객은 마케팅비용, 유지비용, 질문과 문제제기도 줄어든다.

③ 구전조회로부터 수익

만족한 고객으로부터의 긍정적인 구전, 친구나 가족에게 추천, 조회 등으로 새로운 고객의 창조를 돕는다.

고객의 가치평가는 최신에 구매한 것이 많고, 구매빈도가 높으며, 금전적 가치가 높을 때 높게 평가된다. 이러한 고객의 평생고객가치는 평균판매액을 고객이 재주문하는 회수로 곱하여 산출된다. 그들의 평균평생수익은 판매당 평균 수익을 재구매회수로 곱하여 산출된다.

고객유지프로그램

서비스조직이 확보한 고객을 계속 유지하기 위한 프로그램으로는 다음과 같은 활동이 있다.

① 빈도마케팅(frequency)을 강화하여 고객으로 하여금 동일한 서비스제공자로부터 더 자주 구매하도록 만든다. 이를 위해서 고객에 대한 자료를 수집하고, 기업과의 관계수준을 결정해서 관리한다.
② 관계마케팅(relationship)을 강화하여 고객과의 장기적인 관계를 개발해 구축한다.
③ 애프터마케팅(after)을 강화하여 판매 후에 즉시 고객자료를 파악하고, 데이터를 구축하고, 고객만족 결과를 측정하고, 피드백해서 서비스를 개선한다. 이를 위해서 공식적인 고객커뮤니케이션 프로그램을 구축한다.
④ 서비스보증을 강화함으로써 시장점유와 고객충성도를 높인다.

CRM: 고객관계관리

오늘날 많은 서비스조직에서 특히 기업에서 관심의 초점이 고객획득과 거래에서 고객의 유지지속과 관계로 옮겨지고 있다. 고객관계관리(customer relationship management: CRM)는 장기적으로 수익성이 높은 몰입된 고객을 개발하고 유지하려는 시스템이다. 근본적으로 이는 시장세분화를 통한 표적시장선정을 의미한다. 장기적인 고객이 될 고객 이들은 추가로 서비스를 구매할 것이고 긍정적인 구전을 통해 신규고객을 유치하는데 도움이 된다.

서비스는 인카운터에서 각기 고객의 요구에 맞게 서비스를 제공할 기회가 많아 서비스개별화(맞춤화)의 가능성이 매우 높다. 동시에 서비스 질의 예측과 통제는 힘들다. 그리하여 대량맞춤(mass customization)이라는 절충식 방법이 등장했다. 이에는 다음과 같은 방법이 있다. 먼저 표준화된 핵심요소에 서비스를 약간 수정해서 개별화하는 경우가 있고, 동일한 서비스를 모든 고객에게 제공한 후 고객 이 개별화를 위한 옵션을 선택하게 하는 경우가 있다. 또 고객이 제공자와 소통해서 배달시점에서 자신들이 필요한 서비스를 설명해 개별화하는 경우인데 의료, 법률 등 전문서비스가 배달시점의 개별화의 예이다.

맞춤식이 모든 서비스기업에게 좋은 것은 아니다. 하지만 고객은 독특하다고 느끼고 자신의 취향, 라이프 스타일, 지불능력에 맞는 서비스를 구매하길 원한다. 그리고 고객관계를 개발하는데 있어 자주 오는 단골손님에게 개인적인 접촉을 통해 인사하고 인센티브나 보상을 해주는 것도 매우 중요한 요소이다. 그러나 고객이 항상 옳은 것은 아니다. 거칠고 예의 없고 이기적인 고객도 많다. 이들처럼 다루기 힘든 고객을 잘 관리하여 부정적인 반응을 긍정적으로 바꿔놓는 것도 중요한 일이다.

그러나 중요한 고객관계관리 방법 중에 하나가 서비스실패로부터 회복이다. 서비스에 내재하는 변동성 때문에 서비스를 항상 완벽하게 수행할 수는 없다. 서비스를 처음부터 완벽하게 했던 것보다는 서비스를 신속하게 회복시키는 것이 고객에게 더 만족을 줄 수도 있다. 서비스회복에 대해선 다른 장에서 설명하겠지만 서비스실패에서 회복하려면 먼저 회복의 중요성을 잘 이해해야 한다.

고객이 서비스실패에 대해서 불평을 토로할 때 그들은 서비스회복에서 다음과 같은 정의를 기대한다.

① 성과공정성(outcome fairness): 고객은 서비스실패의 수준에 맞는 보상을 기대한다. 잘못되면 좋은 것으로 바꿔주고 아니면 다른 것을 무료로 제공한다.

② 절차공정성(procedural fairness): 서비스 실패에 대해서 불평을 하는 것에 대해서 분명하고 이해할 수 있게 설명을 해주는 다툼 없는 절차는 모든 고객에게 중요하다.

③ 상호작용 공정성(interaction fairness): 성과나 절차 공정성을 넘어서 고객은

존경과 예의를 갖춘 대우를 기대한다.

CRM은 고객과의 관계 구축과 유지의 전 과정이고 통합구조로 충성도바퀴의 성공적인 실천이라 할 수 있다. 이를 위해서 먼저 고객정보를 수집해서 여러 접점에 제공한다. 이를테면 고객선호정보, 과거 거래, 서비스문제점 등에 관한 정보는 맞춤화 개인화를 가능하게 만든다. 이런 정보는 서비스개선, 고객가치 향상, 개별화, 커뮤니케이션의 개선을 낳게 하여 결국은 충성도로 이어진다. 기업으로서도 모든 구성원들이 전체적인 시각에서 고객을 생각하고 이해하는 계기를 만든다.

CRM전략의 주요과정

CRM을 기술보지 않고 오히려 시스템으로 봐야한다. 고객관계를 수익창출의 핵심으로 보고 그 전략개발과 관리에 초점을 둘 필요가 있다.

① 전략개발과정: 기업의 비전, 업계추세, 경쟁관계를 반영한 전략을 개발한다.
② 가치창조과정: 경영 및 고객전략을 고객과 기업을 위한 가치창조로 바꾼다. 고객을 위한 가치창조는 우선서비스권을 제공하고, 충성도에 따른 보상을 해주고, 고객에게 맞춤식 개별화를 통한 편익을 고객에게 제공하는 것이다. 기업을 위한 가치창조는 고객획득과 유지비용의 절감, 고객서비스비용의 절감, 수익증가를 얻게 하는 것이다. 이처럼 기업과 고객이 모두 윈-윈일때 CRM은 가장 성공한다.
③ 다채널통합: 기업은 상점, 콜센터, 셀프서비스기계, 인터넷 등 다양한 경로를 통해서 고객과 상호작용을 하는데 여러 CRM은 통합된 고객 상호작용을 제공해준다.
④ 정보관리: 다양한 접점과 여러 경로에서 고객정보를 수집하는 능력으로 고객데이터베이스, IT시스템, 데이터마이닝, 분석도구, 어플리케이션 패키지 등을 활용한다.

⑤ 성과평가: CRM전략이 주요 이해관계자(고객, 종업원, 주주 등)를 위한 가치를 창출하고 있는가? 마케팅목표와 서비스배달성과목표가 달성되었는가? CRM과정 그자체가 고객의 기대에 부응하면서 실천되고 있는가를 평가한다.

CRM 실패 원인

CRM의 전략과정을 개발하는데 있어 흔히 접하게 되는 실패는 CRM을 시스템으로 보지 않고 기술로 생각하고, 고객에 대한 이해가 부족하여 고객에다 초점을 두지 못하는 점이다. 그리고 경영과정을 혁신하는데 있어 최고경영진의 지원이 부적절하고 조정 역할을 제대로 못하는 점인데 이는 고객자료를 통합해서 잘 활용하지 못하기 때문이다.

고객만족, 서비스 질, 고객충성도 간의 관계

서비스 질과 고객만족간의 차이에서 고객만족은 단기적이고 특정거래 중심적인 측정이고, 서비스 질은 장기적이고 전반적인 수행에 대한 평가에 의해서 형성된 태도로 보고 있다. 양 개념은 서로 연계되어 있다. 그러나 그 관계는 불분명하지만 고객만족이 서비스 질 인식을 이끈다고 보는 시각이 일반적이다.

고객만족의 수준이 높을수록 고객과 서비스제공자간의 연계는 강해진다. 만족한 고객은 충성적인 고객이 되어 서비스조직과 강한 관계를 맺게 된다. 서비스제공자는 이러한 충성스런 고객에게 양질의 서비스를 배달하는 존재로 인식된다.

고객과 서비스제공자 간의 연계는 서비스배달연계, 고객만족연계, 고객-제공자연계로 이뤄진다. 서비스배달연계는 서비스의 상호작용 속성을 나타낸다. 그리고 이는 만족스런 서비스 인카운터를 통해서 강화된다. 고객만족연계는 고객의 만족수준과 그 서비스제공자에 대한 충성도의 정도간의 연계를 말한다.

고객-제공자간의 연계는 고객과 서비스제공자 간의 상호보상적 관계를 말한다. 그 결과 서비스제공자에 대한 고객의 충성적 몰입과 헌신을 가져온다. 이들 연계는 3개의 영역으로 나눠지는데 고객, 제공자, 서비스 인카운터의 영역이다. 서비스 질은 서비스조직과 고객 간의 중요한 연계를 포함하고 있다.

▌그림 18-3 _ 고객-서비스제공자간의 연계

고객이 서비스 인카운터에 대해서 반복해서 만족하면 즉, 서비스속성에 대해서 갖는 기대에 부합하거나 그 이상일 때 고객은 서비스 질이 높다고 판단해서 그 제공자에 충성적이 된다. 충성적인 고객은 서비스조직에 대해 긍정적으로 구전을 하고 귀속감을 느끼며 서비스제공자에 대한 관계에 몰입하게 된다. 지속적으로 인카운터에 만족을 갖게 되면 충성도는 강화된다.

고객-제공자의 관계는 상호보상을 받게 되며 고객은 서비스조직에 더 헌신적으로 된다. 고객의 관심도가 높아지면 그만큼 제공자가 서비스를 개선하는데 더욱 신경을 쓰게 된다. 지속적인 개선으로 서비스는 고객의 욕구에 더욱 부합하게 될 것이다. 서비스의 상호작용적 속성은 제공자-고객의 친밀도를 강화시키고 이것은 다시 고객에게 개별화된 서비스를 제공하게 만든다. 이러한 과정 개선을 통해서 서비스 인카운터가 더욱 만족스러워지면 종국적으로 전반적인 고객만족을 가져오는 것이다.

식당에 자주 오는 손님은 식당주인이나 종업원과의 좋은 관계가 구축되어 만족한 경험을 하게 된다. 이들은 자신은 그들의 욕구충족을 위해 식당이 제공하는 서비스개선에 일종의 권리지분을 갖고 있는 셈이다. 식당에 대해서 다른 사람들에게 좋은 소문을 퍼트리고 우호적 관계를 유지하기 위해 노력하며 공동체 의식을 느끼게 된다. 식당도 고객의 욕구에 맞는 새로운 메뉴를 개발하는 등의 서비스개선에 신경을 더 쓰게 된다. 식당과 고객은 그들 간의 관계강화를 통해서 상호이득을 얻게 되는 것이다. 만족한 서비스 인카운터가 고객만족과 충성도를 가져오고 이것이 좋은 구전과 추천을 가져오게 만든다. 고객과 제공자 간의 관계가 강할수록 서비스 인카운터 질을 개선하고자하는 욕구가 강화된다. 그리고 고객이 다른 서비스제공자로 전환하지 못하게 막아준다.

여기서 고객만족 수준이 높으면 고객유지 수준도 높을 것이라 생각하기 쉬운데 항상 그런 것이 아니다. 실제조사에 의하면 고객만족이 항상 고객유지로 이어지지 것은 아닌 것으로 나타났다. 고객이 만족하지 않아도 그 관계가 유지되기도 하고 만족해도 경쟁자로 이탈하기도 한다.

① 고객의 만족도가 낮아도 서비스기업과는 높은 고객유지를 하는 경우: 독점을 하고 있어 대체안이 없고 높은 전환비용이 들며 특허기술을 갖고 있어 브랜드자산이 지배적인 서비스로 예를 들어 의료기관, 금융기관, 항공사 등이다.

② 고객의 만족도가 높아도 서비스기업과는 낮은 고객유지를 하는 경우: 생필품이나 렌터카처럼 차별화가 거의 없는 경우나 세차, 세탁처럼 소비자의 관여도가 낮은 경우, 대체품이 다수가 있는 경우, 전환비용이 낮은 경우이다.

제 19 장

내부마케팅과 관계마케팅

19.1. 서비스 마케팅구조와 과정

서비스 마케팅은 조직(서비스기업), 종업원, 고객의 3요소로 구성된다. 서비스 마케팅에서는 이러한 3가지 구성요소의 인간적 상호작용관계의 형성과 유지가 가장 중요한 과제이다. 3개 구성요소의 목표달성을 위한 통합적 접근방법으로써 협력적인 상호작용관계를 형성, 유지, 발전시키는 것이 서비스 마케팅의 주요임무이다.

서비스 마케팅의 구조는 외부마케팅, 상호작용마케팅, 내부마케팅이라는 3가지 하위마케팅으로 구성된다. 외부마케팅(external marketing)은 최종고객(사외고객)을 대상으로 설정된 개념이다. 서비스 기업에서 사외고객의 기대창조와 참여촉진 및 그 통제활동이 외부마케팅이다. 외부마케팅은 「진실의 순간」(고객과 종업원이 실제 접촉하여 서비스를 제공하는 순간)에서 고객의 관심과 기대를 창조하는데 있어 전통적인 마케팅을 활용한다. 이런 마케팅 전략의 통제 가능한 요소는 제품, 가격, 유통경로, 촉진이다. 이런 활동은 마케팅 부문이 담당하고 책임을 진다.

상호작용 마케팅(interactive marketing)은 기업이 외부마케팅에서 제시된 약속의 이행을 목적으로 고객과 종업원간의 상호작용관계를 대상으로 한 개념이다. 서비스 기업에서는 서비스 종업원의 태도 및 능력의 계발이 서비스 기업의 성공의 관건이다. 또 서비스 생산과정의 효율화를 위해 생산과정에 고객을 참여시키는 것이 중요하다. 운영시스템과 물적 자원도 상호작용 마케팅의 관리 대상이 된다. 여기서는 종업원과 고객의 역할이 크게 강조된다.

표 19-1 _ 전통적인 외부마케팅과 내부마케팅의 차이

	외부마케팅	내부마케팅
이념	•소비자지향(외부고객)	•내부고객지향(종업원)
목표	•외부고객의 욕구충족	•종업원의 만족, 서비스마인드
교환	•제품 ↔ 화폐	•직무, 직무환경 ↔ 노동시간
제공물	•제품	•일의대가
경로	•도매점 소매점 고객	•현장의 접객원
커뮤니케이션	•외부광고	•외부광고, 내부커뮤니케이션
시장전략	•세분화전략	•Flexible Time제, Cafeteria Benefit제, 협력시스템과 의사결정 참가제
조사	•시장조사	•종업원만족조사

내부마케팅은 외부고객에 대해서 제시된 서비스 품질약속을 실행하기 위해 필요한 조건(고객지향적인 종업원의 태도와 능력발휘)을 창조하는 역할을 한다. 내부마케팅의 실천과정은 최고경영자의 책임이고 동시에 관리자의 책임이기도 하다.

외부마케팅과 내부마케팅 활동은 결국에 서비스 인카운터에서 서비스 생산을 통해 최종고객이 얻은 만족도에 따라 그 전략의 유효성이 평가된다. 외부에서 서비스에 대한 이미지와 기대가 형성되고 그것이 실제 진실의 순간에서 경험되고 평가되는 것이다. 물론 그 평가는 매우 주관적일 수가 있다. 서비스 마케팅의 3가지 구성요소간의 협력적 마케팅 활동의 유지, 발전, 통합은 최고경영자의 책임이며 그는 이런 조정에서 리더십을 발휘해야 한다.

서비스 마케팅과정

고객의 구매행동 접근방법에서 서비스 마케팅의 다이내믹한 과정을 나타내는 서비스 마케팅과정의 4단계는 다음 [표 19-2]와 같다.

■ 표 19-2 _ 서비스 마케팅과정의 4단계 모델

	서비스 마케팅의 과정	마케팅목표	마케팅기능
제1단계: 내부단계, 유효한 내부 조건의 구축	내부고객의 대응	고객지향과 서비스문화 창조	내부마케팅
제2단계: 고객의 정보탐색과정	고객의 기대창조에 부응	기업과 제공된 서비스에 대한 고객관심과 기대창조	외부마케팅
제3단계: 고객의 구매과정	고객의 구매과정에 대응	고객관심과 기대를 구매로 전환	외/내부마케팅
제4단계: 고객의 소비과정	고객의 소비과정에 대응	고객만족의 실현, 고객관계의 유지	상호작용마케팅

최종고객의 욕구를 충족시키기 위해서 서비스 기업은 고객의 구매행동관점에서 고객욕구충족과 그 활동과정을 고려해야 한다.

① 제1단계는 외부고객과의 접촉 이전의 기업내부의 단계로 내부고객에 대한 대응(유효한 내부조건의 구축)을 대상으로 한다. 그러한 마케팅목표는 서비스 기업 내의 구성원에 있으며 고객지향과 서비스 문화의 창조 유지이다. 접객원은 서비스 기업의 최초의 시장으로서 이들이 고객지향과 서비스지향을 갖고 있어야 한다. 서비스 기업이 그 기업의 사명, 전략, 서비스 제품 및 마케팅 캠페인을 종업원에게 팔지 않고서는 최종고객에게 서비스를 성공적으로 팔 수 없는 것이다.

내부마케팅은 노동집약적 서비스 기업에서 특히 중요하다. 그 이유는 그런 산업에 있어 종업원의 태도와 서비스 기능이 고객이 구입하는 서비스의 품질을 결정하기 때문이다. 예를 들어 호텔종업원의 무례를 고객은 그 호텔의 무례로 평가하기 때문이다. 서비스 기업의 조직전체가 효과적으로 가능하게 하려면 고객지향, 서비스지향(내부서비스포함)이라는 서비스 문화의 형성, 유지가 중요하다. 그 역할을 수행하는 수단이 바로 내부마케팅이다.

② 제2단계의 고객 정보탐색의 과정에 대한 마케팅목표는 기업과 그 제공 서비스에 관한 고객의 관심과 서비스 품질에 대한 고객기대를 창조하는 것이다. 그런 것은 전통적인 외부마케팅이 담당한다. 광고, 판매촉진 및 PR, 인적판매, 직접마케팅 등의 기법이 활용된다.

③ 제3단계의 고객 구매과정에서는 기업과 서비스에 대한 고객의 일반적 관심과 기대가 판매로 전환시키려는 노력을 하게 되므로 외부마케팅과 내부마케팅이 필요해진다.

④ 제4단계는 소비(생산)과정으로 고객과 접촉하는 접객원의 능력 및 태도, 인간미가 고객의 만족과 신뢰를 생기게 한다. 이것이 재구매와 지속적인 고객관계를 형성시킨다. 상호작용 마케팅이 고객의 욕구를 만족시키기 위해서 발휘된다. 여기서는 현장서비스에 대한 의사결정, 서비스접근, 보조서비스, 고객과 접객원의 상호작용 및 커뮤니케이션이 중요한 과제가 된다.

19.2. 내부마케팅의 성격

개념과 필요성

전통적으로 서비스 기업은 노동집약적이었으나 최근에는 자본집약적이며 장비집약적인 서비스도 많아지고 있다. 하지만 서비스가 대량의 자본과 장비에 의해서 지원되느냐 여부를 불문하고 서비스는 질이 특정상황에서 사람들이 수행하는 방법에 따라 달라질 수가 있어 오히려 개성집약적인 속성이 강하다. 대부분의 서비스의 창출과 배달은 제품에 의해서가 아니라 인간의 활동에 의해서 이뤄진다.

고객은 서비스를 제공하는 자의 이미지나 인상 때문에 서비스 기업을 선택하는 경우가 많다. 이것은 서비스 제공자와 고객 간의 관계가 바로 고객의 만족/불만족을 좌우하기 때문이다. 서비스 기업에서 인간(종업원)의 중요성은 「고객에게 서비스를 팔기 전에 먼저 종업원에게 직무를 팔지 않으면 안 된다」라는 말은 서비스 기업에서 가장 중요한 생산자원은 바로 노동력이며 직무를 제일의 제품으로 보아 종업원을 기업에서 가장 중요한 고객으로 봐야 한다는 것을 시사하고 있다.

내부마케팅에 대한 최초의 개념정의를 한 베리(Berry)는 외부고객에게 서비스를 제공하는 종업원에게 마케팅철학과 기법을 적용할 필요성이 있음을 강조하면서 「내부마케팅은 내부고객(internal customer)으로서 종업원을, 내부제품(internal product)으로 직무를 생각하여 조직의 목표를 달성하려는 노력을 하는 한편 내부고객의 필요와 욕구를 충족시키는 내부제품을 제공하려는 노력을 하는 것」이라 정의했다. 한편 조지(George)는 「서비스 기업의 첫 번째 시장은 종업원이라는 관점에서 고객에게 서비스를 알리고 설득하기 전에 먼저 종업원에게 서비스가 제공하려는 편익을 알리고 설득하고 교육시켜 내부시장의 욕구를 먼저 충족시키는 활동」이라 했다.

전통적인 마케팅은 내부마케팅의 개념을 적용하는데 있어 협의의 개념이므로 내부마케팅의 범위를 확대해야 한다. 내부마케팅이 제대로 되려면 고객지향의 세일즈 마인드(sales mind)를 가진 종업원이 필요하다. 내부마케팅은 기업 내의 다양한 부서기능을 고객 쪽으로 향하게 하며 통합시키는 방법이므로 내부마케팅은 통합적 기능을 갖는다. 내부마케팅은 내부시장으로써 종업원의 중요성을 강조하는 경영이념이고 또 그것을 실현하는 수단인 것이다.

설령 자신의 직무가 직접적으로 고객에게 서비스를 제공하지 않더라도 직접 고객에게 서비스하고 있는 사람을 통해 간접적으로 서비스를 제공하고 있는 셈이다.

종합하면 내부마케팅은 노동집약적인 속성이 강한 서비스 기업에서 핵심이 되는 이념과 활동이다. 즉, 종업원이 직무에 대해 만족할 수 있게 직무환경을 조성해주고 또 마케팅기법을 활용하여 종업원이 고객지향적인 인식과 태도를 갖도록 동기를 부여하고 계발해주는 활동이라 할 수 있다.

이와 같은 내부마케팅의 필요성은 서비스 조직의 마케팅 과정을 분석해보면 더욱 확실해 진다. 외부고객인 소비자의 욕구를 충족시키려면 고객의 구매행동 관점에서 고객 만족과정을 보지 않으면 안 된다. 고객이 인식하는 서비스의 질이 다면적이고 그것이 인적/물적 환경 요인과 상호작용을 하면서 산출되기에 서비스 기업은 실제 고객과의 접촉 이전에 고객지향적인 종업원을 확보하는 일이 무엇보다 중요하다. 고객과 종업원이 접촉하는 서비스 인카운터에서도 종업원의 서비스 수행능력, 태도, 인간미 등이 고객의 만족과 신뢰형성에 큰 영향을 미쳐 재판매나 우호적인 관계를 유지하는데 결정적인 관건이 되므로 내부마케팅이 서비스 기업에서는 절대 필요할 것이다.

종업원을 동기부여 시켜서 잘 관리할 필요성은 종업원이 이미지 개발프로그램에서 주요요소이고, 중요한 서비스 차별화를 만드는 사람이기 때문이다. 또 종업원이 서비스에서 힘든 유형성을 가장 확실히 보여줄 수 있어 고객이 서비스 구입에서 느끼는 불확실성을 줄여줄 수가 있다. 또 종업원은 고객의 인지적 부조화(perceived dissonance)를 줄이는 것 외에도 서비스의 개인적 가치를 높여 반복구매를 강화시키며 높은 가격도 정당화시킬 수가 있다.

이렇게 볼 때 서비스 기업에서 내부마케팅은 내부고객인 종업원의 욕구충족 → 외부고객인 소비자의 만족 → 서비스 기업의 목표달성이라는 과정에 있어 전제이자 출발점이 되는 것이다.

목적과 역할

원래 내부마케팅은 종업원들에게 새로운 제품이나 서비스를 도입하거나 새로운 마케팅활동을 시작했을 때 이들이 이런 내용을 충분히 이해하거나 수용하지 못한 것을 해결해주기 위해서 나온 측면도 강하다.

내부마케팅의 목적은 다음과 같이 요약할 수 있다.

① 종업원에 대한 동기부여, 고객지향과 서비스 의식이 있는 종업원의 개발.
② 기업의 사명, 전략, 서비스제품, 광고캠페인 등을 종업원에게 이해, 수용시켜 종업원의 참가를 촉진하고 우수한 업무를 수행하게 함.
③ 유능한 종업원을 모집하고 확보함.

서비스 기업이 종업원지향 및 고객지향을 실현하려면 여러 기업의 내부활동이 통합적으로 구축되어야 한다.

이런 관점에서 내부마케팅의 역할은 다음과 같다.

① 조직 내에서 서비스 문화의 창조와 유지

종업원이 서비스 마인드를 갖고 고객우선주의로 행동하게 하려면 그리고 다른 구성원들이 접객원을 지원하게 하려면 서비스 문화의 구축이 필요하다. 강력한 서비스 문화를 확립한 기업은 권한이나 가치관, 규범이 모두 고객만족을 목적으로 이뤄지고 시행된다. 그러한 서비스 문화를 창조, 유지하는데 있어 내부마케팅은 유효한 수단이 된다. 내부고객지향과 서비스 지향적인 서비스 생산 어프로우치는 고객이 지각하는 정서적 품질을 높여줄 뿐만 아니라 기능적 품질의 향상도 지원해 준다.

강력한 서비스 문화의 구축에 있어 마케팅 부문이 주도적 리더십을 발휘해야 한다. 여러 내부 활동을 고객지향과 내부지향으로 통합시키고 종업원들이 적극 참가하고 자기개발을 도모할 수 있게 조직을 탄력적으로 만들어야 한다.

② 서비스 품질의 향상과 유지

고품질의 서비스를 달성하여 유지하려면 접객원의 태도와 그들의 기능 수행이 절대 요구된다. 접객원의 능력발휘에 있어 내부마케팅의 역할은 두 가지로 정리된다.

첫째, 종업원의 만족을 목표로 하는 내부제품(직무와 직무환경)을 제공하려면 동기부여를 높여야 한다. 둘째, 접객원이 고객의식을 갖고 고객에게 최상의 서비스를 제공하도록 개발하고 다른 부서가 접객원을 지원할 수 있도록 내부서비스 체제를 갖춰야 한다. 내부서비스는 고객과 직접 접촉하여 서비스를 생산-배달하는 접객원에게 서비스를 제공하는 것을 말한다. 이것은 서비스 조직 내 업무를 향상시키는 동기로써 의의가 있다.

현장의 접객원이 최대로 그 역할을 발휘하게 하려면 문화, 조직, 리더십이라는 세 가지가 상승적으로 작용해야 한다. 중간관리자나 지원종업원과 현장접객원이 상호 협력하고 지원해 주어야 서로 자기임무를 원활히 수행할 수 있기 때문이다. 이는 연극에서 배우가 아무리 연기를 잘 해도 무대장치, 조명, 음악, 의상 등과 같이 뒤에서 지원해 주는 스텝이 없으면 좋은 연극이 될 수 없는 것과 마찬가지이다. 전 구성원이 접객원을 중심으로 공동운명체의 인식을 갖고 있어야 한다.

③ 조직적 통합

내부마케팅이 제대로 실천되려면 최고경영자의 지원과 내부활동의 통합이 필요하다. 실제로 조직 최고의 목적은 제일선에서 고객과 접촉하는 접객원들을 지원하여 그들이 창조력과 열의를 갖고 일할 수 있게 만드는 것이다. 중간관리자는 협조성과 쌍방의 의사소통이 잘 되게 하고 필요한 것을 지원하는 책임이 있다. 서비스제품에서는 마케팅의 전략과 전술적인 것은 접객원에게 위임된다. 이러한 분리적 구상은 접객원의 적극적인 참가와 창조성을 고취하고 열린 쌍방커뮤니케이션을 촉진하기 위해서이다. 서비스에서는 현장중시의 서비스 조직 즉, 역피라미드 조직의 발상이 그래서 필요한 것이다.

내부마케팅의 관리구조

서비스 기업의 서비스 질은 종업원의 숙련, 태도 등에 의해 크게 좌우되는 만큼 양질의 서비스 창출은 우수하고 고객의 모집, 선발, 훈련, 동기부여와 밀접한 관계를 맺고 있다. 내부마케팅을 위한 서비스 기업의 활동에서 특히 마케팅조사, 시장세분화, 제품차별화, 커뮤니케이션 프로그램 등이 내부마케팅과 크게 관련되어 있다.

내부마케팅의 관리구조 및 과제는 기업의 사명, 경영방법, 고객관계, 서비스 문화수준, 종업원의 직무환경에의 욕구 등에 따라 다르지만 대개 아래와 같이 요약된다.

- 직무마케팅 관리

직무판매(job selling)는 내부마케팅의 핵심개념이다. 종업원을 대상으로 직무를 판매한다고 보면 된다. 외부고객의 욕구에 부응하는 제품이나 서비스를 제공하려면 계획이 필요한 것처럼 내부고객인 종업원의 욕구를 충족시킬 내부제품(직무와 직무환경)을 만들어 파는 일이다. 종업원이 매력을 느낄 수 있게 내부제품을 설계하고 이를 수용하게 만드는 일이 직무마케팅이다.

내부제품은 고객지향으로 종업원이 사고하고 행동할 수 있는 매력적인 직무나 동기를 부여할 수 있는 직무환경을 말한다. 여기에는 여러 가지 관리방법, 인사정책, 직무자체의 성격, 계획 및 실행과정 등이 다 포함된다.

- 태도관리(서비스 문화관리)

종업원 특히 접객원의 태도는 서비스 품질에 큰 영향을 미친다. 그래서 종업원의 태도관리는 높은 서비스 품질을 위해서 무척 중요한 것이다. 접객원의 서비스 마인드와 접객태도는 강력한 차별화 수단이 된다. 그러나 접객원의 태도는 표준화, 규격화가 힘들어 서비스 문화관리가 중요한 것이다. 개개 종업원에 있어 행동의 기준을 나타내는 기업문화가 있어야 서비스의 품질관리가 가능하다. 서비스 문화의 창조, 유지에는 내부마케팅이 유력한 수단이다. 조직 내에 강력한 서비스 문화를 구축하기 위해서는 쌍방적 커뮤니케이션의 확립, 의사결정의 참가제, 교육 훈련 등 내부 활동의 통합이 필요하다. 그런 것을 위해 경영자의 리더십의 발휘가 기대된다.

• 커뮤니케이션 관리

종업원은 업무수행을 위해 다양한 정보를 필요로 한다. 경영자는 접객원, 지원부서의 일을 이해하고 종업원은 제품, 서비스, 광고, 판매원에 대한 정보를 필요로 한다. 또 자신의 요구나 서비스 수행에 관한 것, 고객의견 등을 상급자나 다른 부서 사람에게 전달할 필요도 있다. 커뮤니케이션 관리는 커뮤니케이션 활동 전체의 통합적 관리를 의미한다. 개인매체(직접우편, 전화, 비디오, 메일), 사내보, 팸플릿, 소책자 등 다양한 수단을 계획적으로 개발하여 통합시킨다. 베리(Berry)가 지적했듯이 종업원은 광고에서 제2의 청중이며 외부를 향한 커뮤니케이션은 종업원에게 큰 영향을 미친다. 고객에게 영향을 미칠 서비스, 광고, 기타 활동이 종업원에게 먼저 알려져야 한다. 종업원이 광고내용이나 특별활동 내용을 모르고 있으면 고객의식이나 판매의식이 생길 수가 없기 때문이다.

내부마케팅의 관리에서 최고경영층의 의식이 고객지향적인 것이 매우 중요하다. 이들의 관리운영 스타일이 종업원의 고객의식을 고취할 수 있어야 하고 이들 자체가 서비스를 철저히 이해하고 있어야 강력한 리더십을 발휘할 수가 있는 것이다. 그리고 서비스 배달시스템에서 주체인 종업원(특히 접객원)이 서비스를 창출할 때 창의력을 최대로 발휘할 수 있도록 개업내부의 모든 활동이 통합적인 지원체제를 갖춰야 한다. 이런 상황에서만이 종업원의 욕구가 충족될 수 있는 직무와 직무환경이 창출될 수 있기 때문이다. 또 종업원에 대한 교육, 훈련, 신서비스와 미래 활동에 대한 이해와 수용을 높이기 위해 종업원이 계획과정에 적극 참여해야 한다. 그래야 열의를 갖고 일하며 책임의식이 생긴다.

19.3. 내부마케팅의 실천전략

내부마케팅 활동의 수행

서비스의 어떤 속성이 고객의 욕구를 충족시키는지, 또 그 특성에 대한 어떤 서비스 수행 수준이 양질의 서비스 배달에서 필요한지를 종업원이 항시 이해하고 있는 것은 아니다. 소비자의 욕구와 기대에 대한 경영자 및 종업원의 이해가 결여되면 곧 내부마케팅 자체의 방향이 흐려지게 된다. 서비스에 대한 인식이나 고객기대에 대한 이해를 위해서는 마케팅조사가 필수적인데도 불구하고 서비스 기업은 마케팅을 제조업보다 덜 강조하고 마케팅조사도 뒤떨어져 있다.

서비스 기업에서는 종업원들이 인식하고 있는 고객의 욕구와 기대가 경영층으로 전달되는 상향적 커뮤니케이션이 중요하므로 이런 체계를 갖추고 있느냐 여부는 매우 중요하다. 소비자들의 욕구가 경영층에게 전달되었다 해도 그것을 구체적으로 실현할 서비스 명세서를 작성하는 데는 자원의 제약, 단기이익치중, 시장여건 및 경영자의 무관심 등으로 많은 제약을 받게 된다. 그러나 우수한 서비스 질을 배달하려면 경영자가 먼저 서비스 질을 개선하겠다는 의지표명이 있어야 하고 서비스 질과 관련된 서비스 목표를 공식적으로 설정해야 한다.

목표를 잘 설정하면 조직의 과업수행과 개인의 성취뿐만 아니라 조직 전반적인 통제가 크게 향상된다. 서비스가 무형적이고 개인 중심적이기에 서비스를 창출하는 과정을 표준화하기는 힘드나 과업의 성격이 일상적인 경우 특정한 기준이나 규정을 만들어 표준화하면 효과적이다. 개인적인 주문화 정도가 높은 서비스의 경우도 그 과정의 일부를 표준화할 수가 있다.

그러나 이 같은 서비스 기업의 노력이 위에서 언급된 여러 가지 제약으로 과연 실현될 수 있을 것인지에 대한 구성원들의 인식은 현재의 시설이나 인원 및 기술의 확보와 서비스 정책에 대한 신뢰가 어느 정도인지에 따라 크게 영향 받는다.

내부마케팅이 성공하려면 우선 내부마케팅이 전략적으로 중요하다는 인식을 전 구성원이 갖고 있어야 한다. 최고경영자는 물론 중간관리자들도 내부마케팅에 대해서 지속적인 관심과 지원을 아끼지 말아야 한다. 그리고 관련부서간의 이해와 협조가 무엇보다 필요하다.

감정노동에 대응

서비스 기업은 감정노동의 색채가 강하다. 감정노동(emotional labor)이란 종업원의 감정이 어떤 형태로든지 직무와 관련되어 있는 노동을 말한다. 즉 개인의 심리적, 감정적인 반응이 직무를 수행하는 과정에 강하게 영향을 미친다는 것이다. 감정노동이 많은 사람은 정신과의사, 사회사업가, 의사, 간호사, 경찰, 콜센터 직원, 백화점 점원, 호텔 직원 등이다. 이들은 어떤 불안이나 문제를 가진 사람들과 계속 접촉을 가지며 이들의 문제를 해결해주는 사람들이다.

서비스업에서 이런 감정노동을 하는 사람들은 하루에도 수많은 사람들을 접촉하게 된다. 고객을 상대하는데 있어 종업원이 느끼는 긴장감 피로감이 고객에 대한 태도에 큰 영향을 미친다. 대인접촉에서 스트레스가 쌓여 육체적으로 정신적으로 피로한 종업원은 고객에 대해 신경질이나 적대감을 갖기 쉽다. 또 업무나 고객에 대한 관심이 저하되며 고객에게 무례한 태도를 보이고 서비스 질에도 관심을 안 보인다. 일을 해도 기계적으로 처리해서 성의가 없다. 이럴 경우 종업원의 건강도 나빠지고 고객에게 서비스를 할 때인 결정적인 순간(진실의 순간)에 악영향을 미쳐 고객 불만을 야기하고 기업의 이미지를 나쁘게 만든다.

감정노동이 많은 서비스의 경우 관리자는 세심한 주의를 기울여야 한다. 감정노동에는 개인 간의 차이가 있는 만큼 저항력이 강한 사람을 선발 배치하고 그들이 지속적으로 성의를 갖고 일할 수 있게 스트레스 해소책과 지원체계를 효과적으로 강구해 주어야 한다.

종업원만족과 직무만족

「종업원의 만족 없이 고객만족은 없다」라는 말이 있다. 내부마케팅 활동에 대한 종업원의 만족이 고객만족으로 이어지고 그것이 종국적으로 기업의 목표실현으로 이어진다고 볼 때 종업원의 직무만족은 매우 중요한 의미를 갖는다. 직무만족(job satisfaction)은 직무자체를 비롯한 직무환경에 대한 경험에서 얻어지는 감정적, 정서적 만족상태이다. 직무만족이 중요한 이유는 그것이 구성원의 성과, 생산성향상, 조직에 대한 자부심과 충성심, 원만한 인간관계, 책임의식 등과 밀접한 관계를 맺고 있기 때문이다. 따라서 인적요소가 강한 서비스 기업은 종업원에게 매력적인 직무와 직무환경을 하나의 패키지로써 제공해야하고 그것이 내부마케팅 전략에서 중요하다. 서비스 종업원이 자신의 직무와 직무환경, 즉 내부마케팅 활동에 대한 인식은 직접적으로 직무만족에 영향을 미친다.

종업원의 만족은 구체적으로 일에 대한 만족, 직장에 대한 만족, 조직인사에 대한 만족, 근로조건에 대한 만족, 회사에 대한 만족으로 구분된다. 이와 같은 조건에 대해서 스스로 만족한 종업원은 고객을 만족시킬 수 있는 심리적, 행동적 자세가 갖춰지게 된다. 진정한 의미의 고객만족은 종업원의 마음속에서 우러나오는 서비스 정신에 의해서만이 가능한 것이다.

내부마케팅의 대한 종업원 인식

서비스 기업에서는 서비스 산출을 위해 여러 구성원이 팀워크를 이루지 않으면 양질의 서비스 질이 창출될 수가 없다. 종업원 상호간, 종업원과 경영자간의 이해와 협동 및 단결이 있어야 공동의 목표추진이 가능해진다. 또 종업원이 직무수행에서 적성이 맞지 않거나 능력이 부족한 경우나 직무수행에 필요한 기술이나 장비를 충분히 습득, 확보하지 못한 경우 높은 질의 서비스를 고객에게 제공할 수가 없다.

서비스 현장에서 종업원이 고객의 욕구를 어떻게 충족시켜야 할지를 잘 모른다면 종업원의 직무스트레스는 커지게 된다. 만일 서비스 수행과정에서 발생하는 문제 상황을 종업원이 융통성 있게 적응해 처리할 수 있다면 직무수행에 대한 통제는 높아지고 서비스 수행은 향상되게 된다. 자신이 일을 처리하는데 있어 어찌할 줄 모른다면 서비스를 잘 수행할 수 없으므로 직무를 통제하고 융통성을 발휘할 수 있다고 생각하는 것이 중요하다.

그리고 종업원이 자신이 수행한 서비스 산출의 결과가 올바르게 평가되고 있는지 또 그에 대한 적정하고 공평한 보상이 뒤따르는지에 대한 인식도 직무만족과 직결된다. 여기서 중요한 것은 단순한 성과측정이 아니라 종업원이 고객을 얼마나 잘 다루고 좋은 관계를 유지하도록 노력했느냐 하는 행동적 평가가 중요하다. 서비스 종업원 특히 접객원의 경우는 고객의 입장도 반영하고 고객의 요구도 무시 못하는 중간입장에 있어 직무에서 내적갈등이 심할 수 있다. 이런 갈등이 심해지면 직무수행이나 만족감에 부정적인 영향을 미치게 된다. 그것은 직무와 관련된 역할갈등이 긴장감과 불안감과 비례하고 직무만족과는 반비례하기 때문이다. 아울러 상급자로부터 충분한 정보를 제공받지 못하고 서비스 자체를 이해 못하고 고객요구처리나 상급자의 의도를 잘 파악하지 못할 경우 종업원은 자신의 역할 모호성을 경험하게 된다.

서비스 기업에서 종업원은 광고의 제일의 대상이 되어야 한다. 만일 그들이 광고내용을 사전에 인식 못하는 경우 과잉약속을 할 가능성이 높아 고객 불만을 가져올 수가 있다. 또 광고를 하지 않는 경우에는 각 부서간의 수평적 커뮤니케이션이 충분히 이뤄져야 한다. 또 서비스조직 간의 과잉경쟁으로 서비스 종업원에게 고객유치 압력을 가하는 경우가 많은데 이것이 종업원에게 직무환경에 대한 부정적인 영향을 미치게 된다.

내부마케팅전략

내부마케팅의 기본전략은 마케팅의 내부접근방법에서 매력적인 내부제품의 제공과 종업원의 직무수행에서 유효한 방향성을 주며 이를 통합하는 것이다. 내부마케팅전략의 구조를 4가지로 나누어 살펴보면 다음과 같다.

- **직무마케팅에 관한 전략**
  - 제품으로써 매력적인 패키지로써 직무와 직무환경
  - 가격으로써 임금과 부가급부(매력성이 적은 직무에 대한 심리적 비용을 고려하여 본급여 외에 휴가, 건강보험, 연금 따위를 추가로 제공)
  - 유통: 근무지 희망제, 재택근무제, 경력계획, 지점네트워크의 설치확장으로 종업원의 의욕고취
  - 촉진: 직무와 직무환경에 대한 내부광고와 외부광고

- **종업원세분화에 관한 전략**
  - 종업원의 편익에 따라 연동근무시간(flexible time)제는 출퇴근시간에 대해 선택의 폭을 넓혀주는 제도로 필수 근무시간외에 자유롭게 선택할 수 있는 시간대를 말함. 카페테리어 후생제(cafeteria benefit)는 종업원에게 여러가지 복지후생계획을 제공하면 종업원이 그 중 마음에 드는 몇 가지를 취하는 제도이다.
  - 종업원의 숙련도에 따라 미숙련종업원에게는 매뉴얼화(manual)와 표준화에 초점을 두고, 숙련종업원에게는 권한위양과 자주적 목표관리를 강조한다.
  - 고객접촉도에 따라 접객원에게는 고객의식이나 태도중시를 교육하고, 지원부서는 내부서비스 의식과 직원의 직능교육을 실시한다.

- **종업원의 참가촉진과 태도관리에 관한 전략**
  - 조직 내에서 서비스문화를 창조하고 유지한다.
  - 교육개발과 목표관리를 한다.
  - 정책결정과 의사결정과정에 참가시킨다.
  - 쌍방커뮤니케이션을 고취한다.

- 커뮤니케이션과 조직통합에 관한 전략
  - 커뮤니케이션 믹스와 신기법을 개발한다.
  - 고객정보와 내부정보를 공유한다.
  - 내부 활동의 통합과 고객지향의 탄력적 조직을 한다.

19.4. 관계마케팅

개념과 필요성

기업이 계속 성장·유지·발전하기 위해서 계속해서 새로운 고객을 유치하고 기존고객을 잘 관리하여 유지시키는 일이다. 잠재고객을 고객으로 만드는데 많은 노력과 투자를 한다. 그러나 일단 고객이 되면 처음 고객을 유치할 때만큼 신경을 쓰지 않는데 이는 참으로 잘못된 것이다. 고객과의 관계를 맺고 이를 잘 가꾸어 유지하는 것은 마케팅에서 매우 중요한 일이다. 고객을 끄는 일에만 신경을 쓰는 기업은 고객을 관리하고 유지하여 항상 고객으로 돌아오게 만드는 일에는 무관심하기가 쉽다.

대부분의 서비스에서 기존고객은 수익성을 높이는데 큰 기여를 한다. 특히 고객이 계속해서 서비스를 구매하는 경우 관계마케팅이 필요해진다. 관계마케팅(relationship marketing)은 고객과의 관계를 형성하고 개발하고 유지, 발전시키는 것을 강조하는 것이다. 따라서 고객과의 상호작용적 마케팅(interactive marketing)이 중심기능이 된다. 이는 진정한 고객을 창조하는 것으로 고객은 그런 관계에서 자신이 이 기업을 택한 것이 정말 잘한 일이라고 생각하여 기쁨을 느끼며 기업과 서로 가치를 주고받으며 기업에서 추가적인 서비스를 계속 구매하게 된다. 이들은 바로 기업의 수익의 원천이 되며 기업에 대해 좋은 말을 널리 퍼뜨리는 구전활동을 하며 기업이 제공하는 서비스 편익에 대해서 지불하는 추가가격 부담도 마다해하지 않는다.

마케팅은 기업과 고객이 서로 통합될 수 있는 길을 찾는 것이며 기업과 고객과 관계를 창출하고 유지하는 것이라는 멕켄나(Mckenna)의 말처럼 이제 마케팅에서 고객관계는 제품이나 서비스를 불문하고 중요한 것이다. 관계마케팅을 일반론적인 입장에서 보면 마케팅시스템 전체의 유기적인 협조체제를 구축하고 이를 통해 장기적이고 안정적인 마케팅 성과를 도모하고자하는 기업 활동인 것이다. 구체적으로 마케팅 관리자와 고객, 중간상, 대리점, 공급자 등 상호간에 경제적, 기술적, 사회적 유대를 강화하여, 장기적이며 신뢰할 수 있는 협력관계를 구축함으로써 수익성 있는 거래를 형성하는 것이다.

관계마케팅은 마케팅시스템의 대상에 따라 정보, 협회, 소비자단체 등과 같은 외부기관을 상대로 한 것, 경쟁회사를 상대로 한 것, 자회사와 같은 관계회사를 상대로 한 것, 기업 내 다른 조직을 상대로 한 것, 그리고 일반고객을 상대로 한 것으로 구분할 수가 있다. 그러나 관계마케팅에서 핵심은 바로 고객관계이다. 특히 서비스에선 고객 개개인에 대한 관심이다. 고객을 군중의 일부가 아니라 개체로 보아 그들의 욕구에 맞게 서비스를 제공하여 만족과 신뢰를 형성하고자 하는 것이다.

서비스 기업이 서비스 기업에 대해 만족하고 신뢰할 수 있는 이런 진정한 고객을 갖고 있으면 마케팅 비용이 크게 들지 않는다. 여기서 마케팅비용이란 기업의 서비스와 편익에 익숙하지 않은 잠재고객을 진정한 고객으로 만들기 위해 드는 비용과 신규고객에게 처음 서비스를 제공할 때 드는 비용(예를 들어 새로운 은행계좌를 개설하는 비용)을 주로 말한다. 이외에도 좋은 관계를 갖고 있는 고객은 구전광고에 있어서 영향력이 크므로 이들을 이용하면 광고를 효과적으로 할 수 있어 결국 광고비를 낮추는 효과를 가져 온다.

많은 서비스 고객은 진정한 고객을 많이 확보하려고 노력을 하는 서비스 기업을 선호한다. 서비스가 무형적이기에 서비스 기업은 그런 고객을 확보하려면 제품보다 더 많은 노력과 능력을 갖고 있어야 한다. 기존의 고객에게 서비스를 잘 제공해주고 신뢰를 얻게 되면 고객은 그런 기업들과 지속적인 관계를 갖고 싶어 한다. 또, 그런 서비스 기업에서 종사하는 종업원과도 개인적인 관계를 갖고 싶어 한다. 고객은 자기가 주도적으로 종업원에게 접근하는 것보다 종업원이 고객과 접촉해주길 바란다. 고객은 자신을 잘 알고 이해하며 돌봐주는 종업원을 하나의 파트너로 생각한다. 그들과 친밀한 관계를 유지하면 자기의 개인적인 욕구를 잘 해결해 줄 수 있다고 믿는다. 이런 것은 자동차 수리서비스, 식당, 호텔, 보험회사, 변호사 등과 같은 서비스에서 많이 경험한다.

고객을 잘 관리하여 그들을 진정한 고객으로 만들어내는 것의 가치를 서비스 기업의 경영자들은 인식해야 된다. 우리 속담에 「남의 떡이 더 커 보인다」라는 말처럼 자기 기업의 고객보다 다른 기업의 고객에 더 많은 관심과 주의를 기울이는 경우가 많은데 이는 잘못된 것이다.

서비스 기업은 이제 내외적으로 치열한 경쟁에 직면하게 되었다. 이것은 시장점유를 둘러싼 기업 간의 치열한 고객쟁탈전을 의미한다. 서비스 기업은 자칫 잘못하면 고객을 상실할 위험이 많다. 기업으로서는 어떻게 하면 많은 새로운 고객을 유치하면서 기존 고객이 경쟁사로 빠져 나가지 않게 만드는 것이 관건이다. 새로운 고객 100명을 끌어들이고 20명을 상실하면 80명은 남아있지만 130명을 새로 끌어 들여도 60명을 상실하면 70명만 남게 된다. 새로운 고객을 유치하는 것이 기존고객을 유지하는 것보다 실제 서너 배의 비용이 더 들기 때문에 기업은 전체적으로 생각해야 한다.

관계마케팅의 세 가지 수준

관계마케팅은 기업이 고객충성을 높이는데 사용하는 고객과의 유대의 수와 유형에 따라 세 가지로 구분될 수가 있다. 기업이 관계마케팅을 실현하는 수준이 높을수록 기업이 얻는 잠재적 이익은 크다.

▌표 19-3 _ 관계마케팅의 3단계

수 준	유대유형	마케팅지향	개별화정도	주요마케팅믹스	경쟁적 차별화
1단계	금전적	고객(일반)	낮음	가격	낮음
2단계	금전적/ 사회적	단골(개별)	보통	개인적 커뮤니케이션	보통
3단계	금전적/ 사회적/ 구조적	단골(개별)	보통-높음	서비스배달	높음

• 제1단계의 관계마케팅

이것은 고객과의 관계를 유지하기 위한 마케팅으로 첫 번째 단계에서는 사업과 고객의 유치를 위해서 가격인센티브를 주로 사용한다. 은행에서 거액의 장기거래를 열기 위해서 고율의 이자를 제공하는 것, 호텔체인에서 이용 빈도가 많은 고객에게 무료 및 할인서비스를 제공하는 것, 또 항공사에서 마일리지 포인트를 제공하는 것 등이 그 예가 된다. 주로 다이용자를 끌기 위해서 이런 방법을 취하나 단기적으론 성공하나 장기적으론 그 효과가 반감된다. 왜냐하면 가격 인센티브는 경쟁자들도 곧 모방하여 도입하기 때문이다.

이 단계에서 고객은 특정한 개인으로서가 아니라 하나의 세분시장으로서 인식된다. 연중 우리 호텔을 몇 회 이상 이용하는 사람, 백화점에서 몇만 원 어치 이상의 상품을 구매하는 사람 등과 같이 대중의 일부로서 고객을 인식하고 있을 뿐이다. 고객과의 강한 관계를 유지하려면 고객에겐 중요하고 경쟁자가 쉽게 모방할 수 없는 그런 유대를 점차 구축하는 게 절대 필요하다. 이 단계에서는 유대의 유형이 주로 금전적이며 고객에 대한 서비스 개별화 정도로 아직은 낮다. 가격을 주요 마케팅 요소로 하고 있으며 경쟁적 차별화의 가능성도 낮은 단계이다.

• 제2단계의 관계마케팅

이 단계에서도 가격경쟁의 중요성이 없는 것은 아니나 여기에다 사회적 유대를 추가한 것이다. 개인화된 서비스 배달을 강조하고 고객을 단골로 전환하는 단계이다. 고객을 대중의 일부로 보는 단계가 아니라 하나의 개인으로 보는 것이다. 이 단계에서 고객은 무명의 고객이 아니라 누구누구라는 실체(김사장님, 이선생님 등)그 자체로서 인식되는 것이다. 고객은 종업원과 접촉에서 자신의 필요와 욕구를 알리고 종업원은 그런 고객의 요구를 파악하여 개별적인 서비스를 제공하는 과정에서 유대관계가 형성된다. 개인과 개인마케팅, 개인과 기업마케팅이 여기서 발생하게 된다. 종업원에 대한 고객의 신뢰나 만족이 클 때 관계의 질이 형성된다. 관계의 질이 좋으면 미래의 상호작용에 대한 고객의 기대가 높아진다.

종업원은 개인고객에게 카드나 선물을 제공하여 개인적인 접촉을 꾀하고 그들의 개인적인 욕구를 최대로 존중해 준다. 은행에서 특정 고객에게 여러 가지 선물을 주고 감사의 편지를 보내는 것이나 창구에서 번호가 아닌 이름을 부르는 것은 바로 서비스 거래에서 사회적 의미를 내포하고 있다.

• 제3단계의 관계마케팅

3단계에서는 기존의 금전적, 사회적 유대 외에 구조적 유대를 공고히 해야 한다. 구조적 유대는 다른 곳에서는 쉽게 얻을 수 없는 가치 있는 것을 고객에게 제공함으로써 생긴다. 이런 서비스는 보통 기술을 중심으로 한 것으로 서비스를 좀 더 효율적으로 제공하게 하는 것이다. 개개 종업원을 통한 관계구축보다는 서비스 배달시스템을 통해서 주로 설계된다. 구조적 유대가 잘 형성되어 있는 경우 경쟁자에게로 전환을 하려면 비용이 들게 된다. 가격이 약간 싸고 사회적인 유대가 있다고 치더라도 고객이 원하는 전문기술적인 서비스를 제공 못하면 그런 금전적, 사회적 유대가 큰 의미가 없을 수가 있다. 한 의약품 제조회사는 약국에다 각종 재고관리 소프트웨어를 제공하여 이들을 하나로 묶어 다른 회사로 전환하기 힘들게 하였다. 여기서는 고객이 스스로 얻을 수 없거나, 획득하려면 비용이 많이 들거나, 어디서고 쉽게 이용할 수 없는 부가가치가 큰 서비스를 제공하여 관계를 강화시키는 것이다. 보통 소비자 서비스보다 산업서비스(B2B)에서 많이 이용되나 소비자 서비스에서도 이런 특수한 서비스를 제공하여 관계마케팅을 강화하는 예는 많다.

관계마케팅의 기술

관계마케터가 직면한 어려움은 기업과 관계를 맺고 있다고 인식하고 그 관계를 가치 있게 생각하는 진정한 고객을 창출하는 일이다. 고객에게 중요하고 경쟁자가 쉽게 모방할 수 없는 편익을 서비스 기업이 갖고 있어야 한다. 관계마케팅의 기술은 바로 고객에게 가치를 배달해 주는 데서 나온다. 가치는 고객과 기업을 한데 묶어주는 역할을 한다. 미용실에서 머리를 이발하는 일은 고객이 느끼는 편익의 일부이다. 고객은 미용실의 분위기나 미용사의 개인적인 태도 등에서도 편익을 감지하는 것이다. 서비스에 대한 대가로 지불하는 가격도 총비용의 일부이다. 미용실까지 오는데 교통이 복잡하다든지 미용실이 지저분하다든지 다른 손님이 떠드는 것 등도 하나의 비용이다. 고객이 서비스에서 인식하는 가치는 신뢰성, 반응성, 확실성, 유형성, 공감성 등이다. 이런 가치를 고객에게 배달해 줄 때 관계마케팅은 형성되고 유지되는 것이다.

관계마케팅과 관련된 서비스 질의 세 가지 측면은 공정한 페어플레이, 개별적인 1:1의 마케팅, 서비스의 확대이다.

- 페어 플레이(fair play)

고객과 기업 간의 관계는 다른 유형의 관계와 달리 신뢰가 요구된다. 신뢰는 바로 페어플레이에서 생긴다. 왜냐하면 불공정하다고 인식하는 기업과 관계를 맺고 지속하려는 고객은 없기 때문이다. 고객이나 종업원 모두 자신들의 목표가 달성될 수 있는 기회를 만들고, 고객의 얘기를 귀담아 듣고, 관심을 보이며, 거래와 관련된 정보를 제공하고 약속을 꼭 지키는 것이 바로 공정함이다.

고객은 불공정한 행위에 대해서 분노하며 불신을 갖게 된다. 서비스 기업도 공정한 고객에겐 최대로 서비스를 제공해야 한다. 서비스에서 발생한 문제를 숨기려하지 말고 단점을 고치고 고객에게 알려야 한다. 서비스 기업이 관계마케팅을 실현하려면 모든 정책과 전략에서 공정테스트를 받아야 한다.

- 개별적인 1:1의 마케팅

현명한 기업이라면 기존의 고객이 문제가 있어도 잘 봐주겠지 생각하기 쉽다. 이미 잘 알고 있는 고객이니까 새로운 고객만큼 신경을 안 쓰게 될 가능성이 높다. 이것은 매우 위험한 생각이다. 서비스 기업은 이들 기존의 고객을 잘 대접하고 이들을 하나의 세분시장처럼 1:1로 모셔야 한다. 이렇게 개별적인 마케팅을 하려면,

① 고객이 필요할 때 언제 어디서고 문의할 수 있고 서비스를 받을 수가 있어야 한다. 접근성은 관계마케팅 구축에서 필수적이다.

② 고객과 기업이 서로 쌍방적인 커뮤니케이션을 하고 있어야 한다. 고객만이 항상 접촉을 시도한다면 고객은 기업이 자신에게 관심을 갖고 있지 않다고 느낀다. 따라서 서비스 기업은 주기적으로 기업주도의 접촉을 시도해야 한다. 이것이 서비스에 대한 고객평가에서 중요하다. 새롭게 변하는 고객의 요구조건으로 확인하는데서 또 관계를 가짐으로써 생기는 편익을 재판매하기 위해서, 감사를 표하는데서 이런 기업주도의 커뮤니케이션은 중요하다.

③ 고객의 특정한 요구를 효과적으로 들어줄 수 있게 조직구조와 기술, 그리고 정보를 갖고 있어야 한다. 개별적인 고객의 주문에 응하려면 정확하고 관련성 있는 정보가 필수적이다. 예를 들어 호텔에서 고객의 개인적인 요구를 파악하고 있어야 개인화 된 서비스를 제공할 수가 있다.

④ 고객에게 가치 있는 서비스를 제공하려면 그렇게 하려는 의지와 능력을 갖추고 있어야 한다. 종업원의 성과를 측정하고 보상하는 체제를 갖춰야

한다. 보험사에서 새로운 고객을 확보하면 보상을 해도 기존고객을 잘 관리하고 서비스를 제공하는 데는 무관심하면 결국 관계 유지가 무너지고 마는 것이다.

- **서비스 확대**

관계구축의 또 다른 방법이 서비스의 확대이다. 서비스 확대는 경쟁자의 서비스와 차별화하기 위해서 기본 서비스에다 새로운 서비스를 추가함으로써 전체 서비스를 더 어필할 수 있게 만드는 것이다. 그러나 이런 전략은 쉽게 경쟁자도 모방할 수 있다는데 문제가 있다. 항공사나 호텔에서 고객에게 제공한 이런 새로운 서비스를 다른 경쟁자들도 실행하게 되면 그것이 곧 표준처럼 돼 버린다. 따라서 서비스 기업은 기업 전체가 경쟁자와 차별화될 수 있도록 해야 한다. 그러려면 분위기, 환경, 태도, 문화 등과 같은 것들이 독특해야 한다. 기업의 문화, 사회적, 구조적 유대를 반영하는 서비스 확대노력이 수반되어야 관계마케팅이 공고히 될 수가 있다. 이런 것들이 가장 차별화되고 모방하기 힘든 요소들이기 때문이다.

▌그림 19-1 _ 서비스 질-가치-관계의 고리

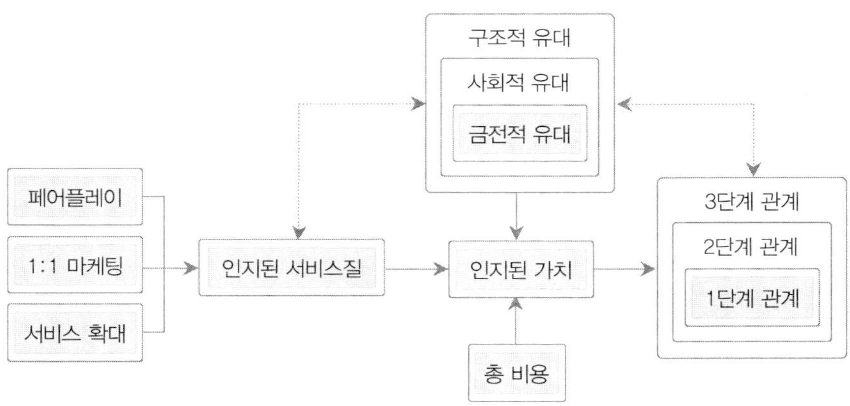

서비스 기업은 새로운 고객을 많이 유치하고 기존의 고객을 잘 관리하고 유지하여 고객의 이탈을 방지하면 시장점유율을 늘릴 수 있다. 서비스 기업은 잠재고객을 고객으로 전환하는 노력을 기울여야 한다. 서비스 기업이 실천하는 관계마케팅의 단계가 높아질수록 진정한 고객을 창출할 수 있는 기회는 많아진다. 진정한 고객이 많아야 기업의 수익성이 커진다. 1단계의 관계마케팅에서는 금전적인 것을 강조하나 경쟁자가 쉽게 모방할 수가 있다. 2단계에서는 고객과의 관계를 개별화하여 사회적 유대를 강화시킨다. 3단계는 고객문제를 구조적으로 해결하는 것으로 경쟁적 차별화가 높다. 고객과의 관계구축에 직접 기여하는 서비스 질의 세 가지는 위에서 설명한 페어플레이, 1:1의 개별적 마케팅, 그리고 서비스의 확대이다.

관계의 창조와 종결

사람은 거래를 할 때 가치 있는 관계를 원한다. 고객은 서비스를 얻기 위해서 지출한 연관비용보다 서비스배달에서 얻은 편익이 클 때 가치를 인식한다. 쌍방이 거래를 통해서 얻은 관계의 개별적인 편익은 고객으로선 더 큰 신뢰를 갖게 되는 것이고, 사회적 편익을 얻게 되고 특별대우일 것이다. 서비스제공자에 대해 높은 수준의 올바른 서비스를 제공할 것이라는 믿음으로 불안감이 크게 줄어든다. 그리고 이름을 알게 되고 상호인정을 하여 우정을 쌓아감에 따라 즐거움과 재미를 얻는 사회적 편익도 관계유지에서 매우 중요하다. 또한 실질적으로 할인가격, 특별가격으로 추가서비스를 받는다든지, 대기시 우선권을 주어 다른 사람보다 유리한 입장에서 특별대우를 받을 수 있다는 것이 관계유지에서 고객이 바라고 얻고자 하는 편익이다. 한편 서비스제공자는 수익을 얻는 최고의 목적도 있지만 그 외에 고객에게 서비스를 지속적으로 제공함으로써 얻는 보람과 지식, 즐거움, 재미 등도 있다.

관계마케팅은 세 가지 유형의 마케팅을 포함하고 있는데 데이터마케팅, 상호작용마케팅, 네트워크마케팅이다.

① 데이터베이스마케팅(database marketing)

데이터베이스화된 고객정보를 바탕으로 개별고객과의 관계구축을 위한 마케팅전략을 수립하고 집행하는 활동이다. 정보기술을 이용하여 현재 및 잠재고객의 DB 확인과 구축, 고객선호와 특성에 따른 차별화된 메시지의 전달과 그 반응정보 파악 등으로 고객과의 1:1 관계의 구축, 쌍방향적 의사소통, 컴퓨터에 의한 데이터베이스를 특징으로 한다. 주된 목적은 고객과의 유대관계 구축을 통한 고객평생가치의 극대화이다. 전기, 가스, 케이블TV 등이 좋은 예가 된다.

② 상호작용마케팅(interaction marketing)

고객과의 대면접촉과 기타 전화, 메일, SNS 등을 통한 접촉을 강화하여 사람간의 사회적 과정에서 얻는 가치를 높게 만든다. 협상과 동일한 방향으로 서로 생각을 이해하고 공유하여 잘 알게 되고 신뢰하게 된다. 대화를 통한 상호간에 편익을 얻게 되는데 IT기술 발달로 고접촉에서 저접촉으로 변화되는 추세이다.

③ 네트워크마케팅(network marketing)

상호이익 되는 다른 개인이나 집단과의 네트워크관계로 산업마케팅(B2B)에서 주로 고객, 유통업자, 공급업자, 미디어, 협회, 정부 등의 네트워크이나 소비자마케팅에서도 친척, 친구를 서비스제공자에게 추천하기도 한다.

전통적인 거래마케팅과 이러한 유형의 마케팅이 서로 배타적인 것은 아니다. 데이터, 네트워크, 상호작용에 근거한 관계마케팅은 개별고객과의 장기적, 상생관계를 지향하며 관련 조직 간의 공동가치를 창조해간다. 고객과의 관계가 늘어나게 됨에 따라 기업은 고객에게 구매량 증대를 고취하고 사용하는 서비스 유형을 업그레이드하고 새로운 서비스를 추가하는 마케팅활동을 적극 활용해야한다. 기존고객의 유지개발이 힘들다는 것을 이해하고 그런 행동을 고취하기 위한 보상패키지 개발이 중요하다. 고객과 기업이 상호 이익이 되도록 고객유지와 강화를 위한 마케팅을 적극 수행한다. 고객을 공정하게 대우하며, 서비스를 확대해주고, 개개 고객을 하나의 세분시장처럼 대우하는 대량맞춤 서비스를 해야 한다.

그러나 모든 기존의 고객이 다 유지할 만한 가치가 있는 것은 아니다. 기업전략이 바뀌거나 고객행동이 바뀌면 기업입장에서 불필요하고 수익이 창출 안 되는 고객은 주기적인 고객포트폴리오 검토를 통해서 정리해야한다. 물론 법적, 윤리적 문제도 함께 검토해야할 것이다.

제 20 장

서비스조직의 생산성

20.1. 서비스 생산성의 개념과 구조

서비스 생산성의 특성

경제의 서비스화가 심화되는 서비스 경제에서 서비스 산업의 생산성 향상문제는 서비스 산업 자체에서도 중요하지만 다른 제조부문과의 상호의존적인 관계를 생각할 때 결코 소홀히 취급할 수 없는 문제이다. 생산성향상이 중요한 이유는 비용절감으로 높은 수익이 가능해지고, 저가격을 유지할 수 있어 가격경쟁력이 높아진다. 유통업자에게도 마진을 보장할 수 있다. 신서비스에 대한 투자가 가능해 기술개발, 특성개선, 혁신적인 서비스배달방법을 개발할 수가 있다. 고객에게도 새로운 서비스절차와 장점을 제시하여 고객참여를 적극 유도할 수 있어 다시 생산성을 개선할 수 있다.

중요성에도 불구하고 서비스 부문의 생산성은 제조부문보다 낮다. 서비스 부문의 임금인상이 제조업 부문만큼 빠르고 산출보다 인건비 상승이 대부분 높기 때문이다. 서비스 부문이 왜 생산성이 낮은가?

첫째, 서비스가 일반적으로 노동집약적이기 때문이다. 그래서 산출을 증가시키려면 노동력이 더 많이 필요하다. 일반적으로 제조부문은 자본집약적이다.

제품산출을 증가시키려면 자본을 더 많이 투입해야 한다. 노동집약적인 조직보다 자본집약적인 조직에서 산출 단위당 비용을 절감하기가 훨씬 쉽다. 서비스가 노동집약적이기에 서비스 산업에서는 노동의 질의 향상이 자본재의 향상보다 훨씬 늦다. 또 노동의 질을 통합적으로 측정하기도 매우 힘들다.

둘째, 서비스에서는 노동을 줄일 기계화나 자동화 기회가 적다는 점이다. 이런 이유는 서비스에서 기술변화가 느리고 제조업에 비해 자본투자가 적기 때문이다. 인간중심적인 소규모 서비스 조직에선 규모의 경제의 기회가 적고 노동전문화의 기회도 적다.

셋째, 대다수의 서비스조직이 소규모인 점이다. 많은 대다수의 서비스 조직은 규모가 작다. 종업원도 적고 그래서 기계를 도입할 수가 없다. 노동분업에서 얻을 수 있는 직무전문화나 그 편익을 얻기가 힘들다. 덧붙여 예술, 건강, 정부서비스와 같은 서비스에서는 관리를 잘 해야 할 필요성에 대한 관심이 별로 없었다.

생산성의 개념

생산성 측정의 문제는 서비스 부문에서 생산성 논의의 핵심부분이다. 생산성은 보통 투입총량분의 생산과정의 산출비율이다. 전통적으로 생산성 개념은 두 가지의 가정을 하고 있다. 생산의 산출과 요소는 완전히 정의될 수 있고 동질적이고 측정 가능하다는 것이다.

생산성에 대한 정의를 「산출과 그에 상응하는 한 가지 투입요소 또는 그 이상의 투입요소와의 비율」로 보고 있으나 그 정의를 엄밀히 내리기가 힘들다. 그 이유는 생산과정에 투입되는 요소가 소위 말하는 하드웨어와 소프트웨어에서 한발 더 나아가 휴먼웨어(humanware)에 이르기까지 다양하고 투입된 자원의 결합과정이 과거보다 훨씬 복잡해졌기 때문이다.

서비스의 생산성 측정

서비스 부문에서 생산성 측정문제는 서비스 상황보다 제품상황에 맞게 설계된 측정방법을 계속 사용해 왔다는데 있다. 새로운 측정방법은 서비스의 특성을 설명할 수 있도록 설계되어야 한다. 서비스는 만들어지는 것이 아니라 수행되는 것이므로 서비스 시설은 사용되기 전에 이미 존재해야 한다. 여기서 모든 것은 생산성 향상을 위한 범위에 영향을 미치고 있다. 생산성 측정에 영향을 미치는 또 다른 요소는 많은 서비스 환경은 폐쇄시스템이라기보다는 외부영향을 받는 개방시스템이라는 점이다. 전통적인 생산성 측정으로는 질은 일정하다. 그러나 서비스에선 질은 무척 다양하다. 의사가 진단할 수 있는 환자 수는 늘릴 수 있다. 하지만 환자치료의 질은 달라질 수 있다. 교수 밑의 지도 학생수는 늘릴 수 있어도 이것이 교육 질에 어떤 영향을 미치는가를 생각해보면 그 의미가 달라질 수가 있다.

또 다른 문제는 소비자가 서비스 생산에서 역할을 하고 있다는 점이다. 이런 투입의 질은 생산성에 영향을 준다. 은행에서 생산성은 은행원 혹은 고객이 청구서류를 옳게 작성했느냐에 따라 달라진다. 많은 서비스 산업에서 생산성은 부분적으로 고객의 지식 경험 동기에 의해 영향을 받는다.

단순히 산출의 결과만을 측정하는 서비스 산출의 전통적인 방법은 서비스의 가치나 질의 변동을 무시한 것으로 예를 들어 화물수송에서 톤당 생산성을 늦게 도착한 화물과 정시에 도착한 화물을 똑같이 취급하는 것은 서비스의 가치나 질을 고려하지 않은 것이다. 또 서비스를 받은 고객의 숫자를 기준으로 한 것도 문제가 있다. 한정된 시간 내에 처리된 고객숫자를 늘리기 위해 서비스 배달과정이 불량해질 경우 고객은 그런 서비스를 부정적으로 평가하게 된다.

문제는 전통적인 생산성 측정이 효율성(efficiency)을 강조하고 있어 효과성(effectiveness)은 무시하고 있다는 점이다. 효과성은 목적의 달성 정도를 나타내는 개념이고 효율성은 예상된 목표산출량에 대한 실제 투입량의 비율이다. 다시 말해 효과성은 결과가 얼마나 성취되었는가에 초점을 맞춘 것이고 효율성은 그 결과를 성취하기 위해 자원을 얼마나 성취되었는가에 초점을 맞춘 것이고 효율성은 그 결과를 성취하기 위해 자원을 얼마나 잘 활용했는가에 초점을 둔 개념이다.

서비스의 창출 목적이 고객에게 양질의 서비스를 제공하여 고객만족을 극대화하는 것이라면 서비스의 생산성 문제는 질의 문제를 떠나서 생각할 수 없고 그것은 효과성의 강조와 맥을 같이 한다고 볼 수 있다.

이제까지 생산성의 문제가 주로 생산자의 입장에서 주로 접근되어 왔으나 마케팅의 개념을 생각하면 소비자의 입장에서 생산성을 보는 것이 필요하다.

산출의 5가지 효용

마케팅 거래에서 구매자가 얻는 산출에는 5가지 차원의 효용이 있다. 즉,

① 기능적 효용(functional utility): 이는 제품의 성능을 나타내는 것으로 식품의 경우 맛, 편의성, 영양가, 칼로리 등으로 기술된다.

② 사회적-조직적 효용(social-organizational utility): 이는 이미지나 고정관념을 낳는 인구 통계적, 사회경제적, 조직적 유형을 갖고 제품을 파악하는 것으로 예를 들면 청소년들이 담배를 피우는 것은 성인처럼 보이려는 생각에서 나온 것이라는 것이다.

③ 상황적 효용(situational utility): 이는 특정한 상황에서 생기는 효용으로 일시적으로 소비되는 제품이나 서비스는 상황적 효용이 높다. 예를 들어 결혼식에서 목사가 주례를 서는 것이나 이혼시 변호사를 이용하는 것이다.

④ 감정적 효용(emotional utility): 이는 분노, 존경, 사랑, 공포와 같은 감정에서 나온 효용으로 일제치하를 경험한 사람이 일제제품을 기피한다면 이런 효용이 작용한 것이다.

⑤ 호기심 효용(curiosity utility): 이는 개인이 갖고 있는 호기심, 신기함, 탐색적 욕구 등에서 생기는 효용으로 유행제품, 관광 등에서 많이 나타난다.

모든 제품이나 서비스는 이런 5가지 효용의 하나를 갖고 있으며 5개의 합이 클수록 구매자는 마케팅 거래로부터 더 큰 산출을 얻게 된다.

투입자원의 형태

마케팅 거래에서 소비자는 아래 3가지 형태의 자원을 투입한다.

① 재무적 자원: 소비자의 부, 소득, 신용 등으로 거래에서 제품의 소유권이나 소비를 위해 지불하는 가격이 된다.
② 정신적 자원: 소비자가 거래에서 소비하는 정신적 자원은 학습, 정보공유, 감정몰입, 위험부담 및 기타 유사한 행동 등이다.
③ 신체적 자원: 교환하기 위해 소비자가 취하는 신체적 운동은 쇼핑을 하는 것이나 의사 처방대로 운동을 하는 것이다.

따라서 소비자 생산성은 지불된 총자원에 대한 총효용의 비율이다. 이상의 사실들을 종합해볼 때 서비스의 생산성은 서비스의 특성상 산출물의 물량단위보다는 산출에 대한 가치 즉, 효용평가가 개입되는 가치생산성이나 서비스가 창출되는 과정을 중심으로 한 과정생산성이 훨씬 본질적 측정대상이 된다고 본다. 그러므로 생산성 문제는 고객만족과 서비스 질을 연계시켜 생각하지 않으면 안 된다.

생산성의 전략적 접근방법

어떠한 서비스가 창출되는지 생산성은 자원의 투입비용의 변화에 의해서 영향을 받게 된다. 다음으로 투입되는 개별자원의 효율성이 중요한데 다른 여건이 일정하다고 가정할 때 개별자원의 효율성이 높은 서비스 조직의 전체 생산성은 그렇지 못한 경우보다 훨씬 높은 생산성을 나타낸다. 마지막으로 생산시스템에서 자원 활용도인데 전체 시스템의 활용도 여하에 따라 개별자원의 활용은 영향을 받게 된다.

이 같은 세 가지 서비스 생산요인은 서비스 생산에서의 관리능력에 따라 크게 영향을 받게 된다. 만일 경영자가 투입요소에 대한 구매를 잘한다면 투입비용을 줄일 수 있다. 투입되는 자원의 중간처리기술의 개발에서 종업원의 능력개발과 동기부여를 높일 수 있으면 개별자원의 효율성은 높아진다. 또 전체 서비스 시스템의 설계를 균형적으로 잘할 경우 시스템의 자원 활용도가 크게 높아질 것이다.

첫째, 서비스업에서도 규모의 경제가 중요한 영향을 미치는데 특히 고객과의 접촉이 낮은 서비스의 경우 그러하다. 수요가 많으면 분업, 전문화, 학습효과를 이용할 수가 있어 투입비용을 줄일 수 있고 개별자원의 효율을 향상시키려는 노력을 하게 된다. 다양성이 낮은 서비스에서 대량생산은 높은 자원 활용도를 갖게 한다.

둘째, 서비스의 다양성이 생산성에서 최근 중요하게 된 것은 서비스 생산이 보통 고객과의 상호작용을 포함하고 있고 고객의 욕구와 기대가 점점 다양해지기 때문이다. 다양성이 높아지면 서비스 품목당 산출량은 줄어들고 대신 광범한 기술이 필요해 진다. 이것이 모두 투입비용의 증가를 가져온다. 아울러 다양한 서비스에 대한 기술습득에서 학습효과가 낮아지게 되고 또 다양한 서비스를 관리해야 하는 것도 관리상 시간이 많이 소요되어 결국은 자원 활용의 효율성이 낮아지게 된다.

셋째, 시간경과에 따른 수요의 양과 성격의 변화이다. 고객에게 제공되는 서비스의 수요량과 서비스 성격은 시간이 경과함에 따라 변화하게 마련이다. 서비스 조직이 적정한 생산능력을 갖추고 있다할 때 이와 같은 변동은 바로 시스템의 잉여생산능력을 낳게 되어 추가비용과 생산성의 저하를 유발하게 된다. 따라서 이런 변동은 투입비와 자원효율성 및 자원 활용도에 영향을 미치게 된다.

서비스의 생산과정은 일련의 중간산출을 창출하기 위해 물적 자산(시설, 장비)과 노동을 결합한 투입과정, 서비스를 제공하기 위해 수용능력을 갖추는 중간

산출과정, 가용할 수 있는 서비스 시설의 수용능력으로부터 서비스를 실제 창출해내는 산출과정, 그리고 서비스가 고객에게 미치는 영향인 성과로 구분할 수 있다. 호텔 레스토랑의 경우를 예로 들어 보면 호텔 주방은 여러 가지 원료와 시설 장비 및 조리인력 기술을 투입하여 고객수요수준을 가정하고 메뉴를 계획하고 준비하게 된다(중간산출과정). 그러나 준비한 모든 음식이 다 판매되는 것은 아니고 그 중 일부만 실제 팔리게 된다(실제산출). 음식을 구매하는 고객은 레스토랑에서 광범한 경험(배고픔해소, 안락함, 사교, 안전함 등)을 서비스의 성과로 얻게 된다.

▌그림 20-1 _ 서비스의 생산과정

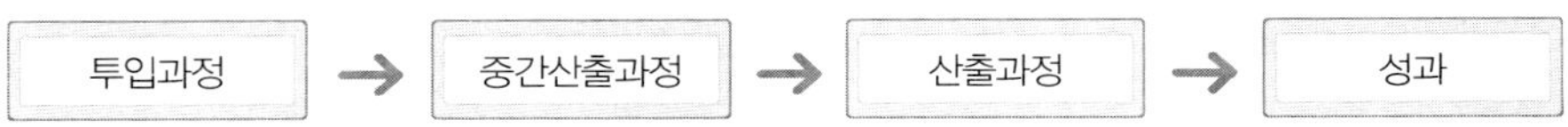

20.2. 서비스의 생산성 향상방안

이제 생산성 향상은 모든 서비스 조직의 과제이다. 치열한 경쟁에서 시장포지션을 유지하기 위해서 수익목표를 가진 모든 조직들을 생산성을 높일 필요가 있다. 비영리 조직에서도 기부금 등 지원을 얻는데 생산성을 높여야 한다. 여하튼 생산성을 높여야하는 이유는 여러 가지 면에서 중요하기 때문이다. 왜냐 하면 생산성을 높여야 기업을 둘러싼 여러 이해관계자들이 모두 이익이 되기 때문이다.

생산성 향상에 대한 전통적인 견해에 따르면 투입분의 산출비율을 높이는 데는 5가지 대안이 있다. 즉,

① 투입을 줄이되 산출은 일정하게 한다.
② 투입은 줄이되 산출은 늘린다.
③ 투입은 줄이되 비례적으로 산출은 덜 줄인다.
④ 투입을 일정하게 하되 산출을 늘린다.
⑤ 투입을 늘리되 비례적으로 산출을 더 늘린다.

하지만 서비스 생산의 경우 단순히 투입과 산출의 결과를 놓고 생산성 문제를 관리하는 데는 무리가 있다. 그것은 서비스 생산과정에 고객이 참여하게 되면 효과적인 통제가 힘들고 또 고객접촉에서 생기는 개별적인 주문화가 생산성 향상을 어렵게 만들기 때문이다. 따라서 서비스의 생산성은 중간산출과정과 관련된 부분에서 실제 이루어져야 한다. 이 단계는 소위 후면부 작업으로써 서비스 생산과정에서 생산성 향상의 여지가 가장 큰 영역이다.

특히 서비스 수용능력을 효과적으로 관리할 필요가 있다. 이는 수용능력 자체가 서비스 조직의 장기생존과 직결되고 수용능력이 서비스 생산성과 질의 문제에서 중간중재자의 역할을 한다는 점에서 그렇다. 중간산출과 실제 산출이 맞지 않으면 나쁜 사업성과를 낳게 된다. 만일 수요의 기복을 수요 평준화나 공급조정을 통해 적절히 조정하지 못하면 생산성은 더 하락하게 된다.

① 낭비적 요소를 제거한다.

생산과정의 모든 단계에서 비용통제를 강화하고, 모든 물적, 인적 측면에서 불필요한 낭비적 요소를 제거한다. 그러나 너무 비용절감이나 인력감축에 다만 초점을 맞추는 것은 위험하다. 전면부의 인원을 줄이면 나머지 인력이 부족분을 메우기 위해 더 많이 더 빠르게 일을 해야 한다. 나중에는 지쳐서 실수를 하고 고객에게 대충 서비스를 하게 된다. 이러면 결국 서비스 질은 하락하게 된다. 생산자의 입장에서 비용을 줄이는 것은 자칫하면 서비스 질을 악화시켜 고객만족을 크게 해칠 위험성이 높다. 그냥 무턱대고 비용을 줄이는 것이 아니라 불필요한 낭비비용을 줄이는 것이다.

② 공급과 수요 간의 잘못된 적합을 줄여 유휴시설, 장비, 인력이 생기지 않도록 한다.

많은 서비스 조직의 중요한 특징은 서비스 공급과 수요가 맞지 않는데 있다. 서비스 마케팅에선 이것을 잘 조화시켜 적합화하는 일이다. 항공기 좌석이 수요자의 수보다 적으면 사업기회를 잃게 된다. 손님을 못 채운 극장은 결국 수익이 감소된다. 그래서 서비스 마케터는 수요와 공급을 잘 관리하는 게 주요 임무가 된다.

③ 시스템과 기술을 향상시킨다.

제조업에서 사용된 방법이 서비스에서도 적용가능하다. 서비스를 수행하는 사람의 기술과 태도를 개선한다. 서비스의 질과 능률을 개선하기 위해서 높은 비용을 새로운 기술과 시스템으로 대체한다. 사람중심적인 서비스에서도 제조업적인 사고의 적용이 가능하다. 서비스 경영자는 제품제조자로 생각하지 말고 사람 대신에 기계나 시스템을 이용할 수 있게 일을 설계해야 한다. 서비스 기업이 좀 더 시스템 기술지향적이 되면 생산성 향상이 가능하다. 시스템 어프로우치는 전체로써 과업을 보고 주요 운영활동을 확인하고, 그들을 수행할 대안을 검토하며, 대안을 모색하여, 낭비적인 것을 제거시키는 것이다. 전체로써 시스템 내 활동을 조정하며 직무를 설계해야 한다. 종업원이 일을 신속하게 하고, 또 높은 수준의 질을 만들기 위해 데이터나 장비를 제공한다.

④ 신서비스를 도입하거나 과업수행 방법을 새롭게 구성함으로써 조직의 낭비적 요소를 구조적으로 제거한다.

덜 효과적인 서비스를 완전 대체하거나 그 필요성을 크게 줄일 수 있는 좀 더 효과적인 서비스를 설계해서 도입한다.

⑤ 자동화를 도입하여 인력을 대체시키고 서비스를 제품으로 대체한다.

서비스 대신에 제품으로 대체하면 생산성이 향상될 수 있다(팩스나 컴퓨터 통신은 전신서비스의 필요성을 크게 줄임).

⑥ 종업원 능력을 향상시킨다.

좋은 종업원의 모집, 훈련, 개발, 동기부여를 통해 서비스 배달 수행과 관련된 종업원의 지식, 기술, 태도, 행동을 개선을 하는 것이다. 종업원들은 고객요구, 불평, 제품지식, 내부시스템의 운영 등을 다루는 방법을 교육·훈련 받아야 한다. 생산성 향상을 위해 더 열심히 기술적으로 일하도록 고무시켜야 한다. 훈련된 비전문가도 전문적인 일을 할 수 있게 전문가시스템을 도입해 활용한다.

⑦ 고객과의 상호작용의 방법을 바꾼다.

고객이 서비스 제공자와의 상호작용하는 방법을 바꾸는 것은 가능하다. 특히 고접촉서비스에서 그렇다. 고객을 생산과정에 참여시키려면 고객의 행동을 이해하고 그 이유에 대한 이해가 요구된다. 서비스 배달의 편익을 교육이나 설득을 통해서 알려 고객이 행동을 바꾸도록 하는 방법은 많다. 고객은 수동적이건 능동적이건 서비스 배달에 참여하게 된다. 서비스 배달에서 고객이 좀 더 유용하게 적극적으로 역할을 하게 하려면 새로운 접근방법이 필요하다. 조직을 바꾸고 서비스 관리자의 역할을 바꾼다. 이들은 고객이 서비스 산출에 최대로 참여하도록 노력한다. 고객이 서비스 수행 및 배달에 기여를 할 수 있도록 고객 중심적인 설계를 해야 한다. 분명히 서비스 부문에서 조직의 다양성 때문에 서비스의 공업화를 모든 서비스에 그대로 적용할 수는 없다. 어떤 서비스는 그 속성상 기계화나 합리화가 힘들기 때문이다.

⑧ 서비스 수준을 축소한다.

생산성은 서비스의 양이나 혹은 서비스 질(의사가 각 환자에게 진료시간을 축소)을 축소함으로써 개선이 가능하다. 이런 방법은 고객에게 높은 서비스 수준을 제공할 것을 약속한 경우에는 매우 위험하다. 경쟁자가 그들의 서비스의 질과 양을 상향조정해서 차별화를 할 수 있기 때문이다.

서비스산업화와 개별화 전략

서비스의 산업화는 서비스 활동에서 공업적 발상을 도입하여 규모의 경제를 도모하여 생산성과 능률을 높이고자 하는 것이다. 이에는 기본적으로 소프트기술의 이용과 파트(part)기술의 이용이 있다. 파트기술은 인간이 서비스 작업을 하는 대신에 기계, 도구 등을 이용하는 것으로 컴퓨터나 로봇을 이용하는 것이 여기에 해당된다.

먼저 과정산업화는 서비스를 산출하는 과정과 관련하여 메뉴얼화, 셀프서비스화, 멀티숍제(multi-shop: 종업원에게 복수직무를 수행케 하도록 훈련함.), 기계화와 자동화 등을 하는 것이다. 다음으로 산출산업화는 서비스배달시스템의 산출을 표준화하는 것이다.

한편 개별적인 고객의 차별화된 욕구에 따라 서비스를 제공해야 하는 경우, 즉 개별고객의 요구에 맞춤식으로 대응하는 경우도 서비스 배달시스템의 산출을 개별화하든지 혹은 서비스 배달시스템의 과정을 개별화할 수 있다. 서비스 메뉴를 다양하게 하여 개인적인 요구에 맞춤식으로 좋아하는 것을 선택하게 하는 것이 산출의 개별화이고, 서비스 인카운터에서 개인적으로 서비스를 받는다는 인상을 주는 것(이름을 불러준다)과 개별적인 요구를 직접 서비스해주는 개별고객 대응의 과정개별화(의사, 변호사 등)가 있다.

서비스가 자본집약적인 경우 시설이나 장비의 선택이 중요하며 기술적 우위를 갖는 것이 핵심이 된다. 시설이 수요에 따라 쉽게 변동될 수 없기에 수요관리가 절대 필요하다. 시설능력의 융통성이 적기 때문에 서비스 배달의 스케줄링이 중요하다.

대신 노동집약성이 높은 서비스에서는 종업원의 관리, 통제가 매우 중요한 요소가 되므로 이들의 채용 훈련 개발에 관심을 두어야 한다. 고객과의 상호작용이 낮은 서비스의 경우 마케팅활동을 강화시켜 서비스를 따스하게 느껴지도록 물적 환경에 신경을 써야 한고 서비스 운영에 있어 엄격한 관리가 가능하도록 표준운영절차를 마련해야 한다.

고객과의 상호작용이 높은 서비스의 경우 유능한 종업원이 많이 필요해 인건비가 많이 든다. 따라서 인건비의 효율적인 관리를 해야 한다. 또 높은 수준의 서비스 질을 유지하며 고객의 참여증대에 어떻게 대응하느냐가 중요하다. 아울러 서비스 제공자의 직무에 대한 열의와 태도를 확고히 하는 게 중요하다.

생산성과 종업원

서비스종업원에 대한 결정에서 가장 중요한 것은 그들이 우수하게 서비스과업을 수행하게 하는 것이다. 그러려면 재량권 부여가 필요하다. 재량권은 종업원이 과업을 수행하는데 최대의 노력과 과업을 그럭저럭 수행하는데 필요한 최소의 노력 간의 차이를 말한다. 재량권을 가진 종업원이 최선을 다해 일을 수행하도록 동기를 부여하는 일이 과제이다. 종업원이 재량권을 최대로 발휘하려면 책임을 다할 수 있는 의지와 능력이 중요하다. 종업원이 갖고 있는 잠재력을 발휘하게 하려면 강한 동기부여가 필요하다. 이런 것을 유도하는 것 중에 하나가 바로 재량권의 부여이고 내부마케팅이다.

종업원의 생산성은 내부마케팅 프로그램을 통해서 향상될 수가 있다. 내부마케팅은 종업원을 서비스조직의 내부고객으로 대우하는 정책이다. 내부마케팅을 잘하면 종업원의 욕구를 발견하고 그들이 선호하게 직무를 설계하고 그들에게 조직을 촉진하는 것이 쉬워진다. 만족한 종업원은 과업 수행 시 능력을 최대로 발휘하고 직무에 몰입하게 되어 생산성이 크게 향상된다.

생산성과 고객

앞으로 서비스에 대한 소비자들의 수요가 다양해지고 개별적인 수요가 점증할 것을 고려하면 서비스의 생산성 향상 노력도 고객의 관심에 민감히 대응하는 쪽으로 모아지지 않으면 안 된다. 서비스 기업이 새로운 방식이나 기술을 도입해서 생산성을 높이려 해도 고객의 저항이 있으면 불가능하다. 따라서 고객의 신뢰를 획득하기 위한 평소의 고객과의 호의유지가 중요하다. 또 서비스 이용에 대한 고객의 습관과 기대를 이해하지 못하고 있으면 저항에 부딪치게 된다. 셀프서비스나 고객참여를 증대시킬 때 그런 절차나 장비에 대해 철저한 사전테스트와 그런 변화로 인해 고객이 얻게 될 편익을 공표화해서 확신을 갖게 해야 한다. 특히 서비스는 그것이 경쟁자에 의해 쉽게 모방되므로 항시 수행성과를 청취해서 계속 개선을 도모하지 않으면 안 된다.

생산성과 관련해서 서비스조직은 우선 가격차별화나 촉진을 활용해서 고객수요를 평준화시키는 노력을 해야 한다. 이는 시설능력이 제한된 서비스에서 수요패턴에 변화를 주는 것이다. 둘째, 고객을 생산과정에 좀 더 참여시키는 것으로 셀프서비스는 좋은 예이다. 문제는 고객이 새로운 절차를 배우고 지시에 따르며 종업원이나 다른 사람들과 협조적으로 상호작용을 하려는가에 달려 있다. 셋째, 고객에게 제3자를 이용하도록 요구하는 것이다. 서비스 기업은 정보, 예약, 지불, 소비로 구분되는 구매과정의 일부를 제3자(예약센터나 대리점 등)에게 위임하고 고객에게 그것을 이용할 것을 요구하는 것이다.

제 **21** 장

고객신뢰의 회복

21.1. 서비스의 신뢰성

서비스 신뢰성의 편익

서비스를 믿을 수 있고 정확하게 하는 것은 서비스 질에서 핵심적인 요소이다. 서비스를 무성의하게 하고 피할 수 있는 실수를 쉽게 저지르면 기업에 대한 신뢰를 잃어 우수한 서비스라는 평판을 얻지 못하게 된다. 바로 이런 점에서 서비스의 신뢰성이 중요한 것이다. 서비스의 신뢰성은 서비스 질의 평가에서 소비자들이 사용하는 기준, 즉 신뢰성, 유형성, 반응성, 확실성, 공감성 중 가장 중시되는 기준이다. 서비스의 신뢰성이 높으면 높은 서비스 질이라 인식하고 그것이 곧 우수한 서비스 마케팅으로 이어지기 때문이다.

서비스의 신뢰성이 향상되면 얻게 되는 이점은 다음과 같다.

① 새로운 고객유치에 드는 비용을 절감시킬 수가 있다. 현재 고객을 유지 확보할 수가 있고 그들로부터 새로운 사업기회를 발견할 기회를 얻게 된다.
② 좋은 구전을 통해 기업촉진 커뮤니케이션을 향상시킬 수가 있다.
③ 높은 신뢰성으로 인해 프리미엄 가격을 부과할 기회가 커진다.
④ 신뢰성이 높은 서비스는 서비스를 잘못 수행해서 발생하게 되는 비용을

줄여준다. 결함 있는 서비스를 제공하여 고객 불만이 커지면 서비스를 다시 하는데 드는 비용뿐만 아니라 부정적인 홍보로 인해 생기는 간접비용까지 발생하게 된다.

⑤ 서비스를 잘못하였을 경우 종업원의 사기가 저하되고 일에 대한 열의를 잃게 되는데 서비스의 신뢰성이 높으면 종업원의 사기가 앙양되고 일에 대한 열성과 기업에 대한 충성도가 높아진다.

⑥ 종업원의 이직률이 낮아진다.

결국 이러한 이익 때문에 마케팅 효과가 향상되고 높은 판매수익을 얻는 한편 생산성과 비용절감을 이룰 수가 있어 신뢰성이 높은 서비스 기업은 높은 수익을 얻게 되는 것이다.

신뢰성 있는 서비스 배달

무결점의 문화의 구축과 활성화가 제조업이나 서비스업 모두에게 필요하나 서비스에서는 더욱 어렵다. 그 이유는 첫째, 서비스는 생산과 소비가 동시에 일어나므로 제품처럼 결함을 사전에 체크해낼 수가 없다는 점이다. 따라서 서비스를 처음부터 잘 수행할 수 있게 해야 한다. 둘째, 서비스가 무형적이기에 무결점의 서비스에 대한 기준이 제품보다 훨씬 모호하고 주관적이다. 서비스를 올바르게 했는지 여부는 고객이 판단할 따름이다. 의사의 진료시간이 길다고 해서 반드시 우수한 서비스는 아닌데도 그렇게 믿는 환자가 있다. 진료시간은 어쩌면 기술적으로 덜 중요할 수도 있는데도 말이다. 셋째, 결함의 의미가 서비스에서는 훨씬 광범위하다는 점이다. 서비스가 정확하게 수행됐는데도 불구하고 고객이 혼란을 느끼거나 화가 나면 고객은 서비스가 잘못됐다고 느낀다. 따라서 고객이 잘 이해할 수 없게 설명해 주는 것도 결함 있는 서비스라는 점을 명심해야 한다.

서비스의 결함이 이렇게 복잡하고 어렵기 때문에 서비스 기업은 이런 어려움을 극복하기 위해 다음과 같은 세 가지 활동이 필요하다.

그림 21-1 _ 서비스 신뢰성의 구축

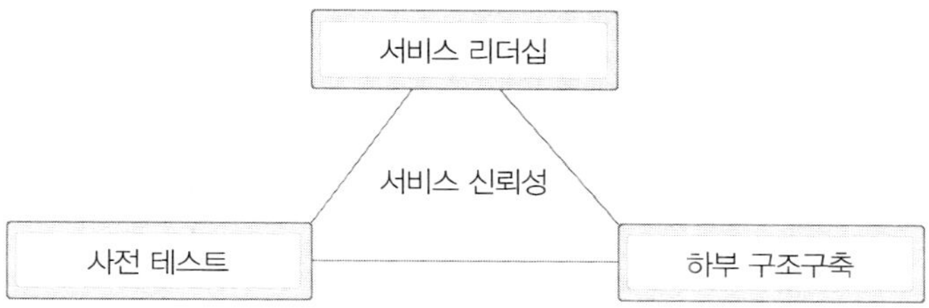

- **서비스 리더십**

서비스를 완전하게 하겠다는 의지를 가진 경영자가 필요하다. 경영자가 그런 높은 서비스 수준에 대한 열의가 있으면 서비스 신뢰성의 평판을 얻게 된다. 그들은 100%의 신뢰성은 가능하고 그것을 가치 있는 목표라고 확고히 믿는 사람이며, 전체 구성원들에게 자신의 신념을 자주 그리고 효과적으로 전달하는 사람으로 현상유지에 만족하지 않고 끊임없이 개선을 추구하는 사람이다.

- **철저한 서비스 테스트**

사전에 철저한 테스트를 거치지 않고 새로운 서비스를 시장에 도입하는 경우 신뢰성을 크게 떨어뜨리게 된다. 서비스의 무형성 때문에 검증 없이 대충 넘어가는 경우가 많은데 이는 잘못이다. 추상적인 서비스 개념을 테스트하고 소비자조사를 한다는 게 쉽지 않으나 무결한 서비스를 만들어 내려면 철저히 테스트해야 한다.

- **무결점 서비스를 위한 하부구조**

무결한 서비스를 창출하려면 그것을 실행할 하부구조를 잘 구축해야 한다. 먼저 종업원 모두가 완벽한 서비스를 창출하겠다는 의지와 능력을 갖고 있어야

한다. 기업은 서비스 신뢰성의 필요성과 무결점의 서비스를 실현할 수 있는 방법에 대해서 교육시켜야 한다. 신뢰성 기준을 수립하고 그것에 따라 성과를 측정해야하며, 성과에 대해 포상을 하며 신뢰성의 중요성을 계속 강조하고 그들의 사명을 설명해 주어야 한다.

다음으로 신뢰성을 높이려면 효과적인 팀워크를 이루며 모든 부서간의 의사소통이 원활하도록 해야 한다. 모든 사람들이 왜 일하는지, 무엇을 하고 있는지, 자신의 일이 다른 사람들의 일과 어떻게 연계되는지를 알도록 해야 한다.

21.2. 고객서비스전략의 실천

고객서비스의 의의

고객서비스(customer service)는 시장창조를 위해 중요한 기능이고 고객에게 만족을 주고 또 고객과 우호관계를 장기적으로 유지하면서 고객을 조직화하는 일련의 활동이다. 경쟁우위를 낳기 위해서 핵심서비스를 보완해주는 촉진서비스를 기업은 활용하게 되었다. 이를 고객서비스라 한다. 핵심제품 공여 이상으로 모든 고객-제공자간의 거래에서 고객과의 관계를 촉진해주는 것들을 말한다. 미용서비스에서 머리 자르기는 고객서비스가 아니다. 그 과정의 전, 도중, 후에 고객을 대접하는 방식이 고객서비스이다.

고객이 특별한 요구를 하면 이것을 어떻게 다룰지가 바로 고객서비스이다. 고객애고를 인식하고 인정하는 것 혹은 서비스가 생긴 후에 여러 추가지원을 제공하는 것이 고객서비스의 유형들이다. 그 출발점은 고객과 제조업자, 도소매업자, 서비스업자의 상호이해와 커뮤니케이션이다. 그런 활동을 원활하기 위해서는 고객이 상품이나 서비스를 올바르게 선택하여 사용하는 방법을 이해하게 만들어야 한다. 판매자가 상품보증이나 불만에 대해 신속·정확하게 대응해 주는 것이다.

이제 단순히 개별상품이나 서비스를 판매하는 것으로 그쳐서는 안 된다. 고객서비스는 서비스업체에서만 주로 행하는 것은 아니다. 오히려 상품을 만들어 파는 제조업이나 중간상에서 더 많이 필요한 서비스 활동이다. 시장환경이 급변하고 시장에서 비가격경쟁이 치열해질수록 고객서비스 경쟁이 더욱 필요해진다. 그것이 경쟁력 강화에 있어 중요한 차별화수단이 되기 때문이다.

고객서비스 문제를 서비스 부문에서만 행하는 것으로 한정짓지 말고 전체 기업활동의 입장에서 통합적으로 봐야 한다. 이제 어떤 기업이든지 고객지향적인 서비스 이념을 갖고 서비스 활동을 조직적·통합적·체계적으로 전개해야 한다. 특히 서비스 문제는 격변하는 시장환경 하에서 점점 중요한 과제가 되고 있다. 기업의 서비스 활동은 고객의 지지와 신뢰를 획득하는 것에서 한발 더 나아가 기업의 사회적 책임을 다한다는 인식에서 시작되어야 한다.

이제 기업은 서비스 제공 이전에 고객에게 필요한 정보를 제공하는 Before Service에서, 판매시점에서 고객심리에 적절히 대응하는 In Service, 판매후의 고객편의나 불편을 해소해주는 After Service활동을 종합적으로 행하는 조직적인 서비스 활동을 전개해야 한다. 종래에 부분적으로 또 평면적으로 수행해온 서비스를 종합적 입체적으로 파악하여 행하려면 고객서비스를 토탈 경영(total management)의 일환으로 삼아야 한다.

고객서비스 활동은 단순히 상품수리나 해주고 소비자의 불만을 처리해주는 것으로만 생각하지 말아야 한다. 그러려면 고객서비스 활동에 대한 이념, 목적, 방침 등을 기업 전체적 입장에서 접근해가는 지도원리가 있어야 한다.

서비스 이념의 명확화

고객서비스를 기업의 마케팅 활동의 중추이념으로 삼고 있는 경우 현재 및 미래의 고객서비스 요구에 적합하게 서비스 이념을 명확히 해야 한다. 그 본질은 서비스의 본질을 정확히 이해하고 파악하는 데서 출발한다. 서비스 관리의 중심은 서비스 채산성관리, 서비스 부품관리, 서비스 엔지니어링, 서비스 정보관리 등을 포함하고 있다. 서비스 관리가 여러 가지로 복잡한 형식과 이론에 근거하고 있지만 그 실체는 감정적인 요소가 많다. 그런 의미에서 고객서비스를 먼저 감정적으로 파악하고 중시하는 게 필요하다. 특히 고객서비스에선 커뮤니케이션과 감정적 유대가 요구되므로 고객과의 진실한 접촉과 대화가 중요하다.

서비스 정신은 따스한 인간의 감정에서 나오는 것이다. 특히 서비스 활동은 커뮤니케이션과 인간적 유대감을 기조로 고객과의 접촉을 늘리고 대화내용의 질을 높이는 것이다. 신속한 의사소통, 정확한 서비스활동, 상대방을 진실로 먼저 생각해 주는 정신, 정보교류의 빈도, 고객방문 회수의 증가, 충분한 대화를 통해서 고객서비스의 품질이 향상되는 것이다. 기업이 얼마나 강한 서비스 이념을 갖고 있는가에 따라 서비스 활동의 내용, 범위, 방법, 수준이 달라지는 것이다. 이런 의미에서 볼 때 고객서비스를 중시하고 철저히 하는 것은 제조업이나 서비스업을 불문하고 마케팅 개념을 구현하는 지름길이 된다.

A/S를 하나의 부문행위로 보지 말고 전사적 마케팅 활동의 일환으로 봐야 한다. 그래서 기업을 지도하는 원리로써 서비스 능력을 향상시키는 것이 필요하다. 그러려면 먼저 서비스 활동을 수행하기 위해 계획, 조직, 지휘, 명령이 필요하고 그 실시 결과를 기록 평가해서 성과와 계획을 비교하여 관리하는 서비스 토탈관리체제가 확립되어야 한다.

전략적 함수로써 고객서비스

대부분의 기업은 고객서비스가 불가피한 것으로 여긴다. 그것은 모든 종업원의 책임이지만 고객서비스를 고객관계부서 등 특정부서에게 전담시키기도 한다. 종업원들은 고객서비스를 무척 일하기 어려운 부서로 생각하는데 분노한 고객을 달래기가 어렵기 때문이다. 더 힘든 것은 고객서비스가 상황에 따라 다양하고 복잡하기 때문이다. 불평처리, 제품반환 촉진, 돈 반환, 상품교환, 고객호의 유지 등에서 고객서비스를 전략적으로 봐야한다. 고객서비스는 기업에게 정보원천, 서비스디자인 개선의 투입요소, 고객관계 강화의 기회 제공의 편익을 주기 때문이다.

- **정보원천으로 고객서비스**

모든 고객서비스 상호작용은 고객욕구에 대한 가치 있는 정보원이다. 고객데이터베이스에서 확보한 고객정보를 통해서 시장세분화, 시장포지셔닝 등에 관한 결정시 큰 도움을 받을 수가 있다. 기존의 마케팅에 대해서 고객이 반응한 정보를 통합하면 마케팅믹스를 보다 잘 구축할 수가 있다. 고객의 불평과 제안을 활용해서 마케팅전략을 수립하는 기업도 많다.

- **서비스디자인 개선의 투입요소로써 고객서비스**

서비스개선이나 신서비스도입 등과 같은 의사결정에 고객서비스종사원이 도움을 줄 수 있다. 고객서비스부서 직원이 수집한 고객논평에서 새로운 서비스 아이디어를 얻을 수 있다.

- **고객관계 강화의 기회로써 고객서비스**

서비스기업이 특정한 고객의 욕구에 관심을 안보이거나 서비스개선 제안을 한 고객을 무시해버리면 그 고객을 경쟁자에게 빼앗기게 된다. 서비스배달시 고객의 독특한 욕구에 반응하려면 양질의 고객서비스경험을 촉진할 방안을 강구하는 유연성과 창의성이 필요해진다. 고객의 불평과 제안은 고객관계 강화를 위한 유익한 정원원천이다. 이런 정보원천을 체계적으로 잘 활용하면 고객이탈을 방지할 수가 있고 서비스에서 적절한 변화를 가져올 수가 있다. 고객서비스로부터 획득한 정보는 고객이 원하는 것을 확실히 알 수 있는 정보이다.

서비스 품질의 명확화

실제 기업에는 다수의 고객이 있고 그런 고객의 첫 구매, 대체구매, 구매증가, 관련구매 등에 따라 수요가 확대되고 판매가 촉진된다. 특히 기존 고객을 안정적으로 확보 유지하고 그들을 단골고객으로 고정화시키는 일이 바로 애프터서비스의 기본과제이다. 여기서 주목할 것은 고객서비스가 고객욕구발견, 상품 및 서비스 개발, 커뮤니케이션, 판매, 판매 후 서비스로 이어지는 직선적 기능 체계가 아니란 점이다.

현재의 애프터서비스 활동을 원동력으로 하여 기존 고객에게 행하는 서비스 활동을 수행하고 그것이 다시 피드백 되어 새로운 고객을 창조하는 순환적 기능체계로 바뀌져야 한다는 점이다. 고객서비스를 판매 후 활동과정으로써 판매 활동에 부수된 기능으로 한정시켜 보는 한 진정한 고객서비스는 생길 수가 없다. 고객서비스를 마케팅 활동의 출발점으로써 인식하고 그 역할과 책임을 명확히 해야 비로소 서비스 활동의 기초가 성립되는 것이다.

고객서비스는 구체적으로 보면

① 고객에게 불만을 일으키지 않게 하려면 혹은 발생한 불만을 없애기 위해서 실시하는 서비스 활동(기초품질 창조활동)이거나
② 고객에게 만족감을 주기 위해 실시하는 서비스 활동(부가가치 창조활동)이다.

고객을 수행할 때 무엇보다도 중요한 것은 상품구매, 사용에서 인간적 접촉을 중시하는 기업 자세이다. 고객 불만은 구매 후 사용한 제품이나 서비스와 관련해서 생기는 게 대부분이다. 품질유지, 고장발생, 성능불능 등이 고객의 사용상의 무지에서 생길 수도 있고 기대한 만큼 질적 기능이 충실하지 못해 생기기도 한다. 고객의 불만이나 불평이 제대로 전달되거나 설명되지 못해 화가 난 고객이 다른 경쟁서비스로 구매를 전환하기도 한다. 고객 불만을 해소하고 그들의 심리적 스트레스를 사전에 능동적으로 예방하는 게 고객서비스의 첫 번째 역할이다. 상품이나 서비스에 대해 동일한 표준적인 보증을 해주고 즉시 대응 시스템을 설정하여 상품 고장수리나 유지활동 등과 같은 판매 후 서비스 활동을 충실히 하지 않으면 안 된다.

고객서비스의 기본적 품질로는 다음 세 가지가 있다.

① 시간적 신속성: 고객이 불평하고 문제가 생긴 시점부터 상품기능을 완전

히 회복하기까지 소요되는 총시간을 단축하는 것이다.

② 기술적 정확성: 고객의 욕구에 정확히 대응할 수 있게 서비스 업무의 기술을 확립하고 향상시킨다.

③ 정기적 안정성: 고객을 위해 수행하는 고객추구 활동을 정기적으로 수행하여 서비스의 안전성을 높인다.

이런 세 가지 요소를 잘 수행하면 서비스 차별화의 근거가 된다. 상품이나 서비스에 대한 서비스 활동의 충실화는 고객서비스 전략의 필수조건이다. 기업은 신속성, 정확성, 안전성의 세 가지 요소에서 기준이 무엇인지를 고객에게 철저하게 주지시켜야 한다.

고객은 A/S와 같은 고객서비스를 당연한 고객권리라 보고 서비스 활동의 품질충실화를 당연히 먼저 생각할 것이다. 그래서 기업은 A/S를 의무로 생각하고 서비스 활동의 품질을 높여 고객을 만족시켜야 한다. 고객이 만족하면 재구매가 일어나는데 이것은 서비스 활동의 질적 차이에서 나온다. 기업은 개별고객의 사용조건상 특성이 무엇인지를 사전에 파악하여 그들의 인간적 심리적 행동에 초점을 두고 서비스를 제공해야 한다. 즉 고객의 개성이나 가치인식에 합치되는 서비스 활동을 수행해야 한다. 고객과 상세한 의사소통을 하고 그들에게 제언을 해주며 성실한 대화와 상담을 나눌 때 바로 고객서비스는 구현되는 것이다.

고객서비스 전략

고객서비스 활동에는 Before Service, In Service, After Service가 있다. 이들은 상호보완관계에 있다. 이러한 서비스 활동들이 서로 연계되어 일치되게 수행될 때 고객서비스는 통합적으로 그 효과가 생기는 것이다. 서비스 믹스활동이 표적시장의 고객의 욕구에 적합하게 이루어지도록 고객서비스 전략을 효과적으로 수립해야 한다. 서비스 전략이 제대로 되려면 서비스 부문 내에서 수행하는 기능이 적절히 통합되도록 서비스 조직을 편성한다. 이때 서비스 영역에만 한정하지 말고 기업 내 다른 부문, 즉 생산, 자재, 재무, 영업, 인사, 기획 등과의 유기적인 통합이 필요하다.

고객서비스 전략의 기본적 사고는 고객욕구에 적극 대응하여 고객에게 최대한의 만족감을 주도록 하는 것이다. 어떻게 하면 서비스 활동을 효율적으로 추진하고 또 고객만족을 위해 어떻게 서비스 활동을 조직하고 역할을 부여할지를 결정하는 것이다.

고객서비스 활동은 크게 네 가지의 창조활동으로 구분된다.

① 고객창조활동: 서비스 구매와 관련된 고객을 발견하여 이들을 안정적으로 확보하는 활동이다. 고객중점화와 명확한 고객고정화이다. 이를 위해선 시장과 고객세분화가 필요하다.
② 인재창조활동: 애프터서비스는 인간성이 중요한 요소이다. 여기서는 업무에서 기술자 자질개발, 애프터서비스를 통해 이익을 확보하려는 활동력창조, 고객에게 신뢰를 받는 인격형성이 중요하다. 이런 것을 위해 현장에서의 계속적인 인재개발 활동이 요구된다.
③ 이익창조활동: 고객과의 친밀한 활동을 통해 애프터서비스 이익의 확보, 서비스 소프트화개발, 유지시스템의 판매, 정비, 수리실시를 통해 이익 센터의 성격을 갖도록 한다.
④ 업무창조활동: 고객서비스를 토탈경영품질의 입장에서 조직화한다. 업무진행방법을 설정하고, 업무의 질을 개선할 기준을 수립하고, 명확한 A/S 활동의 품질보증체제 및 QC활동을 활성화한다.

고객서비스의 기능과 시스템

고객서비스 기능은 다음과 같이 요약될 수가 있다. 이런 기능은 서비스 질의 속성에서 유추될 수 있는 것으로 애프터서비스와 같이 고객서비스에서 반드시 수행되어야 할 기능들이다.

① 커뮤니케이션기능: 고객이 이행할 수 있는 방법으로 항시 정보를 제공하고 고객의 요구를 수집하고 그것을 상품개발과 서비스 촉진에 반영하는 기능이다.
② 신뢰성기능: 서비스 활동기능을 일관성 있게 수행해야 신뢰성이 향상된다. 신속성, 정확성, 계속성을 갖고 고객과의 약속을 성실히 이행하는 기능이다.
③ 반응기능: 기업, 서비스 부문, 서비스맨이 전향적으로 서비스를 제공하는 것으로 재 주문 획득을 위한 적극적 행동과 고객의 부름에 즉시 반응할 수 있는 기능이다.
④ 접근성기능: 고객과의 대화를 적시에 하며 그들에게 정확한 정보를 언제나 제공할 수 있게 고객과의 접근가능성과 연락용이성을 높이는 기능이다.
⑤ 안전성기능: 고객에 대한 서비스 활동에서 신체적 안전성, 가격 및 제품의 안전성, 보증유지, 고객이 갖는 여러 가지 의문을 제거시키는 기능이다.
⑥ 능력기능: 서비스맨이나 서비스 엔지니어는 각종 서비스를 수행하는데 필요한 기능과 능력을 구비하고 있어야 한다. 서비스 제공자는 그런 서비스 방침에 근거해서 애프터서비스를 제공하고 고객요구에 자문할 수 있는 지식, 정보, 기술을 보유하고 있어야 한다.
⑦ 만족기능: 고객의 불평불만을 해소해 주고 그들의 입장에서 서비스를 제공하여 고객에게 만족감을 줄 수 있도록 하는 기능이다.

고객서비스를 중시하는 조직문화의 개발

고객서비스기능을 전략적 수준으로 끌어올리려면 모든 종업원에게 고객서비스의 기능적 중요성을 인식시켜야한다. 불만족한 고객으로부터 얻은 정보는 전략적으로 중요한 조직자원이다. 종업원이 적시에 고객으로부터 얻은 정보를 통해서 개발적인 서비스를 제공하려면 고객데이터에 쉽게 접근 할 수 있어야 고객의 요구사항을 처리할 수가 있다.

고객서비스의 중요 기능 중에 하나가 고객 불만과 불평을 야기하는 실수를 회복시키는 기능이다. 고객서비스가 잘되면 고객은 만족하게 되어 충성적인 고객이 될 가능성이 높다. 이들은 서비스조직의 일종의 외교관이 되어 조직을 위해 열심히 촉진을 한다. 반대로 고객서비스에서 불만족을 느껴 불평을 하는 고객은 자칫하면 이탈하여 조직에 대한 나쁜 구전을 하고 극단적으로 해를 끼치는 일종의 테러리스트가 될 가능성이 있다. 이런 점을 조직구성원들이 인식하고 그런 고객서비스지향의 조직문화를 개발하여 정착시켜야한다.

21.3. 불평행동

불평행동의 유형

서비스실패에 대해서 불평을 한다는 것은 잘못된 것을 수용하거나 용서하지 못하고 잊지도 않겠다는 의미가 포함된다. 불평(complaint)은 불만, 불만족, 항의, 분노, 후회를 표현하는 것으로 비난과는 다르다. 비난은 사람이나 사물에 대해서 객관적이고 냉정한 관찰이다. 흔히 불평을 말하는 고객은 서비스조직보다도 종업원에게서 받은 대우에 더 화가 치민다고 한다. 그러나 불평을 대놓고 말하는 사람은 실제 그렇게 많지 않다. 고객들이 진정으로 모두가 만족해서 불평을 얘기하지 않는 것은 아니다. 그래서 불평은 필요악이라 할 수 있다. 서비스조직은 고객이 불평을 말하도록 고취해야 뭐가 문제인지를 알게 되어 문제를 해결할 수가 있다. 불평을 불만족한 고객을 만족시킬 수 있는 기회로 볼 수 있는 열린 조직은 성공한다. 서비스조직이 걱정해야할 사람은 불평하는 고객이 아니라 불평을 말하지 않는 고객들이다. 불평을 말하지 않는 사람은 이미 서비스조직을 떠나 다른 경쟁자로 갈 생각이 있는 사람들이라 볼 수 있다.

모든 불평이 똑같이 생기는 것은 아니다. 불평의 유형은 여러 가지가 있는데 우선 수단적 불평과 비수단적 불평이 있다. 수단적 불평은 고객이 바람직하지 않은 상태를 좋게 바꿀 목적으로 표현한 불평이다. 예를 들어 바싹 익혀 달라고 주문한 스테이크 때문에 웨이터에게 불평을 한 것이다. 반면에 비수단적 불평은 바람직한 상태로 바꿀 것이라 기대를 하지 않고 한 불평으로 예를 들어 '날씨가 너무 덥다'라든지, 아내에게 '호텔 방이 너무 낡았어'하고 불평을 하는 것은 쉽게 좋아질 수 없는 것이다.

또 불평의 원인을 타인이나 다른 대상으로 돌리는 외적 불평(남의 탓)과 자기 자신으로 돌리는 내적 불평(자기 탓)이 있다. 서비스조직과 약정한 계약의 내용을 잘못 이해하거나 잊고 생긴 결과에 대해서 불평하는 경우가 그러하다.

불만족을 행동으로 표출하는 불평행동은 대개 불평을 말하는 경우, 서비스조직과 거래를 중단하는 경우, 그리고 심하면 어떤 보복을 하는 등 세 가지로 나타난다. 불만을 말로써 표시하는 경우는 서비스조직의 종업원이나 관리자에게 불평을 터트리거나 고객 주변의 다른 사람들에게 불평을 말하는 것이다. 거래를 중단하는 경우는 다시는 그 조직과 거래를 끊고 이용하지 않겠다는 결심하고 행동으로 옮기는 것이다. 보복을 하는 것은 나쁜 소문을 퍼트리거나 기물을 파손시키거나 법적으로 고발, 고소를 하여 피해를 주는 행동을 하는 경우이다. 이러한 불평행동은 따로따로 하기 보다는 동시에 같이 하는 경우가 일반적이다. 화가 나서 종업원과 싸우고 나서 그 서비스조직과는 거래를 안 하겠다고 결심을 하고 나가면서 문을 발로차서 부수는 행태가 하나의 예가 될 것이다.

왜 불평하며, 왜 불평을 하지 않는가?

수단적 불평의 경우는 좋지 않은 상태를 좋게 하려고 불평하기에 불평의 이유가 분명하다. 하지만 비수단적 불평의 경우는 그 이유가 분명하지가 않다. 고객이 억눌린 감정의 분출구로 불평을 하는 경우가 많다. 어떤 기분이 좋지 않은 상태인데 서비스에서 실수나 눈에 거슬리는 상황을 보고 이를 트집 잡아 불평을 하는 것이다. 자신이 주도적인 위치에서 상황을 통제할 생각으로 불평을 이용하는 경우도 있다. 좋지 않은 감정을 다른 사람도 같은 상황에서 똑같이 느끼고 있는지를 확인하려고 불평하기도 하고, 단지 강한 인상을 주기 위해서 불평하기도 한다.

불평을 하는 고객도 있지만 다수의 고객은 대체로 불평을 말하지 않는다. 왜 그 이유는 무엇인가? 제품소비자보다 서비스소비자는 불평을 덜 하는데 그 이유는 아래와 같다. 서비스의 무형성 때문에 서비스배달과정은 객관적으로 관찰하기도 힘들고 평가도 주관적이어서 그렇다. 다음은 서비스의 비분리성으로 서비스생산과정에 고객 자신이 참여하기 때문에 그 결과에 대해서 일정 부분 책임이 있어 면전에서 대놓고 비난하기가 힘들다. 정확하게 잘 설명을 하지 못해서 서비스가 제대로 되지 못하는 경우가 많기 때문이다. 마지막으로 의료서비스, 법률서비스, 회계서비스, 자동차 수리서비스처럼 기술적이고 전문적인 서비스의 경우, 고객이 전문성이 없어 구체적으로, 객관적으로 평가할 입장이 못되는 것도 한 이유이다.

21.4. 서비스회복의 중요성

서비스 회복의 의미

현재 서비스제공자는 과거보다 한층 더 고객서비스 압력을 받고 있다. 고객이 이젠 지식이 많아 서비스 질에 대한 기대가 높아졌고 경제상태가 좋아져 나쁜 서비스에는 아주 민감해졌다. 따라서 서비스가 실패한 경우 서비스제공자는 주의를 기울여서 고객유대를 한층 강화시켜야한다. 그러나 서비스를 수행하는데서 아무리 열성을 갖고 있어도 실수를 하게 된다. 그런 실수는 고객이 참여한다는 사실을 감안하면 불가피할지도 모른다. 하지만 그렇다고 해서 무결점의 목표가 가치 없는 것은 아니다.

문제는 실수를 했을 경우 어떻게 이를 전화위복으로 삼느냐 하는 것이다. 서비스를 다시 잘 수행하여 고객의 신뢰를 회복하는 것을 서비스 회복(service recovery)이라 한다. 즉 서비스실패로 잃어버린 고객호의를 되찾기 위한 서비스 조직의 노력이라 할 수 있다. 효과적인 서비스 회복시스템을 확립하기 위해서는 두 가지 노력이 전제되어야 한다. 하나는 고객이 기대하는 것이 무엇인지 아는 것이며, 또 하나는 고객이 서비스의 문제점을 어떻게 보고 어떻게 느끼는지를 이해하는 것이다. 후자에는 분노와 배신감이 따른다.

고객은 서비스가 계획대로 잘 수행될 때는 큰 관심과 반응을 보이지 않지만 비정상적인 상황이 발생하면 강하게 반응하고 그것을 감정적으로 평가하게 된다. 그래서 서비스 회복상황은 고객에게 고객에 대한 약속을 전달하고 충성을 강화시킬 기회가 될 수도 있는 것이다.

서비스회복의 필요성

서비스를 제공하는 여러 단계에서 실패할 가능성은 상존한다. 서비스는 리얼타임으로 생기는 것이어서 제조업과 달리 현장에서 그 품질을 검증할 수가 없다. 이러 것 외에도 서비스는 상호작용을 하고 인적노동에 크게 의존하기에 일관성이 낮고 기분에 따라 달라져서 높은 수준의 성과유지가 어렵다. 이런 것들이 나쁜 서비스경험을 낳게 만드는 것이다. 기업이 통제할 수 없는 날씨, 장비파손과 고장, 종업원의 실수, 경쟁자 등의 요소가 서비스우수성에 영향을 미친다. 제대로 된 서비스조직은 이런 현실을 인식해서 이런 실패가 생길 때를 대비해서 상황에 맞는 계획을 세운다. 다시 말해 서비스회복의 필요성을 알고 있는 것이다.

서비스실패를 해도 전혀 그런 회복노력을 안하는 조직도 있고, 열성이 없이 대충 흉내만 내는 조직도 많다. 서비스조직에 대한 고객의 신뢰를 회복하려는데 초점을 둔 프로그램을 수립해서 실행하려는 조직이 그리 많지 않다. 아마 어차피 손님은 계속 몰려들 것인데 불만에 찬 고객을 달래려고 애쓸 이유가 없다고 보기 때문이다. 그렇지 않으면 고객회복을 위해 필요한 시간과 노력을 쏟을 만한 가치가 없다고 생각할지 모른다. 어느 경우든 그러한 생각은 잘못된 것이다.

고객 상실의 비용

고객을 잃으면 큰 손실이다. 새 고객이 잃은 고객을 대체한다고 생각해보자. 신규 고객을 찾는 것도 큰 비용이 든다. 충성스런 고객을 그냥 유지하는 것보다 신규고객을 유치해 유지하는 비용이 3-5배 정도가 더 든다고 한다. 광고비나 판매비가 든다. 기존 단골손님들은 수입도 많이 올려준다. 처음 서비스를 이용하는 사람보다 더 많이 돈을 쓰고 프리미엄가격 조차도 지불하려고 한다. 거래비용이나 커뮤니케이션 비용도 훨씬 안 든다. 이들은 신용체크를 할 필요도 없고 거래개시에 필요한 비용도 절약시켜준다. 단골손님은 서비스이용에 아주 익숙하여 돈이 들 도움이 필요가 없다. 이탈하는 손님은 그 서비스조직에 오지 말라고 소문을 내지만 이들은 긍정적인 구전을 통해서 새로운 손님을 데려오게 만든다.

잃어버린 고객의 비용을 고려할시 그들의 장기적인 가치를 생각해보는 것이다. 단일거래액이 아니라 평생고객가치를 생각해본다. 한사람의 고객의 평생고객가치를 생각해보면 얼마나 중요한 존재인지를 실감하게 된다. 고객이탈을 5% 정도만 줄여도 수익이 두 배정도로 올릴 수가 있다고 한다. 그래서 불만족한 고객을 되찾는 것이 중요한 것이다. 고객 불평을 무시하거나 가볍게 여기는 것은 어리석은 짓이다.

하지만 모든 고객이 서비스조직에 다 매력적인 것은 아니다. 그중 어떤 이는 돈도 덜 쓰고 충성적이지도 않고 비위를 맞추기도 힘들다. 또 잃은 고객의 가치도 제품의 수명주기에 따라 다르다. 즉 초기채택자의 상실로 인한 손실은 후기채택자의 손실보다도 훨씬 크다.

서비스회복 패러독스

서비스실패는 기업에게 개선할 기회를 주는데 이를 잘 인식하지 못하는 기업이 많다. 실패 시 고객 불평에 어떻게 대응하느냐는 일선 종업원의 책임이다. 이들이 보인 반응의 내용과 형태에 따라 고객의 인카운터에 대한 만족과 불만족이 결정된다. 아이러닉하게도 고객은 서비스실패 시 종업원들이 잘 대응하면 불만보다는 오히려 서비스 인카운터를 우호적으로 생각하고 기억한다는 점이다. 고객은 인카운터를 하나의 긍정적인 이벤트로 기억한다는 것이다. 처음대로 서비스가 옳게 배달되었을 때보다 서비스실패를 성공적으로 회복시켰다면 그때의 서비스수행을 더 높게 평가한다는 것이다. 이런 현상을 서비스회복의 패러독스(service recovery paradox)라 한다. 말하자면 전화위복이 되는 것이다.

언제 서비스회복이 필요한가?

서비스는 그 창출과정에 여러 인카운터를 내포하고 있는데 이들 접점들이 모두 서비스우수성에 대한 고객인식에 영향을 준다. 예를 들어 광고물, 표지판, 주차장, 접객원의 태도, 외양 등이 다 영향을 준다. 진실의 순간(Moment of Truth)은 고객이 서비스배달을 평가하기 위해서 이용하는 서비스조직과의 접점을 나타내는데 이는 서비스조직이 고객을 위해서 애쓰는 노력에서 성공과 실패를 결정짓는 중요요소이다. 만일 진실의 순간에서 실패를 하면 서비스회복이 필요해지는 것이다.

첫째, 복잡한 서비스(서비스조립에서 여러 단계가 필요한 서비스)는 간단한 서비스보다 더 많은 진실의 순간을 수반하게 된다. 그래서 서비스회복이 더 필요할 수가 있다. 현금출납기보다는 호텔숙박이 더 잘못될 가능성이 높다. 그러나 복잡한 서비스에서는 평가할 진실의 순간의 수가 적을 수도 있는데 대부분의 서비스가 고객의 검사나 중요한 평가를 할 수 없는 후면부에서 일어나기 때문이다.

둘째, 모든 진실의 순간이 고객만족에서 같은 의미의 중요성이 있는 것이 아니다. 호텔에서 고객이름을 잘못 불렀다는 것은 호텔객실 예약의 펑크와는 다른 것이다. 고객만족에 가장 큰 영향을 미치는 진실의 순간이 바로 서비스회복이 필요한 곳이다.

셋째, 어떤 특정의 진실의 순간은 여러 실패를 초래할 가능성을 내포하고 있다. 식당손님에게 잘못된 음식 한 접시의 배달이 여러 단계의 서비스과정에 걸쳐 연계해서 영향을 줄 수가 있다. 서비스조직은 어느 진실의 순간이 가장 중요한지를 결정하고, 어느 지점에서 무엇이 잘못될 수 있는지를 파악해서 그런 실패를 회복할 시스템을 준비해두어야 한다.

회복욕구 파악방법

언제 서비스회복 노력이 필요한지를 알 수 있는 방법에는 여러 가지가 있다. 한 가지는 고객에게 그들의 불만족을 고객응답카드, 전화, 이메일, 웹사이트에다 알리게 하는 방법이다. 호텔 사무실에 불만을 얘기할 수 있는 직통전화를 개설하는 호텔처럼 쉽게 불평을 호소할 수 있는 통로를 마련하는 것이 중요하다. 서비스기업 대신에 다른 잠재고객들에게 그들의 불만을 터트리는 것 보다 불평행동을 쉽게 할 수 있게 해주는 것이 좋다. 실패한 진실의 순간에 대한 고객의 불평행동 속에서 개선할 정보를 수집하고 도움이 될 수 있는 불만의 고객의 소리를 들을 수 있는 능력이 중요하다. 이런 수단을 통해서 알게 된 고객반응을 청취하면 더 세밀한 관심을 가져야할 서비스배달시스템의 다른 측면을 알 수가 있다.

그렇다고 해서 고객반응카드나 피드백장치가 곧바로 서비스회복 조처로 이어지는 것은 아니다. 실패가 생긴 후 한참이 지난 후에야 잘못된 진실의 순간에 대한 반응이 천천히 일어날 수도 있다.

둘째, 서비스회복이 언제 필요한지를 알 수 있는 좋은 방법은 권한을 준 일선 종업원을 통해서이다. 고객만족을 위해 책임과 권한을 부여받은 접객원들은 불량한 서비스경험에 대한 아주 좋은 완충역할을 할 수 있다. 그들은 서비스배달

중에 생긴 문제에 즉각적인 반응을 할 수가 있다. 서비스과정에 적극적으로 참여하는 사람으로서 일선접객원은 문제를 관찰할 수 있고 정보를 요청할 수 있으며 고객불평을 즉각 처리할 수가 있다. 만일 불만이 명백하면 권한을 부여받은 종업원은 즉시 고객호의를 다시 얻기 위한 행동을 할 수가 있다. 이들은 고객불만을 감지해서 그것을 보고할 수 있어야한다.

또 다른 서비스회복기회를 발견할 수 있는 방법은 관리자가 현장순회 점검을 통해서이다. 서비스관리자는 주기적으로 현장점검을 통해서 문제가 되는 서비스실패를 감지할 수가 있다. 이들 관리자는 서비스배달을 모니터하고 서비스실패에 직접 대응을 보일 수 있는 위치에 있는 사람들이다. 관리자들은 서비스우수성에 관해 정보를 요구할 수가 있고 고객 불평을 직접 들을 수 있게 나설 수가 있으며 실패가 생길지 여부를 인식할 수가 있다. 서비스가 실망스러우면 이들은 회복을 위한 필요한 조처를 취할 수가 있다. 서비스의 상호작용적 속성 때문에 그런 행동을 취할 기회가 생기는 것이다.

서비스회복의 편익

서비스실패를 고객만족으로 전환시키는데서 오는 편익 외에도 체계적인 서비스회복프로그램은 여러 가지로 기업에 이득이 된다. 우선 그 회복과정이 서비스발생시 전반적인 서비스배달의 질적 개선을 가져온다. 만일 서비스경험을 하는 중이나 서비스가 진행될 때의 불만족은 이런 피드백이 가능하면 더 서비스질이 개선될 수가 있다.

불만족한 고객은 서비스과정을 다시 잘 만들 수 있는 정보를 제공해준다. 권한을 부여받은 종업원은 실시간으로 고객의 불만족의 원인을 알 수가 있어 그 불만을 없앨 수가 있다. 서비스회복이 필요한 그런 불만족의 원인을 추적하는 일은 서비스조직에 이득이 된다. 서비스배달과정 중이나 후에 그 문제점이 파악되면 그런 사건의 정보수집과 저장이 가능하여 결국엔 서비스 질에 대한 엄청난 데이터베이스가 만들어지는 것이다.

이러한 데이터를 분석하면 서비스배달시스템의 문제점이 파악될 수가 있다. 문제가 왜 발생했으며 그 문제를 해결할 방안이 무엇인지가 모색될 수가 있다. 서비스회복의 이면에 있는 문제원인을 수집, 분석, 시정하면 이전보다 훨씬 개선된 서비스배달시스템을 가질 수가 있다. 서비스조직이 회복노력을 통해서 고객이탈을 크게 줄일 수가 있다면 성공한 것이다.

21.5. 서비스회복전략의 개발

서비스조직으로선 서비스실패를 극복할 서비스회복프로그램을 수립해 대처하는 게 중요하다. 효과적인 서비스회복 프로그램이 제대로 정착되어 실천되려면 우선 서비스조직이 서비스회복의 가치와 중요성을 인식하고 이를 조직문화로 만든 것이 필요하다. 그런 다음에 다시는 서비스실패가 재발되지 않도록 과거 서비스실패 사례를 체계적으로 분석하고 이를 토대로 학습하여 회복활동을 쉽게 도와주는 단계적 과정을 개발해야 한다.

서비스회복문화의 조성

서비스조직은 조직 내에 서비스회복문화를 조성하고 확산해야한다. 서비스회복문화는 서비스조직이 고객의 불평을 어떻게 해결하고 싶은지를 반영하는 조직의 신념이고 행동이자 관행이라 볼 수 있다. 말하자면 고객의 불평에 대해서 조직이 어떻게 처리하고 지원하겠다는 의지를 나타낸다. 서비스회복문화는 최고경영자의 인식과 그의 리더십이 요구되는 분야이다. 서비스실패가 불가피하지만 이를 무시하거나 소홀히 하지 않고 효과적으로 회복시키기 위해서 종업원을 교육-훈련시키고 장비를 제공해서 서비스회복이 조직의 최우선 과제임을 공표하는 것이다. 서비스조직에서 공개적으로 서비스실패의 가능성을 논의하고 효과적인 회복전략을 강구하는 풍토가 필요한 것이다.

서비스 회복프로그램

오랫동안 우수한 서비스 질로 평판을 쌓은 기업이라 할지라도 한 번의 실수로 인해 구축된 고객의 호의를 하루아침에 무너뜨릴 수도 있다. 따라서 기업은 실패에서 오는 고객의 불만을 최소화할 대책을 세워두어야 한다. 효과적으로 서비스를 회복시킬 방안은 다음과 같다.

▌그림 21-8 _ 효과적인 서비스 회복방안

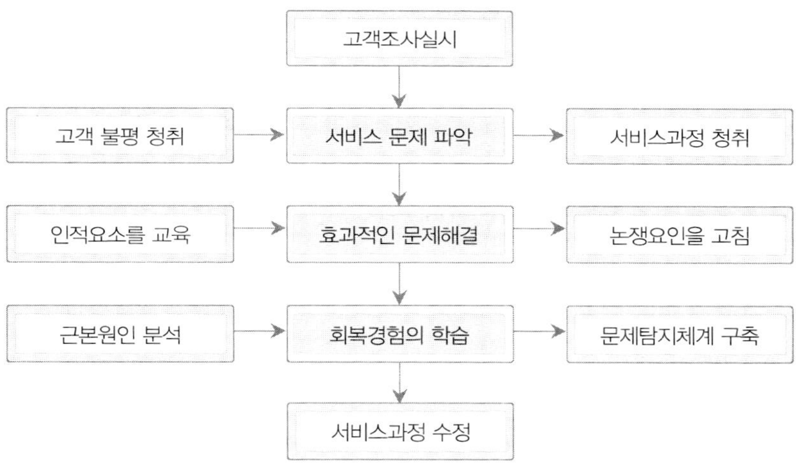

- 서비스 문제파악

고객의 사소한 불만도 놓치지 않게 고객불평 청취시스템을 구축하고, 고객조사를 하고, 서비스 과정을 청취한다.

① 고객불평 청취: 무료전화, 논평카드·제안함 설치 등을 통해서 고객의 불만 불평을 즉시 청취하고 기업이 인지하고 시정조치를 취할 수 있게 한다.
② 고객조사 실시: 24시간 핫라인 설치, 고객을 위장한 조사, 관찰 및 질문조

사를 통해 고객 불평을 철저히 조사한다.

③ 서비스과정 청취: 서비스 청사진 등을 사전에 검토해서 예상되는 문제를 조사하고 문제발생시 즉시 대응할 비상계획을 세워둔다.

• **서비스실패 확인**

두 번째 단계로 서비스조직은 어떠한 서비스실패가 있는지를 파악해야한다. 기업은 연간 수없이 많은 불평건수를 접수되는데 이를 구분해보면 4개 그룹으로 나눠진다.

① 핵심서비스배달시스템의 실패

정시에 출발을 못하는 항공사, 객실 청소가 제대로 안된 호텔, 보험처리를 제때에 못한 보험사처럼 기본적인 서비스공여에 직접적으로 연관된 실패이다. 핵심서비스배달시스템 실패는 3가지 유형의 실패에 대한 종업원의 반응으로 이뤄진다. ①가용이 불능한 서비스: 부족하거나 아예 없는 서비스, ②고객이 느끼기에 제대로 기능이 작동하는데 있어 너무 느린 서비스, ③기타 서비스실패가 있다.

② 고객욕구와 관련된 실패

개개고객의 욕구와 요청에 대한 반응에서 제대로 해결해주지 못했을 때 생기는 실패이다. ①특별한 욕구(채식주의자에게 식사준비), ②고객의 선호(서비스배달시스템의 변경; 식당에서 대용품 요구), ③고객의 실수(티켓 분실, 객실열쇠 분실 등, 얘기 안한 것), ④방해하는 다른 사람(극장에서 떠드는 사람, 흡연자 등)과 관련된 잘못이다.

③ 자발적이거나 원치 않은 종업원 행동

종업원의 불량한 태도, 고객무시, 무관심, 또는 지나친 과잉관심으로 불편을 주는 행동, 상식에 어긋나는 행동, 차별행동, 부정직, 사기 등으로 전체적으로 불쾌하거나 혐오스런 행동, 스트레스를 주는 행동 등이다.

④ 문제 있는 고객들

종업원이나 서비스기업은 전혀 잘못이 없는 경우로 고객자신의 잘못이 원인이다. 만취상태, 언어적, 신체적 폭행이나 욕설, 기업정책의 준수 거부, 기타 비협조적인 고객들의 행동이다.

• **효과적인 문제해결**

서비스기업에 있어서 서비스회복의 중요성은 크다. 그러면 어떻게 서비스회복을 성공적으로 할 것인가? 서비스회복을 잘못하면 안 하느니만 못하다. 서비스배달에서 문제가 생겨서 실망한 고객을 다시 되돌려오려면 체계적인 계획이 필요하다. 5단계, 즉 사과, 신속한 복구, 공감, 보상, 추구 등이다.

① 사과

서비스회복과정은 사과에서 시작된다. 기업이 잘못해 고객 불만족이 생기면 사과부터 해야 한다. 자신들이 부족한 게 있고 실수를 했다는 것을 인정하는 것은 중요하다. 서비스업을 운영하는데 있어 서비스가 원래 변화가 무쌍하니 실수를 하는 것은 다반사이다. 실수를 해서 사과를 할 때는 진심으로 해야 한다. 이런 행위가 고객으로 하여금 기업에 있어 자신의 존재가 중요함을 인식시키는 길이고 호의를 되찾는데 있어 첩경인 것이다.

② 신속한 회복조치

두 번째 단계는 사과의 자연스런 확대이다. 불만족한 고객은 확실히 이것을 기대할 것이다. 고객은 그 실망의 근원을 없앨 조처가 취해질지 알고 싶어한다. 신속히 행동이 취해지는 것이고 문제를 시정하는 것을 말한다. 고객만족이 서비스기업에겐 중요하다는 메시지를 전달하는 것이다. 고객에게 관심을 갖고 문제를 해결하지 못하면 고객이 별로 중요치 않은 존재로 생각해 불평 하게 된다.

③ 공감하기

긴급히 잘못된 일을 복원시킨 다음에 공감을 표현하는 게 서비스실수에 대한 회복엔 꼭 필요하다. 서비스조직은 고객에게 무엇이 어느 정도로 고객의 욕구를 충족시키지 못했는지를 알고 있다고 전해야한다. 공감이란 단순하게 사과를 동반한 실수를 인정하는 것 이상이다. 고객이 기업에 대해서 왜 실망했는지를 이해하려는 노력을 하는 것이다. 종업원이 고객의 역할을 알 수 있으면 고객의 실망감을 알 수가 있을 것이고 제대로 그 점을 전달할 것이다. 고객은 서비스기업이 자기의 문제를 정확하게 짚고 있다는 점을 알고 싶어 한다. 그런 생각으로 화가 좀 풀리게 되고 상호존경심이 생기게 된다. 만일 성실치 못한 대처를 하면 역효과를 낳게 된다. 공감을 하는 체 가장해보아야 결국은 고객의 불쾌함만 더할 뿐이다. 서비스조직은 종업원훈련의 일부로써 청취와 공감기술을 개발해야한다.

④ 상징적 보상

고객의 심정을 공감하는 것은 중요하나 그것만으론 고객은 자기가 보상받지 못했다고 생각하기 쉽다. 구체적인 방법으로 조직의 실수를 보상으로 고치는 것이다. 선물은 무료식사 쿠폰이나 탑승 티켓과 호텔에선 다음번에 업그레이드된 객실을 제공하는 것 등인데 이는 고객의 나쁜 서비스경험에 대한 보상 차원의 선물이다. 이를 상징적 보상이라 부른다. 이런 모양이 대체서비스를 제공하려는 것은 아니라 기업이 잘못한 것에 대해서 책임감을 느끼고 거기에 대해서 보상을 해주려는 의지를 갖고 있음을 나타내는 것이다.

고객의 피해가 큰 경우에는 실질적으로 완전 보상을 해주든지 다른 것으로 대체를 해준다. 서비스가격을 할인해주든지, 요금을 반환해주든지, 다른 대체안을 제시해 해결해준다.

⑤ 추구

서비스조직은 회복노력에 대해서 고객이 어떻게 받아드렸는지 그 여부를 체크해야한다. 만일 미흡한 점이 발견되었다면 추가적이 조처가 필요하다. 보상을 해준 뒤 전화, 편지, 이메일 등으로 만족여부를 체크한다. 고객의 불편한 마음이 풀렸는지 확인한다. 이러한 추구활동을 통해 서비스회복프로그램의 평가와 개선할 점도 알 수가 있다.

모든 고객의 실망에 대해 다 같은 조치가 요구되는 것은 아니다. 대개는 서비스배달의 한 부분, 예를 들어 너무 길게 기다리게 한 것, 객실불이 꺼진 경우처럼 고객을 짜증나게 한 것이 많다. 이 경우는 사과하고 즉시 문제를 해결해주면 된다. 다른 경우, 예를 들어 치명적인 실수를 한 경우라면 위에서 설명한 5개의 모든 회복단계를 거쳐야한다. 이때 서비스조직은 모든 조처를 다하겠다는 의지를 보이고 실질적인 회복조치를 취해야한다. 고객이 큰 관심의 대상임을 보여주고 그런 상황에서 서비스제공자가 무엇을 할 수 있고, 해야만 하는지를 고객이 알게 해야 한다. 만일 그것이 잘 안되면 고객은 분노와 좌절과 같은 부정적인 감정이 표출되기가 쉽다.

종업원 교육

적정한 회복전략을 선택한 후 그 다음은 고객에게 회복전략을 전하고 실천한다. 서비스회복과정 동안 상호인내하고 종업원은 공감하고 친절해야한다. 특히 종업원은 효과적으로 고객에게 서비스회복 노력을 하자니 고객의 기대와 서비스조직의 비용제약과 내부규칙 때문에 갈등과 혼란을 겪게 되기 쉽다. 이 경우 무엇을 어떻게 할지도 몰라 어떤 측의 입장에 설지 역할모호성이 생긴다. 결국 고객 불평에 대해서 제대로 반응하지 못하거나 무반응인 경우가 많다.

서비스실패와 실패원인에 대해서 종업원들에게 사전에 알리고 교육을 시키면 실제 실패가 생기기 전에 대비를 할 수 있고 고객 불평에 직면해도 당황하지 않게 된다. 그럴 경우 회복전략에 대해서 알고 있으면 스트레스를 덜 받게 되고 애매모호하진 않을 것이다. 고객 불평에서 종업원이 반응을 잘못하면 기업에 대한 고객의 부정적 감정이 커진다. 종업원에 대한 피드백은 긍정적인 서비스 회복문화를 강화시킨다. 그래야 서비스회복이 가치 있다는 것을 종업원에게 인식시키는 계기가 될 수 있다.

서비스 평가에서 소비자가 사용하는 기준인 신뢰성, 유형성, 반응성, 확실성, 공감성 중 신뢰성은 서비스 결과와 관련된 것이고 나머지는 모두 서비스 과정과 관련된 것이다. 서비스 회복에서 반응성, 확실성, 공감성은 모두 인적요소와 관련된 것이다. 고객과 접촉이 적은 서비스에서도 일단 문제가 생기면 높은 접촉의 서비스가 된다. 접객원의 회복 노력이 바로 고객의 신뢰를 결정짓는 요소가 된다. 문제의 상황을 고객이나 기업 모두에게 좋은 방향으로 돌리려면 종업원들이 중요한 역할을 해 주어야 한다.

① 서비스 회복을 위해 종업원을 준비시킨다. 평소 일을 잘 하다가도 예외적인 상황이 발생하면 효과적으로 대처하지 못하는 경우가 많다. 이에 대비하여 문제가 발생했을 때 상급자에 의존하지 않고 종업원이 주도적으로 상황을 처리해갈 수 있게 한다. 종업원의 의사소통능력, 창의력, 고객편익에 대한 이해력을 강화시켜준다.
② 종업원이 재량권을 갖고 문제를 해결할 수 있게 권한을 부여한다.
③ 종업원이 일에서 스트레스가 쌓이면 좋은 서비스 회복이 힘들다. 따라서 이들이 편하게 일할 환경을 만들어 주어야 한다.
④ 종업원이 모범적으로 서비스 회복을 하면 그것에 대한 보상을 해준다. 우수한 자의 사례를 널리 공표화하여 종업원을 동기부여 시킨다.

- 서비스 회복경험의 학습

서비스실패가 발생하게 된 근본원인을 파악한다. 우선 누가 그 실패에 대해 책임을 져야하는가를 파악한다. 종업원인지, 기업(부정적 내부회복문화)인지, 고객(예약을 안 함, 지시 불이행)인지, 아니면 다른 외부요인(날씨, 경기 등)인지를 가려낸다. 다음으로 서비스실패가 일회성인지 아니면 반복해서 발생하는 것인지를 조사한다. 그리고 서비스실패가 통제할 수 있는 것인지를 규명한다. 만일 어쩔 수 없어서 생긴 것이 아니라 태만이나 부주의로 생긴 것이라면 고객의 불만을 더 높이게 된다.

문제 상황을 해결해주는 것으로 그치지 말고 거기서 앞으로 개선할 수 있는 지혜를 얻고 효과적으로 문제를 탐지 해결할 수 있는 방법을 배워야 한다.

① 문제의 근본원인을 분석한다. 고객이 경험한 실수는 단순한 실수가 아닐 수 있다. 서비스 시스템의 심각한 문제일 수가 있다. 그런 실패의 원인분석을 통해 시스템의 문제를 정비해 나가야 한다.
② 서비스 과정이 청취되는 방법을 수정하여 이전에 알지 못했던 실패 원인을 파악한다.
③ 문제탐지 시스템을 수립하여 언제나 필요한 정보를 시스템에 투입시키고 거기서 정보를 얻을 수 있게 한다.

실무적으로 볼 때 서비스 회복에서 고객이 중시하는 속성은 다음과 같다.
① 약속한 시간에 전화를 다시 걸어 준다.
② 문제가 왜 생기는지 설명해 준다.
③ 어디에다 전화를 해야 하는지 알려 준다.
④ 문제가 해결되면 즉시 알려 접촉할 수 있게 한다.
⑤ 책임자에게 말할 수 있게 해 준다.
⑥ 문제해결에 얼마나 시간이 걸리는지 알려 준다.
⑦ 문제가 해결 안 되면 유익한 대안을 제시해 준다.
⑧ 고객을 숫자로서가 아니라 사람으로 대접해 준다.
⑨ 미래에 발생할 수 있는 문제에 대한 예방책을 알려 준다.
⑩ 문제가 즉시 해결 안 되면 그 과정을 설명해 준다.

이런 서비스 회복을 통해 고객은 신뢰감을 갖게 되고 서비스조직을 추천하고 싶은 마음이 생기고 또 서비스 질에 대한 인식이 달라지는 것이다. 그러나 유의해야 할 것은 평소에 서비스 질에 대한 신뢰감이 높은 조직이 서비스 회복을 강력하게 실행할 때 효과가 크다는 점이다.

제 22 장

서비스문화와 리더십

22.1. 서비스문화 확립의 필요성

서비스 문화의 의의

모든 조직은 문화를 갖고 있다. 문화는 집단적 인간행동의 기초를 형성하는 신념, 규범, 가치의 총체이다. 따라서 문화를 통해 인간행동을 어느 정도 예측할 수가 있다. 인간사회가 그렇듯이 기업에도 그 기업만의 특유한 문화를 갖고 있다. 기업문화는 어떤 장소에서 무엇을 하려고 할 때 따라야 할 방식이다. 즉 사람들이 행동하고 상호관계를 맺는데 있어서 그 방식에 영향을 미치는 사회적 과정인 것이다. 좀 더 구체적으로 말하면 조직의 목표, 가치관을 그 구성원들과 일치시켜 조직 구성원이 일에 의미를 부여하고 조직 내에서 행동의 규칙을 가질 수 있도록 해주는 조직 구성원간의 공유된 신념과 가치체계인 것이다.

최근에 기업문화가 기업의 중요한 경영변수로 등장한 것도 강력한 기업문화가 경영활동을 성공적으로 이끄는 필요조건이기 때문이다. 강력한 기업문화는 조직 구성원들이 평상시 어떻게 사고하고 행동해야 하는가를 명확히 제시해주는 비공식적인 결정체계이다. 성공한 기업들은 조직의 가치기준에 상당한 비중을 부여하고 있다. 그들은 공통적으로 자신들이 사업을 수행하기 위해 어떠한 목적을 갖고 있는가에 대해 분명하고 명문화된 경영철학을 갖고 있다. 또 그런 가치기준을 기업 내외에 널리 공표하고 있으며 최고경영자에서 말단사원에 이르기까지 그런 가치를 공유하고 있다. 기업이 강력하고 유효한 기업문화를 가지려면 우선 경영자가 확고한 철학과 신념이 있어야 한다. 이런 철학과 신념이 그의 솔선수범과 원활한 의사소통을 통해 전체 기업구성원에게 확산되고 수용되어야 한다.

이와 마찬가지로 서비스 문화란 서비스 질이 기업의 성공에 중대한 영향을 미친다는 인식하에 서비스 품질의 향상을 공통의 가치관으로 삼는 것을 말한다. 서비스 문화는 서비스 질의 향상을 공통의 가치관으로 여기는 서비스 기업의 경영자나 종업원에게 강한 영향을 미친다. 보통 서비스는 제품과 달리 서비스 생산에 고객이 참여하고 구매자-판매자간의 상호작용이 발생하여 인간적 개입이 많다. 특히 이런 상황에선 다양한 고객과 그들의 다양한 인간적 행태의 표준화가 힘들기 때문에 예기치 못한 상황이 발생하면 어떻게 대처할지 잘 모르게 된다. 그러나 서비스 문화가 확립되어 있으면 가치나 규범이 명확하기에 종업원은 어떤 행동을 취해야 할지를 이미 잘 알고 있다. 바로 이런 점에서 서비스 문화는 예기치 못한 상황에 신속히 대응할 수 있는 기준을 제공하며 그들에게 동기를 부여하는 것이다. 또 공통된 가치와 신념은 기업내부의 결속과 고객이 기업으로부터 무엇을 기대할 수 있다는 것을 보여주고 있다.

서비스문화와 고객지향성

서비스는 인간중심적이기에 서비스 질이 전적으로 종업원들이 손에 달려 있다고 해도 과언이 아니다. 더구나 표준화가 힘들고 생산과 소비가 동시에 일어나며 고객이 참여하는 상황에서 서비스 질을 직접적으로 통제하기란 매우 힘들다. 그러므로 종업원에게 자발적으로 서비스 질을 향상시키고 유지하겠다는 의식을 심어주는 것이 절대 필요하다. 종업원이야말로 사업성공의 열쇠를 쥐고 있다는 것을 그들에게 심어주고 또 기업은 그들의 중요성을 알고 그들이 그렇게 행동하도록 여건을 조성해 주어야 한다.

그렇다고 해서 강력한 서비스 문화만이 능사는 아니다. 만일 그들 조직이 생산자 중심의 사고로 뭉쳐져 있다면 결코 올바른 서비스 문화를 창조할 수가 없는 것이다. 항상 고객지향적인 문화가 충만해 있을 때 본연의 서비스 문화가 창출될 수가 있는 것이다. 서비스 기업임에도 불구하고 기업중심의 사고와 행동으로 일관하는 기업들을 자주 보게 되는 이들은 서비스 문화가 강력해야 하지만 그것은 어디까지 고객 지향적이어야 한다는 사실을 망각하고 있는 것이다.

고객지향적인 강한 서비스 문화가 기업내부에 정착하게 되면 종업원들은 직위고하를 막론하고 서비스 질의 향상에 대한 기대감과 책임감이 충만하게 된다. 자기 자신이 기업이고 기업을 대표하는 존재라는 인식을 갖게 되어 고객에게 더욱 친절해지면 맡은 직무를 성실히 수행하게 된다. 또한 예기치 못한 상황이 발생해도 자신이 스스로 수익성을 창출하게 되는 원동력이 되는 것이다.

서비스 문화의 확립

서비스 문화가 확립된 기업을 보면 그들이 무엇을 중시하는가를 한 번에 알 수가 있다. 그들이 내건 서비스 문화의 내용을 보면 고객이 어떻게 대접받을 수 있는지를 확실히 예상하게 된다. 서비스 문화는 경쟁이 심해지거나 고객의 욕구가 크게 변하거나 기업을 둘러싸고 있는 환경변화가 많을 때, 서비스 기업의 경영전략이 이전의 것과 상당히 달라져 새로운 분위기로 쇄신할 필요가 있을 때, 새로운 경영철학을 가진 경영진이 들어와 새로운 경영이념을 구현하려고 할 때 강하게 나타나게 된다.

서비스 문화는 크게 개인차원과 조직차원으로 구분해볼 수가 있다. 개인적 차원이란 서비스 기업 내의 리더, 특히 최고경영자의 철학이 조직 구성원에게 공유되어 내부화되는 것을 말한다. 조직차원이란 조직구조 중심의 서비스 제공체제가 서비스 문화형성에 영향을 주는 경우를 말한다.

▌그림 22-1 _ 서비스문화의 형성

서비스 문화의 확립이란 아래와 같은 상황을 의미하고 그것이 하나의 측정 지표가 될 수 있는 것이다.

① 서비스에 대한 명확한 시점·사고방식이 확립되어 있다.
② 경영자가 서비스의 중요성을 종업원에게 끊임없이 교육시키고 있다.
③ 고객제일이라는 사고방식이 관리자 사이에 정착되어 있다.
④ 모든 조직원들이 서비스 품질의 중요성을 알고 있다.
⑤ 양질의 서비스가 실현될 때마다 적절한 보상이 주어진다.

서비스 기업이 나아가야 할 방향에 대해서 전략이라는 이름으로 명확히 제시되어야 한다. 그리고 서비스 질과 고객지향성을 계속해서 교육시켜야 한다. 특히 서비스 문화를 확립하기 위해서 최고경영자나 관리자가 그런 문화이념을 갖고 있어야 하며 직접 발로 뛰어다니면서 솔선수범해야 한다. 만일 이들의 언행이 일치하지 않으면 아무리 노력해도 설득력이 없게 된다. 항상 고객이 중요하고 그들이 모든 기업 활동의 중심에 있다는 사고를 가져야 한다. 서비스 질의 향상이 고객만족과 직결되고 그것이 곧 기업과 자신의 성공을 좌우한다는 의식을 갖고 있어야 한다. 서비스 문화를 중시하는 기업은 공식적, 비공식적으로 서비스 향상에 기여한 종업원들에게 적절한 보상을 해준다. 그것이 금전적이었건 비금전적이었건 간에 진실한 노력을 알아주고 칭찬해준다는 의미에서 그렇다.

많은 서비스 기업에서 고객을 고객이라 보지 않고 달리 부르는 경우가 많다. 병원에서 환자를 고객이라 보지 않고 보험사가 고객을 계약자라 부르며 은행이 고객을 예금자로 부른다. 이런 현상은 아무것도 아닌 것 같지만 서비스 기업이 고객을 어떻게 인식하고 있는가를 잘 나타내고 있다. 고객을 무력하고 수동적인 존재로 보고 있는 것이다. 고객을 바라보는 관점을 수정하여 능동적으로 고객을 봐야하고 그런 서비스 문화를 만들어 내야 하는 것이다.

22.2. 서비스 문화의 변화 전략

서비스문화의 확립이라는 목표가 정해지면 먼저 현재의 서비스조직의 조직문화가 어떤 상황에 있는지를 점검해야할 것이다. 그다음 어떤 방향으로 서비스 문화를 변화시킬 것인지에 대한 방향성과 그 추진에서 장애가 되는 요소들을 검토한다.

현재 조직 문화의 점검

기업의 서비스문화는 조직의 서비스철학 속의 가치와 신념이 반영된 것으로 조직 구성원들의 행동이 어떤 방향으로 가야할지를 제시해주는 역할을 한다. 조직이 조직의 문화를 바꾸려한다면 먼저 경영철학부터 체크해보고 그다음 조직문화 전반을 점검해야한다.

- 경영철학: 산업중심이냐, 시장 지향적이냐?
  우수한 서비스문화를 창조하려면 기업은 먼저 현재의 경영철학부터 검토해 봐야한다. 서비스기업이 운영하는 두 가지 경영모델이 있다. 즉, 산업경영모델과 시장중심경영모델이다. 산업경영모델은 전통적으로 오래 된 것이지만 아직도 대다수의 기업들은 이를 바탕으로 하고 있다.

① 산업경영모델(industrial management model)은 제조업에 그 뿌리를 두고 있는 방법으로 아직도 대다수의 서비스기업에서 채택되고 있다. 이 모델은 수입과 경상비용에 초점을 두고 있다. 예를 들어 객실료는 극대화하고 인건비는 극소화하는 것이다. 유능하고 성실한 호텔종업원을 구하기 힘들고 인건비도 많이 나가니 사람에 의존하기 보다는 기술, 기계, 시스템을 이용하는 게 훨씬 낫다고 본다. 종업원들이 수행하는 과업을 좁히고 재량을 주지 않아 낮은 직무수행 기대를 갖게 하고, 급여도 낮게 책정하고 승진기회도 적게 한다. 오직 경영자만이 문제해결을 할 수 있다고 보는 것이다. 종업원들이 고객의 요구나 부탁을 들어줘서 문제를 해결하고 싶어도 규정이나 시스템 때문에 사실상 힘들다. 고객 중 이탈하는 사람의 대다수가 서비스를 제공하는 종업원의 무관심과 무성의 때문인 것을 생각하면 이러한 사고와 태도야말로 기업을 위태롭게 하는 것이다.

대다수의 서비스기업들이 인건비를 줄이기 위해 정규직보다 미경험, 미숙련의 파트 타임 종업원을 채용해 쓴다. 급여나 수당도 적게 주고 승진도 안 시키고 급여가 오르기 전에 해고시키면 인건비는 줄일 수가 있다. 이 모델은 고객불만족, 판매수입 하락, 높은 이직율, 생산성의 저하를 가져와 자기파멸적인 것이다. 이러한 모델은 현대와 같은 공급과잉시대, 고객중심시대에선 결코 바람직한 경영철학이 아니다.

② 시장지향적 경영모델(market-oriented management model)은 기업의 궁극적인 목적은 고객을 서비스하는 것이지만, 내부적으로 고객을 지원하는 종업원을 먼저 지원하는 방식으로 조직되어야 한다는 사고이다. 이렇게 해야 서비스배달이 조직의 중심이 되고 경쟁에서도 차별화가 가능해진다고 보는 것이다. 이와 같은 사고가 서비스지향적인 문화를 촉진하고 고객, 종업원, 조직 모두에게 도움

이 된다.

- **조직문화 검토**

비공식적으로 관찰과 간접적인 질문을 통해서 현재의 조직문화를 이해해야한다. 예를 들어 종업원의 감정, 공간할당, 사무실배정, 간판, 전시, 공동구역, 메모와 이메일, 구성원간 상호작용 등을 관찰하거나 인터뷰해보면 조직문화를 감지할 수 있다.

그 다음 공식적인 서비스감사를 통해서 조사를 한다. 조사의 내용은 다음과 같다.

- 기업은 고객충성도를 어떻게 정의하는가?
- 기업은 구전효과를 측정하는가?
- 기업은 고객유지에 얼마나 투자를 하는가?
- 이탈한 고객이 다시 돌아오지 않는 이유를 아는가?
- 고객만족자료는 체계적으로 수집되는가?
- 고객의 피드백을 얻기 위해서 어떤 방식을 사용하는가?
- 고객만족자료를 어떻게 활용하는가?
- 기업 가치를 어떻게 측정하고 이에 대한 고객의 인식을 조사하는가?
- 고객기대와 실제 배달된 서비스 질 간의 차이를 적극 조사하는가?
- 서비스회복은 경영자와 종업원간에 논의된 적극적인 전략인가?
- 기업은 종업원의 생산성을 어떻게 측정하는가?
- 기업은 적극적으로 종업원충성도를 촉진할 전략을 추진하는가?
- 기업은 종업원 유지목표를 세우고 있는가?
- 종업원만족 측정이 고객만족 측정과 연계되고 있는가?
- 종업원 채용 시 고객욕구와 조직욕구를 함께 고려했는가?
- 종업원의 보상프로그램이 고객만족, 고객충성도, 종업원성과의 질과 연계되는가?

- 종업원이 내부 고객과 외부 고객이 누구인지를 알고 있는가?
- 종업원은 그들의 직무를 수행하는데 필요한 지원을 받고 있는가?
- 경영자의 리더십이 서비스배달과정을 돕는다고 보는가?
- 고객과 접촉하는 종업원을 돕는 기업문화조성에 리더십이 앞장서는가?
- 위와 같은 조사의 내용들의 성과가 기업의 수익성과 연계되는가?

위와 같은 서비스감사를 통해서 파악된 내용을 분석해보면 서비스조직이 산업중심경영을 하고 있는지, 아니면 시장 지향적 경영을 하고 있는지를 알 수가 있다.

서비스 문화의 장애: 기능주의와 부문화

조직에 있어 각부서의 기능주의와 부문화가 조직 내에서 갈등을 유발하는 주요인인 것은 새삼스러운 일은 아니다. 효율성을 중시하는 기업조직에서도 예외는 아니다. 서비스조직에서는 마케팅부문, 생산운영부문, 인사부문 간의 갈등이 내재적으로 존재한다. 서비스의 특성이 이들 부문 간의 엄밀한 구분과 분리가 어려운데도 기능적으로 분리되어 각자 독립적으로 운영하려하기에 생기는 갈등이다. 그것은 각 부문의 목표, 계획, 구조, 인사관리시스템, 부서의 직원들이 그런 부문화를 은연중에 조성하는 것이다. 말하자면 부서의 내부논리를 개발하여 고수하게 된다.

① 생산과 마케팅기능간의 갈등

특히 마케팅과 생산기능 간에 갈등이 커지기 쉽다. 우선 목표에서의 인식차이가 있다. 생산운영부문은 작업의 스피드와 효율성에 초점을 두고 작업을 하지만 마케팅부문은 고객에게 시간을 할애하여 더 신경을 쓰고 추가적인 서비스를 제공하는데 관심을 갖고 있다. 또 생산운영부문은 표준화, 생산성향상, 비용절감에 초점을 두지만 마케팅부문은 판매증대, 서비스 질 개선, 고객충성도 등에 더 초점을 둔다. 생산운영부서의 내부논리는 대량생산이나 고급기술을 이용해서 비용을 줄이는 것이다. 어떻게 하면 값싸게 효율적으로 제품과 서비스를 생산하고 배달할 것인가에 초점을 맞추고 있다. 공급관리에 주로 관심을 둔다. 반면에 마케팅부서는 고객의 욕구를 파악하고 이해하는데 관심을 두고 이들 욕구충족을 위해 상품이나 서비스를 제공한다는 내부논리를 갖고 있다. 수요관리에 초점을 두고 있다.

생산운영부서와 마케팅부서 간의 논리의 큰 차이 중에 하나는 고객관여이다. 생산운영부는 서비스는 생산과정에 고객이 관여하게 됨으로 배달시스템의 효율성이 떨어진다고 인식하고 있어 가능하면 생산배달과정에서 고객을 배제시키려한다. 반면 마케팅부서는 고객의 중요성을 강조하고 이를 촉진하고 있다. 고객욕구를 충족시키기 위해 다양한 옵션을 개발하고 촉진하려고 한다. 생산운영부서에서는 이런 옵션들이 결국 비용 상승을 가져오게 된다고 생각한다. 한편 특정전략을 실시하는 문제에 있어서도 마케팅부문은 신서비스를 조기에 도입해서 경쟁우위를 확보하려고 할 것이고, 생산운영부문은 투자와 비용문제를 중시하여 장기적인 관점에서 접근하고자 하면 상충될 수가 있다.

② 마케팅과 인적자원기능간의 갈등

마케팅부서는 인사관리부서와도 갈등을 하게 된다. 마케팅부서는 기술적인 역량뿐 아니라 고객과의 원활한 소통을 하는데 필요한 개인간 관계형성기술까지 갖춘 유능한 인재를 원한다. 인사관리부서는 그런 인재가 저절로 개발되는 게 아니라 모집, 선발, 교육, 훈련을 통해서 만들어진다고 주장한다. 새로운 서비스와 시설, 장비의 도입, 신기술개발이나 도입으로 직무성격의 변화와 종업원의 채용, 재교육훈련 등의 변화가 생기고, 노사관계에서도 문제를 야기할 수가 있어 인적자원관리부문과 갈등이 생길 수 있다. 인사부문이 획일적인 생산지향적인 사고로 기업 내 모든 종업원에게 동일한 평가 잣대를 들이대고, 직무가 달라도 일률적인 교육훈련 프로그램을 실시하고, 다양한 직무를 수행할 종업원의 선발을 일반적인 것으로 선발하는 것 등이 마케팅과 갈등을 일으킬 수 있는 소지가 있다.

서비스에서는 마케팅, 생산운영, 인사관리가 밀접하게 연계되어 있다. 고객과 상호작용을 통해서 서비스를 창출하는 종업원은 서비스 질의 핵심이므로 품질관리 자체가 마케팅, 생산운영, 인사기능이 상호 밀접하게 연계되어 있다. 인사부문에서 채용하고 교육, 훈련시키고 보상하는 것이 바로 고객과의 상호작용에 영향을 주기 때문이다.

서비스문화 변화의 촉진전략

위와 같은 기능주의와 부문화에 묶인 사고와 행태로 인한 갈등을 해결하기 위해선 생산운영, 인사, 마케팅이 모두 서비스 지향적이어야 한다. 궁극적으로 고객을 위해서 모든 가치와 행동이 모아져야 한다. 최일선에서 싸우는 전투병을 위해서 정보, 작전, 병참, 의무, 통신, 공병 등의 후방지원부대가 일사불란하게 공통의 목표를 위해 유기적으로 움직여야하는 것과 같은 것이다.

이와 같은 시스템을 가능하게 만드는 것이 바로 서비스문화의 개발이다. 이를 위해서 기업은 고객(마케팅논리), 서비스배달과정(생산논리), 서비스제공자(인적자원논리)를 공히 똑같이 공통의 목표에 초점을 둬야한다.

조직의 서비스문화를 바꾸려면 새로운 문화적 신념과 가치를 개발해야한다. 서비스문화의 변화는 단시간에 바뀌지지 않기에 체계적이고 장기적인 접근이 필요하다. 즉 구조를 통해서, 시스템을 통해서, 사람을 통해서, 프로그램을 통해서 변화시켜야한다.

• 구조를 통한 서비스문화변화

구조를 통한 문화변화는 느린 과정이고 제대로 하려면 많은 시간이 걸린다. 좀 더 고객 지향적 조직을 창조하려면 먼저 마케팅 부서를 변화요원으로 삼아 그 역할을 강화시키는 것이다. 그들로 하여금 판매지향문화에서 마케팅지향문화로 바꾸고 마케팅과 생산운영부서간의 갈등을 조정하고 시장지향적 경영모델이 정착되도록 한다. 그다음 고객경험을 중심으로 해서 조직을 재구성하는 것이다. 다시 말해 고객의 서비스경험을 최대로 만족시킬 수 있는 체제를 구축하는 것이다. 군대에서 전투병을 지원하기 위한 다른 기능이 유기적으로 연계하여 협력하는 것과 같다.

- **시스템을 통한 문화변화**

기업문화는 직원을 통제, 평가, 촉진, 인정하는 시스템의 함수이다. 서비스 지향적 문화를 위해서 고객만족 점수에 따라 보너스를 지급하고, 통제도 비용중심이 아닌 수입토대로 하고, 마케팅기획에 있어서도 고객중심의 논리가 침투되어 확산되게 한다.

- **사람을 통한 문화변화**

기업경영의 지향성을 변경하기 위해서 마케팅부서에 유능한 인재를 마케팅담당 부사장으로 보임하고, 조직 내에서 총괄하는 핵심리더십을 발휘하게 한다.

- **프로그램을 통한 직접 문화변화**

교육훈련프로그램을 통해서 직접 서비스문화를 변화하게 촉진한다. 판매지향성과 마케팅지향성의 차이이해, 고객중요성의 인식과 행동변화, 조직 내 학습동아리 결성, 고객서비스 행동방식의 변화, 고객중심의 서비스배달시스템의 교육, 서비스지향의 업무추진과 방식변경 등을 프로그램의 주요내용으로 한다.

서비스문화를 확립해 정착시키려면 시장지향적 경영방식의 서비스삼각형(triangle)을 구성하는 고객, 시스템, 서비스전략, 종업원간의 6개의 관계가 상호영향을 주면서 유기적으로 움직이게 만들어야한다. 경영자를 중심으로 전체 구성원들이 서비스문화의 중요성을 이해하고 적극 참여하여 내부화하는 일이 가장 중요한 목표이자 과제이다.

▌그림 22-2 _ 서비스삼각형의 구성요소

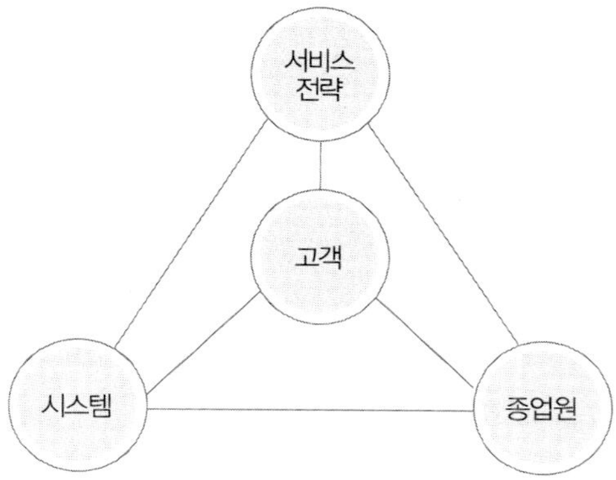

① 서비스조직의 서비스전략을 고객에게 알려야 한다. 우수한 서비스가 조직의 초점이고 경쟁자와의 차별화를 위해선 서비스우수성에 대해 조직이 최선을 다한다는 것을 알려야한다. 물론 우수한 서비스가 기업의 핵심목표라는 것을 공표하기 전에 서비스배달시스템을 효과적으로 만들어야한다.

② 우수한 서비스를 제공하기 위한 조직의 서비스전략을 종업원에게 알려야 한다. 그러려면 최고경영자가 솔선수범을 해야 종업원들이 최선을 다한다. 고객과 과정을 중시하고 고객과 종업원의 만족을 낳게 하는 리더십이 필요하다. 고객을 무시하고 경멸하는 경영자는 종업원과 고객에게 독이 되는 서비스문화를 낳게 한다.

③ 일상의 생산운영을 위해 개발된 시스템과 서비스전략이 일관성을 가져야 한다. 시장지향적인 서비스전략이 서비스배달시스템에 잘 반영되어야한다. 그리고 모든 관련요소들이 서비스 인카운터를 강화시키는 방향으로 가야한다.

④ 조직시스템이 고객의 서비스경험을 강화시키는 방향으로 작동하게 한다. 서비스 우수성이 핵심전략이라면 체크아웃절차, 배달시스템, 반환정책

등도 같이 우수해야한다. 작은 이익이나 목적으로 개발되는 방어적 시스템의 설계는 피해야한다.

⑤ 조직시스템과 종업원 활동의 중요성을 강조한다. 조직의 규정이나 관행이 우수한 서비스를 제공하려는 종업원의 노력에 장애가 되어선 안 된다.

⑥ 가장 중요한 것으로 '진실의 순간'이라 불리는 고객과 서비스제공자 간의 상호작용이다. 서비스제공자는 좀 더 유연하게 고객과 소통을 잘하고 고객의 문제를 해결하는데 주도적이어야 한다. 종업원들은 고객과의 소통에서 쌍방의 커뮤니케이션이 잘되도록 조정해가야 한다. 그러기 위해서는 종업원의 만족과 인간적인 신뢰가 무엇보다 중요하다.

22.3. 서비스리더십

서비스 철학과 경영자

서비스 기업이 고객지향적인 기업이 되기 위해선 먼저 조직이 나아가야 할 방향과 경영철학인 비전(vision)과 이의 구체적 표현인 사명(mission)이 확정되어야 한다. 기업의 사명은 기업의 특성이나 행위에 방향성을 제시해 주며 기업이 추진해야 할 목표를 제시해 준다. 기업의 사명은 경영활동의 지침이고 구심점 역할을 함으로 모든 구성원들의 합의가 필요하며 그들이 모두 그 사명을 이해하고 수용하여 내부화해야 한다. 그것을 고객이나 외부관계자들도 잘 알고 있을 때 기업의 사명은 하나의 중심으로써 의미를 갖게 된다.

이제 서비스 기업들은 기업과 사회 환경 간의 관계에 관심을 두고 그들의 활동이 갖는 공익성에 좀 더 초점을 맞출 필요성이 있다. 기업의 장기적인 성장, 발전, 유지가 바로 기업의 사회적 책임을 다하는 데서 가능하다는 인식을 갖고 그것을 기업성장 전략의 주요요소로 삼아야 한다. 서비스 철학은 개인이념의 발로로만 그쳐서는 안 되고 전 구성원들에게 골고루 공유되어야 한다. 그런 과정이 단시간 내에 완성되는 것은 아니지만 서비스 철학은 고객만족이란 대명제를 위해 기업의 관리체계나 종업원들의 행동양식을 규정하는 원리로써, 또 반드시 성취해야할 기업의 목표로써 인식되어야 한다.

성공한 서비스 기업에는 대부분 서비스에 대한 뛰어난 통찰력과 함께 서비스 지향적인 확고한 철학을 가진 경영자가 있다. 그렇다고 해서 경영자 혼자만이 그런 철학과 능력을 갖고 있다 해서 서비스 기업의 서비스 문화가 확립되는 것은 아니다. 그들의 사고와 행동이 전 구성원에게 전파되고 수용되어야 한다. 즉, 경영자의 리더십이 필요한 것이다. 경영자가 강력한 리더십을 가졌을 때 리더십은 다음과 같은 기능을 한다.

- 솔선수범과 의사소통을 통해서 서비스 지향의 문화를 정착시킨다.
- 서비스 수준을 최고로 설정하고 권한을 최일선 조직에 위임한다.
- 관료화 현상을 지양하고 기업문화가 업무를 선도하게 만든다.

최고경영자는 고객의 만족을 통해 사회적인 부가가치를 창조한다는 서비스 철학을 확고히 가져야 하며 종업원 만족과 고객만족이 하나임을 알고 서비스 지향적인 가치와 신념을 갖고 있어야 한다. 경영자는 자기 자신이 서비스 철학이 있는 리더십을 갖고 있어야 한다. 서비스에서는 일선 종업원의 활동이 서비스 만족에 큰 영향을 미치므로 경영자는 이들이 고무되어 스스로 자기개발을 하며 상황에 능동적으로 대처할 수 있게 자율성을 강조하는 리더십을 발휘해야 한다. 또 경영자는 일선 종업원들과 많은 대화를 나눠서 그들이 갖고 있는 고객정보나 욕구 문제점들을 곧바로 경영자에게 전달할 수 있게 해야 한다. 경영자 자신이 갖고 있는 목표나 계획을 대화를 통해 종업원들에게 전달하고 그들로부터 고객정보나 문제를 직접 들을 때 보다 확고한 서비스 문화가 정착될 수 있는 것이다.

서비스 문화를 실제 실현하는 사람은 바로 종업원이다. 이들이 얼마나 기업의 서비스 사명을 이해하고 실천하는가에 따라 기업의 서비스 문화가 형성된다고 해도 과언이 아니다. 그래서 경영자는 기업의 서비스를 고객에게 팔기 전에 종업원들에게 먼저 서비스를 팔아야 한다. 종업원이 마음으로부터 우러나오는 진실로써 고객에게 서비스를 제공하겠다는 생각과 열의를 갖게 하는 것이 중요하다면 종업원을 만족시킬 수 있는 서비스 기업의 내부서비스 시스템이 있어야 한다.

서비스기업에서 마케팅의 역할

마케팅은 고객과 기업을 연계하여 고객관계를 구축하는 것이 큰 과업이다. 기업에서 고객관계가 무너지는 것은 마케터가 고객관계를 설계하고 유지하는 일을 잘못했기 때문이다. 시장과 조직을 연계하는 다리역할을 하는 게 마케팅이다. 서비스에서 고객은 서비스를 창출하고 배달하는 일에 직접 참여하고 그 참여과정이 만족스러워야 고객은 만족한다. 고객만족은 서비스과정에서 생산시스템, 종업원, 심지어 다른 고객들과의 상호작용에 의해서 좌우된다. 따라서 서비스에서는 마케팅기능을 다른 관리활동과 쉽게 분리할 수가 없다. 고객을 관여시키고 혹은 영향을 미치는 행동 모두가 마케팅과 연관을 갖고 있다. 마케팅은 단순하게 고객만 관여하는 시스템이 아니기에 공급업자, 중간상, 기타 파트너들도 중요한 네트워크의 구성요소가 되어 이들을 포괄하는 보다 통합적인 리더십이 요구된다.

전통적으로 기능의 전문화로 인해 기업의 여러 관리기능들이 독자적으로 움직이다 보면 자주 부서이기주의가 만연하기 쉽다. 그러나 서비스에서는 마케팅기능, 생산기능, 인적자원관리기능이 매우 밀접하여 엄밀하게 구분하기가 어렵다. 마케팅, 생산, 인적자원 관리기능이 유기적으로 연계하여 작동하지 않으면 양질의 서비스를 창출할 수가 없다. 서비스기업의 경영자는 이들 주요기능간의 협력과 조화를 이끌어내는 것이 무엇보다 중요한 과제가 된다.

• 마케팅기능

제조분야에서는 생산과 소비가 분리되어 있어 생산자가 고객과 직접 접촉할 필요가 없다. 특히 소비재인 경우 그러하다. 이 경우 마케팅이 생산과 소비자를 연계해준다. 하지만 서비스에서는 사정이 다르다. 서비스배달에 있어 호텔이나 병원처럼 소비자가 직접 참여해야 서비스창출이 가능하다. 세탁이나 수리처럼 고객이 직접 참여를 하지 않아도 고객은 서비스제공자와 전화, 대화, 메일 등으로 서로 접촉은 해야 한다.

서비스기업에서 마케팅조직은 아래와 같은 과업을 수행하게 된다. 예를 들어 시장세분화와 평가 및 선정, 고객의 욕구조사, 경쟁자의 서비스제공을 청취하여 서비스 질의 수준, 유통전략 등 주요특성을 파악한다. 경쟁자보다 우수한 서비스제품을 개발하고, 구매와 사용상 가치를 높일 수 있는 보완적 요소들을 결정한다. 서비스생산과정에서 고객의 욕구반영과 서비스인카운터의 관리, 가격결정, 가격수준에 대한 고객민감도 반영, 서비스의 가용성을 위한 수요관리, 작업스케줄링, 고객에 대한 커뮤니케이션 전략개발과 메시지 전달과 촉진, 바람직한 시장포지션닝, 고객만족도 평가와 개선, 고객충성도 평가와 강화프로그램개발, 종업원의 질과 내부마케팅 등과 같은 활동을 수행한다.

• 운영(생산)기능(operation)

마케팅이 중시되긴 하나 아직도 많은 서비스기업에서는 일선관리를 주도하는 것은 운영기능이다. 서비스제품의 생산과 배달과정의 대부분을 책임지고 있다. 운영관리자는 장비, 기술, 후면부의 절차 뿐 아니라 기업소유의 소매점, 기타 고객시설 등도 관리한다. 고접촉서비스에서 운영관리자는 다수의 종업원과 직접 일을 한다. 기술지향적 기업에선 생산관리자는 기술적 인프라에 대한 책임, 연구개발, 전문가와 상호교류, 혁신적인 배달시스템의 설계와 도입, 생산시스템의 재설계 등을 수행한다. 운영기능을 담당하는 관리자는 마케팅이 서비스설계와 운영에서 매우 중요하다는 점을 인식하고 서비스생산은 고객지향적이며 서비스배달과 관련된 비용을 최소화하는데 초점을 두고 일해야 한다.

• 인적자원기능

서비스가 매우 첨단기술을 사용한다 해도 대다수는 노동집약적이기에 종업원 없이는 불가능하다. 인적자원기능은 서비스생산과 마케팅 등에서 일종의 공조관리기능으로 공히 필요하다. 인적자원관리는 모든 관리결정을 포함하며 조직과 종업원간의 관계의 본질에 영향을 미치는 행동을 포함하고 있다. 앞서가는 서비스기업은 협의의 기능적 전술적이 아니라 전략적 관점에서 마케팅을 본다. 그래서 인적자원관리(Human Resources Management)가 사업전략에서 주요요소로 등장하게 되었다.

서비스기업에서 인적자원의 능력과 조직헌신은 바로 경쟁력이다. 특히 고접촉서비스에서 경쟁기업과 차별화될 수 있는 핵심요소이다. 성공한 기업의 주요특징 중에 하나가 인적자원에 대한 최고경영자의 관심이다. 일상적인 일은 기술로 대체하거나 아웃소싱하기도 한다. 그러나 핵심적인 일은 기업내부에서 처리해야한다. 인적자원관리에서 또 중요한 것은 종업원이 스스로 학습을 하며 경험을 쌓아갈 수 있도록 행하는 교육훈련이다.

서비스경영에서 시너지모색

어느 조직을 막론하고 마찬가지이지만 서비스조직에서도 전략적 시너지효과를 얻기 위해서는 경영자, 종업원, 중간상, 기타 동업자, 고객 등 조직의 주요 집단이 원하는 것이 무엇인지, 또 조직이 실제 할 수 있는 것이 무엇인지를 파악해서 잘 조정해야한다. 예를 들어 기업이 하는 것이 진정 고객이 원하는 것인가? 기업이 원하는 것을 종업원, 중간상들도 원하는 것인가? 하는 것들이다. 서비스경영자는 바로 마케팅, 생산, 인적자원의 공동의 목표를 위해 함께 힘을 모으고, 관련 집단과의 시너지효과가 생기도록 노력해야한다. 이러한 요인들을 감안하여 서비스생산, 마케팅, 인적관리부문이 상호조정 노력을 기울여 부정적 갈등이 최소화되도록 전략과 목표를 설정해 실천해야한다.

최고경영자는 조직간 조정과 긴장감소를 위한 조치들을 개발할 책임이 있다.

우선 관리자들을 여러 부서로 교차 배치하여 다른 부서의 업무를 이해하고 학습하고 우선순위와 애로사항들을 파악하게 하거나 다양한 업무를 수행할 수 있도록 관리자와 종업원을 교차훈련 시킨다. 특수한 프로젝트의 경우는 태스크포스팀을 구성하여 각 부문에서 우수한 인력을 선발해 운영하는데 이것도 좋은 상호조정의 예가 된다. 경영자는 기능적 과업에 안주하지 말고 기업의 모든 기능이 고객에 초점을 두는 고객지향조직을 창조해야한다.

서비스리더십의 모색

서비스 리더들은 각각의 시장과 산업에서 두각을 나타내는 기업들이다. 그러나 인간적인 리더들은 올바른 방향으로 기업들을 이끌어야 한다. 올바른 전략적 우선순위를 세우고, 그리고 관련 전략들이 조직을 통해서 실행되도록 해야 한다. 방향전환과 변형이 중요하다. 성과가 나쁜 기업들이 좀 더 경쟁력을 가지려면 문화와 생산과정에서 방향전환과 변형이 필요하다. 고객에게 기쁨을 주는 능력을 발휘하려면 고객중심의 서비스배달과 관계마케팅을 실천하여 고객의 잠재적 욕구에 반응하는 노력을 기울여야한다. 서비스 지향적 문화를 창조하기 위해서 우수한 종업원을 확보하고 좋은 환경을 조성하여 기업의 가치와 목표에 몰입하도록 한다.

기업이 지속적으로 성장하기 위해선 서비스문화를 창조하고 유지해야하며 이를 계승 발전시킬 후계자를 양성해야한다. 조직내부의 힘을 결집시킬 내부리더십만큼 중요한 것은 외부환경변화를 직시하고 이를 능동적으로 조직발전에 활용하는 외부리더십도 중요하다.

① 리더십

성공적인 변화를 추구하려면 비전과 전략을 개발하고 스스로 난관을 극복하도록 사람들에게 동기를 부여하고 권한을 부여하여 비전을 구현하도록 하는 리더십이 필요하다. 리더십은 사람과 문화를 통해서 발휘된다. 리더십의 근본목적은 유용한 변화를 이끌어내는 것이지 단순한 현상유지가 목적인 관리가 아니다. 그러나 관리 없는 강한 리더십은 혼란을 가져온다. 반면 리더십 없는 강한 관리는 조직을 치명적인 관료주의에 빠지게 만들기 쉽다. 그리하여 리더십은 감성적, 정신적인 측면까지도 중시해야한다.

② 방향설정과 계획

서비스조직의 경영자는 먼저 방향설정을 하고 다음에 이를 잘 관리할 계획을 해야 한다. 방향설정은 이를 장기적으로 가고자 하는 비전과 전략을 만들어내고 이런 목표를 달성할 수 있는 실천 가능한 방안을 명확히 하는 것이다. 좋은 비전은 화려한 혁신이 아니라 기본적인 통찰력을 결집하여 조직구성원들에게 이를 이해시키고 현실적이고 경쟁력 있는 전략으로 변환시키는 일이다. 조직구성원들이 실제 할 수 있다고 믿는 것보다 더 높은 성과를 성취하려면 열정과 의지가 무엇보다 중요하다.

계획은 방향설정을 따르고 보완하는 것이다. 현실적인 문제를 체크하면서 전략실행에서 요구되는 로드맵을 지원하는 것이다. 좋은 계획은 사명을 달성하기 위해 기존자원을 활용하거나 새로운 자원을 발굴해서 행동할 관리지침을 제공해주는 것이다.

③ 리더십의 질

서비스조직의 리더는 여러 가지 요소가 있지만, 특히 기업의 성공과 연관된 문화를 만들고 유지하는 일, 효과적인 전략적 계획을 수립하는 일, 조직에 대한 충성을 고취하는 일, 바람직한 행동의 모범을 보이는 일 등이 중요하다. 서비스배달에서 종업원의 역할이 중요하므로 이들을 신뢰하고 이들과 우선적으로 의사소통을 해야 한다. 무엇보다 리더는 사업에 대한 애정과 열정을 가져야한다. 조직에다 핵심가치의 중요성을 강조하면서 조직 내 다른 사람들의 리더십도 개발시켜주어야 한다. 조직이 어려워질 때 조직의 방향타가 될 기업가치를 정립하고 이를 구성원들이 구현할 수 만들어야한다. 관리자나 종업원 모두가 주체적인 리더십을 갖도록 하려면 보다 유연한 경영자의 리더십이 필요하다.

④ 리더십, 문화, 분위기

문화란 조직에서 중요한 것에 대한 가치공유이고 분위기는 조직에서의 직무환경이다. 경영자는 조직문화와 서비스 환경, 즉 분위기를 창조할 책임이 있고, 그러한 책임을 수행하는데 있어 장애가 되는 요소들을 제거해가는 변형적 리더십이 필요하다. 마케팅, 생산, 인적자원은 기능들이 겹치고 상호의존적이기에 내적 협동과 협조 없이는 소기의 성과를 낼 수가 없다. 서비스조직에선 마케팅이 고객중심보다 오히려 비용과 효율성에 주로 초점을 둔 생산기능과 공존하지 않으면 안 된다.

또 고객과 직접 접촉하는 서비스종사원을 채용하고 훈련시키는 마케팅은 인적자원관리와도 공존해야한다. 본부에서 뿐만 아니라 현장에서도 각 기능들은 서로 균형과 조화를 이뤄야한다. 한편 서비스조직의 경영자는 기술을 전략의 요소로 보고 새로운 가치를 창조해가야 한다. 기술의 진정한 목적은 낡은 과정을 더 잘하려는 데 있는 것이 아니라 낡은 관행을 깨고 새로운 방법을 창조하는데 있다. 기술은 고객과 주주, 서비스 질, 생산성, 경쟁우위 등을 위해 새로운 가치를 창조하는 일이다. 가장 좋은 혁신은 이런 목표들을 동시에 성취하는 일일 것이다.

제 23 장

서비스의 글로벌화

23.1. 글로벌화의 성격

서비스 글로벌화의 의의

국경 없는 경제시대로 접어들면서 이제 세계는 본격적인 글로벌화(globalization) 시대를 맞게 됐다. 기업은 국가나 국경을 초월해서 세계 어느 곳에서든지 필요한 생산요소를 가장 유리한 조건으로 조달·생산하여 가장 이익이 많이 날 수 있는 시장에서 비싼 가격으로 팔 수 있게 되었다. 생산자들이 세계로 나아감에 따라 서비스를 공급해주는 서비스 기업들도 이제 세계로 진출하고 있다. 일반 소비자들도 매체나 해외여행 등을 통해서 좀 더 세계를 상세히 알게 됐다. 이렇게 기업이나 개인들의 국제적 교류가 빈번해지고, 상품의 무역이 크게 증대하게 되면 여러 가지 관련된 서비스 산업도 자연히 국제화, 세계화가 된다. 서비스 활동의 자유화, 국제화, 세계화가 이제 국경을 넘어 전 세계로 사업을 전개할 수 있게 된 것이다.

기술의 발달과 통신매체의 발달로 세계적으로 수요는 동질화되고 있으며 이런 수요의 동질화는 기업국제화에 가장 큰 유인요인이라 하겠다. 또한 세계적으로 동질적인 수요가 있으므로 각국의 기업들은 국제화를 통하여 더 큰 규모의 생산설비를 이용하여 규모의 경제를 누릴 수 있게 된다. 따라서 기업들은 국제화를 추구하게 되고 기업 간의 경쟁도 국제화되게 된다. 이미 기업의 국제화는 기업경쟁전략의 하나로써 보편화되고 있는 실정이며 앞으로는 더욱 심화될 것이다.

이제 서비스 기업은 해외 어디서고 서비스 시장에 적극 투자하여 서비스 사업을 할 수 있게 되었다. 서비스에서 정보기술의 이용이 비약적으로 증가함에 따라 서비스의 국제화를 크게 앞당겼고 또 세계에다 서비스를 보급시키는 방법에 큰 영향을 미쳤다. 현대의 발달된 컴퓨터, 통신, 정보 등은 여러 가지 서비스를 세계적인 규모로 배달할 수 있게 하였고 서비스의 성격을 바꾸게 만들었다. 순수한 서비스나 노동집약적인 서비스도 기술을 이용한 서비스로 전환되어가고 있어 이것이 서비스의 글로벌화를 촉진하는 배경도 된다. 사람과 직접 상호작용을 해야 했던 개인적 서비스도 이제는 기계나 컴퓨터망을 통해서 멀리 떨어져 있어도 가능해졌다. 서비스 생산자와 고객 간의 거리 문제도 새로운 배달방식에 의해 상당히 극복될 수 있게 되었다. 그리고 이제까지 상품중심의 사업을 영위해오던 많은 제조업들이 서비스 시장의 글로벌화에 대해 관심을 갖게 되었다.

서비스 글로벌화의 동기와 추진

기업의 글로벌화란 사업에 필요한 자원을 얻기 위해서 또는 새로운 시장을 개척하기 위해서 해외로 진출하는 과정을 의미한다. 이러한 글로벌화를 기업들이 추진하는 이유는 여러 가지가 있다.

첫째, 시장요인으로 세계소비자의 욕구가 점점 동질화되고 있다는 점이다. 제품에서나 서비스에서 국내시장에서 경쟁적 우위를 갖고 있으면 다른 국가에서도 경쟁우위를 누릴 수가 있다는 점이다. 둘째, 원가요인이다. 규모와 범위의 경제의 이점, 학습효과, 경험효과를 이용할 수가 있고 국가 간의 원가요소와 기술차이를 이용해서 원가에서 경쟁우위를 가질 수 있다. 셋째, 정부가 인위적으로 외국기업에 대해 유리한 정책을 써서 진출을 유도하기도 한다. 넷째, 국가 간 혹은 기업 간의 상호의존성이 높아지고 경쟁이 세계적으로 이뤄지기 때문이다.

서비스 기업의 글로벌화는 우선 경영자가 해외에서 사업을 해보겠다는 개인적 도전의식 때문에 시작될 수가 있다. 고객이 글로벌화됨으로 인해 그들에게 서비스를 제공해오던 서비스 기업도 저절로 국제화가 되는 경우도 있다. 은행, 보험, 자문회사 등은 그런 예가 된다. 서비스 글로벌화는 순수한 서비스보다는 제품과 관련된 서비스들의 해외진출이 많다. 상품의 무역거래가 증가될수록 서비스도 함께 증가된다. 또 국내시장에서 성공을 거둬 그 잠재력을 갖고 해외로 진출하는 경우도 있고 우연한 기회에 국제화의 단계로 접어드는 경우도 많다. 국내시장이 포화상태에 이른 경우 해외에서 새로운 시장기회를 얻기 위해서이다.

여하튼 어떤 경우도 국내에서 성공적이었다는 서비스 마케팅 시스템을 갖고 있어야 하며 최고경영층의 글로벌화에 대한 강한 욕망과 의지가 있어야 하며 그들의 지지와 지원이 있어야 한다. 글로벌화를 통해 성공하려면 상당한 자원과 시간의 축적이 필요하다는 점이다.

글로벌화를 하게 되면 얻게 되는 이점이 많다. 우선 고객에 대한 서비스가 크게 향상될 수 있다. 해외에서 성공한 방식을 국내에서 재시도하게 되고 효과적인 서비스 마케팅 시스템을 재정비하게 한다. 고객이나 종업원에게도 기업의 글로벌화가 매우 긍정적인 이미지를 주게 된다.

그러나 서비스 기업의 글로벌화는 제조업보다 어렵고 더 위험할 수도 있다. 제조업은 해외사업을 점진적인 경험으로부터 배울 수가 있으나 서비스 마케팅은 해외로 나가 그 나라 고객을 만나서 서비스를 제공해야 한다. 생산과 소비를 동시에 하므로 직접 고객과 접촉해야하며 서비스 질의 관리도 현장에서 해야 한다. 서비스의 내용이 인간중심적인 경우 특히 인력관리문제에 어려움이 많다.

서비스에서 글로벌 무역

서비스 경제화시대에 들어서면서 이제 서비스의 무역이나 해외투자도 급격히 증가하는 추세이다. 세계무역에서 금융, 건강의료, 오락, 관광, 보험, 해운, 항공, 커뮤니케이션, 정보기술 등의 비중이 크게 증대하고 있다. 이제는 제조업의 무역도 서비스의 지원 없이는 불가능하게 되었다. 서비스의 무역의 양이 급증하나 이를 상세히 취합하기는 힘들다. 서비스의 데이터를 비서비스 데이터와 결합해서 산출하여 이를 정확히 가려내기가 어렵기 때문이다.

① 아웃바운드(outbound) 서비스수출:

서비스제공자를 외국시장에 내보내는 것으로 패스트푸드 등이 대표적이다. 맥도널드, 켄터키치킨, 피자헛 등은 세계에서 수많은 지점을 운영한다. 전문서비스나 의료서비스, 건축사도 이 수출전략을 사용한다.

② 인바운드(inbound) 서비스수출:

외국 고객을 서비스제공자에게로 오게 하는 것이다. 외국 고객이 관광, 의료, 교육서비스를 받기 위해서 국내로 들어오는 경우이다.

③ 텔레(tele) 서비스수출:

서비스를 해외시장에 전자적으로 배달하는 경우로 텔레컴, 금융, 경영컨설팅, 컴퓨터소프트웨어, 디자인 서비스 등에서 원거리교육, 텔레의료 등이 그 예이다. 전자적 접근으로 지역을 초월해 특히 사람의 마음이나 무형적 자산에 관한 것에서 활용되고 있다. 최근에는 서비스기업이 자신의 조직에서는 가용할 수 없는 세계수준의 능력에 접근할 수 있게 정보기술과 운영을 아웃소싱하는 옵쇼링(offshoring)이 고객서비스, 재무, 인력자원, 판매, 마케팅을 포함한 부분에 활용되고 있는 것도 텔레서비스 수출의 좋은 예이다.

23.2. 서비스 기업의 글로벌전략

글로벌화 유형

서비스조직의 글로벌화 유형은 세 가지로 구분된다. 〈유형 1〉은 수출을 통한 방법으로 외국시장에서의 투자나 통제, 시장진출은 극소화된다. 〈유형 2〉는 제3자를 이용한 라이센싱, 프랜차이징을 이용하며 투자를 통해 현지국가에 진출하는 경우가 많다. 〈유형 3〉은 지점을 설치하거나 자회사를 설립하며 합병을 많이 이용한다. 투자와 통제가 크며 해외시장에 완전 진출하는 것이다.

① 〈유형 1〉: 수출하는 것으로 최소의 투자와 통제 및 진출

이 경우 서비스 기업은 본국을 떠나지 않고 국제화를 하는 것이다. 문자 그대로 상품을 수출하면서 서비스를 수출하거나 상품을 통해 서비스를 수출하는 것이다. 많은 경우 상품을 수출할 때처럼 다른 국가의 유통업자를 통한다. 이 때 유망한 외국유통업자인 지역공급업자와 대리계약을 맺어 이들을 이용한다. 예를 들어 레코드회사는 컴팩디스크를 이런 방식으로 판매한다. 해외 유통업자를 이용하지 않고서도 가능하다. 자료를 디스켓에다 수록하여 우편으로 판매한 후 정기적으로 필요한 자료를 업데이트(update)할 수 있다. 최근 문헌정보를 CD롬에 담아 도서관 등에 판매하는 것이 그 예가 된다(음악, CD롬, 디스켓, 영화, 비디오테이프, 훈련, 책, 잡지 등).

② 〈유형 2〉: 제3자를 이용한 중간수준의 투자와 통제 및 진출의 경우

이 경우는 어느 정도 해외투자가 필요하다. 문제는 누군가 해외에 지속적으로 남아 기업을 대표해서 서비스 배달을 관리하고 종결해야 한다는 점이다. 투자는 금전적일 수도 있고 경영시간과 지원일 수가 있다. 해외진출과 통제는 기업을 대신하는 제3자를 통해서 한다. 여기서 주요한 전략은 라이센싱, 프랜차이징, 관리계약, 최소한의 합작이 있다. 목표는 서비스 질을 유지하고 통제하는 문제이다. 주요한 자산, 훈련, 경영노하우, 통제시스템을 공급함으로써 서

비스 질의 일관성을 유지할 수가 있다. 프랜차이징과 라이센싱은 세계적으로 사업을 하며 마케팅일관성을 유지하려는 기업에서 특히 인기가 높다. 패스트푸드, 레스토랑, 호텔이 이런 방식으로 글로벌화를 하고 있다(소매상, 여행안내자, 패스트푸드, 호텔, 해운, 항공수송, 온라인뉴스서비스, 개인항공여행, 수리유지, 전자우편, 텔레쇼핑 등).

③ 〈유형 3〉: 해외에 직접투자하며 최대의 투자와 통제 및 진출

이 경우는 직접투자, 흡수합병, 자회사설립 등을 통하며 고객과의 상호작용이 많다. 글로벌화 전략의 핵심은 서비스 배달과정에 통제를 할 수 있느냐 하는 문제이다. 글로벌화의 초기단계에서 컨설팅, 광고, 회계 같은 인력중심서비스에서는 직원을 해외에 파견한 다음 글로벌화를 추진한다. 수송, 보험, 은행, 텔레커뮤니케이션 등과 같은 많은 투자가 요구되는 서비스에서는 해외초청국은 이 참여에 대해 자주 조사를 하게 된다(엔지니어링, 컨설팅, 광고, 보험, 은행, 의료, 관리, 교육 등).

위의 유형들은 어느 정도 중복되는 부분이 있다. 항공수송과 해운은 〈유형 1〉로 서비스를 수출한다. 하지만 〈유형 2〉의 특징인 항만, 터미널과 같은 제3자를 이용한다. 〈유형 2〉와 〈유형 3〉의 중복인 호텔, 소매점, 여행사 등도 제3자를 통해 글로벌화를 추진할 수 있다. 자신의 유통망을 갖추고 사업을 하는 항공사는 여러 가지 지원서비스를 해외에서 조달하여 사업을 영위한다. 정보서비스는 세 가지 유형에 다 중복된다.

글로벌화 전략

기업이 해외시장에 진출하는 경우 활용할 수 있는 전략적 대안은 여러 가지가 있다. 이들 전략적 대안을 정확하게 인식 평가하지 못하고 특정대안만을 고집한다면 커다란 손해를 자초하기가 쉽다. 글로벌화에서 3가지 인기 있는 전략은 다음과 같다.

① 해외직접 투자

다른 나라에 직접 투자를 하는 것으로 그 나라에 서비스제공자를 보내거나 그 나라의 서비스운영을 구매함으로써 사업을 한다. 해외직접투자는 기업이 외국의 투자대상기업에 대한 경영참여를 목적으로 자본뿐만 아니라 무형자원인 기술, 특허, 상표권, 경영 또는 마케팅 노하우 등 제반자원을 패키지 형태로 해외에 이전시키는 방식이다. 해외직접투자의 유형에는 소유권정도에 따라 합작투자와 단독투자, 투자방식에 따라 기업신설과 기존기업의 흡수, 합병으로 분류된다.

② 계약형태 방식

이 방식은 본질적으로 기술이나 노하우의 판매를 주요대상으로 하고 있어 상품의 수출방식과도 다르고 주식투자가 수반되지 않는다는 점에서 해외직접투자와도 다른 방식이다. 서비스의 글로벌화에서 자주 이용될 수 있는 계약형태의 방식은 라이센싱, 프랜차이징, 관리계약 등이다.

- 라이센싱(licensing): 라이센싱은 특정기업이 보유하고 있는 특허상표 및 상호, 노하우 등을 외국에 있는 기업으로 하여금 일정한 조건하에서 활용할 수 있도록 허가하는 대신에 로얄티 또는 기타 형태로 그 대가를 지급하기로 당사자 간에 계약을 체결하는 것이다.
- 프랜차이징(franchising): 상표나 상호권을 갖고 있는 특정기업(franchiser)이 다른 개인이나 기업(franchisee)에게 사용권을 허용하는 동시에 원료 및 관리시스템까지 일괄 제공하여 양자가 직간접으로 다 같이 경영에 참여하는 방식이다. 가맹점에 대한 계속지원과 통제를 강조하고 있다는 점에서 라이센싱과 구별된다.
- 관리계약(management contract): 이는 계약을 통해 현지기업의 일상적인 영업활동을 관리할 권한을 부여받고 이러한 경영서비스의 제공에 대해 일정한 대가를 수취하는 방식이다. 이 방식은 경영층의 특수한 지식이나 경험이 요

구되는 전문서비스 업종에서 자주 이용된다.

③ 합작투자

이는 서비스조직이 지역조직과 계약하고 합작의 위험과 이익을 공유하는 것이다. 해당국 현지 지식이 매우 중요한 소매업에서 합작투자가 많다.

글로벌 서비스의 표준화와 현지화

글로벌하게 사업을 영위하는 서비스조직은 표준화(standardization)와 현지화(adaptation) 사이에서 선택을 해야 한다. 표준화는 세계에서 동일한 서비스를 동일한 방식으로 제공하는 것이다. 반대로 현지화는 각각의 현지시장의 여건에 맞게 서비스를 제공하는 것을 말한다. 해외시장에서 전략을 결정할 때 서비스공여의 여러 측면에서 표준화와 현지화의 가능성을 면밀히 검토해야한다.

- 표준화

표준화전략은 모든 시장에서 제공되는 서비스가 동일한 방식으로 제공되는 것을 말한다. 제품의 경우는 세계적으로도 동일한 방법으로 파는 것이 쉽다. 코카콜라는 전통적으로 글로벌 브랜드를 사용해 세계 200여개국가에서 핵심제품을 동일하게 마케팅 했다. 그러나 서비스의 표준화는 서비스의 상호작용성과 실시간 성격으로 인해 더 어렵다. 고객과 종업원이 상호작용을 하는 전면부에선 주의가 요구된다.

서비스를 글로벌하게 마케팅함으로써 규모의 경제를 기한 것은 표준화 덕분이다. 서비스조직이 후면부 업무를 표준화함으로써 그 품질을 향상시킬 수 있다. 예를 들어 호텔 예약의 컴퓨터화, 음식준비에서 품질관리, 국제항공서비스 등처럼 후면부에서는 통일적인 디자인이 필요하다. 서비스의 후면부 작업은 전면부 활동보다는 지역의 상황을 덜 반영해도 되기 때문이다. 후면부에서는 표준화된 장비와 체계적인 절차를 이용할 수가 있어 예측가능성과 통제가 용이해진다. 궁극적으로 통일된 후면부 작업을 통해서 고객과 서비스조직이 이득을 보게 된다. 국제항공사에서 언어를 영어로 하면 소통상의 문제를 최소화할 수가 있다. 비록 표준화가 득이 되긴 하지만 효율성만을 내세워 지역고객의 욕구가 희생되지 않도록 신경을 써야한다.

- **현지화**

서비스기업은 해외에서 그 나라의 여건을 반영하여 고객과 상호작용을 할 필요가 있기에 현지화는 크고 작건 간에 그 나라의 환경에 대해서 고려할 점이 많다. 큰 이슈는 그 나라의 언어, 고객의 선호, 비즈니스 관행 등이다. 해외에 진출하는 서비스기업은 먼저 국내에서 제공하고 있는 현재 서비스가 해외시장에서도 적합한지 여부를 검토해야한다. 국내시장 고객과 해외고객은 어떻게 다른지, 문화적인 차이는 어떠한지를 검토한다.

둘째, 서비스종업원의 현지화 노력이 중요하다. 아주 유능한 종업원이 서비스배달에서 핵심이다. 건강의료 미용 항공사 교육 자동차수리 소매업 등 모두 인력집약적인 서비스이다. 그래서 기술이 많은 종업원이 그런 서비스 배달에선 중요하다. 서비스조직은 종업원의 선발, 채용, 훈련, 동기부여와 같은 인사정책과 실무사항을 검토해야한다. 어떤 나라에선 호텔근무가 불명예로 생각하여 현지에서 유능한 종업원을 확보하기가 힘든 경우도 있다. 이들에게 현지화를 위한 교육과 훈련이 필요하다. 기술적이고 사회적인 기술들이 서비스의 개인상호간의 측면을 잘 수행하게 만든다. 고객욕구의 파악과 그런 욕구에 잠재적인 반응에 대한 다양한 대응방식의 개발, 그리고 고객욕구 충족을 위한 순수한 열정이 일선 접객원의 훈련에서 주요한 관심사이다.

셋째, 서비스 환경에 대한 문화적 인식의 차이를 검토한다. 예를 들어 호텔에서 사용하는 색채의 상징적 의미를 고려한다. 중국에선 적색이 매력적인 색이고 중동에선 초록색이, 인도에선 오렌지색이 성스런 색이다. 호텔은 화장실에 대한 명칭도 다양하고 km, kg, mile, pound 등 거리, 중량 등 계량표식이 다르다.

끝으로 다른 나라에서 사업을 하는 경우 그 나라의 문화, 관습, 표시 등을 반영해서 서비스각본에서 서비스종업원의 말과 행동을 재구성하고 현지화해야

한다.

글로벌화에서의 문화와 언어

해당국가에서 서비스를 제공하는데 있어 경제, 사회, 정치, 문화, 법, 기술, 서비스 배달방법, 언어, 관습, 가치, 행동 등에서 차이로 인해 서비스기업은 글로벌화를 추진하는데 있어 여러 가지 도전과 기회를 맞게 된다. 따라서 서비스기업은 국내시장과 해외시장 간의 차이를 파악하고 적응 준비를 해야 하는데 그중에서 문화차이가 실제 큰 이슈가 된다. 문화는 사회에서 공유하는 가치와 신념의 복합체로 각 나라마다 문화지향성이 다르기에 서비스기업은 이를 정확히 파악해서 서비스 적용 시 유용하게 관리해야한다.

예를 들어 서구사회에서는 개인 간의 상호작용에서 생각하고 느낀 대로 직접적이고 구체적인 말로 표현하지만, 동양사회에서는 간접적이고 은유적인 비언어적 단서를 강조하고 있어 말 그대로 받아드리기 보다는 그런 말을 한 상황적 문맥을 읽어야 진실을 알게 되는 경우가 많다. 서비스실패에 대한 책임문제도 통제력에 대해서 차이가 나는 경우도 있다. 서구에선 서비스제공자가 책임을 져야한다는 의식이 강하다. 인간의 활동에 대해서도 보는 시각이 달라 서비스배달에서도 과정을 중시하는 경우가 있고, 결과를 더 중시하는 경우가 있다.

시간을 인식하는 데서도 서구사회는 동양사회보다 시간에 대해서 엄격하여 서비스배달에서 정확한 시간을 중시하여 예약이 서구문화에선 실시하기가 쉽다. 동양권은 서비스제공자와 고객 간의 사회적 지위와 친숙도에 따라 서비스 배달시간이 달라질 수 있다. 또 개인에다 초점을 두느냐 아니면 집단을 중시하느냐에 따라 서비스내용이 달라진다. 집단지향적인 사람은 개인보다는 사회계층과 가족이나 친구를 더 우선시한다. 줄을 설 때도 상류층을 우선적으로 배려하느냐 아니면 평등하게 선착순을 강조하느냐도 문화적 가치차이를 반영한 것으로 볼 수 있다.

특히 글로벌화에서 중시해야할 것이 바로 다언어적 서비스시스템이다. 그리하여 다양한 언어를 사용하고 있는 세계에서 사업을 하려면 표준화와 현지화 결정에서 고려할 점이 많다. 세계고객의 다양한 욕구를 충족시키려면 다언어적 서비스 시스템이 점차 중요시 된다. 여러 언어를 사용하는 고객에게 동시적으로 서비스를 제공하기에 그러하다. 여러 언어를 사용하는 고객들을 상대하려면 그에 적합한 서비스시스템을 구축해야한다. 특히 광고나 고객서비스에서 그러하다.

서비스조직은 다언어로 서비스를 배달하는 방법이 필요하다. 표지판, 자동시스템, 문서, 직원의 채용과 훈련 등에서 다언어의 문제가 발생한다. 세계 여러 곳에서 운영하는 호텔체인의 경우, 프런트직원은 손님에 따라서 여러 나라 언어를 구사해야한다. 고객에게 제공하는 여러 지침 등도 다국어로 표시해야하고 모닝콜도 다국어로 서비스해준다. 특히 문화적으로 다양한 고객들에게 서비스하는 경우는 더욱 그러하다. 최근에는 영어가 제2의 외국어로 정착되는 추세이고, 전자커뮤니케이션 기술이 발달하여 외국에서도 쉽게 소통할 수가 있지만 해당국가의 언어가 더욱 강조되기도 한다.

기술과 글로벌 서비스

새로운 기술은 서비스가 세계화를 하는데 있어 핵심적 수단이 되었다. 특히 커뮤니케이션과 수송기술은 여러 국가에서 서비스사업을 할 수 있게 하고 종업원과 고객과의 밀접한 접촉이 가능하도록 만들었다. 기술은 시장의 세계화를 가능하게 한 가장 큰 역할을 한 요인이다. 과거 같으면 불가능하다고 생각되는 국가 간에서 사업을 수행할 수 있게 하였다. 세계 어디서고 필요한 돈을 인출할 수 있는 ATM을 보면 그렇다. 세계 어디서고 본사와 직접 연락할 수 있는 인터넷망을 이용하는 것도 좋은 예이다. 기술혁신이 서비스의 글로벌화를 촉진하였으나 그 측정은 쉽지 않다.

정보기술이 서비스의 글로벌화에도 큰 영향을 미쳐 새로운 서비스를 글로벌화로 유도해가고 있다. 서비스조직은 서비스를 3가지 형태로 수출한다. 서비스

제공자를 해외시장으로 보내는 것, 해외고객을 서비스제공자에게로 오게 하는 것, 전자거래를 통해서 서비스를 해외시장에게 배달하는 것이다. 서비스조직은 서비스를 글로벌화할지 로컬화할지를 결정할 수 있다. 이러한 결정은 서비스의 상호작용 구조를 면밀히 검토한 후 이뤄진다. 마케팅 전략을 표준화할지, 현지화할지를 결정여부는 해외시장에서의 여러 가지 환경들을 검토해야한다. 글로벌 시장에서 여러 옵션은 기술력에 따라 달라진다. 다언어적 서비스시스템은 서비스고객의 욕구를 충족시키게 만들어져야한다. 글로벌 서비스시장에의 진입, 해외직접 투자, 프랜차이징, 합작투자 등 여러 전략을 구사하게 된다.

신기술의 출현으로 전통적인 국제화 방식에 상당한 변화가 초래됐으며 그런 추세는 앞으로 더욱 심화될 것으로 전망된다. 앞으로 이런 추세는 마케팅 전략과 조직형태, 인적자원, 관리 등에 있어 큰 변화를 갖고 올 것이다. 서비스의 속성과 그 배달시스템의 성격변화는 글로벌화 방식의 변화를 갖고 오게 된다. 혁신적인 서비스 배달시스템을 발견하게 되면 기존의 방법들은 이제 더 이상 효과적이질 못하다. 따라서 서비스 기업들은 한 가지 이상의 조직과 문화를 창조해야 한다. 세분화된 시장에 적합한 니치마케팅(niche marketing)을 적절히 구사하지 않으면 안 된다. 앞으로 미래에 있어서 서비스는 정보기술을 더 많이 이용하게 될 것이며 그로인해 새로운 형태의 서비스 글로벌화가 출현할 것으로 예상된다.

참고문헌

김중렬, 서비스 산업의 고용, 한국노동연구회, 1991

김재일, 인터넷마케팅, 박영사, 2005

나구라 야스노부지음, 이제빈 옮김, 서비스가 최고의 상품이다, 21세기북스, 1994

삼일회계법인, 서비스 기업의 성공조건, 김영사, 1993

앨빈 토플러 著, 유재천 譯, 제3의 물결, 학원사, 1983

이문규(2002), e - SERVQUAL - 인터넷 서비스 품질의 소비자 평가 측정 도구 마케팅연구, 17(1), 73-95.

이민우(2000), "서비스 관계마케팅에 관한 고찰," 산업경제연구, 13(4), 371-388.

이상문, 글로벌시대의 초일류기업, 명진출판사, 1994

이유재, 서비스 마케팅, 학현사, 2008.

이훈영, 마케팅조사론, 청람, 2006.

김영삼, 경제서비스화의 현황과 영향, 경제브리프스(제445호), 한국산업은행, 1990

최덕철, 서비스 패키지 개발과 서비스 배달시스템에 관한 연구, 마케팅연구 1권1호, 한국마케팅학회, 1986

최덕철, 서비스마케팅, 학문사, 1995

임종원, 김재일, 홍성태, 이유재, 소비자행동론, 경문사, 2006.

한국뉴비즈니스협회편, 감성시대의 뉴비즈니스, 오롬, 1994

淺井慶蔘郎 著, サ-ビスの マ-ケテイング 管理, 同文館, 1989

南方建明. 堀良 共著, サ-ビス·マ-ケテイング 戰略の 新展開, ぎようせい, 1988

疋田, 塚田朋子 編著, サ-ビス·マ-ケテイングの新展開, 同文館, 1993

高橋秀雄 著, サ-ビス業の 戰略的 マ-ケテイング, 中央經濟社, 1992

Andruss, P.(2010), "Your Employees are Your Brand," *Marketing News*, October 30, 22-23.

Armistead, C., R. Johnson, N. Slack, (1998), "The Strategic Determinants of Service Productivity", in *The Management of Service Operations*, London:IFS, Robert Johnson.

Barnes, D.C., M.B. Beauchamp, and C. Webster(2010), "To Delight, or Not to Delight? This Is th Question Service Firms Must Address," *Journal of Marketing Theory and Practice* 18(Summer), 275-283.

Bitner, M.J., S.W. Brown, and M.L. Meuter(2000) "Technology Infusion in Service Encounters," *Journal of the Academy of Marketing Science* 28(Winter),138-149.

Bateson, J.E.G.(1995), *Managing Services Marketing*, 3rd.ed., The Dryden Press.

Bateson, J.E.G.(1985), "Perceived Control and the Service Encounter", in *The Service Encounter*, eds., Czepiel, J. A., M. R. Solomon, and C. F. Surprenant, Lexington, MA:Lexington Books.

Berry, L.L. and A. Parasuraman(1991), *Marketing Services: Competing Through Quality,* NY, The Free Press.

Berry, L.L. and A. Parasuraman(1997), "Listening to the Customer-The Concept of a Service Quality Information System," *Sloan Management Review*, 38(Spring), 65-89.

Berry, L.L.(1981), "The Employee as Customer", *Journal of Retail Banking*, 3(March), 33-40.

Berry, L.L. (1983), "Relationship Marketing", in Berry, L. :., G. L. Shostack, G. D. Upah, eds., *Emerging Perspectives of Service Marketing*, Chicago, AMA.

Berry, L.L.(1990), *Achieving Service Quality: Balancing Perceptions and Expectations,* New York:The Free Press.

Berry, L.L., and A. Parasuraman(1991), *Marketing Services: Competing Through Quality,* New York:The Free Press.

Berry, L.L.(1992), "Servicescape: The Impact of Physical Surroundings on Customers and Employees", *Journal of Marketing*, Vol. 56.(April), 57-71.

Booms, B.H. and M.J. Bitner(1981), "Marketing Strategies and Organizational Structures for Service Firms," in *Marketing of Services*, J.H. Donnelly and W.R. George eds. (Chicago: AMA), 47-51.

Booms, B.H. and Nyquist, J. L. (1981), "Analyzing the Customer / Firm Communication Component of the Service Marketing Mix", in Donnelly, J. & W. R. George, *Marketing of Services*, AMA. Chicago.

Bowen, J. (1990), "Development of a Taxanomy of Services to Gain Strategic Marketing Insights", *Journal of the Academy of Marketing Science*, Vol. 18(No. 1. Winter). 43-49.

Bowen, D.E. and E.E. Lawler(1995), "Empowering Service Employees", *Sloan Management Review*, 36(Summer), 73-84.

Bowers, M.R. and C.L. Martin,(2007), "Trading Places Redux: Employees as Customers, Customers as Employees", *Journal of Service Marketing*, 21(2), 88-98.

Brown, T. J. & G. A. Churchill, Jr., and J. P. Peter, (1993), "Improving the Measurement of Service Quality", *Journal of Retailing*, Vol. 69(Spring).127-139.

Brown, S. W. and M.J. Bitner(2006), "Mandating a Service Revolution for Marketing", in *The Service-Dominant Logic of Marketing: Dialog, Debate and Directions*, R.F. Lusch and S.L. Vargo, eds, NY. M.E. Sharpe, Inc.

Carman, J. M. (1990), "Consumer Perceptions of Services Quality: An Assessment of the SERVQRAL Dimensions", *Journal of Retailing*, 66(Spring), 33-55.

Chase, R. B. (1981), "Where Does the Customer Fit into a Service Organization?", *Harvard Business Review*, Nov.-Dec. 137-142.

Chase, R. B. (1981), "The Customer Contact Approach to Services: Theoretical Bases and Practical Extensions", *Operations Research*, Vol. 29, Issue 4. 698-706.

Collier, D. A. (1983), "The Service Sector Revolution: The Automation of Services", *Long Range Planning*, Vol. 16, No. 6. 10-20.

Cowell, D. W. (1984), *The Marketing of Services*, Lodon:Heinemann

Cowell, D. W.(1983), "International Marketing of Services", *Service Industries Journal*, Nov. 308-328.

Czepiel, J. A., M. R. Solomon & C. F. Surprenant, (eds)(1985), *The Service Encounter*, Lexington, MA: Lexington Books.

Danaher, P.J., D.M.Conroy, and J.R.McColl-Kennedy,(2008), "Who Wants a Relationship? Conditions When Consumers Expect a Relationship with Their Service Provider", *Journal of Service Research*, 11(August), 43-62.

Delozier, M.W.(1976), *The Marketing Communication Process*, McGraw-Hill, New York.

Fisk, R.P., S.J. Grove, and Joby John,(2014), *Service Marketing: An Interactive Approach*, 4th ed., South-Western.

Fitzsimmons, J. A. & R. C. Sullivan, (1982), *Service Operations Management*, New York:

McGraw- Hill.

Gustafsson, A., S. Brax, and L. Witell((2010),(eds), "Service Infusion in Manufacturing ndustries", special issue of the *Journal of Service Management* 21, no.5 557-563.

Gremler, D.D. (2004), "The Critical Incidents Technique in Service Research", *Journal of Service Research*, 7(August), 65-89.

Grönroos,C.(2007), *Service Management and Marketing: Customer Management in Service Competition*, 3rd ed., John Wiley & Sons, Ltd.

Grönroos, C.(1981), "Internal Marketing-An Integral Part of Marketing Theory", in *Marketing of Services*, J.H. Donnelly and W.R. George, eds. Chicago, AMA, 236-238.

Grönroos, C. (1982), "An Applied Service Marketing Theory", *European Journal of Marketing*, Vol. 16. 30-41.

Grönroos, C., (1983), "Innovative Marketing Strategies and Organization Structures for Service Firms", in *Emerging Perspectives on Services Marketing*, L. L. Berry & G. L. Shostack, and G. D. Upah,eds., AMA.

Grönroos, C., (1990), "Relationship Approach to Marketing in Service Organizational Behavior Interface", *Journal of Business Research*, 20(Jan.). 3-11.

Grove, S.J., R.P, Fisk, and J. John(2000), "Services as Theater: Guidelines and Implications", in *Handbook of Service Marketing and Management*, Teresa A. Swartz and Dawn Iacobucci, CA: Sage Publications, 21-35.

Grove, S.J., L. Carlson, and M.J. Dorsch(2007), "Comparing the Application of Integrated Marketing Communication(IMC) in Magazine Ads across Product Type and Time", *Journal of Advertising*, 36(Spring), 37-55.

Grove, S.J. and R.P. Fisk(1997), "The Impact of Other Customers upon Service Experiences: A Critical Incident Examination of Getting Along", *Journal of Retailing*, 73(1), 63-85.

Grove, S. J. and R. P. Fisk, (1983), "The Dramaturgy of Services Exchange:An Analytical Framework for Services Marketing", in *Emerging Perspectives on Services Marketing*, ed., L. L. Berry, G. L. Shostack, G. D. Upah, AMA, Chicago.

Hill, D. J. (1986), "Satisfaction and Consumer Services", *Advances in Consumer Research*, Vol. 13. 311-315.

Hoffman, K.D. and J. E. G. Bateson(2011), *Service Marketing: Concepts, Strategies, & Cases*, 4th ed., South-Western.

Johansson, J. K.(2005), *Global Marketing: Foreign Entry, Local Marketing, and Global Management*, 4th ed., Chicago; McGraw-Hill, Irwin.

Jones, P., (1988), "Quality, Capacity and Productivity in Service Industries", in *The Management of Service Operations*, ed., R. Johnston, London: IFS.

Kelley, S. W. & J. Lemmink, (1990), "Customer Participation in Service Production and Delivery", *Journal of Retailing*, Vol. 66(Fall). 315-335.

Kotler, P.(2010), *Marketing 3.0*, John Wiley & Sons, Inc.

Kotler, P., (1973), "Atmospherics as A Marketing tool", *Journal of Retailing*, 49(Winter), 48-64.

Langeard, E., Bateson, J. E. G., Lovelock, C. H. and Eiglier, P. (1981), *Services Marketing: New Insights from Consumers and Managers*, Report No. 81-104, Marketing Science Institute, Aug.

Leidner, R.(1999), "Emotional Labor in Service Work", *Annals of the American Academy of Political and Social Science*, 561(1), 81-95.

Lovelock, C.H, J. Wirtz, and P. Chew(2009), *Essential of Service Marketing*, Prentice-Hill.

Lovelock, C.H. and J. Wirtz(2007), *Services Marketing: People, Technology, Strategy*, 6th ed., Upper Saddle River, NJ: Prentice Hall.

Lovelock, C. H. (1991), *Services Marketing*, 2nd. ed., Englewood Cliffs, N. J.: Prentice-Hall.

Lovelock, C. H.(1983), "Classifying Services to Gain Strategic Insights", *Journal of Marketing*, Vol. 47(Summer). 9-20.

Lovelock, C. H.(1988), *Managing Services*, Englewood Cliffs, N. J.: Prentice-Hall.

Loveman, G.W.(1998), "Employee Satisfaction, Customer Loyalty, and Financial Performance", *Journal of Service Research*, 1(August), 18-31.

Levitt, T. (1976), "The Industrialization of Services", *Harvard Business Review*, (Sep.-Oct.). 63-74.

Maister, D. H., (1985), "the Paychology of Waiting", in *The Service Encounter*, ed. J. A. Czepiel, M. R. Solomon and C. F. Surprenant, Lexington, Mass : Lexington Books.

Maister, D. H., E. Langeard, J. E. G. Bateson, P. Eiglier, (1981), "Some Organizational Problems Facing Marketing in the Service Sector", *Marketing of Services*, ed., J. H. Donnelly and W. R. George, AMA.

McColl, R. and J. Mattsson(2011), "Common Mistakes in Designing and Implementing Service Guarantees", *Journal of Service Marketing*, 25(6), 451-461.

McKenna, R.(1991), *Relationship Marketing:Successful Strategies for the Age of the Customer*, Addison-Wesley Pub. Co. Inc.

Melton, H.L. and M.D. Hartline(2011), "Customer and Frontline Employee Influence on New Service Development Performance", *Journal of Service Research*, 13(November), 411-425.

Meuter, M.L. A.L.Astrom, R.I.Roundtree, and M.J. Bitner(2000), "Self-Service Technologies: Understanding Customer Satisfaction with Technology-Based Service Encounters", *Journal of Marketing*, 64(July), 50-64.

Murray, K. B. & J. L. Schlacter, (1990), "The Impact of Services versus Goods on Consumers, Assessment of Perceived Risk and Variability", *Journal of the Academy of Marketing Science*, 18(No. 1. Winter). 51-65.

Murphy, P. E. & Robinson, R. K. (1981), "Concept Testing for Services", in Donnelly, J. H. & George, W. R. (eds) *Marketing of Services*, AMA. Chicago.

Nicholls, R.(2010), "New Directions for Customer-to-Customer Interaction Research", *Journal of Service Marketing*, 24(1), 87-97.

Normann. R. (1984), *Service Management : Strategy and Leadership in service Business*, Chichester: John Wiley & Sons.

Oliver, R.L.(1997), *Satisfaction: A Behavioral Perspective on the Consumer*, NY, McGraw-Hill,

Parasuraman, A., L.L.Berry, and V.A. Zeithaml, (1991), "Understanding Customer Expectations of Service", *Sloan Management Review* 32(Spring),

Parasuraman, A., V. A. Zeithaml & L. L. Berry, (1985), "A Conceptual Model of Service Quality and Its Implication for Future Research", *Journal of Marketing*, Oct. Vol. 49(Fall). 41-50.

Parasuraman, A.(1986), "SERVQUAL: A Multiple-Item Scale for Measuring Customer Perceptions of Service Quality", *Journal of Retailing*, Vol. 64. Spring. 122-37.

Parish, J.T., L.L. Berry, and S.Y. Lam,(2008), "The Effect of the Servicescape on Service Workers", *Journal of Service Research*, 10(Feruary), 220-238.

Reinartz, W.. and V. Kumar(2002), "The Mismangement of Loyalty", *Harvard Business Review*, (July), 5-12.

Rushton, A. M. & D. J. Carson, (1989), "The Marketing of Services: Managing the Intangibles", *European Journal of Marketing*, 23(No. 8), 23-43.

Schlissel, M. R. & J. Chasin, (1991), "Pricing of Services: An Interdisciplinary Review", *The Service Industries Journal*, Vol. 11, No. 3(July). 271-286.

Shostack, G. L. (1997), "Breaking Free From Product Marketing", *Journal of Marketing*, Vol. 41. No. 2. April, 73-80.

Shostack, G. L., (1987), "Service Positioning Through Structural Change", *Journal of Marketing*, Vol. 51(Jan.), 34-43.

Tse, D. K. & P. C. Wilton, (1988), "Model of Consumer Satisfaction Formation: An Extesion", *Journal of Marketing Research*, 25(May). 204-212.

Vargo, S.L. and R.F. Lusch(2004), "The Four Service Marketing Myths", *Journal of Service Research* 6(May) 324-335.

Webster, C., (1990), "Toward the Measurement of Marketing Culture of a Service Firm", *Journal of Business Research*, 21(Dec.). 345-362.

Yap, K.B. and J.C.Sweeney,(2007), "Zone of Tolerance Moderates the Service Quality-Outcome Relationship", *Journal of Services Marketing*, 21(2), 137-148.

Zeithaml, V.(1988), "Consumer Perceptions of Price, Quality, and Value: A Means-End Model and Synthesis of Evidence", *Journal of Marketing*, Vol. 52(Spring), 2-22.

Zeithaml, V., A. Parasuraman and L. L. Berry(1985), "Problems and Strategies in Service Marketing", *Journal of Marketing*, Vol. 49(Spring), 33-46.

Zeithaml, V., A. Parasuraman and L. L. Berry(1988), "Communication and Control Processes in the Delivery of Service Quality", *Journal of Marketing*, Vol. 52(April). 35-48.

Zeithaml, V.A.(1993), "The Nature and Determinants of Customer Expectations of Service", *Journal of the Academy of Marketing Science*, 21(No. 1). 1-12.

Zeithaml, V.A., A. Parasuraman, and L.L. Berry(1990), *Delivering Quality Service: Balancing Customer Perceptions and Expectations* (NY: The Free Press)

Zeithaml, V.A., M.J. Bitner, and D.D. Gremler,(2013), *Service Marketing: Integrating Customer Focus Across the Firm*, 6th ed., McGraw-Hill, Irwin.